添富书库
CUAM COLLECTION

汇添富基金·世界资本经典译丛

美国军工产业研究

［美］ 雅克·S. 甘斯勒 著
（Jacques S. Gansler）

郑佩芸 译

上海财经大学出版社

图书在版编目(CIP)数据

美国军工产业研究/(美)雅克·S. 甘斯勒(Jacques S. Gansler)著;郑佩芸译. —上海:上海财经大学出版社,2023.8
(汇添富基金·世界资本经典译丛)
书名原文:Democracy's Arsenal:Creating a Twenty-First-Century Defense Industry
ISBN 978-7-5642-4010-3/F·4010

Ⅰ.①美… Ⅱ.①雅… ②郑… Ⅲ.①军事工业-工业发展-研究-美国 Ⅳ.①F471.264

中国版本图书馆 CIP 数据核字(2022)第 219473 号

□ 责任编辑　吴晓群
□ 封面设计　南房间

美国军工产业研究

[美]　雅克·S. 甘斯勒　　著
　　　(Jacques S. Gansler)

郑佩芸　　译

上海财经大学出版社出版发行
(上海市中山北一路 369 号　邮编 200083)
网　　址:http://www.sufep.com
电子邮箱:webmaster @ sufep.com
全国新华书店经销
上海叶大印务发展有限公司印刷装订
2023 年 8 月第 1 版　2023 年 8 月第 1 次印刷

787mm×1092mm　1/16　23.75 印张(插页:2)　388 千字
定价:120.00 元

图字:09-2023-0257 号

Democracy's Arsenal

Creating a Twenty-First-Century Defense Industry

Jacques S. Gansler

© 2011 Massachusetts Institute of Technology.

All Rights Reserved. No part of this book may be reproduced in any form by any electronic or mechanical means (including photocopying, recording, or information storage and retrieval) without permission in writing from the Publisher.

Authorized translation from the English language edition published by The MIT Press.

CHINESE SIMPLIFIED language edition published by SHANGHAI UNIVERSITY OF FINANCE AND ECONOMICS PRESS, Copyright © 2023.

2023年中文版专有出版权属上海财经大学出版社

版权所有 翻版必究

总 序

书犹药也,善读之可以医愚。投资行业从不乏聪敏之人,但是增智开慧乃至明心见性才是成长为优秀投资人的不二法门,读书无疑是学习提升的最佳方式。

常有人说投资是终身职业,但我认为投资更需要终身学习。很多人投资入门多年,依然不得其道;终日逡巡于"牛拉车不动,是打车还是打牛"的困境,不得要领。从业多年,我接触过太多这样的投资人士,个中缘由不尽相同,但有一点却非常普遍:或是长期疏于学习,或是踏入"学而不思则罔"的陷阱。

我认为,学习大致有三个层次,亦是三重境界:

第一重是增加知识,拓展基础的能力圈。着眼点是扩大个人对于客观世界的认知积累,这是大多数人的学习常态,这一重固然重要却不是学习的本质。

第二重是提高逻辑,改进个人的认知框架。达到这一境界,已经可以将刻板知识灵活运用,但仍然仅可解释过去却无法指向未来。

第三重是强化洞见,思考从个人出发,无视繁复的信息噪声干扰,穿透过去、现在和未来,最终开始正确地指导现实世界。在这一境界,学习已不只是追求知识,更是追求"知识的知识"。这是无数积累之后的茅塞顿开,更是质量互变之际的醍醐灌顶,不断思考感悟尤为重要。

书籍浩如烟海,书中智慧灿若繁星,而若能由自己抽丝剥茧得到"知识的知识",将会终身受益。二十多年前,我还是一名上海财经大学的普通学生,对投资有着浓厚的兴趣,可惜国内的投资业刚刚起步,相关资料远没有今天互联网时代这样发达，此时财大的图书馆像是一个巨大的宝库，收藏着大量有关投资的英文原版书籍。我一头扎进了书丛，如饥似渴地阅读了许多经典，通过这一扇扇大门，我对西方资本市场发展窥斑见豹，其中提炼出的有关投资理念、流程、方法的内容潜移默化地影响并塑造了日后的我。时至今日，常有关心汇添富的朋友问起，为什么根植于国内市场的汇添富，投资原则和方法与外资机构如此类似？我想多少应该与我当年的这段经历有关。

今天，我依然非常感恩这段时光，也深深地明白：那些看过的书、走过的路对一个人的人生轨迹会产生多大的影响，特别是在以人才为核心的基金投资行业。今年恰逢中国基金行业二十周年，二十年斗转星移，正是各路英杰风雨兼程、夙兴夜寐才有了今天的局面，汇添富基金是见证者，也有幸参与其中。这些年，我总试图在汇添富重现当年我学生时的氛围，鼓励同事们有空多读书、读好书、好读书。在此，奉上"汇添富基金·世界资本经典译丛"以飨读者，希望大家能够如当年懵懂的我一般幸运：无论外界如何变化，我们都可以不断提升进化自己。

是以为序。

张　晖

汇添富基金管理股份有限公司总经理

2018年12月

致　谢

笔者十分感谢马里兰大学的同事们：威廉姆·路西肖恩（William Lucyshyn）、卡罗琳·道恩·普利姆（Caroline Dawn Pulliam）、阿莉莎·罗德里格斯（Alyssa Rodriguez），他们在文稿和图例上给予了极大帮助，尤其是比尔·路西肖恩（Bill Lucyshyn），他花费了大量时间在文字和内容上。在本书写作过程中，他们都提供了宝贵的协助和支持。没有他们，就没有此书。

此外，我对麻省理工学院出版社深表谢意，在编辑和出版我的前三本书和本书的过程中，他们做得非常出色。与他们合作非常棒！

前　言

德怀特·戴维·艾森豪威尔(Dwight D. Eisenhower)总统在1961年发出警告,称要警惕"军事工业体系",随后他又声明,没有国防工业,美国不可能赢得第二次世界大战。约瑟夫·斯大林(Joseph Stalin)同样指出,没有美国的国防工业,同盟国不可能在战争中获胜。21世纪的美国国家安全取决于很多因素,而支撑国家安全的工业基础的实力和关联性是其中一个因素。

要使国防工业基础变得强大、反应迅速,并符合21世纪国家安全需求,对其进行重大转型已迫在眉睫。本书致力于对所需的转型进行界定,并着重阐述如何使其得以实现。这是我撰写的第四本关于国防工业的书籍,从许多方面来说,这是我一生的作品。我的第一本书《国防工业》(*The Defense Industry*,麻省理工学院出版社出版,1980),源自我的博士论文,主要讲述的是冷战时期的国防工业。该书侧重后越战时期,在冷战即将结束之际罗纳德·里根(Ronald Reagan)政府大规模增加国防开支之前出版。我的第二本书《国防开支》(*Affording Defense*,麻省理工学院出版社,1989),探讨了里根政府结束国防开支增长到1989年柏林墙倒塌的那段时期。最后,我的第三本书《国防转型》(*Defense Conversion*,麻省理工学院出版社,1995),阐述了当时被称为"后冷战时期"的国防工业的状况。当时国防开支处于低点(人们在寻求冷战结束后的和平红利),国防企业正为生存犯愁。很多企业打算朝多元化发展,如果可能的话,那就融入商业世界。这是一个国防工业大合并时代,很多企业退出了国防领域。事实上,当今国防工业的结构大部分归因于当时的兼并及之后发生的事。

从1980年至今，世界发生了翻天覆地的变化。在21世纪的第一个十年，我们经历了令人发指的2001年"9·11"恐怖袭击事件，随后发生了伊拉克和阿富汗的战争，科技、工业兼并、经济、地缘政治的巨大变化，工业和科技的全球化，年度国防预算的暴增，以及1 000亿美元的年度国防预算追加资金。这些巨大的变化，迫使我们重新审视美国未来的国家安全形态、保障性的工业基础，以及实现迫在眉睫的国防工业转型的行之有效的手段。

本书描述了这个愿景，并将其与美国21世纪的国家安全需求联系在一起，并且由于政府是这个独特市场的唯一买家，因此本书探讨了通过国家安全工业基础转型而实现愿景所需的政府内部变革。

可以预见，政府和国防工业所需的变革将遭遇制度和政治上的抵制，但是我相信未来的世界安全取决于国防工业转型是否成功。这是我写作本书的初衷。

目 录

第一章　挑战/1

第一节　21世纪大背景/1

第一节　实现政府和产业的必要转型/4

第二章　国防工业面面观/8

第一节　历史回顾/8

第二节　国防开支与经济/16

第三节　冷战和后冷战时期/25

第四节　后冷战年代/28

第五节　"9·11"事件之后/40

第六节　全球化的影响/50

第三章　21世纪的国家安全/78

第一节　潜在威胁的性质不断变化/78

第二节　军事行动的转型/88

第三节　技术变革效应/98

第四节　致力于经济可承受性和有效性/101

第五节　战区承包商/104

第六节　美国未来地位的关键因素/122

第四章　21 世纪初国防工业的特点/129

第一节　国防工业结构/129

第二节　政府和工业界开展国防业务/151

第三节　国防工业绩效：结果和趋势/196

第四节　军事后勤保障和装备维护/209

第五章　劳动力：企业、政府和大学/239

第一节　政府采购人员队伍/242

第二节　国防工业从业人员队伍/246

第三节　大学毕业生/250

第六章　研发的关键性/256

第一节　提高国防部研发投资效益/263

第二节　趋势和未来需求/277

第三节　研发小结/280

第七章　国防采购竞争/284

第一节　研发竞争/287

第二节　生产竞争/288

第三节　国防保障和维护的竞争/299

第四节　服务竞争/300

第五节　公共部门与私营企业之间的竞争/302

第六节　国防采购竞争小结/307

第八章　其他国家的国防工业战略/310

第一节　欧洲/312

第二节　俄罗斯/323

第三节　中国/326

第四节　其他国家和地区：日本、印度、以色列、澳大利亚、中东和非洲/331

第九章 美国国家安全产业的转型/342

第一节 变革的必要性/342

第二节 理想的产业结构/348

第三节 国防部未来的业务实践/349

第四节 实现转型/349

第五节 为什么这一次可以实现变革/358

参考文献/361

关于作者/368

第一章 挑 战

第一节 21 世纪大背景

就经济、政治和军事地位而言,美国崛起为世界唯一的超级大国始于 20 世纪初。[1]西奥多·罗斯福(Theodore Roosevelt)总统在全球扩张美国的势力范围,美国的工业经历了巨大的增长并进行了自我改造,继而在第二次世界大战中获胜,柏林墙倒塌,苏联解体。美国在 20 世纪熠熠生辉。但是政治家、学者和世界评论家似乎一致认为,21 世纪将与 20 世纪大相径庭。或许 2011 年 9 月 11 日唤醒了人们。当天的恐怖袭击,让海洋可以为美国提供保护的历史观点画上了句号,并促使人们重新思考战略环境安全。随后的华盛顿炭疽袭击及全球 SARS 蔓延让人们意识到需要有一个更为整体的安全观,包括全球恐怖主义、人造的或源于自然的全球公共卫生流行病、武器扩散、拥有核武器的若干国家、能源依赖、极易蔓延的国内叛乱、大规模移民、地区冲突、资源储备(如水、核心原料等)、国际犯罪和安全之间的关联(如毒品恐怖主义)、许多地缘政治问题(如政权稳固性、不稳固政权重建等)、世界性经济崩溃和网络安全(对军事和民用基础设施发动袭击)等。国土安全已经成为国家当务之急,其重要性今非昔比,需要涵盖所有方面:基础设施和金融体系保护、针对若干国家发射的远程核弹的防御,甚至是针对拥有核弹和发射能力的国家的一次意外发射的导弹防御。

21世纪远比冷战时期更具不确定性。在那时的两极世界中,美国和苏联的领导人都非常理智,他们意识到对手具有摧毁力。这就足以遏制任何核攻击行动。对双方而言,最主要的是继续投入,从而保持一支强大的常规核武力量,这种相互制衡的巨大威慑力有效地阻止了第三次世界大战。然而,在一个多极化的世界面前,如存在许多宗教激进主义反美国家,威慑力几乎微不足道。正如《华盛顿邮报》(Washington Post)的头版头条标题所示:我们正面临"一个恐怖世界"。[2]

在这个科技、地缘政治、经济和政治发生日新月异、不可预测的变化的21世纪,两件事尤为突出,是美国未来安全不可或缺的。首先,需要一个能支撑21世纪安全需求所有开支的强大的美国经济体。这意味着经济持续增长、政府预算收支平衡、充分就业的技术劳动力、强势美元、贸易顺差和能源独立。正如保罗·肯尼迪(Paul Kennedy)在他1987年出版的《大国兴衰:1500—2000年的经济变化和军事冲突》[3](The Rise and Fall of Great Powers: Economic Change and Military Conflict from 1500 to 2000)一书中提醒的那样,国家需要财富来获取军事力量,同时需要军事力量来获取和保护他们的财富。但是他也指出,从长期来看,一个国家如果把太多的资源投入军事而不是经济增长,那就可能削弱其国力。这是美国在21世纪面临的挑战。如果用于国家安全的资源有限(这样才能有足够的资源用于社会需求、经济增长投资等),那么如何应对21世纪多样化的潜在安全威胁呢?

问题的部分答案在于21世纪需要考虑的第二大安全因素。当前大部分威胁,如恐怖主义、流行病、武器扩散、地区冲突、能源、环境、稀缺资源,甚至网络安全,都需要通过国际合作来应对。在这个多极化、全球化的世界,不能只关注单边行动或孤立主义以及保护主义政策。相反,重点应放在为每个参与国利益而采取的多边联合行动,但同时应意识到共同行动才能确保个体利益最大化。

虽然许多人(包括一些美国国会议员)依然认为,通过秉承20世纪的做法,美国能够在21世纪维持其地位,但压倒性的观点是,这是一个急剧变化的时代,需要一个全新思维模式。例如,当三个前美国国家安全顾问(同时代表了共和党和民主党的观点)在2007年会面时,亨利·基辛格(Henry Kissinger)指出"国际体系正处于我们百年未遇的变革时期",原因在于国家实力下降、激进伊斯兰主义对主权历史观念的挑战,以及国际事务重点从大西洋转移到太平洋和印度洋。[4]兹比格纽·布热津斯基(Zbigniew Brzezinski)声称全球正在觉醒,"世界变得更加不安,它蠢蠢欲动,有着很难满足的抱负。如果美国来引领,那就必须把自己与这些鲜活强烈的政治新抱负以某种方式联系在一起,这些抱负使得我们这个时代甚至与最近的过去都是如此不同。"[5]他还说,美国应该告诉世界它想成为世界问题解决方案的一分子,并且将协同其他国家共同解决。最后,布伦特·斯考克罗夫特(Brent Scowcroft)说道,"在这个截然不同的全新世界,传统的威慑手段实际上用处不大。世界上大多数的重大问题已跨越国界,并且出现了各种新的角色……我们必须让世界相信,我们打算与他们合作(为了我们的自身利益)",并且我们希望一起参与解决世界问题。[6]

解决这些世界性的安全问题,如恐怖主义、武器扩散、少数核武国、地区冲突等,或者避免与未来军事对手发生潜在冲突,都不能主要依靠军事行动,而是首先应采取美国政府内部的多方行动以及多国合作。美国国务院在这场行动中必须扮演主要角色,与国家情报部门的领导、国防部、国土安全部、能源部和财政部携手。考虑到大量的联邦政府部门参与其中,多方行动并非易事,但是如果美国要想在21世纪保持稳固的国家安全,这就是必经之路。

在20世纪,国防部花了很长时间才意识到各军种采取联合行动而不是单方行动有多么关键。现代科技,包括信息与通信技术、远程武器和空间系统,需要陆军、海军、空军和海军陆战队开展一体化行动。20世纪80年代中期,《戈德华特-尼科尔斯国防部改组法》(Goldwater-Nichols Legislation)颁布,推行制度变革和人事激励,从而正式鼓励多部门的一体化行动。此外,在21世纪,需要制度上的激励来确保跨部门行动能顺利有效开展。所幸的是,现在已经朝着这个方向迈了几步。2008年,国务院任命了非洲司令部副司令,类似之举还涉及南方司令部(处理南美洲和中美洲的毒品交易等问题)和欧洲司令部。最后,为了应对21世纪难以预测或不可预测的各种各样潜在的安全问题,联邦机构需要做出比过去更快捷的反应。因为联邦机构反应能力一向欠佳,因此制度变革和新的激励机制势在必行。世界上不断有新事件发生,机构人员不可能花费6~9个月的时间来做出应对决策。再者,那些决策的背景必须置于多国环境下,这加大了实现快速有效应对的难度。即使在20世纪,联合国和北大西洋公约组织也很难做出快速有效的决策。

在21世纪这个多极化、全球化环境中,美国需要赢得其他国家(无论是盟国还是敌对国)的尊重,这很关键,而从很多方面来看,这一点在21世纪早些时候就已缺失了。同时这些国家必须相信,美国会坚守其承诺。因为每个成员的未来安全在很大程度上将取决于彼此达成共识的行动。在美国,这些全球问题必须得到美国国会的充分理解,因为在国会,政治往往是局部问题。对国会持怀疑态度者经常声称:"国会是拖后腿的标杆。"因此,出于保护美国的21世纪安全,这方面需要国会内部的坚强领导力。美国无法独立解决恐怖主义、疾病、大规模杀伤性武器扩散以及种族大屠杀等问题。要解决这些问题,美国必须拥有强大的公民经济、有效的国际关系,以及稳固且负担得起的国家安全态势。这个稳固的国家安全态势同时需要军事实力和软实力,而如约瑟夫·S.奈(Joseph S. Nye)所言,这种软实力依靠三种国家资源——"文化、政治价值观和外交政策,三者都应当受到推崇并被共享,并且应是合法的、值得支持的"。[7]军事和经济资源可以使一个国家有能力获得其他国家的帮助,来支持其行动。然而,即便在硬实力和软实力兼备的情况下,如何在21世纪实现负担得起的国家安全态势,美国依然很难抉择。

美国的国家安全不能单靠不断加大国防开支来解决。国家预算还有许多其他方面的迫切需求——支付联邦医疗保险和社会保障不断上涨的成本、改善美国教育体系、升级越来越糟的桥梁和道路等国家基础设施、偿付2009年为抵抗金融危机而引发的高额债务。事实上,在2009财年,即便耗费巨资的伊拉克战争和阿富汗战争在进行中,巴拉克·奥巴马(Barack H. Obama)总统仍建议削减12%的国防预算——这是1996年以来首次。由于预期的预算压力在持续,以及庞大的年度紧急战时追加预算可能被裁,国防部很快会面临财政危机。挑战是显而易见的,那就是如何在财政预算框架内实现切实有效的21世纪国家安全态势。

第二节 实现政府和产业的必要转型

研究表明,要实现文化变革[8],就必须具备两个要素:(1)对危机的认识;(2)领导层具有转型愿景,并致力于将其实现。苏联发射"伴侣号"人造卫星,柏林墙倒塌,以及2001年"9·11"事件发生,除了那些时候,没有什么极端事件会引发对转型需求的广泛认识。纵然十多年的提醒很值得，但是依然不足以扭转来自国会、军队、国防工业和工会的巨大制度阻力。这些部门都喜欢维持现状，即依靠高额的国防开支，让当今国防企业继续生产主要是20世纪的武器，从而使工厂满员，并在这些项目上维持就业率，尽管这并没有满足21世纪的安全需求，并且开支越来越难以负担。

1998年10月，在我担任国防部副部长之时，我发现国防部并没有充分利用全球化的商业技术[9]，没有充分应对技术人员队伍的老龄化问题，没有利用工业全球化带来的潜在军事效益和经济效益，而是一味加大更高成本的传统武器系统的生产，并没有转向适用于21世纪战争的技术和系统。对此，许多评论家在21世纪前十年也不断呼吁。到2005年，作为独立顾问委员会的国防科技委员会指出：国防工业的独立研发能力急剧下降（研发由企业而不是国防部资助）；资源投入需要从武器平台（如船舶、飞机和坦克等）转向信息和系统研究；未来很少有长周期的生产线；由政府出资的主要武器生产设施产能存在很大的过剩；国防工业规划无法满足未来潜在之需，因为顾客面向的是21世纪的装备和系统。[10] 当时国防工业的反应是，"如果我们的顾客依然需要旧系统，我们无法也不希望劝说他们改变想法，这不符合我们的商业利益"。国防工业部门还认为，各种各样的政府决策、做法和法律阻止其采取进一步行动，购买更新、更低成本的系统。接下来一年，即2006年，许多人意识到这种变革的需求。杰夫瑞·瑞考德（Jeffrey Record）说道："一度对美国安全构成主要威胁的敌对国，已经被无赖国、失败国和非国家政体所替代。"[11] 他还表示，我们无法指望美国传统的军事优势能够满足21世纪非常规冲突的需求。最后，他指出，虽然2006年的《国防四年评估》（Quadrennial Defense Review）呼吁扩大特别作战部队，但"不要求提高美国地面部队的整体水平，并坚持使用所有冷战时期保留下来的主要武器系统"[12]。

到2007年，甚至一些军事领导人也开始觉察到这种文化变革的迫切性了。海军作战部总司令迈克尔·穆勒恩（Michael Mullen）上将（后来成为国防部参谋长联席会议主席）指挥他的部门制定了美国海洋战略，"以应对全球化带来的挑战"[13]。他要求此项战略能够应付"对科技、经济、安全关系和其他方面协定造成影响的深刻变化，以及21世纪的能源竞争"[14]。然而，虽然人们已经逐步意识到21世纪的安全环境需求与预算、政策和实际使用的武器不匹配，但即将到来的财政危机和变革之需依然被忽视。事实上，外部的安全环境正在发生巨变。

虽然我们需要一个全新的整体国家安全观,包括国土安全部、能力得到极大提升的情报部门以及联合作战部队,但自2001年9月11日以后长达十年的巨大预算增长,延缓了一个艰难抉择,即采取行动满足21世纪的安全之需还是维持20世纪装备的持续投入。当时的假设是,预算维持高位;伊朗战争和阿富汗战争结束后,军方会将其装备恢复至战前水平(通过购买升级版的传统装备作为替代);在降低预算的情况下,不可能建设一支21世纪现代化的武装力量。事实上,这会让人们想起亚伯拉罕·林肯(Abraham Lincoln)的那句名言:"过去和平岁月的理论已经不适应狂风暴雨的今天。当下困难重重,我们必须与时俱进。由于我们面临新的形势,因此我们必须采用新思维,采取新行动。"[15]

有一个人意识到了财政危机,并在全国发表了讲话,他就是美国国家总审计师和政府问责局局长大卫·沃克(David M. Walker)。他声称:"必须通过提高国防部及其所有成员单位的业务能力,来创建必不可少的未来美国的战争能力,从而保障我们的国家安全;为了在现有和预期的资源水平框架下,支撑和维持我们作为世界杰出军事强国的地位。"[16]这种资源束缚成了推动所需的文化变革的一股力量,因为其他领域的社会性开支需求迫使1 000亿美元的年度追加预算和年度高额国防开支被取消。届时,我们必须做出艰难抉择,而在正确领导下,压力能够导致美国安全态势和资源配置在21世纪实现转型。

到2010年,显然国防部预算势必下降,包括7 000亿美元的追加资金;针对资金承受力的重大变革势在必行。国防部部长罗伯特·盖茨(Robert Gates)于是带头做国防部思想工作,变革是当务之急,别无选择。各军种在未来部队规划、武器需求、预算、采购事项等方面必须反思这点。

注释:

[1] Warren Zimmerman, *First Great Triumph: How Five Americans Made Their Country a World Power* (New York: Farrar, Straus, and Giroux, 2002).
[2] Michael Signer, "A Scary World," *Washington Post*, February 24, 2008.
[3] Paul Kennedy, *The Rise and Fall of Great Powers: Economic Change and Military Conflict from 1500 to 2000* (New York: Random House, 1987).
[4] David Ignatius, "Wise Advice: Listen, and Engage," *Washington Post*, June 24, 2007.
[5] Ibid.
[6] Ibid.
[7] Joseph S. Nye, *Soft Power: The Means to Success in World Politics* (New York: Public Affairs, 2004), as noted in Hans Binnendijk and Richard Kugler, *Seeing the Elephant: The U.S. Role in Global Society* (Dulles, VA: Potomac Books, 2007), 183.

[8] For example, see John P. Kotter, *Leading Change* (Boston: Harvard Business School Press, 1996).

[9] Jacques Gansler, Memo to the chair of the Defense Science Board, defining the terms of reference for a study on globalization and security from the Undersecretary of Defense, October 6, 1998.

[10] Defense Science Board, Summer Study on Transformation, Subpanel Report on Defense Industry and Acquisition, "Assessment of the Current Situation and Recommended Actions," August 9, 2005.

[11] "Military Culture Remains Rooted in Cold-War Era Mindset," *Inside the Army*, September 4, 2006.

[12] Ibid.

[13] Adm. Michael Mullen, "Navy Weighs Tank Maritime Strategy Options but Others May Immerge," *Inside the Navy*, April 23, 2007.

[14] Ibid.

[15] Abraham Lincoln, Second Annual Message, December 1, 1862, next to last paragraph.

[16] David M. Walker, "America's Imprudent and Unsustainable Fiscal Path," *Defense Acquisition Technology and Logistics* (March–April 2006).

[17] Robert Gates, Eisenhower Library Speech on Defense Spending, May 8, 2010, http://www.defense.gov/speeches/speech.aspx?speechID=1467 (accessed on October 21, 2010).

第二章 国防工业面面观

第一节 历史回顾

当人们思考美国国防工业的时候,不免会想起两点:它建立了世界上最好的武器系统;它在赢得第二次世界大战中发挥了重要作用。事实上,美国国防工业的战时生产能力使其获得了"国家军工厂"的称号。[1]

国防工业是美国经济的一个重要领域,但由于它本质上只有一个买家(国防部),也只有少数几个主要供应商(基本上是每个领域的寡头企业),此外还受政府法律法规的控制,所以这不是一个常规市场。在这个结构独特的市场,作为唯一买家和调控者,政府对限制条件进行了规划和控制,使其能确保工业结构高效、有效且反应迅速,从而满足广泛需求,包括国防部、纳税人(在经济承受力方面)和国家的法律(在道德行为方面)。

对经济学家而言,最佳的解决方案是一组纯粹的自由市场条件。因此,政府为了预期结果而设置条件的市场是次优方案。这种情况依然需要最大化利用市场竞争力,但是政府有责任关注市场的独特条件,即只有单一买家且每个领域只有少量供应商。

在研究了美国的军事装备需求历史之后就会发现,当今国防工业的许多特点直接源于美国经济在这个领域的历史演变。[2]其九大特征很突出,并且每一个特征都可以归功于纠错行动,这对于国防工业在21世纪的最佳表现是不可或缺的。

一、国防采购的周期性

从独立革命开始,美国以战争的标准构建国防工业生产体系,战争一结束,生产商基本上被遣散,而后回归常规商业活动。每一次采用的方式都是"最后一次战争了,以后不应该再有军事行动了"。1812年战争之后,在1816年10月29日,《康涅狄格新闻报》(*Connecticut Courant*)报道,"战争部部长威廉·克劳福德(William H. Crawford)被美国总统任命为财政部部长,接替辞职的杜勒斯(Dulles)先生。我们还没听说谁将接任克劳福德先生的战争部部长一职。由于那个职位的任务现在不是非常紧急,岗位空缺可能不会被立即填补"。在第一次世界大战和第二次世界大战期间,国防工业被彻底废止。即使在1947—1991年的冷战时期,出于对苏联的持续担忧,国防开支依然维持,开支水平和维系的国防工业规模仍然存在很大变化(见图2.1)。从1977年到1996年的二十年间,国防工业的就业人数出现上下波动周期,最大波幅将近200万人,从波峰时期的350万人(1987年),包括间接就业,到波谷时期的约160万人(1977年)(见表2.1)。

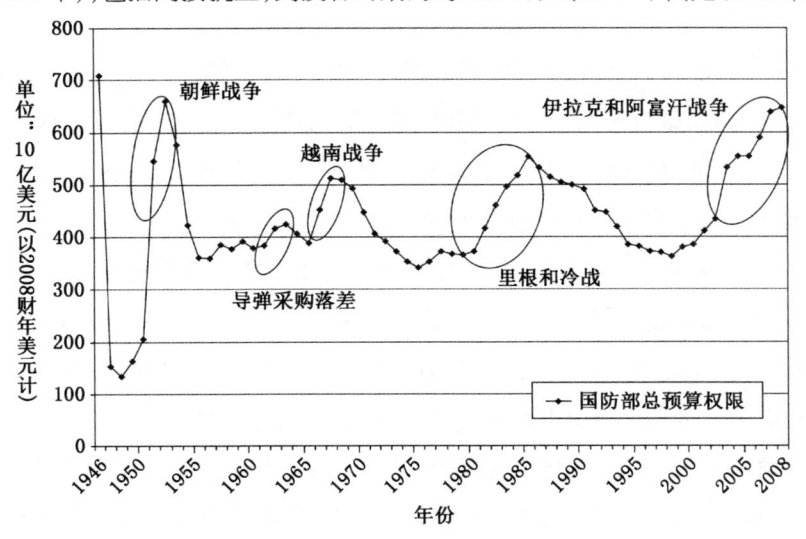

资料来源:Steven M. Kosiak, "Historical and Projected Funding for Defense: Presentation of the FY 2008 Request in Tables and Charts," Center for Strategic and Budgetary Assessments (CSBA), June 7, 2007.

图2.1　1946—2008年的国防预算

表 2.1　　　　　　　1977—1996 年的国防工业就业状况

	1977 年	1987 年	1996 年
直接相关	930 000	1 997 000	1 180 000
间接相关	722 000	1 548 000	943 000
总　计	1 652 000	3 545 000	2 123 000

资料来源：*Monthly Labor Review*，July 1998.

20 世纪下半叶,每一场冲突(朝鲜战争、越南战争和冷战)过后,公众期待并收获了丰厚的和平红利,并出现了显著的国防预算波动。冷战以后,国防预算骤然下跌,跌幅超过 1 000 亿美元,60%以上来自国防采购,也就是直接进入国防工业的资金。如此大的周期波动造成了效率明显低下,应该采取行动使其影响最小化。然而,政府或产业几乎没有出台任何国防工业基础的规划,来把军事装备需求变化巨大造成的负面效应降到最小。

二、工业基础结构规划缺失

美国民用经济的强大前提是自由市场运作的利益,其长期以来反对工业规划,甚至反对国防领域的规划。然而,在这个独特的市场,这样的规划是必不可少的。

规划涉及各种各样结构性的考虑因素,如特定领域的公司数量、政府创建竞争的能力,以及政府与私人设施所有权和劳动力的组合,从装备效能、成本以及国防工业对不断变化的需求的反应能力来看,这些考虑因素都能提高效率和效益。鉴于图 2.1 显示的国防预算的周期性,同时认识到 21 世纪始于 2001 年 9 月 11 日的恐怖主义袭击,国防工业生产就有可能出现波峰和波谷,并需要应对这些波动。然而,即便在冷战时期,当时美国约 5%的国内生产总值用于维持国防工业基础,工业规划依然缺乏。在第二次世界大战期间制定规划的部门(战争动员办公室),战争一结束就被废除了。哈利·杜鲁门(Harry S. Truman)总统为了朝鲜战争创立了内阁级别的国防动员办公室;当德怀特·艾森豪威尔当选总统后,该办公室不再享有内阁级别,以支持市场调节手段。最后,在 1991 年,美国在联邦紧急事务管理局下面设立了紧急动员部门,但后来也被废除了。如今,现行的行政命令 12656 号规定,联邦紧急事务管理局(其已经成为国土安全部的一部分)依然负责工业规划,但是自 1991 年以来,从未出现过跨部门的动员演练。[3]

为下一场战争做准备,仿佛一切如同过往,这是很愚蠢的。21世纪的科技不同以往,威胁不同,所需的装备不同,在很多情况下,甚至连工业结构都不尽相同。通过比较第二次世界大战时期与2006年的主要军事供应商的名单(见表2.2),就能一目了然。

表2.2　　第二次世界大战时期和2006年的十大顶级国防承包商

第二次世界大战时期	2006年
伯利恒钢铁公司	洛克希德·马丁公司
克莱斯勒公司	波音公司
通用汽车公司	诺斯罗普·格鲁曼公司
福特汽车公司	通用动力公司
斯图贝克公司	雷神公司
莱特航空公司	哈里伯顿公司
陶氏镁业公司	L-3通讯公司
柯蒂斯·莱特公司	BAE系统公司
帕卡德汽车公司	联合科技公司
斯佩里陀螺仪公司	科学应用国际公司

注:一些第二次世界大战时期最大的国防承包商;2006年排名前十的承包商,按其获得的合同金额排名。

资料来源:R. Elberton Smith, The Army and Economic Mobilization, The Department, 1991, OSD, http://sizdapp.dmdc.osd.mil/procurement/historical_reports/statistics/p01/FY2006/top100.html.

第二次世界大战时期的名单由商业供应商组成,这些供应商把他们的生产线转为国防用途,而2006年的名单主要包括国防供应商,他们当中可能也有一些商业分支,如波音公司就是这样。国防工业的变化性、不断演变的战争技术,以及下一次需求的不确定性,都给国防工业的远景规划造成了困难,同时也说明了为何这方面的进展极少。

《国防生产法》(The Defense Production Act)最早于1950年9月启动,至今一直在定期更新,目的在于允许并鼓励国防部为战时的潜在生产陡增做好规划,同时允许总统把关键原料按需配置给国防领域,以及要求制造商加大产出优先满足国防之需,而不是商业需求。此外,政府在这个领域拥有的其中一个主要规划职能是,确定国防工业基础公有和私有的比例。例如,依然存在许多公有的修船厂(翻新和修补)、许多公有的飞机维修站(根据法律,其必须执行50%的飞机维修总量)和许多政府的军工厂(见表2.3)。

表2.3   2006财年国防部的公有生产和维修设施

类别	政府文职人员	军事人员	合同人员	运营和维护(百万美元)
航空后勤中心	21 100	216	500	5 025
陆军维修站	15 400	17	2 850	3 831
海军航空维修站	10 900	106	683	1 868
海军造船厂	25 000	1 655	616	3 736
海运维修站	1 700	11		496
弹药厂	2 000	5	18	275
军械厂	3 050	5	53	502
约 计	69 150	2 014	4 700	15 733

注:文职人员数量四舍五入至最接近的100人。合同人员数量基于每个设施的电话报告,并不全面。资金不包括军事人员的费用(并非所有设施都有)或周转资金(WCF)。然而,对于那些没有报告数据的设施,航空部门报告中的周转基金大于等于运营和维护资金水平。

资料来源:基于Department of Defense reports to Congress and contained in Defense Science Board, Task Force Report on Defense Industrial Structure for Transformation, July 2008, p. 25.

在制订任何的工业基础结构规划时,这些公有和私有的设施以及政府所占比例(即使在那些私人操控的设施中)都需加以评估。

三、没有未雨绸缪

1990年8月2日到1991年2月28日的海湾战争,第一次使用了"飞毛腿"弹道导弹向美军开火,这需要"爱国者"地对空导弹系统将其击落。由于"飞毛腿"导弹是突然袭击,军队没有储备足够数量的"爱国者"导弹系统,于是不得不迅速进行大量订购。"爱国者"导弹系统的规划是基于需求有可能陡增的预期,根据之前的武器系统消耗经验,美国的工厂拥有足够的生产能力来制造该导弹,但是需要零部件来提高"爱国者"的生产率,而大规模增产规划并没有涵盖这些零部件。结果耽搁了十八个月后才获得这些零部件。显然,这些导弹系统的大规模增产规划考虑不充分。

第一次世界大战之前,为应对战争而采用"民兵"模式动员人力是国家规划中的方式。第二次世界大战之后,规划预先考虑了船舶、飞机和坦克的大规模增产。但是在伊拉克,一旦路边的炸弹开始摧毁非装甲车辆,对装甲车的需求就立即产生了,由于没有事先进行规划,数年之后需求才得以满足。制造船舶、飞机和坦克的企业可能不太情愿改变它们只关注成品的传统的备战模式,而军队可能在改变这些制造平台的传统模式时表现迟缓。但是21世纪的备战规划,需要灵活迅速应对突如其来的需求。好消息是应急准备相对便宜,能够在危机发生时显著影响反应时间。就上述的爱国者导弹而言,在生产率提高之前订购生产周期长的零部件,这样在增产需求产生时,几乎没有任何追加成本就能获得零部件,因为即使没有增产需求,这些零部件也可以在以后的生产中得到使用。

四、工业实际反应能力不足

在美国的所有战争中,其人力动员能够比人员装备迅捷得多。今天,由于装备精细化,交付期就延长很多。因此,尽管美国总体工业实力提高了,当突发事件降临时,如珍珠港的空袭、第一颗人造卫星"伴侣号"的发射、2001年9月11日的恐怖袭击、伊拉克的路边炸弹袭击,我们往往对上一次的事件而不是突发的新事件严阵以待。政府机构层级分明,因此官员们只考虑他们准备好的事情,而不是可能发生的"意外"。[4]

五、工业基础无法满足不断变化的需求

重组和应对需求变化时的灵活性,对于21世纪国防工业基础而言将是至关重要的。其重点必须放在危机时期所需之物,包括无人驾驶车辆、精准武器、升级的情报设备、备用零部件以及人员和装备的防护装置。21世纪技术的快速变化特性使这项规划变得尤其困难,商业界和军事领域都必须做出调整,以适应对手使用的不断变化的技术。由于军队为最后一次那样的战争时刻准备着,其工业因此也往往做着同样的准备,即为最后一次那样的战争制造装备。

六、科技和研发的重要性

第二次世界大战以后,范内瓦·布什(Vannevar Bush)帮助美国意识到科技

将决定美国未来的发展、竞争力和安全态势。于是国家科学基金会成立了,研发预算增加了,大学项目受到鼓励。苏联在1957年发射了它的第一颗人造卫星"斯普特尼克1号",当时掀起了第二波对科技的关注浪潮。一些机构纷纷成立,包括国家航空航天局、国防部下设的高级研究项目管理局、国防科学委员会(外部的咨询委员会),这些机构旨在消除未来技术上的突发事件。在长达四十五年的冷战中,美国的国家安全战略基于技术优势,可以寄希望于美国的武器系统质量来战胜苏联系统的规模效应。对研发重要性的认识,体现为国防开支、联邦研发投资、国家科学基金会和国防部内部的基础研究的显著增长。2001年秋天炭疽袭击事件后,国家卫生研究院的资金增加了,以应对生物战。重要的是,美国国防研发投资,不但对国家安全态势而且对美国的国际工业竞争力而言,都是有价值的,并且催生了喷气式飞机、通信卫星、半导体的早期开发、互联网,以及算法的巨大进步。

七、国防工业基础产业的显著差异

主要因为历史演变,国防工业基础的不同领域,如船舶、飞机和弹药制造等,如今存在显著差异。在美国独立革命期间,例如,船舶和炮弹零部件都是在私营企业生产。枪支和弹药大多数来自政府的军工厂。如今依然如此,政治在国防工业结构决策中往往起着关键作用。1794年4月,亨利·诺克斯(Henry Knox)给乔治·华盛顿(George Washington)写了一封信,关于首批六艘美国战舰建造,他认为应该考虑地理分布,信中写道:"进行配比是公平和明智的……尽可能考虑那些出钱最多来提供支持的地区或州。"[5]

这种公私混合的模式随着国防工业发展一直在持续。比如,1846年,政府拥有37%的军工厂,到1859年上升到47%。由于政府在大西洋沿岸拥有6个海军造船厂,大多数的军舰是在公有的船厂制造,但是小型武器大多数转向私营企业,如柯尔特和瑞明顿,有一些依然出自斯普林菲尔德军工厂。在裁军期间,比如两次世界大战间期,国防部试图维持其自身的设施;由于私营企业几乎没有市场,大多数军备,如枪支、坦克和弹药,产自政府的6个军工厂。飞机制造业是个例外,其自始至终都在私营企业,除了维修站。

国防工业也是分层级的。大型分包商,如喷气式飞机、计算机和雷达等领域,往往为不同的主承包商工作,但是通过兼并,他们越来越多地被纵向整合到主承包商的阵营中。在较低的层级，大量小供应商生产零部件和材料，如铸件、锻件和半导体（见图2.2）。最后，国防工业中越来越多的业务出现在服务业。

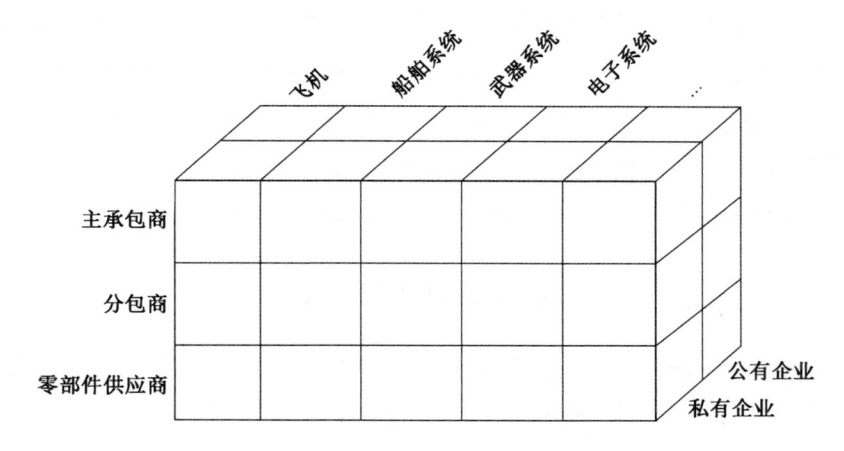

图 2.2　国防工业基础的构成

大多数国防装备过去往往出自商用企业，这些企业转型为战争服务，战争一结束又回归商业生产。然而，在第二次世界大战刚结束的几年里，专业化的国防工业不断壮大，以满足国防部新兴的技术需求，如战斗机的喷气推进器、微波雷达、导弹、射击控制计算机，以及其他独特或主要是军事用途的装备等。如今，大多数低层级的组件（子系统和零部件）与商业领域有着极大的相似，但是大多数国防用品依然来自国防专用设施，因为政府强制执行的商业惯例迫使军用与商用分离。

八、国防企业兼并

每一次快速的战时组建及随后快速出售之后，一些大型公司在国防领域所占的份额越来越大。例如，联邦政府在第二次世界大战中对工厂和装备进行了大规模的资本投资，但是战争一结束，就把那些股份以诱人的价格出售给了正好位于这些设施所在地的极个别公司。当时，250家全国大型公司并购了超过70%的被抛售的工厂。[6]在许多其他的第二次世界大战设施出售案例中，政府保留了所有权，但是与其合作的公司接管了管理工作。得克萨斯的大型飞机制造厂就是此类情况，目前洛克希德·马丁公司在那里建造F-35战斗机。最大规模的兼并发生在冷战快结束的时候，当时排名前50的公司合并，晋升为前五强。

由于现代国防科技在研发和生产方面复杂、尖端,并且需要大量的资本投入,同时由于大型项目不断减少,因此,进一步兼并的可能性引发了对主承包商和分包商层面竞争减少甚至消失的极大担忧。在许多方面,这种集中兼并,尤其是纵向一体化,与全球化商业公司的发展方向背道而驰。亨利·福特(Henry Ford)的汽车生产模式(钢铁进、汽车出)在商业界不再盛行。相反,外包给具有竞争力的供应商已经成为一种趋势,这些供应商的核心能力涉及单个分系统、零部件或者服务。在这种外包制下,商业公司得以保持竞争力。

九、自给自足的错觉

许多人把国防看作一个在封闭的国内经济体系中就能解决的问题。实际正好相反。多国参与的事实始于独立革命时期,并延续至今。在美国独立革命期间,萨拉托加战役前,军队拥有的重达 2 347 000 磅的弹药中,90% 以上是用进口的原料制造,或者用弹药船从欧洲运过来。[7] 今天,美国制造的每一个武器系统都包含了外国的零部件,许多是外国设计的。由于技术和工业的全球化,这种趋势愈演愈烈。

21 世纪的挑战是利用这种趋势(如重视研发、实行全球化)的优势,同时解决和弥补历史上导致无效或低效的劣势,包括易受外国原料影响的潜在风险,从而维护国家安全利益。

第二节 国防开支与经济

美国的国防总开支远远超过其他任何一个国家。21 世纪第一个十年中期,国防年度预算是 4 415 亿美元,这个数额不包括两个重大项目:需用于伊拉克和阿富汗战争的超 1 000 亿美元的年度国防预算补充资金以及能源部的核武器预算。这比世界上其他 192 个国家的国防预算总额多出不少。[8] 即使俄罗斯、英国、法国、德国、意大利、以色列、沙特阿拉伯、韩国和伊朗等国防开支巨大的国家也非常逊色。国防预算不但使这些国家的国防开支相形见绌,而且这些资金的分配也存在显著差异。例如,虽然美国的武器采购远超欧洲国家的总和,但是研发开支的差异甚至更极端。美国用于研发的资金是欧洲总和的三到四倍。

此外,国防部拥有 300 多万雇员以及 6 万多幢建筑,分布在 130 个国家,资产和债务总额高达3.4万亿美元[9]，支撑国防工业基础的直接劳动力超过400万人。它对经济实体也有巨大的间接作用,向700万以上的政府员工、企业员工以及退休员工和家属提供产品和服务。

虽然第二次世界大战期间的历史趋势是每一次重大冲突后美国都会裁军,但在四十多年的冷战期间并持续到21世纪的"针对恐怖主义的长期战争"中,其国防开支一直保持在高位,预计未来几年将继续。

但国防预算并不是只针对一个地区的冲突。美国的军队实际上分布在世界各地(见表2.4)。

表2.4　　　　　　　　2007年6月美国的全球驻军　　　　　　　单位:人

中央司令部	欧洲司令部	太平洋司令部	南方司令部
伊拉克,169 000	德国,75 603	韩国,40 258	关塔那摩,75 603
阿富汗,20 000	意大利,13 354	日本,40 045	洪都拉斯,413
吉布提,200	西班牙,1 968	澳大利亚,200	加拿大,147
埃及,384	英国,11 801	菲律宾,100	厄瓜多尔,未知
吉尔吉斯斯坦,1 000	科索沃,1 700	迪戈加西亚,491	海上,120 666
格鲁吉亚,21	波斯尼亚,2 931	新加坡,196	
卡塔尔,3 432	土耳其,1 863	泰国,113	
巴林,1 496	比利时,1 534	海上,16 601	
沙特阿拉伯,291	葡萄牙,1 016		
阿鲁巴,592	荷兰,722		
	马其顿,104		
	海上,2 534		

此外,美国的国家安全预算必须包括基本的国防预算、国防部紧急需要时的追加补充预算(这一类包括约1 700亿美元的2007年伊朗战争和阿富汗战争开支)、国土安全部约400亿美元的年度预算,以及包含在能源部预算里的约170亿美元的核武器和海军核反应堆年度开支。国家安全预算也应该包含情报总预算部分,这项预算一度预计每年支出500亿~600亿美元[10],但是在2009年,国家情报部门领导人把预算公开提高到750亿美元[11],涵盖了国防部和中央情报局的20万名员工。这项开支大部分隐含在名目繁多的预算中,包括国防部预算。对于国防安全总体年度开支有着不同的估算,但是到了2008财年,其中一

项估算在720亿到735亿美元,这提高了国家安全投入在公民生产总值的占比,2008年财年达到5.7%。

在21世纪的第一个十年,国防补充预算被用于支付伊拉克战争和阿富汗战争。这一时期,补充预算每年都在增加,随着战争持续,开始每年超过1 000亿美元,有些时候需要多次追加预算。到2009财年,总统提交预算的时候,也附加了700亿美元的初始补充预算。理论上,补充预算的目的是,在某一个财年支付意外产生但在预算提交之时并没有预想过的开支。然而,随着追加预算开始被当作理所当然之事,它在军队预算规划中的占比显著。一旦这些1 000亿美元的补充预算消失,国防部就可能遭遇财政危机。到那时,支付21世纪武器系统而不是传统平台,将成为残酷的现实。即使在后"9·11"时期国防预算增幅很大,到2010年,每一个军种都宣称,即使有补充预算,每年依然有超过200亿美元的资金缺口。在这段时期,国家没有像冷战之前那样把民用经济转化为战时状态,而是依靠国防工业来满足安全之需。

在不转化民用经济的前提下,大规模国防开支是否对美国经济产生积极或者消极的影响,这一宏观经济问题关系到这些开支是否促进经济增长或者导致通货膨胀。遗憾的是,回答该问题没那么容易。论点的正反两面都有专家支持和数据支持,答案似乎取决于国家经济整体状况、与军事方面相类似的其他开支或财政政策、政策的经济目标和社会目标,以及国防工业自身的结构和内部条件。

由于国防开支直接或间接地创造了数百万工作岗位,数千亿美元每年投入经济,因此许多人指望国防政策对整体经济和国防相关领域的就业带来潜在的刺激作用。但是将这种国防开支的作用与其他的政府财政政策或货币政策相比较,可能会产生误导。比如,国防开支比政府其他领域开支的刺激作用可能更大,因为国防资本更加密集[12],因而投资的经济效益更高。然而,减税的经济刺激作用甚至更为有效,这取决于减税的形式以及减税时的经济状况。同样,经济刺激手段的公共政策目标很重要。比如,创造就业机会或许是其中一个目标,但是由于国防领域的高技术要求和高薪,因此它极少对失业这块硬骨头产生作用。华西里·列昂惕夫(Wassily Leontief)和马文·霍芬伯格(Marvin Hoffenberg)的一项分析表明,每一美元国防开支创造的就业岗位,比政府民用开支少一半,但薪水高出20%。[13]关于国防开支的宏观经济效应,还有其他一些理论(比如有些考虑了其对股市的影响)[14],但是美联储前主席阿瑟·伯恩斯(Arthur Burns)的一份声明总结得非常好："如果说国防领域在一些方面刺激了经济,那么在其他方面则阻碍了发展。"[15]然而,与任何其他类别的开支相比,国会更容易为国家安全列出开支,这往往使国防开支在需求产生时,尤其在明显出现国家安全危机之时,成为经济刺激的直接手段。

或许国防开支对美国经济最重要的长期影响是来自国防研发的民用经济效益。由于国防部利用技术优势作为其差异化战略,因此其在显著影响美国经济的各个领域,不断推动最新发展。国防部对高性能小型电子产品的需求,使得其成为半导体产业的第一个买家,继而成为推手。其对全球通信的需求催生了通信卫星产业。其他的例子包括喷气式引擎、互联网,以及全球定位系统。在所有这些案例中,这些研发支出都是为军事需求服务,但是使国家整体经济受益。然而,国防开支的目的不在于经济刺激、经济增长、就业或政治,而是必须合理地建立在美国国家安全需求的基础之上。

把国防开支当作国内生产总值的一部分来考察(图 2.3)是有益的。即使在冷战时期,当时国防预算水平维持在高于和平时期的历史低位,国内生产总值(GDP)增长迅猛,国防的国内生产总值占比却持续全面走低,即便是越战时期和冷战末里根扩军时期。或许令人意外的是,尽管伊拉克战争和阿富汗战争开支庞大,整体下滑趋势仍在继续。到 2007 年,国防总开支只占了美国国内生产总值的 4.4%。

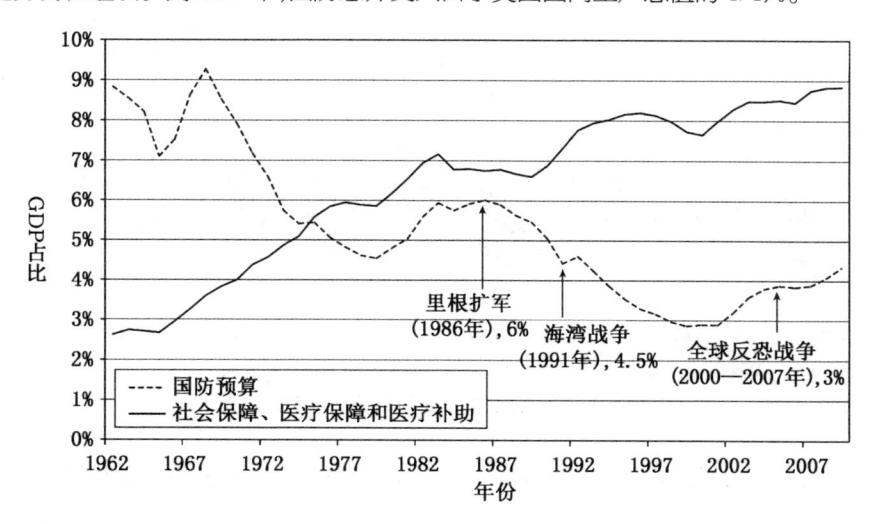

资料来源:Budget of the United States Government (historical table), CIA World Factbook (Washington, DC: U.S. Government Printing Office, 2007).

图 2.3 国防预算和政府硬性开支(社会保障、医疗保险和医疗补助)的国内生产总值占比

根据政府问责局发布的分析报告,美国国内生产总值的增长速度跟不上未来国防开支的需求、其他自行决定的需求、债务偿还(到 2017 年预计超过年度国防预算)[16],以及法定权益项目(如社会保障金、联邦医疗保险、医疗补助,这些加起来预计从 2000 年约占国内生产总值的 8%到 2080 年的约 25%)。

此外,虽然美国的支出绝对超出世界其他国家的总和,肯定比其他任何一个国家都多,但是许多国家的国防开支的国内生产总值占比超过美国(图 2.4)。然而也有很多国家,如英国、澳大利亚和日本,在国家安全上花费的国内生产总值资金比例比美国小得多。尽管如此,从人均来看,2008 年美国的人均 2 000 美元的国防预算仅次于以色列的人均 2 300 美元。[17]

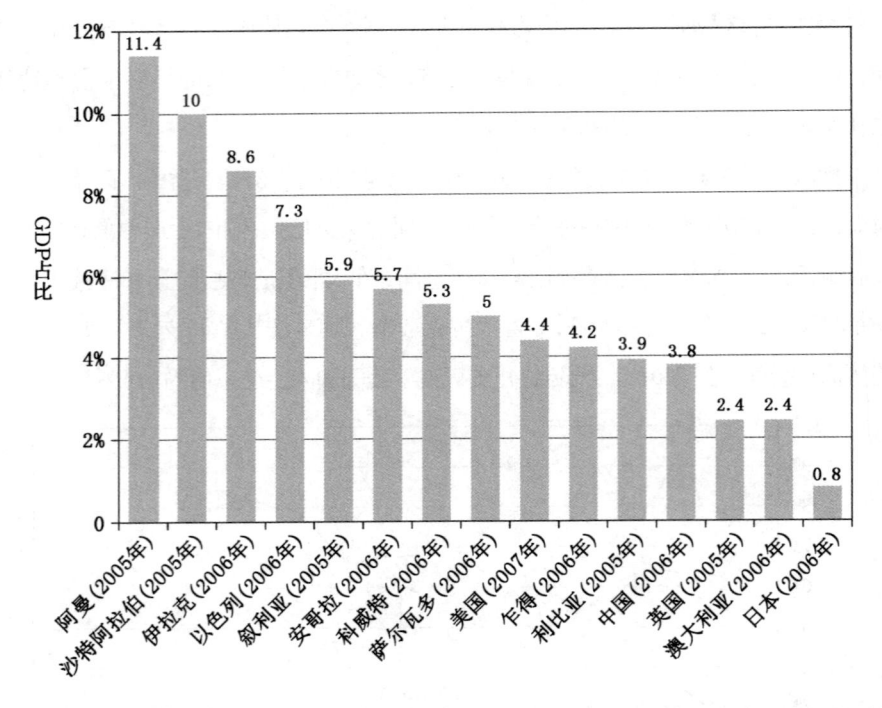

国家(年份)	GDP占比
阿曼(2005年)	11.4%
沙特阿拉伯(2005年)	10%
伊拉克(2006年)	8.6%
以色列(2006年)	7.3%
叙利亚(2005年)	5.9%
安哥拉(2006年)	5.7%
科威特(2006年)	5.3%
萨尔瓦多(2006年)	5%
美国(2007年)	4.4%
乍得(2006年)	4.2%
利比亚(2005年)	3.9%
中国(2006年)	3.8%
英国(2005年)	2.4%
澳大利亚(2006年)	2.4%
日本(2006年)	0.8%

资料来源: Budget of the United States Government (historical table), CIA World Factbook (Washington, DC: U. S. Government Printing Office, 2007).

图 2.4　粗略比较:国防开支的 GDP 占比

尽管不断希望和平曙光乍现,历史和当今世界趋势并没有留给人们太多这方面的乐观理由。相反,我们需要仔细研究国防部如何花钱,并且在确保国防安全的前提下可以采取何种手段来实现开支的大幅缩减。国防部总预算大部分差不多平均分配给陆军、海军和空军,由于飞机及其维修费用高昂,尤其是喷气式飞机,空军的预算通常稍微高一点。陆军比空军的资本密集程度低得多,空军的成本大部分用于人员上。海军也主要是人员密集性的,由于规模小,其预算总额往往比其他军种差不多低一个等级。最后,总开支中还有一个"跨国防"类别,其一般相当于三大军种的差不多一半水平,涵盖了国防部各个部门(如联合后勤局、国防信息系统局和弹道导弹防御局)之间的各种联合行动。四个军种的预算分配每年都不一样,随着各军种面临越来越 21 世纪风格的战争冲突(例如,地区战事和非常规战事),陆军和海军的人员数量可能会增加。此外,在预算不断下降的情况下,支付军舰和载人空军飞机的巨大资金成本将会越来越困难。

最能反映国防部预算趋势的指标是各类开支。这些类别在预算过程中已经界定,并按美元价值排序,它们包括:(1)运行维护;(2)人员;(3)采购;(4)研发、测试和评估;(5)其他。

一、运行维护

在漫长的冷战期并持续至 21 世纪,国防部的运行维护预算增长显著(按 2005 财年不变美元计算),从 500 亿美元上升到每年约 1 500 亿美元[18](这个最新数字不包括主要用于伊拉克战争和阿富汗战争的运行维护的庞大补充预算)。这种全面增长反映了复杂装备的运行、保障和维护成本,以及伊拉克战争和阿富汗战争中的高频军事行动。燃料成本上涨也在此起到了关键作用,并反映了高频作战和船舶、飞机和坦克的高燃料消耗量。在 2008 财年,国防部的燃油花费达到 150 亿美元。[19]

随着军事装备老化,运行维护成本就上涨了,成本每年约占 10%～14%,即使预算持平,国防部也将不断提高运行维护的资源配比。国防部无力购买新的装备,这就造成了一个死循环,即不断老化的装备的运行维护成本越来越高,可用于购买新装备的资金越来越少。

二、人员

从 1945 年到 1979 年,随着通胀和生活费的调整(甚至在志愿兵人数增加的情况下),军事人员成本逐渐上涨。然而,在冷战末 20 世纪 80 年代的里根扩军时期,成本开始飙升,当时国会强行规定了各种与人员相关的项目,如军队医疗保健计划、预备役军人医疗保健,以及伤残人员福利项目(见图 2.5)。

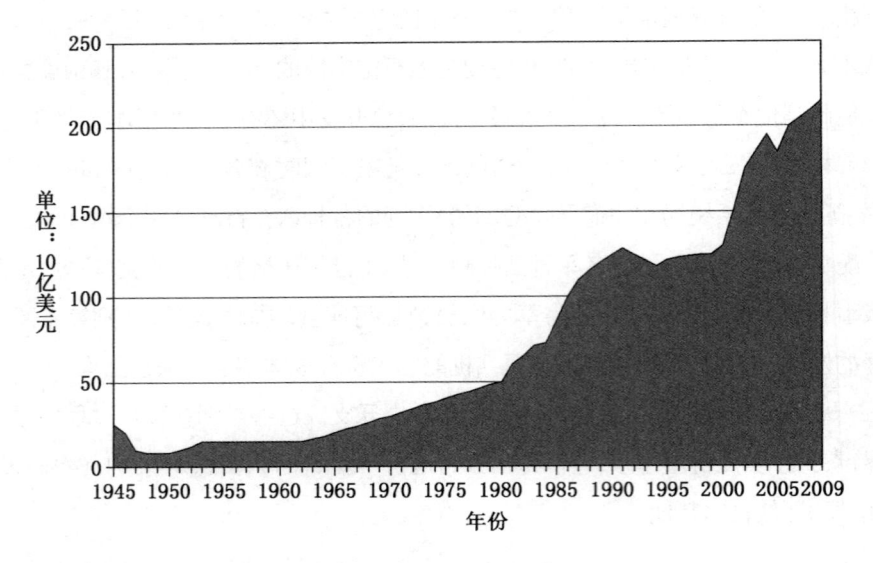

资料来源:Department of Defense,"Green Book,"fiscal year 2009.
图 2.5　1945—2009 年的年度军事人员费

人员成本增长最快的其中一项内容是现役军人及家属和退役军人及家属的医疗保健。到 2005 年,美国医疗保健的总支出为 2 万亿美元[20],相当于美国国内生产总值的 16％。这说明医疗保健的国内生产总值占比从 1975 年到 2005 年翻了一番,到 2016 年美国的医疗开支预计接近国内生产总值的 20％。[21] 军队医疗保健和养老金成本也不断飙升,特别是因为越战后参加志愿军部队的士兵和军官退休且衰老了。军人医疗保健计划(TRICARE)的相关成本尤其突出,它覆盖了 900 万军方受益人的医疗保健。[22] 由于受益人数和福利增加,以及总体医疗通胀加剧,从 2001 财年到 2005 财年,军人医疗保健计划的成本增加了一倍多,到 2005 年,其 42％的预算用于现役人员及其家属,其余部分用于退役人员及其家属,医疗成本往往随年龄的增长急剧上升。

不断上涨的医疗保健成本,成为国防部整体预算的一个日益令人担忧的问题。在讨论 2007 财年陆军预算时,美国陆军参谋长彼得·休梅克(Peter Schoomaker)将军说,他"非常担忧不断上升的人员费"[23]。他指出,自 2001 年以来,陆军常规部队的成本上升了 60％,预备役上升了 100％,这主要是被医疗保健需求推高了。同样,国防部审计长蒂娜·乔纳斯(Tina Jonas)指出,军方薪酬在 2001 年到 2008 年间上升了 75％[24],在这一波上涨周期中,国防部的医疗保健费上升了125%。[25]

最后,并不是所有的国防部医疗保健费都出现在国防部预算当中。例如,在2007财年,军人医疗保健费共需930亿美元,其中420亿美元由国防部支出,310亿美元由退役军人事务部承担,200亿美元列入财政部退役军人预算中。

志愿军部队变得越来越昂贵。在伊拉克和阿富汗等地进行的持久战争面前,即便部队规模在许多方面不断缩小,福利费仍是人员费大幅上升的主要原因,福利费包括滞留金、危险任务津贴,以及不断提高的退休金和家庭福利。

三、采　购

国防部总投资账目包括两部分:采购(购买生产系统)与研发、测试、评估(投资下一代系统)(见图2.6)。

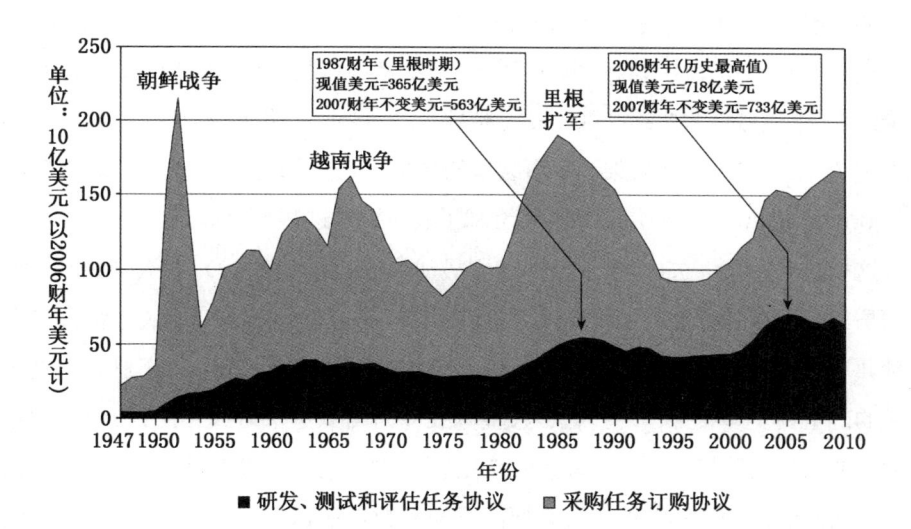

资料来源:Office of the Under Secretary of Defense (Comptroller), "National Defense Budget for FY'7"(Green Book), March 2006.

图 2.6　国防投资:采购与研发、测试和评估(1947—2010年)

如图2.6所示,采购账目在有些周期急剧扩大(尤其在战争时期),接着在"采购假期"又急剧下滑。近年来,在最近的后冷战时期,就出现了一次巨幅下滑。从1989年到1996年,按2007财年的不变美元计算,国防总预算拨款下降了约1 250亿美元,差不多一半来自采购账目。按照2007年不变美元计算,从1 088亿美元跌至506亿美元。从1996年到2009年(十四年),五角大楼遭遇了自1822—1837年(十六年)周期最长的国防预算拨款增长,2001年"9·11"恐怖袭击以后以及伊拉克战争和阿富汗战争期间,出现了最大的增幅。[26]在2001年到2006年的增长期,根据递交给国会的"优选采购报告",重大武器项目的总成本从7 000亿美元提高到1.4万亿美元,而实际的采购数量下降了,这反映了不断提高的单位成本。

因此,在21世纪初期,军事装备的数量已经减少了,而购买总金额急剧上升。例如,M-1坦克的价格相当于其正替代的M-60坦克的三倍,不包含通货膨胀,并且假设是一对一的更换。它的性能大大超越,或许甚至相当于三倍。因此,在一对一更换的基础上,可以说物有所值,但是依然需要花费三倍的价钱。如果美国打算保留相同数量的坦克,那就必须将采购开支翻三倍。海军舰艇和空军战斗机的成本也有类似的增长。如果空军打算保持恒定的规模,比如从1995年到2005年,保留23支战术战斗机联队,那么每年就必须购买大约110架飞机。实际上空军每年平均购买了21架战术战斗机。[27]作为参照,美国在20世纪50年代每年购买约3 000架战术军机,20世纪60年代每年约1 000架,20世纪70年代每年约300架。军事装备的数量趋势很明显。诺曼·R.奥古斯汀(Norman R. Augustine)在1983年绘制了战斗机的这些趋势曲线。[28]他指出,如果这种趋势持续下去(至少一直持续到最现代的战斗机F-22),那么到2054年,国防部将动用其所有的飞机购买力去买一架飞机,而这架飞机他认为将被各军种共用。这将是一架超级无敌的飞机,其性能将超越当今任何一架飞机,但是数量的确重要。事实上,一些人认为,整体战斗力与数量平方成正比,与单个武器的性能只呈线性相关。[29]在单位成本上涨的时候,为了保持整体战斗力稳定,指望武器性能提升是不够的。有必要保留合理数量的这些高成本系统,除非单位成本下降,否则负担不起。

四、研发、测试和评估

如图2.6所示,研发、测试和评估账目的长期走势是向上的,1996—2007年间涨幅最大,按照2007年不变美元计算,当时该账目从420亿美元上升到654亿美元。但是在这个总账目中,全尺寸武器的开发成本增加了,而长期研究的资金减少了。这种转变受武器系统复杂性巨大提升的驱动,武器系统不断在每一个领域扩大最先进的技术。如果国防预算的上限受到极大约束,那么从长期到短期的转变可能会越发加大。因此,如果不大量投入长期研究的话,或许会危及美国维持其长期技术优势的能力。

表 2.5 比较了 1988 年和 2007 年的人员和装备数量,后冷战时期的预算趋势得以呈现。

表 2.5　　　　　　　　　　1988—2007 年的国防趋势

	1988 年	2007 年
现役人员(单位:千人)	2 209	1 406
预备役和警卫人员(单位:千人)	1 158	843
文职人员(单位:千人)	1 090	702
现役在编船舶(单位:艘)	573	236
陆军师(现役)(单位:个)	20	10
空军战斗机/攻击机(现役总数)(单位:架)	3 027	1 619

资料来源:"National Defense Budget Estimates for FY2006," April 2007, AFA Almanac, http://www.history.navy.mil/branches/org9-4c.html.

这些数据表明,2001 年"9·11"事件后国防预算的大幅增加,并没有扭转冷战一结束就发生的人员或者重大装备数量的下降。增长的预算都用来支付成本高得多的装备和志愿兵部队,但是人员和装备数量的下降非常显著。

在任何关于国防开支和经济的讨论中,都必须意识到国家未来安全背后的驱动因素是其经济实力。如果没有经济的强劲增长和对其他资源需求(如社会保障和医疗保险)增长的认同,那么用于国家安全投资的资源就会匮乏。因此需要双管齐下:首先,要寻求并实施降低国家安全自身费用的方法;其次,寻求并实施通过安全和经济增长的两用投资增强美国经济实力的方法。

也许加里·哈特(Gary Hart)对安全和经济之间关联度的重要性做了最好的总结,他写道:"我们的经济外衣是我们实力的基础,而我们的实力是我们成为世界领袖的基础。"[30]我们的军事实力和政治实力很关键,但它们必须建立在我们国家的综合经济实力基础之上。军事实力和经济实力的这种相互依存,是本书将频繁提及的一个参照点。

第三节　冷战和后冷战时期

从 1947 年到 1998 年的五十多年间,美国和苏联彼此虎视眈眈,建立了庞大的军事基地，储备了核弹头。在整个冷战时期，已知的战术威胁(如突然集结，随后俄罗斯军队从德国境内的富尔达缺口发动袭击)促使美国极速实现军队的现代化，由此，为庞大国防工业的持续提供了强大的财政支持和订单。例如，在1985财年，美国国防部申请了900多架飞机、50枚洲际弹道导弹、23艘海军舰艇、2 000辆坦克和装甲运兵车、5 000枚制导导弹，以及72 000枚无导向装置的火箭。[31]当时，美国拥有20~50家大型(取决于统计方法)国防工业承包商。

此外，尤其在冷战的最后十年，世界正经历着一场信息革命。20世纪90年代，商业世界以互联网的快速传播的形式经历了这一切。而对军队而言，效应体现在精准武器、精准传感器，以及通过"传感器和枪炮网络"实现武器和传感器的整合(集指挥、控制和通信于一体的系统)。虽然预算和军事行动依然集中使用传统武器开展历史性的大规模部队间的冲突，但是有一股强大的推动力，通过这些信息赋能的战斗力增效器，把信息革命及其大幅提升战斗力的潜能生搬硬套到那种模式。

在20世纪80年代，一系列新闻界声称的"浪费、欺诈和滥用行为丑闻"对国防部产生了两大重要影响。其中一些职权滥用涉及非法行为(一名海军高级军官卷入了与一名承包商的不当契约关系)，其他滥用行为涉及坏账和采购业务，这导致了定价过高的零部件和商业用品，如600美元一个的马桶座、427美元一个的锤子，以及可以在空军飞机坠毁时保持完好无损的过度设计的咖啡壶。为了调查这些问题，国会于1985年建立了国防管理蓝带委员会[被称为帕卡德委员会，以惠普公司的共同创始人、国防部前副部长、该委员会主席大卫·帕卡德(David Packard)命名]。该委员会没有追责，而是调查了国防采购流程中这些浪费、欺诈和滥用行为丑闻的根源，研究了必要的结构变化(组织机构、指挥系统和武器需求)，提出了很多建议，这些建议后来在1986年颁布的《戈德华特－尼科尔斯国防部改组法》(Goldwater-Nichols Department of Defense Reorganization Act)中得到实施。这些建议包括以下内容：

● 分管采购的国防部副部长应负责所有武器系统的研发、采购、测试和保障。头衔后来扩展为分管采购、技术和后勤的国防部副部长。

● 每一个军种的采购主管应直接向分管采购的国防部副部长和对应的军种的部长汇报。

● 项目执行主管应向军队采购主管汇报，并且监管特定区域的各个项目经理。

● 参谋长联席会议副主席（四星将领级别）应授权联合小组参与需求流程（通过领衔需求监管联合委员会，审核和批准所有的需求），同时应在需求流程中代表军事装备的用户（作战指挥官），而不是让流程完全由各军种主导。

● 要晋升至将级军官的职位（陆军将军或海军将军），候选人必须在联合（跨军种）职位上服役过，这是提升跨军种规划和作战的强大推力。

帕卡德委员会同时建议，应该对联邦采购法做出一些重要的修订，包括减少军事专用规格，允许更大程度依赖商用产品，同时可采用需求基准化、重大项目预算、特殊系统跨年度采购等手段提高项目稳定性。当帕卡德委员会成员威廉·佩里（William Perry）在1994年成为国防部部长的时候，大部分建议在国防部内得以实施。

在冷战时期，国会执行了一系列重要的相关行动。一些比较宏观，如1984年的《合同竞争法》（Competition in Contracting Act，该法鼓励更多的竞争），以及1995年的《联邦采购改革法》（Federal Acquisition Reform Act，该法鼓励更多地使用商用产品）。国会还执行了一项再增加6 000名审计师的需求，同时规定了政府购买马桶座的最高限价（660美元）。这为一系列旨在"确保不犯错"的立法行动揭开了序幕。因此，通过详细规定，国会试图移除管理方的许多评审权，这是武器系统的有效、高效采购所必需的。遗憾的是，确保不犯错的唯一途径只有两个：(1)不作为；(2)不冒险（意味着永远缩在后面，尽量多花钱覆盖每一个潜在的不测事件）。这两个选项都不可取。

最后，除了针对丑闻，国会还意识到各军种需要更加紧密地合作。在1985年10月1日至8日发表的演讲中，参议员巴里·戈德华特（Barry Goldwater）说道："各军种无法有效合作的问题并没有被忽视。"他指出，"参谋长联席会议无法提供即使有用的建议……作为预算事项共同利益倡导者。"[32]同一时期，参议院山姆·纳恩（Sam Nunn）说道："参谋长联席会议未能向文职高官持续提供及时有用的军事建议……联席会议通常在一项潜规则下运作，要求在给出建议前达成一致。结果，他们的建议时常和稀泥，往往保护各军种的利益。"[33]最后，1983年美国入侵加勒比岛国格林纳达，表明需要实现各军种间指挥、控制和通信系统的统一，以及更多实实在在的联合作战，尤其是通信方面。[34]因此，帕卡德委员会强调需求流程和军队生涯晋升中的协同性，此举得到了国会的大力支持。

第四节 后冷战年代[35]

1989年,柏林墙倒塌,1991年,苏联解体。1991年到2001年的十年被称为后冷战年代。未来不得而知。同时,国防工业发生了巨大的变化,包括五大明显的趋势——国防预算削减、企业兼并、安全问题的变化、全球化,以及政府工作外包。

一、国防预算削减

后冷战时期国防预算的骤降,是第二次世界大战结束以来最大幅度的削减。正如预计的那样,1985年到1995十年间采购的装备数量急剧下跌(见表2.6)。

表2.6　　　　　　　　　主要系统采购

年份	1985	1990	1995
船舶	29	20	6
飞机	943	511	127
坦克	720	448	0

资料来源:Loren Thompson, National Security Studies, Georgetown University, April 21, 1995.

船舶、飞机和坦克采购数量的急剧下跌,导致了国防工业的设施和人员极度过剩,这笔庞大开支必须靠极少量在建系统进行消化,因而极大地提高了它们的单位成本。然而当预算减少时,平台数量的减少速度远超它们单位成本的上涨速度。例如,从1990年到1999年,飞机数量缩减了69%,但是它们的单位成本上涨了32%。同样,船舶数量缩减了84%,但是它们的单位成本上涨了50%。履带式战车(坦克)的数量缩减了90%,但单位成本上涨了54%。如上所述,国防部陷入死循环。其装备不断老化,并且因同步训练和全球部署而不断损耗,但是国防部无力替换旧系统,因为其预算不断下降,而单位成本不断上涨。此外,国防部正面临不断上涨的维护成本,因为其装备老化、磨损,零部件成本不断上涨(七年内,空军每小时的飞行成本上涨了40%多)。针对此,国防工业把大部分关注点从武器系统生产转向保障、升级和服务,因为这些领域是剩余资金的主要去向,从1997年到1999年,这些领域的资金从国防部授权金额26%增加到

51%。[36]

冷战结束时,俄罗斯和许多前苏联国家依然拥有大型军火库,尤其是战略核武器。为美国和前苏联国家找到减少其战略武器储备和运输手段的方法(1 846枚俄罗斯的和846枚美国的弹道导弹确实被拆卸了)被认为是非常值得的,可以通过合作性降低威胁的谈判来实现。这是一个高度促进稳定的行动,但由于许多这些前苏联国家的财政不稳定,缩减成本不得不出自美国国防部的预算。这就意味着投向美国国防工业和美国核武器设施的订单资金(武器补给)进一步匮乏。

二、企业并购

由于需求大幅走低,飞机制造厂、造船厂和导弹工厂日渐衰弱,国防部为维护这些大量过剩的工厂,需要支付极高的费用,因此国防部领导开始鼓励国防企业兼并。1993年的兼并呼声最为人熟知,当时,在与企业高管们的最后一顿众所周知的晚宴会上,时任国防部副部长威廉·佩里宣布了国防企业兼并的必要性。他同时说道,政府将补助兼并行为,允许兼并成本作为间接成本报销,前提是政府结余能够被清晰预测,并且竞争依然局限在国防工业的每一个领域。

鉴于国防部采购量下降及其对国防工业的负面影响,国防工业对于兼并机遇欣喜若狂。华尔街也同样热情高涨,投资者们对每一次重大国防企业的合并或收购都注资数百万美元。兼并潮始于20世纪80年代后期,但是在20世纪90年代国防预算骤然下降之时急剧加速(见图2.7)。

图2.7显示了五大国防承包商的一些重大收购活动,但是这5家公司收购了50家以上的老企业。这些合并和收购既有横向的(如飞机制造业领域麦克唐纳·道格拉斯公司(麦道公司)与波音公司的合并或者导弹制造业领域休斯飞机公司与雷神公司的合并),也有纵向的(如洛克希德·马丁公司收购劳拉公司,诺斯罗普公司收购西屋公司)。在十年内,许多大型国防供应商和更多的主要分包商合并成少数几家主导性的国防企业。从1993年到1999年,顶级国防供应商的数量从36家下降至8家,从1994到1997年,国防企业并购资金量从27亿美元上升到312亿美元。[37]国防工业靠借款实现这些收购,其负债率也急剧上升,从1993年的150亿美元上升到1999年的430亿美元。例如,在2000年的第二季度,由于在并购时期进行了大量的收购[38],洛克希德·马丁公司的债务股本比达到175%,其债券评级从A下调至BBB—,雷神公司从AA下调至BBB—。

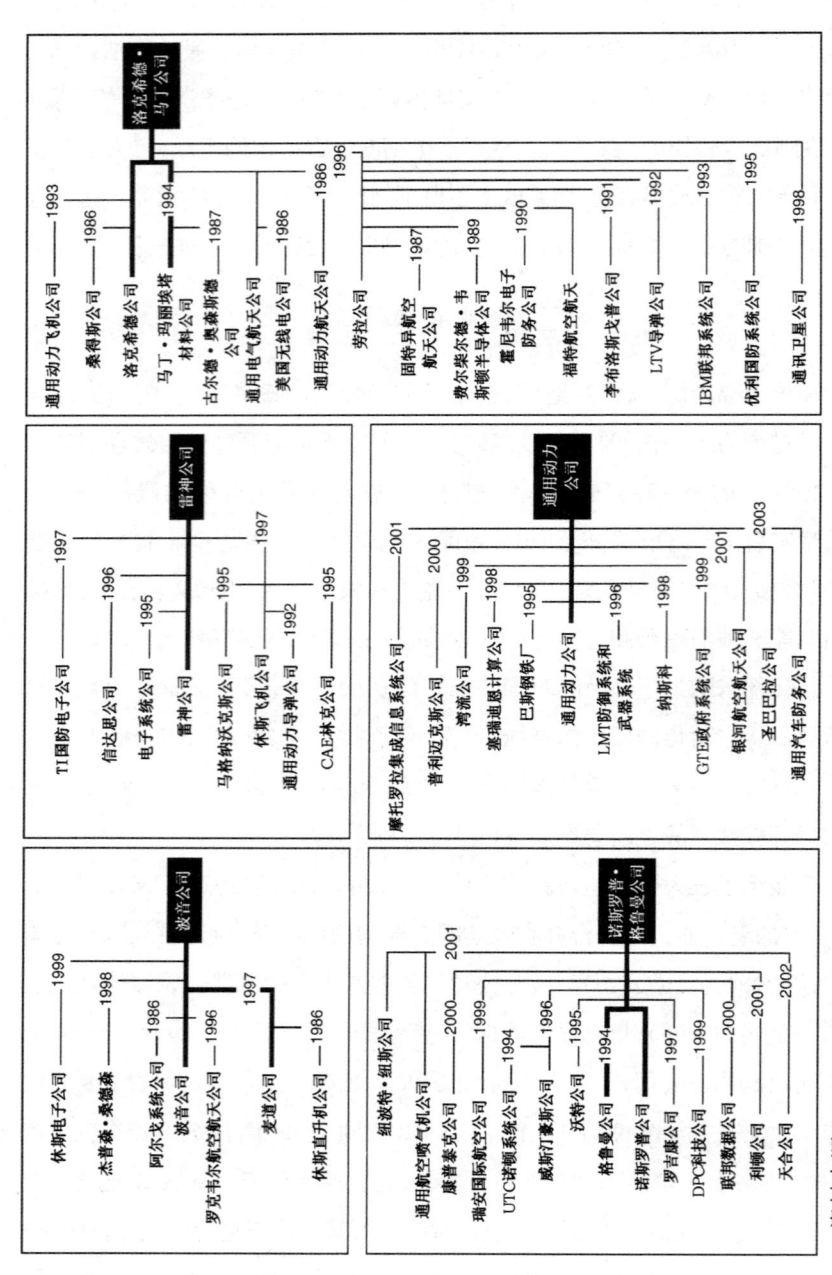

图 2.7 1986—2001年的国防工业并购

资料来源：Adapted from "A Blueprint for Action," Aerospace Industry of America Association(AIAA), Defense Reform 2001 Conference, February 14 and 15, 2001, Washington, DC.

在并购狂热时期,一家国防企业拥有好几个战略选项。可以是:(1)买断其他公司,在不断萎缩的市场占有较大份额;(2)在加强国防业务的同时,扩大商用业务,从而实现多元化;(3)出售许多国防业务以换取高额现金,收窄国防业务;(4)如果拥有大量商用业务的话,则干脆退出国防业务。

倒着来看这些选项,大量公司干脆退出了国防业务。高科技公司包括加州微波、GTE政府系统公司、休斯电子、IBM、朗讯、美格、飞利浦,以及德州仪器。大型制造业公司包括阿勒格尼、特利丹、克莱斯勒、伊顿、爱默生、福特、通用电气(喷气式引擎除外)、天纳克,以及西屋。由于政府规定很复杂(从专用会计到正当权利问题),因此许多如惠普、3M和康宁等高科技含量的公司,婉言谢绝参加国防部的关键性的研发项目,尽管其继续向国防部出售商用产品。由于国防工业基础失去了这些商用定位的公司,也就意味着失去了往往更为先进的技术和更低的设计定位,此时许多观察家(包括笔者)都很失望,但是这些公司认为国防业务不再具有吸引力,因其利润低,规定烦琐,以及市场萎缩。

对于那些为应对国防预算削减把资源转向商业领域的公司而言,经历参差不齐。[39]由于国防和商业环境的文化差异巨大,尤其在营销和金融方面,以及国防工程关注的是不惜任何成本达到最佳性能,因此通过融入商业世界实现多样化,证明是困难的,并且大部分没有取得成功(虽然一些公司转型成功了)。[40]总体而言,商业公司和军工企业并购中总体成功率似乎平均为35%左右,但是当一些公司转型至与其主营业务密切相关的领域时,成功率显著提高,约70%。1998年3月,纽波特·纽斯造船厂负责人威廉·弗利克斯(William Frickes)告诉笔者,对于许多国防企业而言:"坦率地讲,(拓展商用业务以实现多样化)并没有起到作用!"

大多数公司在选择并购路径时,要么作为收购方,要么作为收购对象。虽然这种方法的基本原理看上去很吸引人,包括协同作用、资本可供性、更多市场力以及更大的规模经济体,但是并购实证数据表明,大部分都没有取得成功。[41]吸收不同企业文化存在困难,新企业的管理知识缺乏,这些因素结果成了兼并后的国防企业难以体现21世纪预期特征的最大障碍。事实上,麦肯锡关于国防企业并购的一项研究[42]表明,80%的收购未获成功。尽管如此,政府问责局发现,由于国防工业的并购,国防部三年内节约了20亿美元。[43]

整合公司内部或者同一领域内被收购公司的工厂活动,显然是可以省钱的地方。但是大多数公司没有选择在工厂整合方面采取行动,这其中既有政治原因(他们想解决当地就业问题),也有乐观主义的原因(他们希望预算恢复高位,从而使工厂能再次投入全产),还有悲观主义的原因(他们害怕搬迁整合设施会产生巨大成本,尽管许多成本可以在国防合同中以间接费用减免的形式予以抵销)。大多数公司选择不采取行动。洛克希德·马丁公司继续在佐治亚州建造其新型F-22战斗机,同时在得克萨斯州建造其新型F-35战斗机;波音公司依然在密苏里州、华盛顿州和加州造飞机;诺斯罗普·格鲁曼公司在密西西比州和弗吉尼亚州造船;通用动力公司在缅因州和康涅狄格州造船。让这些工厂保持低产运行,不如整合生产那样高效,但是整合在政治上是有困难的,通常没有去做。然而,在一些特殊案例中,政府获得了利益。例如,雷神公司整合了其在亚利桑那州图森的导弹生产设施,国防部看到武器价格下跌幅度达到25%,因而在长周期导弹生产上为其省下了20亿美元。[44]由于支付给生产厂家的价格是基于其每年的成本,公司几乎没有从节流行动中获利,因而很少有动力通过整合实现利益。

  并购的其中一项不利影响是企业的规模重组形成了几家大公司和众多小公司,这些小公司得到小企业强制性补助的大力支持。越来越多的中型公司消失了,这点值得关注,因为这些企业曾经往往是一些较大公司的竞争对手。国防工业一分为二,中型公司被收购或者消失,有些被个别剩余的大公司吞并,有些因没有竞争力而退出国防领域。服务业尤其如此。从1995年到2004年,联邦政府服务业流向中型公司的合同价值份额从44%缩减到29%,而那些流到关键信息和通信技术服务领域的中型公司的合同从29%缩减到13%。在这两种情况中,缩减的主要原因是大公司接管了那部分业务份额。[45]

  国防工业并购对就业产生了重大的负面影响。从1990年到1995年,国防工业就业人数下降了50万。[46]国防领域大量裁员,以及民用领域的技术日益繁荣,尤其在信息技术方面,这一切导致在国防领域找工作的工程类毕业生人数严重下降。1990年,科技类毕业生把航空航天和国防选为他们第三受欢迎的职业的学科。但是到1998年,该选项跌至第七名,被电信、互联网、生物科技和商业领域的其他相似学科所替代。[47]除了失去新的科技人员,许多国防领域的技术人员也辞职加入了商业领域的成长性行业。

  随着预算下降,以及国防企业存在产能极大过剩,国防工业的资本性支出下降显著。或许从长期来看,甚至更为重要的是,公司资助的独立研发预算也显著下降。例如,从1994年到1999年,国防企业投入研发的销售利润占比从4.1%下跌到2.9%,并且由于销售急剧下跌,独立研发总支出在不断缩小的销售利润中的占比越来越小,也就是说,是一个负的"倍数"。[48]

或许令人意外的是,在这个国防预算大幅下跌的时期,在华尔街青睐的兼并浪潮驱动下,国防工业股票价格实际上暴涨了。在1990年第三季度和1998年第一季度期间,国防工业股的回报率达到664%,这与那个时期标普500指数324%的回报率相比毫不逊色。[49]

在此轮国防预算下跌周期末,国防部内部对国防工业出现的趋势越发担忧。[50]首先,在国防工业的许多领域,企业数量仅剩下两三家大型企业,以满足每一个关键领域的国防需求,并且存在降至一家的威胁,这是日益令人担忧的事情。其次,在华尔街对国防企业并购活动的狂热时期过后,由于多种原因,好几家企业没有达到其盈利预期,股价开始跳水。再者,许多企业另辟蹊径,离开国防领域,转向商业领域,因而使国防领域进一步孤立于商用技术的快速发展以及商用技术领域的爆发性市场增长之外。最后,出口控制的陈规旧习还在延续,许多人认为,国防领域应该并且能够自给自足,在联合作战和工业全球化已经并有待得到进一步重视的情况下,这种自给自足显然是背道而驰的。必须采取行动来解决这四个问题。

首先,就竞争而言,国防部、司法部和联邦贸易委员会越来越担忧国防领域参与竞争的企业数量不断减少。即便如此,这些部委依然允许并购,由于现有企业规模不断萎缩,并且国防市场的结构具有独特性,即由一个垄断型的买家和少数供应商寡头组成,后者为争取日趋减少的极少数不常见的重大采购而拼得头破血流。政策制定者提出的理由是,如果作为唯一买家的国防部满足于有限竞争,并且维持额外的潜在供应商的成本高得令人望而却步,那他们就不会以反垄断为由反对并购。如部长佩里所说的那样,国防部向他们承诺,只有在为国防部降低成本,并且并购之后依然存在充分竞争的的前提下,才允许并购。他指出,国防部飞机发动机采购项目竞争一直很激烈,即便只有两家供应商(通用电气公司和普惠公司)主导着国防业务(英国的劳斯莱斯公司作为后备)。因此,一致的看法的是,每一个关键领域主要有两到三家竞争者就足以构成竞争,并且已经萎缩的国防市场也无法支持更多企业。由于国防市场持续萎缩,国防部开始更加严密地监管优先项目和关键技术,并创建保护清单或关注清单,以此来监管美国技术领先地位的缺失以及美国供应商是否充足,到2005年,9个关键领域被追踪。

　　国防企业并购终将结束,因为政府不会允许在任何一个关键国防领域把双头垄断整合为寡头垄断。国防部和司法部的做法体现了这点,两大部门不允许通用动力公司购买纽波特·纽斯公司的造船设施,后者是有能力建造核潜艇的仅剩的另外一家公司。大型国防企业往往只能选择全部买下下一层级的国防供应厂家,即子系统和关键下属企业。然而,当出现两个供应商在任一关键的下一层级领域准备合二为一的威胁时,政府不得不再次干预,正如终止了洛克希德·马丁公司和诺斯罗普·格鲁曼公司的合并提案一样(不完全出于主承包商层面的反竞争考虑,主要出于垂直整合考虑)。[51]该合并提案有助于让日益让人担忧的垂直整合问题显性化。假如一个主承包商拥有或者收购了关键子系统的唯一的甚至是公认最好的供应商,那就会对其他主承包商构成极大的竞争优势,由于并购,其他主承包商在未来武器系统招标中失去了子系统供应商。建议并购下一层级供应商的主承包商通常辩称,他们收购的子系统单位将成为与其母公司竞标的任何公司的商业供应商。这种说法被认为是可信的。尽管如此,或许令人震惊的是,军事机构往往青睐剩余两大供应商的合并,因其认为这能减少运行产生的间接费用,虽然实证表明,缺乏竞争导致价格上涨。最后,军事机构辩称,其"无力承担同时运行两家供应商"。[52]然而,军事机构在这些问题上的立场,通常不得不被国防部部长办公室、司法部或联邦贸易委员会联手推翻,理由是长期反垄断。[53]

　　由于在这个低迷时期新的国防项目越来越少,特定领域剩下的少数企业试图组队,以确保其至少在每一个项目中都分一杯羹,因为竞争失利可能意味着这些企业也许要等上十年甚至更长时间才有下一次大好机会。洛克希德·马丁公司、巴斯钢铁厂和英戈尔斯造船厂组建了他们所称的"梦之队",由洛克希德公司负责整合系统,驱逐舰业务领域的仅有的两家造船厂则提供其专长。海军对这支"梦之队"情有独钟[54],由这些工业供应商分别组成的国会代表团也表示强烈支持。然而,国防部部长办公室坚持强调,两家造船厂之间必须要有竞争,这样国防部才能从竞争所致的创新和低成本中获益。

　　对于并购趋势趋缓、国防工业低利润以及高负债率问题等一系列事件,华尔街立即做出了回应,国防企业股严重下跌。洛克希德·马丁公司的股价从1998年中期的每股约60美元下跌至1999年末的20美元以下;在1998年4月至9月间,波音公司的1/3市值蒸发了;在1999年秋季,雷神公司的股票一天之内暴跌45%;诺斯罗普·格鲁曼公司在长达十年的交易后,最终以每股59美元收盘,远低于1998年年初的139美元。[55]十年结束之际,国防工业的财务状况越发令人担忧。《华尔街日报》(Wall Street Journal)在1999年12月评论道,"一些国防工业的大玩家,包括洛克希德·马丁公司和雷神公司,正在苦苦挣扎。长达八年的并购让这些公司债务负担重、股价低廉及盈利微薄。这些实力被削弱的巨头企业是否有能力进行必要的科研投资以维持美国的技术领先地位,对此五角大楼和国防工业官员们提出疑问"。[56]

国会和国防部都意识到,必须采取重大举措来减缓并购。国防工业的健康发展问题以及商用市场与军用市场的不断分离,也令人担忧。为了解决前一个问题,国防部继续推行收购改革,并大大加快了其商业改革进程,旨在确保一个更加健康的国防工业,同时依然可以从竞争中获益。此外,由于普遍认为削减幅度太大,因此预算开始回升。2000年,国防工业股价呈现了显著的上扬趋势,例如,纽波特·纽斯公司上涨了81%,波音公司上涨了58%,洛克希德·马丁公司上涨了46%,诺斯罗普·格鲁曼公司上涨了46%,通用动力公司上涨了33%,以及雷神公司上涨了29%,而当时标普500下跌了6%,纳斯达克指数下跌了23%。另外,在副总统阿尔·戈尔(Al Gore)的指挥下,白宫开展了政府商业活动的审查工作——被称为国家绩效评估,着眼于效率、反应力和透明度。该项审查工作强调简化政府采购流程,更多依靠商用市场。在国防部部长威廉·佩里的领导下,这些要点开始在五角大楼实施,由佩里部长新创建的一个组织牵头,该组织的负责人是主管采购改革的国防部副部长。国会也认识到把商用企业引入国防业务的重要性,于是通过立法简化采购流程,提高商用产品的使用率。《联邦采购简化法》(Federal Acquisitions Streamlining Act)和《联邦采购改革法》(Federal Acquisition Reform Act)等立法,强调了国防部的商用品采购。

这些创举在国防部部长威廉·科恩(William Cohen)的领导下继续实施。"商务革命"强调采用最佳商业做法、缩减国防部基础设施规模,以及增加国防部给私企的服务外包合同(原本非政府属性)。这些对国防工业结构越来越多的关注,促使独立的国防科学委员会开展了一系列研究,包括1997年对纵向整合的研究和 1998 年对全球化的研究。国防部部长办公室也发布了一系列政策声明，比如 1999 年的反竞争组队政策声明、1999 年的分包竞争政策声明以及 2000 年的未来竞争政策声明[57]，所有这一切都表明国防工业的竞争企业数量已经缩减到非常低的水平，以至于国防部已经无法承受自由放任政策。

三、安全关注点的变化

随着后冷战时代不断演变，军事规划开始转向地区冲突的确认和准备。同时，越来越多的人认识到(尤其在美国，继续强调先进技术)，信息时代将导致军事行动和支持这些行动的装备种类的巨大变化——这被称为"军事革命"。这些变化包括：

● 精准武器(一枚精准制导导弹能替代数百枚炸弹或炮弹)。

● 隐形技术(单架飞机能偷偷接近目标；当许多架非隐形飞机接近国防系统时，只有少数几架才能闯关成功)。

● 无人驾驶系统(这些包括地面、空中和海上的无人驾驶交通工具)。

● 网络中心战——通过一个指挥、控制和通信网连接分布式的传感器和射击武器(通过借助大量各式各样数据融合的传感器和精准射击武器，用低成本的装备实现巨大的武力乘数效应)。

● 改进的指挥控制系统(这些通过信息革命已得到提升)。

● 改进的导航能力(这已经通过基于卫星的全球定位系统的广泛使用得到提升)。

尽管如此，削减的国防预算和来自军队、工业、国会及工会的制度阻力仍使国防部处于两难境地。如果生产线的维持费用能降低，那就需要对是购买旧系统还是应转向新系统做出抉择。连续两年，空军没有为"全球鹰"无人侦察机做预算，即使以色列已经高调展示了该无人机的长期侦察优势。在传统高性能战斗机与新型无人系统的购买抉择之间，空军会选择前者。这个项目不得不被国防部部长办公室重新纳入预算(空军在这方面受其掌控)。

在这个时期，组织和装备方面必须有重大的文化变革，才能为 21 世纪战事做好准备。但是历史教训表明，在没有公认的危机情况下，要在短时间内实施文化变革是有难度的。

四、全球化

甚至在冷战结束前,商业界无论在生产还是消费方面都已经在全球市场运作。商业公司去境外寻求最好的零部件、较低成本且高技术水平的劳动力、海外市场,甚至一天24小时的全球运作(用现代通信和信息技术)。但是国防部出于各种原因抵制全球化,原因包括害怕易受海外货源影响,担心向潜在的对手泄密,担心国内劳工争议(正如美国工会和国会倡导的),以及历史性观念,即认为国防工业是不一样的,需要保持自给自足。

然而,技术在向全球传播,越来越多的美国商业公司正开展全球化运作。即使遭到制度上的阻力,国防部接收的国际参与者建造的装备也越来越多。例如,所有的美国武器系统都包含了一些海外的零部件,如日本的半导体和德国的精密玻璃。在零部件供应商层面,这些采购活动并不是主要受更低的成本驱动,而是因为这些海外货源具有更高的性能。研究结果表明,尽管国防工业越来越依赖这些海外零部件,美国却没有因此而变得易受影响,这取决于潜在供应商的数量及其所在的国家,尤其当总部在美国的潜在供应商随时可以保底时。这也没有违反《购买美国货法》(Buy American Act)——因为该法只适用于成品,不适用于分包或零部件。然而,立法的重大阻力持续抑制着此类海外采购行为。例如,许多特殊利益导向的立法规定阻碍了锚链、特种金属和服装等物品的采购。也存在其他立法上的贸易障碍,如商用品享有的海外销售税抵免不适用国防用品,并且海外购买的商品在出口许可证、再销售或者返修方面的流程烦琐且费时。到2001年初,即后冷战十年末,分包商购买的海外零部件总量远低于当年国防总预算的1%。[58]

关于美国国防工业保持自给自足的必要性,尽管存在忧虑,但是出现了两种反对的观点(收效甚微)。军方的观点是,从地缘政治的视角看,没有同盟联合作战,美国很可能无法参与任何未来的军事行动。因此,在一个由多个国家提供的分布式联网感应器和射击武器组成的战场,确保联合作战的每一个国家拥有最好的技术(当时通常是美国提供的技术),这是符合美国利益的。因此,为了实现军事效果最大化,所有的装备需要设计调试,以便联合作战伙伴交互操作。在科索沃,那里没有完全实现交互操作,美国和荷兰的飞机并肩飞行,但是由于技术的出口管控限制,它们无法在安全模式下通信,这极大地降低了它们的有效性,并增加了彼此易受攻击系数。美国的关键军事技术必须与我们的盟友共享,到20世纪90年代末,美国国务院和国防部越来越意识到这点,并促使白宫在2001年初宣布了一项新政策——《国防贸易和安全倡议》(Defense Trade and Security Initiative),旨在加强与我们盟友的技术共享。与我们的盟友分享美国技术的其中一个前提是,那些盟友需要对技术的进一步的第三方转让实施严格管控。

另一个更加传统的观点与经济有关,其支持国防工业结构多一些跨国因素。在美国和欧洲国家削减国防预算时,他们应该共同承担新型武器系统的开发成本,并共享生产线,实现规模经济。大西洋两岸的大型国防企业,经常通过跨大西洋合作,更多地通过收购,积极进入各自的市场,这与在商用企业中所见的全球化趋势以及信息化时代技术的快速全球传播相一致。其中最著名的案例是,英国垄断型国防企业BAE系统公司在美国的积极收购项目。首先,其先后收购了特拉考公司和桑德斯公司,这两家都是高度敏感的国防电子企业。尽管美国国防预算在缩减,但依然远远超过其他任何国家,这使得在美国的收购项目非常划算,尤其在股价低的时候。当BAE系统公司公布其打算获得美国国防工业主要份额的战略意向时,该公司受到了美国投资者的追捧。结果,尽管BAE系统公司的总部位于伦敦,该公司仍有很大比例的员工在美国工作,并且在某个特定时候,其大多数持股者可能是美国公民。许多美国外部的公司开始通过收购进入美国市场,或者在美国建立生产设施。这些公司受制于海外买家购买美国国防企业的重要政府规定,例如,根据《1988年埃克松－弗洛里奥修正案》(1988 Exon-Florio Amendment),收购需要履行独立的多机构审查,同时这些公司也受制于建立特殊安全协定的要求,例如,美国分公司公司的董事会成员必须大多数是美国公民。

在后冷战的美国预算下降期,美国国防企业开始重视对外军售,纷纷寻找市场,帮助维持其现有的最先进武器的生产线——这些生产线曾为冷战而建。由于许多其他的国家想拥有当今最好的武器,并且确保这些生产线在国会和工会的支持下得以维持符合美国的最大利益,因此对外军售甚至在冷战结束前就开始了。从1987年到1993年,美国年度对外军售额从65亿美元上升至320亿美元。每年还会有额外的对外军售,比如在1992年总统选举时期,乔治·布什(George W. Bush)总统批准了向中国台湾出售F-16战斗机,向沙特阿拉伯出售F-15战斗机,向科威特和阿联酋出售M1-A1坦克。俄罗斯、英国、德国和法国等其他国家也致力于开拓国际市场,尤其是中东石油国的发展中市场。到1992年,美国已经占据60%的海外军售市场,1993年则为70%。[59]在很多情况下,向一个国家出售武器的同时,往往必须向该地区的另一个国家也出售武器,以恢复武力平衡,确保地区稳定。

美国企业越来越多地被要求提供往往超过100%的大笔补偿,以冲抵军事装备销售。例如,在波音公司向英国出售空中预警和控制系统的交易中,波音公司被迫答应,该笔贸易每获利1美元,就要在英国的零部件和劳动力上花费1.3美元。波音公司随后与法国也达成了类似的交易。[60]在此类案例中,作为美国主承包商的波音公司基本上放弃了未来与美国零部件和子系统供应商的大规模销售业务,但是波音辩称,如果这样抵消交易,其无法获得销售订单。遗憾的是,抵消交易对美国经济和全球经济造成的长期影响往往不太明朗。

控制先进传统武器和核武器的销售,需要多国合作,这点已经在防核武器扩散方面有所体现。只有少数国家设计和制造先进的重大武器系统。1993年,美国、英国、法国、德国、俄罗斯和中国,占了当年所有现役坦克出口量的99.3%。[61]鉴于涉及国家很少,美国的政策就很有可能导致对许多类型的对外军售的管控。然而,国防工业重组战略将必须由国防部出台,这样可以在不依赖此类销售的情况下,使国防工业得以生存。遗憾的是,这并不是在后冷战初期美国政府的最初关注点。

五、政府工作外包

冷战和后冷战年代,国防工业最后一个显著的结构变化是外包。鉴于国防部预算缩减,军队可以选择维持其现有的基础设施,同时减少作战装备,或者选择将资源大部分转向作战需求,同时大幅减少基础设施投入。为了最大限度地维持其结构和装备,军队在其他领域进行大幅削减。例如,在1990年到2000年间,采购队伍中有30万政府雇员被裁[62],导致许多重要的管理和支持保障功能大大减弱。在那段时期,国防合同管理局裁员一半。

由于一些基础设施和保重功能依然需要维持,国防部仿效大型商业公司采取的路线,开始将其很大部分的非核心工作(非政府固有的工作)外包。在商业领域,此类外包国内外皆有,而在国防领域,其大部分仅限于国内公司。

随着后冷战时期国防预算的下降,五角大楼开始利用外包趋势,直接进行外包或者将政府职员承担的那部分工作进行竞争外包(在公有企业和私营企业之间),但那都是非政府固有的工作,如辅助性的工作。当政府的文职人员裁减了40%的时候,该替代方案开始对五角大楼的官员们越来越具吸引力。这也正好符合副总统阿尔·戈尔在"国家绩效评估"中推动的效率和效益管理,2000年乔治·布什当选为总统,这也成为他最重要的五大管理创举之一。意识到这是一个巨大的潜在新市场的机遇,国防工业开始推动所有非政府固有工作的进一步外包业务。

随着国防部的裁员和外包,以及军事行动的增加(如在波西尼亚),国内和在战区工作的国防承包商的工业保障需求增加了,例如,到2007年,伊拉克和阿富汗战区大约有19万合同人员。这些情况带来了新的国防工业问题,如在战俘问题上雇佣军是否受《日内瓦公约》(Geneva Conventions)保护、是否允许他们携带武器,以及他们受谁控制(合同官还是当地作战指挥官)。

后冷战时期的美国国防工业来势汹汹,包括国防预算暴跌及随之而来的工业并购,战争性质的改变,技术、经济和工业的全球化趋势,以及公有企业和私营企业的角色变化,这一切引发了国防工业本质上的剧烈结构变化,但是在2001年9月11日,一个新的时代开始了。

第五节 "9·11"事件之后

在后冷战的十年,关于变化了的新世界的文献很多,但是2001年的"9·11"事件及其影响的确改变了世界。美国发现自己身处十字路口,对许多人来说显然需要改变,但是许多制度依然在抵制变革。例如,当国防部部长唐纳德·拉姆斯菲尔德(Donald Rumsfeld)上任时,恐怖袭击前他声称,显然有必要改变美国的安全态势,要承认技术、潜在威胁和地缘政治正在发生变化。但是由于他无法让军队相信这种变革的必要性,规划依然反映的基本是冷战时的套路,如军队结构和装备方面。军队的理由是,如果我们为大规模战争做好了准备,那么所有其他需求就仅仅是小事一桩了,并且整个国家都武装到位了。但是许多持客观意见的观察家感到,在资源、军队结构、规划和装备方面,需要巨大转型。国际反恐将需要国家之间的合作,并且随着地区争端问题变得越来越突出,出于地缘政治原因,以及综合美国国内多部门的视角,包括国务院、国防部、国土安全部和情报机构,就会需要多国合作。从军队结构的角度来看,像在伊拉克和阿富汗的战争非常依赖地面部队,包括陆军、海军陆战队,以及为非常规性战事受训的特种部队。最有用的空军装备是较低成本的无人侦查和监控系统。然而,即便在伊拉克和阿富汗战争进行了五年之后,五角大楼于2006年2月开展了四年期国防评估,当时的确建议在特种部队、外语培训和文化意识方面增加开支,这些都是21世纪战争所需的,但是五角大楼并没有要求提高美国地面部队的整体水平,并"坚持使用所有冷战时期遗留下来的重要系统"。[63]正如前国防部部长威廉·佩里和哈佛大学阿什顿·卡特(Ashton Carter)教授在2007年的一篇文章中指出的那样[64],"'9·11'事件以来,国防部基本预算的50%增资在很大程度上用于资助2001年9月11日的备案项目,例如当时已经在使用的武器。"2001年9月11日以后,国防预算大幅增长,用于支付伊拉克战争和阿富汗战争,以及资助美国国土安全局,但是没有显著脱离冷战时期的武器。拉姆斯菲尔德部长呼吁的转变似乎很有必要,但是没有动静,原因是规划过程并没有资源约束。资金仅仅根据需求进行追加,并且如果基本预算没有涵盖某项开支,那就可以追加补充预算。

从企业的角度看,变革也意味着附加项。所有的主要国防企业都认识到后冷战十年内发展起来的信息技术的重要性,于是在企业运营中额外关注了系统整合。此外,这些国防企业意识到,为了支持进行中的战争正在实现向购买服务的转变,因此它们也在专业服务领域主要通过采购进行扩容。最后,由于每一个军种都在后冷战时代遭遇过大规模裁员,再次扩容的最快捷手段是使用承包商。到2009年初,中东战区[65]有266 688个合同人员,超过了该地区军事和政府部门的人员数,几乎所有这些承包商都提供服务,包括食品、住房、设备维护,以及后勤保障。事实上,国防部总采购的60%已经转向服务。在短短三年,服务合同的签订数量从2001年的约325 000增长到2004年的60万以上[66],在同一时期,联邦专业服务承包商的数量从45 000家增长到83 000家。[67]虽然众多服务承包商是小企业,原因是服务领域的准入门槛比硬件领域低,但是一些主要的非传统国防企业增加了其现有的国防工作量。洛克希德·马丁公司、诺斯罗普·格鲁曼公司和波音公司等传统国防承包商名列2004年顶级五大专业承包商榜单,此外还有哈里伯顿公司和贝克特尔公司。这些新上榜企业的产生原因是,21世纪军事行动所需的保障体系的本质发生了变化。

一、国防资金暴增

2001年9月11日以后,国防预算出现了史无前例的持续性增长,因为伊拉克战争和阿富汗战争比第二次世界大战持续的时间更长(见图2.8)。不但国防预算每年都在增加,而且有年度补充预算项目,到2008财年,该补充项目达到了1 893亿美元,这是当年两笔补充项目的总和。

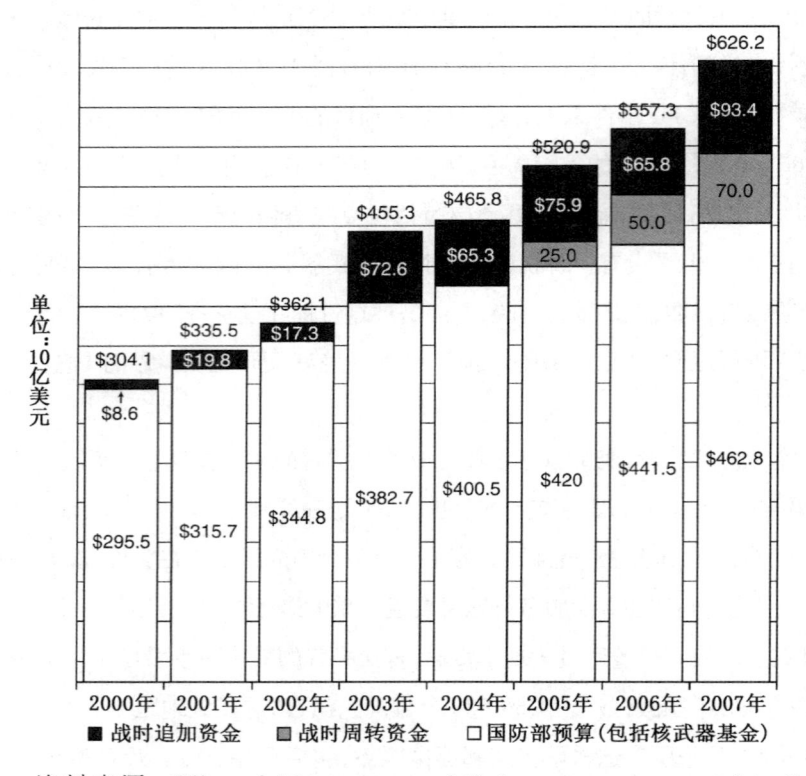

年份	国防部预算(包括核武器基金)	战时周转资金	战时追加资金	合计
2000年	$295.5		$8.6	$304.1
2001年	$315.7		$19.8	$335.5
2002年	$344.8		$17.3	$362.1
2003年	$382.7		$72.6	$455.3
2004年	$400.5		$65.3	$465.8
2005年	$420	$25.0	$75.9	$520.9
2006年	$441.5	$50.0	$65.8	$557.3
2007年	$462.8	$70.0	$93.4	$626.2

单位:10亿美元

资料来源:Office of Management and Budget, research reported in Defense News, February 12, 2007.

图2.8 2000—2007年的国防拨款

然而,五角大楼继续请求增加基本预算及补充资金,不但总统把那些申请提交给了国会,而且国会往往也追加资金。到2008年,预算申请6 250亿美元,相当于2000年预算的2倍以上。问题是,如果补充资金必须折回到年度预算申请,那么整个国防预算看上去就过于庞大,国防部将不得不面临艰难抉择,舍弃一些冷战时期的武器,以保障21世纪战事的所需开支。军队用于伊拉克战争和阿富汗战争的装备维护资金大部分包含在补充资金里,用于这些军事行动的地面拆雷机器人和其他关键装备的采购也如此。如果这些资金被放回预算里面,那么要么预算本身不得不增加,要么一些传统装备购置成本或者人力成本就不得不减少。

由于军队在后冷战十年遭遇"采购假期",急需更新20世纪80年代里根扩军时期的不断老化的装备,因此预算问题变得更加复杂。所以国防预算一味增长——即便在政府下指示且国会批准大幅度减税的情况下。政府、国会、国防部、国防工业,甚至公众,似乎对更宏观的经济背景关注得少之又少。国家经济面下行,原因包括减税、安全开支的大幅增长(含国防部和国土安全部)、补充资金、各种权益的法定增长(如医疗保健和社会保障),以及国债的利息增长。国家面临不断增长的巨大赤字、美元大幅贬值,以及贸易极度失衡,再加上政府用于抵抗2008年和2009年经济普遍崩溃的应急和激励巨资,形势就更严峻了。

在这个后"9·11"事件的扩军时期,国防部生活在富人世界,因为其不但有能力支付20世纪的各类采购项目,而且有钱购买21世纪战争所需的东西。正如《华尔街日报》在2006年所称的那样,"美国国防机器依然在为老式的传统战事大量炮制武器,即使其需要新的工具来打击恐怖主义和暴乱"[68]。更糟的是,五角大楼2006年五个最大的武器系统终身维护预估成本,比这些项目2001年的预估成本高出89%[69],并且这种成本上升趋势在持续。政府问责局在2008年指出,2000年1.6万亿美元武器项目的计划性承诺,到2007年已经增长到1.6万亿美元。[70]但是每个人似乎都愉快地生活在"爱丽丝漫游仙境",没有人选择看镜子后面。各军种继续根据预算持续上升的设想制订其规划。正如众议院军事委员会在2007年授权过程中对海军的规划所做的评论,"根据海军的估算,实施该计划需要显著增加造船资金,从2006财年的87亿美元提高到2011财年的172亿美元"[71]。无疑,在国防总资金预计下降的时期,造船预算翻倍意味着别的项目必须做出让步。然而,在总统提出的2008年国防开支申请中,根据《华尔街日报》报道,"差不多每一个重大武器系统获得的资金都多于今年"[72]。在其四年期国防评估中,国防部承认,为应对伊拉克和阿富汗等战争,需要额外的地面部队,但是不断上涨的人力成本使其无法负担,除非预算继续大幅增长。随着大量的钱涌入国防工业,从2001年到2007年,航空航天和国防工业的标普500指数跑赢了大盘。[73]

"9·11"之后国防预算大幅增长期间反复出现的问题是,"假如世界已经改变了如此多,我们应该购买什么来替代旧的船舶、飞机和坦克"。尽管现有资金有巨大增量,但是国防预算的申请项目与21世纪战争所需项目之间的差异越来越大。假如预算持平或者下降,那么国防部的财政危机肯定会一触即发。

二、新视角和新组织

从2001年"9·11"事件中可以汲取的一个教训显然是,美国的国家安全需要一个跨国视角。没有一个国家能仅凭一己之力抵制全球的恐怖主义。正如国防部部长盖茨在2008年所言,我们"最终的成败越来越取决于塑造其他人的行为,不管是朋友还是对手,最重要的是,还没有站队的人"[74]。他继续说道,精心设计更加复杂的平民战事,需要所有的军事机构评判性地研究他们的文化,摒弃那些阻碍变革的内在因素。盖茨也引用了马克·佩里(Mark Perry)的《指挥搭档:战争与和平年代的乔治·马歇尔和德威特·艾森豪威尔》(Partners in Command: George Marshall and Dwight Eisenhower in War and Peace)一书,"艾森豪威尔是一名指挥官,他相信打造并维系一支国际民主国家联盟并不是政治作秀,而是事关国家存亡"[75]。

从国内来看,许多机构,包括边境保护、港口、机场,以及警察,与国土安全都有交集。已经明确,政府应该建立一个单一的机构来负责国土安全。该机构的职责范围将涵盖飓风、龙卷风、地震,以及如SARS那样的全国性流行病等自然灾害,还有安全行动,如国内的恐怖主义行为和来自外部的袭击。之前涉及这些问题的总共有21家机构,包括海岸警卫队和联邦应急管理机构,这些机构将整合成一个机构,其名称是"国土安全部"。

"9·11"恐怖事件后发生了第二个重大组织变化,主要是因为认识到让一些情报机构专注于国内问题而让其他机构专注于国际问题,会导致这些机构之间缺乏信息共享。于是决定将负责收集和分析情报的17个机构整合在一起。这涉及约10万名美国情报界人员,以及约420亿美元的年度预算。[76]新任国家情报总监的目标是,整合上述17个情报机构并鼓励这些情报机构分享其数据和分析——这对那些以保密能力为荣的组织来说是很难做到的。试图将国家的中央情报局、国家安全局和其他面向国防的机构与许多国内机构的情报部门(如联邦调查局和边境巡逻队)整合在一起时,遇到了许多在由旧的战争部(陆军)和海军部组建国防部时所面临的问题。所面临的挑战是，如何确保这些单独的组织在自己的领域内继续开展出色的工作，当他们转向更多的联合行动时，就像军队一样，技术上要求在军事行动中实现海、陆、空一体化。国土安全部和国家情报总监办公室将不得不为这些组织创造新的、一体化的文化。实现这些新组织整合的一种方式是通过通常为他们服务的行业。国防部在 21 世纪面临的问题和技术类型，与国土安全部和情报界所面临的那些类型相似。所有这些在很大程度上都是以信息为基础。因此，支撑它们的产业，无疑将是一个主要由在国防工业中成长起来的公司组成的国家安全产业。这种供应方的整合可能有助于在需求方实现预期的整合——不仅是在国防部、国家安全部和国家情报局三大组织内部，而且在这些组织之间也是如此。

"9·11"事件及随后的冲突，凸显了最后一个重大的结构性变化：安全不能再完全从军事角度来看待。美国将需要与世界各地的朋友和盟友建立密切的联盟（这涉及国务院），而国家的大部分地区努力将包括地缘政治和军事方面。此外，这些活动不仅涉及战争，而且涉及国家稳定和重建。国务院国际发展署已经在很大程度上参与了伊拉克问题，并且可能在一段时间内都会如此。现在需要比过去更多的机构之间的工作关系和协调。21 世纪将需要许多机构，包括国防部、国务院、国土安全部、商务部、能源部和财政部，以及国家情报总监办公室和国家卫生研究院，国家 21 世纪安全的综合解决方案涉及所有这些机构。这无疑需要目前不存在的结构和体制安排。

在这个新的一体化和全球化的世界中，那些负责美国安全的人将需要了解其他文化和语言——那些对手和盟友的文化和语言。这一领域需要更多的关注，并且必须为其有效性制定激励措施。在"9·11"事件后的初期，国防部指示，未来军队中的任何官员都不能升至将军或上将军衔，除非他们会说第二种语言并了解第二种文化。国防部鼓励军官们说阿拉伯语、汉语和波斯语，并学习其文化，而不是美国学校里通常教授的西班牙语、法语和德语等。了解我们对手和盟友的文化行为在 21 世纪将是至关重要的，为了国家的未来安全，国防部应重点关注这一领域。

文化理解在建立国际协议中具有重要的价值，这些协议有助于控制危险的病原体和核武器扩散。这些技术正越来越多地在世界各地传播，因此，将精灵留在瓶子里的唯一方法是采用多国协议，这些协议通过多个机构合作而实现，包括每个国家内部。

三、人员短缺

即使在伊拉克战争和阿富汗战争期间,每年有超过6 000亿美元的国防拨款,美国现役军人的人数约为140万,也一直捉襟见肘,并且需要反复征召许多预备役军人来维持伊拉克的军事行动。[77]军人在伊拉克和阿富汗的服役期被延长,并且需要再次服役,他们没有例行时间回国与家人团聚,也没有为下一次任务进行训练的时间。到2008年,有超过4 000名军人在伊拉克战争和阿富汗战争中阵亡,而重伤的人数则更多,保护性装甲车的改进实际上导致了受伤人数与死亡人数比上升。这些情况使得越来越难找到合格的志愿兵,让他们在这场越来越不受公众欢迎的战争中,在沙漠或山区与叛乱者交战。大额的再入伍奖金和额外的激励措施,如提高《退伍军人安置法》(GI Bill)中的福利,增加了征兵成本,并且新兵的最低可接受标准开始实施了。

这一时期的第二个人员严重短缺问题,是由于国防预算中采购领域的快速增长造成的。在后冷战时期,采购账户额度急剧下降,各军种都选择了对其采购人员(军事人员和文职人员)进行大幅裁减,以维持其战斗力。不管怎样,他们需要一个更小的采购队伍,因为较低的采购预算意味着需要更少的合同和管理。

然后,随着政府继续削减其采购人员,以及采购的增加,本质上不属于政府的服务工作开始被外包。正如国防部副部长约翰·怀特(John White)在1996年所说:"让国防部做它最擅长的事情;让承包商做他们最擅长的事。"[78]同年,国防部发表了一份题为"通过外包提高战斗力"(Improving the Combat Edge through Outsourcing)的报告。这也是商业世界的发展方向。过去,IBM公司制造其计算机的每一个部件,但现在英特尔公司制造IBM公司的芯片,微软公司制造其软件,以及其他公司制造其调制解调器、硬盘和显示器。IBM甚至将其呼叫中心外包出去。外包有时会混淆劳动力统计数据。当通用汽车公司开始将其员工食堂的功能外包给万豪集团时,它的一些员工也从通用汽车公司转到了万豪集团。这在劳工数据统计中显示为制造业就业岗位流失,但实际上以前该行业的服务部分被错误描述了。[79]到2005年,美国国防部每年外包46亿美元,其五年计划是,到2010年,这一数字将增加到67亿美元。[80]这使得能够以明显的低成本获得高绩效,但这需要更多的国防部合同签订和管理人员,而这些人员并不存在。

这一时期人们认识到的人员短缺最后一个问题是,美国科学家和工程师的日益短缺,特别是在航空航天和国防领域(包括工业和政府)。美国国家科学院进行的一项研究强调了这一不足,该研究的题目是"崛起于风暴来临前:为经济更灿烂的未来,激发和雇用美国人"(Rising above the Gathering Storm: Energizing and Employing America for a Brighter Economic Future)。[81]在"9·11"事件后的这段时期,由于人们将重点放在了伊拉克战争和阿富汗战争直接带来的问题上,因此明显的转变发生了。从本质上讲,美国国防机构选择寅吃卯粮,放弃了历史性的依靠科技优势的长期防御战略。事实上,军队在2006年提交的研究预算比2005年的水平低21%。

四、短期重点

在国防部预算确认听证会上,罗伯特·盖茨被要求说出他在担任国防部部长期间将强调的领域。他回答说他有三个优先事项:"伊拉克、伊拉克、伊拉克。"战争期间,这样的观点是可以理解的,尤其是一场持续时间比第二次世界大战还长,并且消耗了美国整体安全预算很大份额的战争。然而,该回答也直接反映了必须在长期的安全问题和眼前的需求之间做出权衡。即使有一笔庞大的年度国防预算,各军种都说自己每年缺少200亿美元以上,但还是必须削减一些项目。国防研究预算是正在被削减的一个领域,尽管诸如信息技术、纳米技术和生物技术等领域的技术正在迅速发展。无论在经济上还是政治上,美国都无法承受在每年成倍增长的技术领域落后于人。例如,信息领域的新技术的生命周期约为18个月。正如查尔斯·达尔文(Charles Darwin)评论道,"不是最强壮的,也不是最聪明的物种能够生存,而是对变化反应最灵敏的物种"。[82]

在这一时期,商业技术领域正在发生两个重大变化。第一,技术和公司的研究正在全球范围内迅速蔓延。通过大量投资研究园区以及大学和工业研究实验室的科学与工程发展,许多国家加快了其竞争力。此外,美国公司还在许多其他国家建立了研究中心,特别是在整个亚洲(印度、中国、新加坡等)。传统上,美国的国防工业并不向外国寻求新的思路,一般采用自给自足的观点。第二,由于商业界在许多高科技领域(如信息技术和生物技术)发展迅速,因此它实际上在某些领域走在了国防界的前面,这一趋势扭转了20世纪大部分时间里的典型情况。同样,国防部历来认为自己是不同的,因此倾向于不向商业界寻求技术进步。到了21世纪第一个十年,越来越多的人敦促国防部从商业世界和全球市场寻找和应用技术。[83]

五、加强保护主义

2004年,美国众议院通过了新版的《购买美国货法》,要求"每一个美国武器系统的每一个零件都要在美国制造,并使用美国的机床"。它将降低美国武器系统的性能(因为每个系统都包含高性能的外国零件),并使美国武器系统的成本至少增加一倍。需要专门的生产线来生产来自海外的大批量生产的零件,并提供可以制造这些零件的机床,因为当时美国还没有任何有实际意义的机床制造业。幸运的是,美国参议院没有通过这项法案,但它表明了那个时期的保护主义环境。

此外,对在美国大学里从事政府资助的基础研究的留学生和外国学者也有很大的限制。

正如前海军部部长和前中央情报局局长詹姆斯·伍尔西(James Woolsey)曾指出的那样,"对公民自由最危险的,莫过于一个被激怒的民主国家"。而美国公众及其国会代表,被2001年的"9·11"事件激怒了,以至于对非美国公民的限制和对美国技术出口的限制变得更加广泛。事实上,与海外竞争者相比,美国国防工业开始在出口装备销售方面受到了很大影响,甚至是出口给我们的盟友。由于这些出口限制,在没有大量的出口管制方面的文书工作和申辩的情况下,允许他们的产品被纳入国防产品并禁入全球市场,对此商业公司变得越来越谨慎。

鉴于在恐怖主义等领域的国际合作需求不断增加,同时美国的保护主义措施会降低这种合作的可能性,因此,美国在"9·11"恐怖事件后的十年间采取的广泛的保护主义行动,损害了自己的长期安全态势。

六、加强政府控制和监管

最后,政府采购条例在"9·11"事件后的一段时间大幅增加。由于国防部没有充分控制这一时期出现的巨大预算增长,大量的欺诈案件被揭露。此外,国内合同的腐败丑闻也时有发生。为了换取未来的工作,一名空军助理部长[达林·德鲁杨(Darleen Druyun)]帮助波音公司进行大型竞争,随后她和一名波音公司的副总裁兼首席财务官[迈克尔·米希尔斯(Michael M. Sears)]被关进了监狱。一位说客[杰克·阿布拉莫夫(Jack Abramoff)]和一名国会议员[兰德尔·坎宁安(Randall Cunningham)]分别因协助小型国防承包商获得合同这一不当行为而被监禁。国会决定通过增加广泛的采购限制和新的程序规定来解决这个问题,这大大减慢了国防采购进程。它们还大大减少和阻止了采购官员的冒险行为,即使这种风险可以带来巨大的进步,却代表了一种非传统的采购方法,例如,使用商业上的做法,迅速获得商业项目供国防部使用。

不幸的是,在政府采购条例增加的同时,世界范围内的商业市场正在给许多叛乱分子提供可以轻易获得和使用的先进技术。而国防部被增加的法规所禁止,却无法获得这些商业技术。

国会以外的人担心,为打击腐败而引入的控制措施会使二十年来国防武器和服务采购方面的改进付诸东流。正如退役的空军中将罗纳德·卡迪什(Ronald Kadish)在2009年的国会证词中指出的那样,"[国会和行政部门]为改善采购系统所做的努力,增加了不必要的规则和程序,并创造了难以管理的预期。为了努力改善该系统,我们已经使它变得几乎难以理解的复杂"[84]。

人们对这些法规提出了一些担忧。第一,它们会导致武器系统和服务采购成本大幅增加。第二,它们会给商业公司,尤其是国防供应商中较小的公司,带来很高的准入门槛。第三,它们会减缓向作战部队提供货物和服务的时间。这三个结果已被证明是由加强监管和与最佳商业惯例脱节所导致的。第四,世界一流的商业供应商将被阻止进入国防市场,他们未来的潜力(通过使用灵活的制造)将被消除。第五,民用和军用一体生产线将被削弱,该生产线极大地节约了成本,并通过迅速将工作从民用转移到军用,有可能使危机激增。所有这一切显然与国防部未来对低成本、高性能技术以及快速和灵活的工业反应能力的需求相悖。

后"9·11"时期可以最好地描述为一个国家安全发生巨大变化的时代。表2.7总结了变化的一些驱动力。

表 2.7　　　　　　　　　　　推动国防转型的变革

国内经济	债务、医疗保障、社会保障、补充资金、贸易平衡
威胁的变化	非对称战争(生物、网络、简易爆炸装置)、全球恐怖主义、大流行病、武器扩散、"少数"核国家
新任务	国土防御、导弹防御、反叛乱、稳定、重建
战争变化	数据整合、开放资源、掌握语言和文化
中国	未来的对手,经济上的竞争对手,庞大的军售市场或战略伙伴
技术变化	信息、生物、纳米、机器人、高能激光器
产业变化	横向和纵向一体化、商业高科技发展
全球化	技术的快速传播、跨国企业、国外采购
政府劳动力	老化、错误的技能组合、判断与规则、管理者与执行者
腐败丑闻	德鲁云、坎宁安、阿布拉莫夫、伊拉克欺诈案
孤立主义行动	购买美国货、不鼓励外国学者、能源独立
国防预算的转变	从装备到人员、运营和维护、国土安全

第六节　全球化的影响

全球化所带来的变化,可能是国际经济中最显著的结构性变化。正如国际货币基金组织所定义的那样,全球化是指"通过商品、服务和国际资本流跨境交易的数量和种类不断增加,以及通过技术更迅速和广泛的传播,世界各国的经济相互依存度不断提高"[85]。就国防工业而言,这包括资本(资金)、生产、贸易、技术和劳动力的全球化,以及构建全球化力量的全球治理的变化。[86]

全球化本身并不新鲜。长期以来,政府政策一直影响着贸易,以促进经济发展,例如,16 世纪到 18 世纪后期的合并主义。在 20 世纪,跨国公司和全球化外包,包括制造、供应和服务,都大大扩展。在 21 世纪初,互联网的全球化使许多新形式的国际商业活动成为可能。[87]

在 20 世纪,全球化在工业世界中得到了相当大的发展,但在冷战结束后,它所代表的两极国际体系也瓦解了。根据 2005 年世界贸易组织的一份报告,世界商品出口从 1983 年的 1.8 万亿美元翻了一番,到 1993 年达到 3.7 万亿美元,2003 年又翻了一番,达到 7.4 万亿美元,2004 年上升到 10.2 万亿美元。[88]

人们对全球化的潜在负面影响的担忧是合理的,但是这一趋势将继续存在,并在不断增长。就国际知识流、通信、资本流和交通而言,世界在不断缩小,所有国家都需要利用全球化的优势,而不是试图抵制它。在考虑采购和工业基地的所有过程中,都需要有全方位的政府政策来明确应对全球化,政府政策涉及技术进步、熟练劳动力的发展和国家安全。

一、广泛的产业趋势

这些广泛的工业全球化趋势与国防工业直接相关。思考一下波音787梦幻客机。它的机翼由三菱、川崎和富士重工制造,都是日本的公司。意大利公司正在建造机身的一部分。波音公司与其曾经拥有的威奇托公司签订了合同,由其负责制造机身的其他部分,威奇托公司现在隶属于加拿大的势必锐航空系统公司(Spirit Aerosystems)。部分组件将在南卡罗来纳州由分包商沃特飞机工业公司进行组装,而最后的装配将在波音公司的华盛顿州埃弗雷特装配厂完成。尽管波音公司的工程师们仍在为新飞机创造整合概念,并进行系统与机身和机翼的全方位整合,但在787飞机上,他们将超过70%的机身外包出去。最重要的是,他们把进行具体工程设计的责任交给了所有的飞机供应商,把制造和具体工程都外包出去。[89] 787飞机是国外国内外包的结合。[90]波音公司在这种全球分布的供应链中并非独一无二。事实上,为了对付波音公司在中国的活动,空客公司正计划在天津建立一个装配厂,以应对中国宣布的购买150架空客A320的100亿美元交易,空客公司是法国、德国和西班牙共建的欧洲航空防务和航天公司的飞机制造子公司。争夺庞大的中国市场的战斗仍在继续。到2006年,波音公司在中国有6亿美元的供应合同,在世界各地服役的12 000架波音飞机中,约有34%使用了中国制造的主要部件。中国的目标是建立自己的大型飞机工业,同时在波音和空客的竞争中占据越来越大的份额。[91]

这些活动的原因有很大不同。波音公司只是试图占领世界上最大的、日益增长的商业航空市场——中国。买方,即中国政府,出于各种原因希望在本国完成工作,原因包括设计、制造领域高技能劳动力就业,以及来自美国的支持和技术转让,这一切都是为了帮助其国内飞机工业的建立和发展。

由于美国绝对是世界上最大的国防市场,因此外国国防公司希望进入美国市场。他们发现,如果他们在美国建立其设施而不是试图从国外销售其产品,前者会更受欢迎,这与波音和空客去中国的原因相同。此外,在许多高科技领域,美国已不再是下一代产品的领导者。国防部经常购买外国产品,因为它是目前最好的产品,而且国防部这样做是为了保持其整体军事技术的领先地位。事实上,外国产品往往具有最低的成本,这只是一个加分项。

但是,接近买方市场,并不是美国企业走向海外或外国企业走向海外的唯一原因。这种战略也使它们能躲过任何立法贸易壁垒或被认为是贸易壁垒的障碍,来应对美国鼓励购买美国货的政策。此外,一些外国生产商能通过其高性能产品实现的高产量,往往也意味着更高质量的产品。例如,据总部在美国的《消费者报告》(Consumer Reports),在可靠性排名前十的汽车中,只有一个传统的美国品牌。[92]因此,毫不奇怪,今天制造的每一个美国武器系统都包含一些外国零部件。

使用外国资源的另一个原因是,通常可以以较低的成本获得熟练的劳动力。一些公司为了软件去了印度,为了航空工程师去了俄罗斯,波音和空客都在莫斯科设有空气动力学设计中心。[93]在2007年至2010年间计划建设的研发基地的调查结果中,可以发现美国工业界在海外寻求高技能劳动力的举动。该调查显示,77%的研发基地计划在中国或印度建造,通常使用美国公司的资金。[94]中国也已经取代美国,成为世界头号高科技知识输出国。[95]

最后,当外资企业在美国设立业务时,美国将获得巨大的利益。2004年,外国公司(多数股权、非银行)的美国分部,雇用了510万美国人,为美国国内生产总值贡献了5 150亿美元,分别占美国出口和进口的19%和26%。[96]

二、全球化担忧

随着全球化趋势的持续,政治家和劳工领袖们已经在谴责全球化造成的工作岗位流失。在过去的十年里,在美国不再具有竞争力的领域(性能更高或性能相当而成本更低),数百万工作岗位已经转移到海外。但是,在美国投资的外国公司创造或挽救了数百万个就业机会。在美国,超过500万人(占美国私营企业劳动力的4%)被总部设在海外的公司雇用,主要是欧洲或亚洲公司。根据美国商务部和国际投资组织的数据,那些以美国为基地的工作岗位中,约有1/3是在制造业,而在这个领域,美国经常被认为已经失去优势。也许另一个令人惊讶的现象是,建在美国的外资企业不光迎合巨大的美国市场,而且出口价值近1 700

亿美元的美国制造的商品。这几乎是美国所有出口的1/5。此外,在美国的外国直接投资额继续增长,在2005年和2007年之间跃升了88%,达到2040亿美元。也许美元疲软的一个反常的好处是,它为美国带来了更多的外国投资。[97]全球化使就业从一个领域转移到另一个领域,从一个地区转移到另一个地区。净收益似乎是令人鼓舞的。不仅劳动力趋于平衡,而且其结果(由于竞争加剧)是以较低的成本获得较高的绩效。任何这些产品的消费者都会受益,包括参与全球化的美国国防部。例如,当美国空军决定购买一组加油机时,它可以选择向波音公司独家采购(采用美国的设计,但有大量的外国零件和子系统),或在波音和空客之间进行公开竞争(空客公司选择与诺斯罗普·格鲁曼公司合作,在亚拉巴马州建造其美国空军加油机,使用许多美国的子系统)。其最终效果好像是,两家供应商最后将在全国范围内提供大约4 800个直接和间接的就业岗位,但通过竞争,空军将获得性能更高、总体成本更低的加油机组。外国竞争的问题在政治上表现激烈,并且高度情绪化,但美国国防部获得世界上最好产品的能力对国家安全至关重要。[98]

然而,对于工作被转移到国外的工人的家庭或工厂被关闭的城市来说,肯定会有流离失所的影响,这一点是必须考虑的,联邦政府可以采用再培训及其他措施。

除了对特定工作岗位流失的担忧,还有降低美国工资以便与外国低成本劳动力竞争的问题。为了克服这一合理的担忧,美国将不得不大幅提高生产力,从而提高单位劳动力产量,同时保持较高的单位劳动成本。这意味着使用机器人、计算机和其他提高生产力的技术。但是,这也需要有一支能使用先进的自动化工具的熟练的制造业工人队伍,这对美国的教育体系是一个挑战。

除了全球化带来的经济竞争力和就业问题外,还有直接的安全问题。例如,出口的武器系统或其嵌入的技术会不会落入恐怖分子或其他潜在的未来对手手中?或者,从海外购买的外国零件、软件或系统是否含有会对美国未来军事能力产生不利影响的特洛伊木马病毒?或者,由美国和其他国家在全世界范围内出口武器系统,是否会造成扩散,而这种扩散又会被敌方用来提高其性能,并通过反制措施来消除美国的优势?最后,与全球化相关的世界贸易的增加,是否会导致武器或大规模杀伤性武器的广泛的非法交易?这些极其重要的问题必须得到明确的处理。

三、定义美国公司

世界贸易的增长,导致了对美国公司定义的不确定性。公司的国籍是否由美国所有权的百分比决定?公司总部的位置?大多数公司员工的国籍?品牌名称?

国防部已经在《联邦法规》(Code of Federal Regulations)中解决了这个问题,其中增加了这些规则:(1)定义将基于产品生产地[99],而不是公司总部、所有者或股东所在地;(2)如果该公司51%以上的股份由选择从事分类工作的非美国公民或实体所拥有,那么其美国的业务必须拥有一个美国国防部批准的、美国公民占多数的董事会。

定义美国公司的最后一个问题是工人的国籍问题,即使工作是在美国进行的。人们担心,从事国防产品工作的非美国公民可能是恐怖分子或外国间谍,他们为了安全或经济竞争而寻求相关技术[100],尽管从历史上看,这个国家的大多数间谍是美国公民。尽管美国军队允许非美国公民成为现役军人(目前部队中有3%是非美国公民)[101],但他们不能从事国家安全项目,即使该项目没有被列为机密,但被认为是敏感项目。[102] 2006年,在美国科学和工程职业领域,所有受过大学教育的员工中,有1/4是在外国出生的。在这些职业中,拥有博士学位的人升至40%,在一些领域甚至更高,如计算机科学(57%)、电气工程(57%)和机械工程(52%)。[103]

为了利用外国学者和学生的优势,特别是在基础研究领域(直接或作为合作者),里根总统发布了《国家安全决策指令189号》[National Security Decision Directive (NSDD) 189],其中指出,基础研究应该是任何人都可以自由参与的,也应该是可以自由发表的。在小布什执政期间,国家安全顾问康多莉扎·赖斯(Condoleezza Rice)对这一指令进行了修订,并将其纳入《联邦采购条例》(Federal Acquisition Regulation)[FAR 27.404(g)(2)]。即便如此,国防部、国土安全部、能源部和国防工业(在其与大学的转手合同中)已经规定,此类基础研究仅限美国公民。国防部和商务部的监察长发布报告,建议对某些类型的基础研究设备的使用做出重大限制。国防部的监察长甚至建议,非美国公民应在美国校园内佩戴徽章。幸运的是,这些建议中有许多被抵制,没有实施。[104] 2008年7月,经国防部部长盖茨批准,国防部副部长约翰·杨(John Young)签署了一项指令,要求国防部的所有雇员都必须执行《国家安全决策指令189号》，从而确保美国可以利用外国学者和留学生的优势，推动符合国家安全和经济竞争力利益的基础研究。

尽管外国学者和留学生对美国的经济竞争力和国家安全有潜在的重要贡献，但目前的移民政策限制了可以签发给外国人的高技能H1-D签证的数量。这些签证允许他们来到美国并成为永久居民。这类签证的申请数量大大超额，并经历了极长的延期处理，有的甚至长达七年。[105]在恐怖分子监视名单上的申请人或在任何国务院面试中引起关注的申请人会被拒签，这点可以理解，但如果美国要保持其经济竞争力和在国家安全技术方面的领先地位，那么总体的利益与风险比似乎意味着应该减少限制，特别是考虑到美国目前缺乏科学家和工程师。

四、军事必要性

由于地缘政治的原因，而不是军事原因，美国参与的任何未来的军事行动，几乎肯定都是作为盟友联盟的一部分。这一点在各级军事行动中都是如此，包括军备控制、地区冲突，以及反对恐怖主义、叛乱、某些国家和同行竞争者的行动，还有重建和维护安全(维和)。所有这些活动都需要国际合作，特别是在威慑阶段，但也包括在冲突阶段和冲突后阶段。为了最大限度地提高部队的整体效率，美国的联盟伙伴需要最好的装备，并且他们的部队需要与美国的部队实现完全的交互操作。

随着美国和盟国部队越来越多地走向以网络为中心的战争，交互操作性和技术共享对军事效力变得更加关键。为了实现所需的交互操作性，有两件事是必要的：第一，美国必须同意与其盟友(那些同意第三方控制的盟友)分享技术；第二，美国的训练和演习必须包括其盟友。在一个相互依存的环境中，美国对其技术和国防工业采取保护主义的观点是适得其反的，特别是在许多情况下，美国将依赖外国技术。相反，美国的国防工业战略必须将全球化的好处最大化，保护少数高度关键和敏感的技术，并保持美国的武器技术和产品在战场上和全球市场上的竞争力。我们的目标是，让我们的军队拥有尽可能最好的装备，让我们的盟友在联合军事行动中提供尽可能好的支持，并使我们的国防工业保持技术的领先优势，有效并获利。在这种新的、全球化的工业支持模式中，综合军事行动将带来重大的安全问题,而每一个问题都必须得到解决,以确保最大的部队效力,同时又能保证国家的安全。

五、全球化的工业

在国防领域实现全球化利益的最显而易见的方式,是通过跨国项目。通过技术分享、研发工作和共享生产(尤其是在一个共同的生产线上进行),开发和生产的价格可以大大降低。这些联合开发和生产的项目中,最著名的也许是 F-35 战斗机(以前被称为联合攻击战斗机)。在这个由美国发起的项目中,9 个伙伴国已经同意提供大量的开发资金,共享装备,并对每个伙伴国的贡献评估只基于其世界级的装备,而不是简单地基于它希望拥有的装备来实现其贡献。因此,由所有参与国提供的大量共享装备,为所有参与国实现了最低的成本和最好的装备。在该项目中,澳大利亚、加拿大、丹麦、意大利、荷兰、挪威、土耳其、英国和美国都承诺购买一定数量的产品。新加坡和以色列可以获得额外的生产配额,而其他国家,如西班牙和日本,也在考虑加入该项目,这将成为历史上最大的国防项目。[106]这个项目并不独特。一些国际项目集中在一个共同的、单一国家的设计上,并在世界各地销售。例如,美国的先进中程空对空导弹(AMRAM)被超过 20 个国家采购,并由 14 个外国分包商制造。美国 C-130J 运输机的 20% 股份属于英国,而 C-130J 的制造凝聚了 2 500 名以上英国雇员的劳动。[107]预计这种跨国项目增加的趋势将会增长。这种多国组团合作是由各种原因造成的。政府可以决定合作,或者制造商可以向政府提出联合行动。无论哪种方式,这种合作都需要政府进行大量谈判,管理也很复杂,并且需要大量的教育工作。障碍(阻力)很大,而且差异也很大,涉及不同的预算周期、语言、汇率和项目管理方法。

在任何国际项目中,均需要考虑的一个重要特点是,如何创造竞争,以最低的成本获得最好的想法。美国和欧洲国防工业的合并,已经大大减少了现有的公司数量。然而,仍然有足够的供应商允许在每个关键的平台领域都有足够的竞争,包括军用飞机、直升机、导弹、卫星和运载火箭以及作战车辆(图 2.9)。

第二章
国防工业面面观

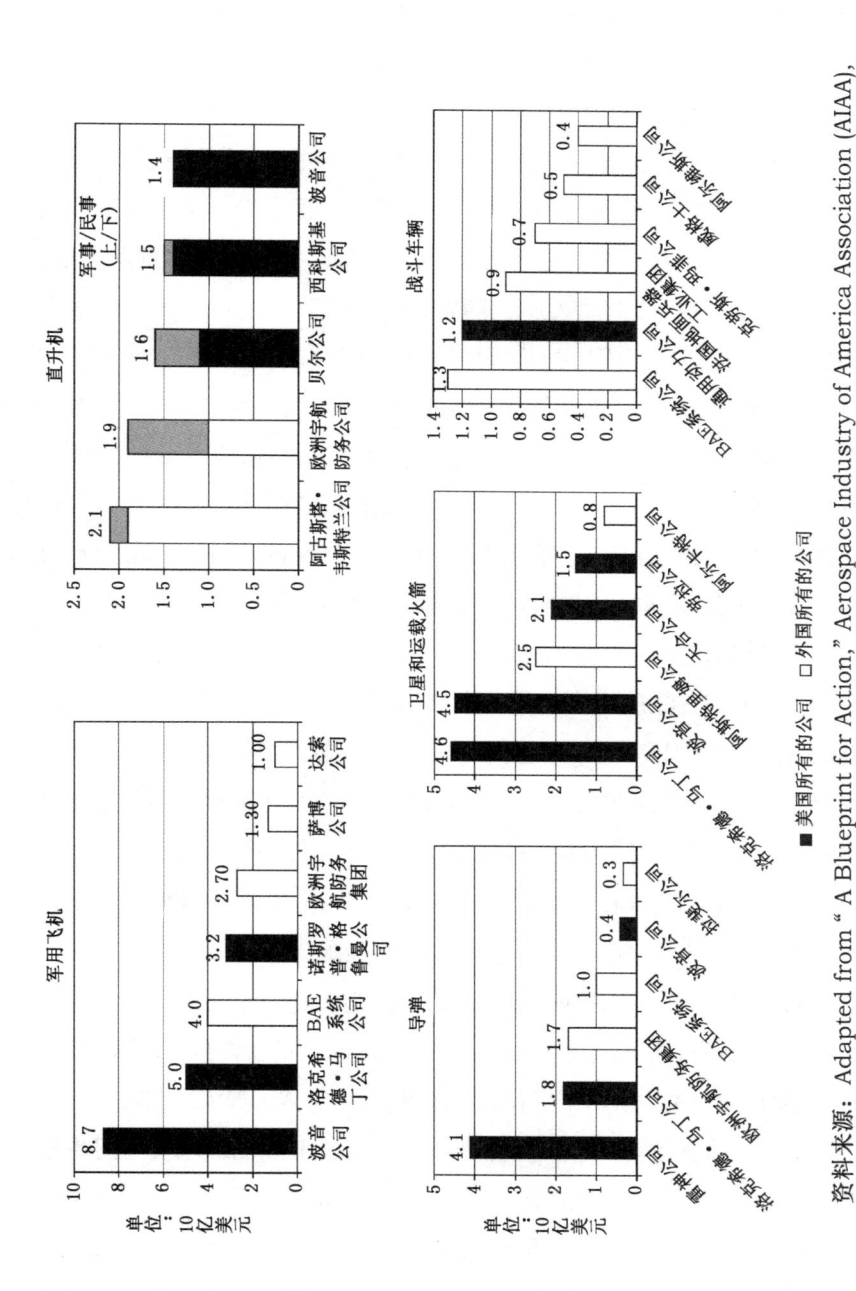

图 2.9 现有美国和欧洲的供应商：平台级

■ 美国所有的公司　□ 外国所有的公司

资料来源：Adapted from "A Blueprint for Action," Aerospace Industry of America Association (AIAA), Defense Reform 2001 Conference, February 14 and 15, 2001, Washinton DC.

通常这种竞争可以由企业来安排。例如,一家美国公司和一家欧洲公司可能组成 A 队,而不同的跨国公司可能组成 B 队。对于美国的轻型货机(LCA),一家美国公司(L-3)与一家意大利供应商合作,而雷神公司与一家西班牙供应商合作。

由于许多国家,包括美国,都非常倾向于在本国生产军事装备,因此,美国公司在竞争中寻找欧洲合作伙伴,并提出美国制造、欧洲设计的方案,这种情况并不罕见。例如,在总统直升机竞争中,两个美国的潜在供应商都提供了欧洲设计。图 2.9 显示了欧洲直升机供应商的突出地位,所以这样的做法并不奇怪。这种合作组团并不局限于美国和欧洲。随着这些组团合作的扩展,其他国家在各种军事技术方面也获得了强有力的领导地位。例如,在 2007 年,由于以色列在小型卫星方面的领导地位,诺斯罗普·格鲁曼公司与以色列航空航天工业有限公司建立了伙伴关系,向美国军方和情报机构提出更轻、更灵活的间谍卫星。[108]有时,一家美国公司与一家外国公司合作,并建议在美国制造外国设计的产品。在这种情况下,政治发挥了重要作用。尽管产品制造计划在美国进行,议员有时会宣称,我们必须购买美国货。[109]这里的关键是,没有一个国家,甚至是美国,能在 21 世纪承受独立自主的地位。如上所述,出于军事原因,合作是必要的,但没有一个国家能在每一个技术领域领先,而竞争会带来创新,并节约经济成本。然而,必须有跨国安全协议。技术转让的所有各方必须同意控制向第三方的任何泄漏(他们可能会使用该技术来对付有关国家),违反这些转让控制的行为必须受到严惩。最后,这些控制措施不仅要适用硬件,而且要适用软件,因为软件也在变得越来越全球化。在 2007 年,《商业周刊》(*Business Week*)对全球信息技术公司进行了排名,前十名中只有一家是在美国。[110]

在这个 21 世纪的环境中,国防企业正在改变其商业模式。曾几何时,他们专注于国内市场,然后寻找国外军售,以维持其不断减少的生产线。今天,他们在规划其产品时,同时关注国内市场和国际市场。例如,美国最大的国防供应商洛克希德·马丁公司正在与 8 个伙伴国合作生产跨国 F-35 战斗机,与阿古斯塔·韦斯特兰公司合作生产总统直升机,与俄罗斯 RD180 发动机合作阿特拉斯 5 型飞机,与韩国合作 T50 教练机,与德国和意大利合作 MEADS 反导弹系统,与英国合作 C-130J,与三菱重工合作 F-2 战斗机,与 EADS-卡萨公司合作海岸警卫队深水飞机,濒海战斗舰的国际含量为 21%,与英国的 HMT 汽车制造厂合作美国海军陆战队的卡车。[111]同样,英国最大的国防公司 BAE 系统公司认识到美国国防采购市场是欧洲市场总量的两倍以上,因此选择采用兼并和收购的方式来获得在美国的强大地位。BAE系统公司公开宣称的目标是,其美国业务与欧洲业务一样大。正如所有涉及机密项目的外资美国业务一样,北美BAE系统公司成立了一个以美国公民为主的董事会,并根据美国法律遵循严格的安全控制。它被允许购买美国的公司——桑德斯和特雷考,这些公司设计和开发一些美国最敏感的国防技术,如电子战中使用的技术,因为它的安全控制被认为等同于甚至优于美国公司。对相关国家和企业来说,军事利益和经济利益必须不断权衡潜在的脆弱性和安全问题。

也许与国防工业相关的全球化问题中最具挑战性的是在零部件层面。许多这些产品来自商业领域,因为商业零部件往往是先进、可靠和低成本的——原因在于商业领域的大批量销售。购买这些零部件以拥有最先进的军事装备,这符合美国的利益。由于担心这些零部件有安全风险,在2001年,国会要求国防部对外国采购的影响进行研究,在2004年,国防部主动重新进行了这项研究,并联系了800个主承包商和大量的一级和二级分包商,以收集数据并评估12个主要武器系统项目样例。[112]这些有代表性的系统有73个外国供应商。在一个案例中,这些供应商的美元价值占该系统的12.5%,但在所有其他案例中,其占总价值的0.1%~6.2%(平均为4.3%)。国防部发现,"使用外国采购并没有对长期的战备或国家安全产生负面影响"[113]。事实上,它指出,使用非美国供应商:(1)允许国防部获得最先进的技术和工业能力;(2)促进与美国盟友打交道时的一致性和公平性;(3)鼓励开发可交互操作的武器系统;(4)鼓励建设互利的工业纽带,便于美国国防工业进入全球市场;(5)使美国国防工业面临国际竞争,帮助确保美国企业保持创新和高效。国防部的这项研究继续指出:"已确定的外国采购,并没有形成威胁国家安全的对海外的依赖","利用这些外国采购并不影响国家技术和工业基础的经济可行性","在某些情况下,国家技术和工业基础正在得到加强,因为通过目前外国采购的几个关键项目,国内生产能力正在逐步建立"。在这72个外国采购项目中,"国防部明确,只有在4个项目中,没有相应的国内采购可以与分包给外国供应商的项目竞争"[114]。这4个项目将被仔细跟踪,以确保在这些领域今后不会出现任何依赖性。

尽管有这些数据,美国国会还是已经明显地变得更倾向保护主义,这些感觉并不限于美国。多年来,每个欧洲国家都希望完全自给自足,但那些国家一直在朝着更加一体化的欧洲国防工业基础的方向发展。这种情况提出了一个问题：美国和它在北大西洋公约组织中的欧洲伙伴之间是合作还是竞争？北约和欧盟的作用(例如，北约标准和采购)必须得到明确。

关于美国最近的全球化趋势的最后一点看法是，数十家航空航天公司被低劳动力成本和靠近美国的优势所吸引而迁往墨西哥。下加利福尼亚半岛有超过12 000名航空航天工人，包括罗克韦尔·柯林斯公司的1 400人、湾流公司的1 000人，以及霍尼韦尔航空航天公司和哈钦森·希尔公司各850人。其中最典型的是伊顿公司在蒂华纳的工厂，该工厂为劳斯莱斯发动机厂生产飞机部件，如电子开关、液压和燃料管以及空气管道。其中一些部件用于军用飞机，包括F-35联合攻击战斗机和C-17。[115]就像许多航空航天业一样，在墨西哥进行的大部分工作有商业和军事用途。这项工作不仅限于美国公司。例如，法国赛峰集团的拉比纳分公司每年有超过1/3的业务是在北美进行的，并且首次任命一位美国公民担任拉比纳公司的主席和首席执行官。该公司在墨西哥有大约1 700名员工，他们从事劳动密集型工作，如用于波音787飞机和一些国防系统的线束。[116]

这种行动引起了相当大的政治上的抵制，不仅因为工作机会从美国转移到墨西哥，还因为一个熟练的焊工在蒂华纳每小时挣3美元左右，而在美国则高达每小时24美元左右。[117]不利用如此大的劳动力成本差异来从事劳动密集型工作，对国防部来说是很困难的。从长远来看，这些工作可以通过大幅提高生产力(如自动化)，大大降低这些工作的劳动强度，从而返回美国。为了利用这一优势，劳动力必须接受使用自动化设备的培训。如果美国要在这些领域保持竞争力，就需要美国经济政策的广泛重视。

六、对外军售

由于各种政治、军事和经济原因，许多国家(包括发展中国家和不发达国家)都在购买和出售武器。从历史上看，美国在对外军售方面一直处于世界领先地位，年销售额为100亿至400亿美元。(第一次海湾战争结束后，对美国武器系统的需求达到了420亿美元的高峰，特别是在石油资源丰富的中东地区。)[118]

这些交易有很多好处：

● 加强了工业基础。传统上，对外军售的利润很高。由于买方通常是为了满足军事或政治需求，这些交易往往对价格不是很敏感。特别是在美国国防预算下降的时期,这种对外军售可以使生产线保持开放或不开放之间产生差异。因此,国防公司积极追求这种军售。

● 为盟友提供政治支持。在"9·11"事件后,布什政府承认利用对外军售是作为回报盟友和巩固国际关系的一种方式。[119]具有讽刺意味的是,对外军售有时也被用作实现地区稳定甚至和平的一种手段。例如,作为以色列和埃及之间和平协议的一部分,同意美国向双方提供数百亿美元的武器,用于其自我保护。正如人们所期望的那样,允许向其他国家出售武器取决于当时的政治局势。例如,印度、巴基斯坦和印度尼西亚曾经被禁止购买美国武器,但布什政府取消了这一禁令,而禁令的取消导致了销量大增。

● 向盟友提供援助。与政治支持论密切相关的是,军售对于增强我们盟友实力的重要性。许多国家负担不起许多复杂和先进的武器系统的研发或生产。由于美国希望盟友有能力进行自卫,并在联合行动时提供支持,因此这个理由经常被用作允许对外军售的依据。例如,2005年,美国宣布出售GBU-12("铺路"II)激光制导炸弹(带有全球定位辅助的惯性导航系统)——这是美国武器系统向捷克共和国军队的第一笔商业销售。[120]

● 为我们的军队提供支持。确保其联盟伙伴拥有最好的装备来补充美国部队的不足,这符合美国军方的利益。为了实现最大的整体效力,盟友的部队必须与美国的部队具有交互操作性。

● 在一个地区平衡军事力量。避免一个地区军备升级的最好方法是,通过军备控制协议和其他类似手段,不让该地区获得武器。遗憾的是,随着各国开始有能力购买武器,他们认为有必要这样做,以加强他们在该地区的军事地位。出现军备竞赛的情况并不罕见。

存在潜在冲突的双方都可以采用这种理由。例如,法国于1970年开始向巴基斯坦提供潜艇,而俄罗斯和德国则在1974年开始向印度出售潜艇。但当法国开始对加强与印度的关系感兴趣时,他们同意向印度出售6艘先进型号的潜艇(印度一直在增加从法国购买其他武器系统)。为了平衡法国对印度的销售,巴基斯坦于是要求法国提供更多的潜艇[121],而印度对此感到不满。

● 阻止国家之间结盟。当各国开始从俄罗斯或中国等国家购买武器时,由于共享这些武器系统,他们的军队和后来的政治领导人可能会与卖家更加一致。因此,随着俄罗斯和中国的销售开始增加,买家和卖家开始用这些新武器进行军方对军方的训练和演习。美国可能觉得有必要与这些国家开展军售活动,以确保他们在未来任何潜在的冲突中(例如,为了石油和其他自然资源)保持中立。

● 有助于实现贸易平衡。到2005年,美国在商品和服务方面的贸易赤字达到创纪录的689亿美元,其中中国占200亿美元以上。[122]由于存在数百亿美元的潜在武器销售,以及大量美国制造业工作岗位可能处于危险之中,在国会审议潜在的对外军售时,贸易平衡问题变得非常重要。在通常情况下,这些论据足以推翻国务院或国防部对某一特定武器的犹豫不决。

● 为国防部创收。军事装备的销售可以通过两种途径进行:直接由公司进行商业销售或通过美国政府(作为对外军售代理)。后者经常是外国政府买家的首选,因为美国政府会在交货、质量等方面支持这些销售。为此,政府必须管理这些项目,而国防部则对对外军售征收行政附加费,2006年,这项费用从2.5%提高到3.8%。[123]由于每年有数百亿美元的销售量,即使是一个小的百分比变化,也会导致数亿美元的资金回流到国防部。

尽管对外军售有许多显而易见的好处,但也引起了一些显著的担忧:

● 武器以后可能被用来对付美国。无法保证一个目前是美国盟友的国家在未来不会成为对手。因此,美国提供的最先进的设备可能最终被用来对付美国军队。这一点在小型武器方面最为明显,因为美国是世界上最大的小型武器和轻武器供应商。[124]2007年,人们发现,由于向伊拉克人转让武器,有19万件武器(11万支AK47冲锋枪和8万支手枪)丢失。[125]其中许多武器可能落入在伊拉克与美国和盟军部队作战的叛乱分子手中。

再来看精密武器销售,美国向在阿富汗与苏联军队作战的游击队者提供美国制造的"毒刺"防空导弹,这些导弹后来被用来对付美国军队。在伊朗革命之前,美国向伊朗出售了先进的战斗机。战斗机、船舶和其他装备可能作为对外军售一揽子计划的一部分,出售给与美国结盟的国家,但在未来,这个国家可能不再是美国的盟友。美国军方对此表示关切,并经常抵制美国政府其他部门的政治压力,以出售先进技术装备。

● 可能发生第三国转让。虽然对外军售协议禁止向第三国转让,虽然第三国的转让是被禁止的,但接受国可以选择(合法或非法)或非自愿地被迫向有可能成为美国对手的第三国转让装备。装备和先进技术的第三国转让,会对军事上的成功和未来与美国企业进行经济竞争的商业用途产生不利影响。

- 支持政治上不太理想的国家。国会和政治活动家团体对向有些国家出售武器表示担忧,包括不民主的国家、有着不良人权记录的国家、在打击恐怖分子的斗争中不可靠的国家、在地区冲突中不支持美国的国家,以及政治上不稳定的国家。在这方面,捍卫此类军售经济和军事利益的群体,与批评接受国当前或未来政治状况的群体之间存在着强烈的分歧。

- 美国的军售助长了武器销售的日益扩散。人们担心其他国家会觉得:"如果美国向所有人出售武器,那么我们也应该这样做。"许多人反驳这一论点说:"他们无论如何都会这样做的。"但是,当美国不向某些国家或某些地区出售武器时,它就形成了一种重要的威慑。然而,随着许多国家(包括那些以前不从事军火业务的国家)的能力开始增强,对武器扩散的担忧变得非常真实。当朝鲜和巴基斯坦等国家开始出口核武器时,这是很令人担忧的。

- 促成了第三世界国家或地区的军备竞赛。上文在谈到中东地区的军备竞赛时提到了这些担忧。最近,中国在非洲很活跃,2007年,俄罗斯向阿尔及利亚出口了两架先进的"支点"战斗机。[126]在这些第三世界的销售中,美国并不是领导者。在发展中国家的全球军火市场上,俄罗斯排在第一位,到2005年,其军火市场规模已达302亿美元。[127]其中,俄罗斯获得了70亿美元,法国获得了63亿美元。[128]

最近一个特别值得关注的领域是南美。自门罗主义以来,南美一直是美国的一个军事利益所在地,美国与阿根廷、巴西和智利等国家有着紧密的军事关系。然而,委内瑞拉总统乌戈·查韦斯(Hugo Chavez)一直在国内煽动反美情绪,并且在2006年,他同意了一项30亿美元的交易,从俄罗斯购买喷气机和直升机。[129]同样在2006年,俄罗斯同意向委内瑞拉出售装备,以建立一个生产AK-101和AK-104卡拉什尼科夫枪支的工厂。[130]同年,俄罗斯还就向阿根廷出售武器进行了谈判,打算用军用直升机和装甲巡逻艇换取阿根廷牛肉(俄罗斯是最大的进口国)。[131]这种销售补偿在对外军售协议中很常见。

七、外国所有权

许多国家对国防企业的外国所有权有严格的规定和控制,特别是当这些公司处理机密或敏感信息时。在美国,商务部、国防部和国务院都参与了这些采购项目,而国会(或出于政治原因,或为了保护议员所在地区或州的公司不受更多竞争的影响)也频繁地参与其中。如果外资公司想与美国的机密材料打交道,它必须拥有一个由美国公民主导的董事会。这些控制措施是有效的,因为外国所有权者认识到,他们必须比恺撒的妻子还要纯洁,而他们的控制措施非常到位。

尽管如此,2001年9月11日以来,世界发生了重大变化,中国和印度等国家经历了巨大的增长。外方收购美国企业的行为受到美国外国投资委员会的控制,而且由于国会的压力,该委员会的审查程序可能再次被修改。越来越多的外国政府建立的主权财富基金(与私营企业相比)推动了这一趋势。例如,中国有一个2 000亿美元的基金,俄罗斯有一个大型的石油投资基金,而波斯湾的石油大国有一个1万亿美元的基金。[132]

八、技术转让

在许多情况下,所关注的问题不是产品,而是嵌入产品中的技术。第一个问题是军事问题,但第二个问题是该技术可能具有双重用途的潜力,也可用于商业竞争。出于这个原因,美国制定了长长的清单,由国务院和商务部控制,同时国防部也有很强大的投入。其中一份清单所包含的项目,被认为对直接的军事用途或双重用途(商业和军事)技术很关键。另一份清单显示了可以接受初始技术转让的国家,并严格控制这些国家将技术转让给第三国的能力。遗憾的是,相对于技术的全球传播,这些名单往往是相当过时的,所以它们的限制性过强,在图纸、报告、演示文稿或装备出口之前,需要进行大量的官僚数据处理以获得批准。尽管每年有超过70 000份技术援助授权的许可申请,这些申请极其复杂且耗时,必须单独处理,但99.5%的出口许可证最终都通过了该系统,没有被拒绝。[133]

为了试图解决与信任的盟友之间的这些官僚主义障碍,2008年,美国开始了一系列的条约讨论和随后的签约,首先是美国和英国之间签署条约(其中超过19 000份许可证申请与英国有关),随后与澳大利亚签署类似的条约。这些条约的目的是,将这些国家置于类似于美国与加拿大多年来的安全控制之下。其目的是建立一个包括这些国家在内的安全圈,并希望可以在未来扩展至其他值得信赖的盟友。尽管如此,在美国总统和两个值得信赖的盟国的总理签署了这些条约后,它们仍然没有得到国会的批准,直到2010年底。

随着科技变得更加全球化,以及系统变得更加复杂,美国需要与值得信赖的盟友建立一个简化的程序。每份报告中的每张工程图纸都不需要被单独批准。相反,这可以在该项目和该国家的一揽子发布中完成。国防部和国务院在克林顿政府末期批准了此类程序(国防贸易和安全倡议)[134]，但它并没有成为法律。事实上，2001年9月11日之后，情况有所收紧。

九、安全援助

与大多数美国武器系统一样，大部分资金并不是用于装备本身，而是用于操作、维护、训练和保障的生命周期成本。这些服务已经成为国防部采购预算的一个主要部分，而对于国防部对外国的援助来说，这也同样重要。因此，当一个海外国家购买了一件美国装备时，它通常也会购买培训、备件、升级，甚至在某些情况下购买与该装备相关的维修服务。在通常情况下，这是通过国防安全合作局来完成，该机构的职能是向国家的盟友提供外国援助。它在102个国家有超过900名安全援助人员，还每年监督超过14 000名国际军事学生，并每年花费5 000万美元用于人道主义援助。最后，该机构负责处理第1206条款项，这些资金用于全球培训和装备项目，旨在"建设支持全球反恐战争的联盟伙伴的能力"。2008年，这方面的资金约为3亿美元，该项目已扩展到伊拉克的联盟伙伴，以及阿尔及利亚、乍得、多米尼加共和国、印度尼西亚、黎巴嫩、摩洛哥、尼加拉瓜、巴基斯坦、巴拿马、塞内加尔、斯里兰卡、泰国、也门、圣多美和普林西比。此外，第1207条款项还提供了2亿美元的国防部装备或资金，用于稳定援助和重建(与国务院共享)。[135]国际军事教育和培训项目特别重要，该项目以资助的方式向选定的外国军事和国防相关人员提供军事培训。在这种情况下，要么挑选个人到美国的军事学校学习，要么从美国邀请专家，为地区或双边的个人团体授课。关于资助水平和项目的决策由国防部做出，并由国防部安全局和驻外美国大使馆的军事代表管理。强大的联系是以这种方式在军方对军方的基础上发展起来的，并在正式教育过程结束后长期存在。当需要在安全活动方面进行多国合作时，这被证明是有价值的。最后，这些资金的很大一部分(2006年为2亿美元)被用于培训和为外国反恐行动提供装备。[136]这对有关国家和美国都有显著的价值。

十、政府政策

全球化可以给美国的国家安全态势带来巨大的好处，但它也带来了巨大的担忧。政府政策所面临的挑战是，如何在最大限度地增加经济利益和安全利益的同时,最大限度地减少风险,如脆弱性。

一项全国性的民意调查提出了这样的问题:"你认为全球化,特别是我们的经济与世界其他国家的联系越来越紧密,对我们国家来说是好处多还是坏处多?"结果发现60％的人认为全球化"好处多",只有35％的人认为"坏处多"。[137]后者的主要关注点是保护环境和保护就业,而不是安全问题。虽然就业可能是主要原因,但安全问题经常被引用(尤其美国国会),作为通过立法要求在美国采购而不是离岸采购的原因。

在今天这个技术全球化和工业全球化的世界里,美国不再是每项技术和每件设备的领导者。我们面临的挑战是,如何利用外国的技术和设备,而不至于处于弱势、失去工作,或削弱美国的国防工业。

关于脆弱性问题,负责工业政策的国防部副部长威廉·格林沃尔特(William Greenwalt)(以前是参议院军事委员会的成员)在2006年说:"到目前为止,我们还没有与任何外国供应商发生过任何问题。"[138]他还说:"我没有听说过任何武器系统或任何外国承包商的外国零件的可靠性问题。"事实上,他说,"在朝鲜战争、越南战争期间,以及此后的事件中,俄国从未切断过我们的任何东西。其他任何国家也没有。"在同一次会议上,乔纳森·埃瑟顿(Jonathan Etherton)(也是参议院军事委员会的成员)说,"美国政府问责局实际上在20世纪90年代初做了一项研究,并得出了同样的结论,即他们找不到任何供应中断的例子,甚至没有任何关于供应中断的问题"。

总之,美国的选择归结为要么建立一个堡垒美国,要么利用全球化的优势(同时解决潜在的脆弱性)。下面这种情况可以说是从全球化获益的一个典型例子,当时在伊拉克,路边炸弹对没有装甲的美国车辆发动了袭击,于是美国决定必须紧急建造一种防雷、防伏击的车辆。美国选择了最初在南非开发和改装的V型车体、在以色列设计的装甲、在欧洲开发的坚固车轴,以及在亚洲制造的电子装置。如果不充分利用全球市场的创新技术和产品,国防部就不可能像现在这样迅速地推出防雷、防伏击的车辆。在这个案例中,国防部决定在美国的多个工厂进行装备的最终组装,但从海外获得许多关键工程和许多零件。

随着对世界上正在发生的全球化变化的进一步认识,美国越来越有必要重新评估其历史上的进口管制政策,在制定大多数这些政策时的背景是,在对国防至关重要的大多数领域,美国是技术领先者。这种变化遇到了巨大的政治阻力。

事实上,这些规则中的大多数是出于政治原因而不是安全原因制定的。例如,1944年,《购买美国货法》(1933年)增加了一项"关键"条款,即所谓的《贝里修正案》(Berry Amendment),作为一种"确保军事人员的衣服和食物都使用美国货的方式"。《贝里修正案》要求三类商品(食品、纺织品和工具)100％为国内生产、制造或本国种植,其目的主要是确保第二次世界大战中的美国军队穿的军装和吃的食品都是美国生产。

随着时间的推移,国会逐步扩大了这个清单,在20世纪70年代初,它包括"特种金属"。[139] 这份清单中的特种金属部分是最麻烦的,因为其适用于广泛的物品,包括部队吃饭用的不锈钢器皿、电子元件中使用的焊料,以及喷气发动机中使用的金属的冶炼。随着电子产品和喷气式发动机变得全球化,并被用于商业和军事上(到目前为止,商业用量最大),这成为国防部的一个主要问题。由于商业公司并不跟踪仓内的每一个零件以确定其原产国,因此《贝里修正案》要求电子制造商为国防部生产的小批量产品建立一条特殊的生产线,以确保该产品的所有基本材料都符合修正案的要求。同样,该修正案要求为美国国防部生产的任何喷气式发动机都要有一个特殊的生产线,出于同样的原因,这将与商业生产分开。因此,这些用于国防的小批量产品的成本急剧上升。例如,就电子产品而言,国防部作为消费者,其占比低于1％,所以产品成本会上升一个数量级以上。[140] 同样,就喷气式发动机而言,根据《贝里修正案》,政府被要求检查到"一个子组件上13美分的零件"的层面。一次,政府的合同执行官质疑一个400万美元的飞机发动机中价值1.3美元的部件是否符合《贝里修正案》。[141]

没有人说过,相比侦察系统和导弹制导系统中允许使用的特种玻璃(来自德国、韩国和日本),或者国防部武器系统所有电子设备中允许使用的半导体(来自泰国、日本、韩国和中国),《贝里修正案》清单上的那些餐具、靴子和锚链对国家安全更为重要。当士兵在伊拉克驾驶非装甲车辆,被路边炸弹炸死或炸伤时,军队试图在他们的车辆上添加金属板——他们可以在伊拉克当地的商店购得。而他们的合同执行官告诉他们,他们的购买行为违反了《贝里修正案》,他们必须从美国获得这些材料。[142]

在2006年的一项修正案中,众议员罗宾·海斯(Robin Hayes)(北卡罗来纳州共和党人)也建议将《贝里修正案》的清单加入国土安全部的所有采购中。[143] 国家安全的理由再次被使用,也就是说,国家安全会受到威胁,"除非这些物品是在美国种植、再加工、重新使用或生产"。

在2007财年的《国防授权法案》(Defense Authorization Bill)中,参议员约翰·华纳(John Warner)(弗吉尼亚州共和党)提出了一项修正案,以满足修改《贝里修正案》的需要,解决"与电子元件相关的特种金属问题"。[144]正如美国信息技术协会的执行副总裁奥尔加·格拉瓦奇(Olga Grkavac)所说:"在控制信息技术领域的全球市场和我们使用的电子元件中,《贝里修正案》对特种金属采购的限制已不再可行。大多数在IT产品和服务中使用的硬件并不遵守,也不会遵守这些过时的限制。"[145]幸运的是,2007年的《国防授权法案》确实将商业电子元件排除在《贝里修正案》之外。[146]然而,在《贝里修正案》制定后的65年内,人们仍在试图应用自给自足法则。另一些人认识到了这一时期世界上发生的变化,并为了真正的国家安全和美国经济竞争力的利益,试图克服这一问题的政治性。

最终,对不遵守《贝里修正案》的行为进行了严厉的处罚。2005年,司法部宣布了对办公用品公司的三项重大裁决,据报道,这些公司从中国大陆和中国台湾购买物资,然后通过与总务管理局的合同,将其出售给政府机构。因违反《贝里修正案》的"国内采购"要求条款[147],史泰博办公用品公司、欧迪办公用品公司和麦克斯办公用品公司分别支付了740万美元、475万美元和980万美元。

《贝里修正案》并不是这一类的唯一立法。例如,1920年的《琼斯法案》(Jones Act)[以华盛顿州参议员韦斯利·琼斯(Wesley Jones)的名字命名]限制了可以在海外进行的美国船舶维修和建造的体量,并对航海贸易进行管理。今天,这项法律在很大程度上保护了美国国防工业的造船厂和国防部的船舶维修厂,因为在全球范围内,美国的造船业在建造大型商用船舶方面基本上没有竞争力。因此,如果一个盟国的海军正在使用一种对美国有利的舰艇,并且可以立即提供给美国,那么该技术就必须转让给美国,并在美国建造,如此一来成本明显提高,而且造成长时间的延期。美国在有些领域技术领先,如航空母舰、核潜艇和舰载消防系统,这些行业将继续留在国内。此外,在其他领域,造船业已经现代化,并且越来越具有竞争力。问题是,美国国防部是从补贴一个行业中受益最大,还是从能负担得起所需武器系统的数量和质量中受益最大?这是一个困难的抉择,但是,随着世界的变化和国防部能更好地利用这些变化,这个问题需要得到解决,特别是在一个资源紧张的环境中。

除了对美国从海外采购有许多限制外,在向我们的盟友出口货物、技术和服务方面也受到了广泛的控制。一方面技术在其他地方传播,并且我们的对手可以获得这些技术,另一方面我们却对我们的盟友和朋友隐瞒了这些技术,因此,这些管控措施在许多情况下显得烦琐、过时。

自2001年9月11日的恐怖袭击以来,对技术出口的控制已经变得更加严格,因为我们担心这些技术可能落入恐怖分子手中并被用来对付美国。

由于这些出口限制,当我们一起参战时,我们的盟国往往难以拥有与美国装备互通的装备。而且,当美国领先时,他们也很难拥有最先进的设备。当盟国拥有比我们更先进的技术,而我们同意购买的时候,情况就更糟糕了。当我们试图将其送回去维修或升级时,我们必须完成详细的文书工作,并经历耗时的拖延,才能从美国获得出口许可证,将装备送回给向我们提供装备的人。一些技术领域是非常敏感的,在其他地方无法获得,在那种情况下,实行限制是合理的。即使在那种情况下,我们可以与一些我们信任的盟友分享技术,只要我们确信该技术不会被传递给第三方,这么做也是合情合理的。我们的大多数盟友对第三方出口也有限制,他们与我们合作,以确保我们有能力加强他们的控制(如果有任何问题)。

这不仅仅是一个军事问题。对美国来说,这也是一个经济问题,这对国防企业和商用企业都是有害的。对国防企业来说,这使他们失去了世界市场,并将其开放给同类产品的外国厂家。这种情况发生在红外线领域,法国人占领了世界市场。对许多商用企业来说,这使其不愿意做国防业务。例如,如果一家商业公司向国防部出售一个零件,而该零件被用于武器系统,那么从那时起,该商用零件就变成了一个必须受技术转让出口管制条款保护的项目。由于国防部与商用界相比只是一个小客户(对于大多数装备来说),这对商用企业而言是一个重要的威慑,由于需要应付所有的海外商业销售的出口管制规定,这些企业现在不得不面对由此带来的延误和文书工作。事实上,到1999年,也是在"9·11"事件之后对出口管制制度进行更严格的限制之前,大型德国国防承包商德国宇航公司向其所有项目经理发送了一份备忘录,不鼓励他们使用美国供应商。在获得美国零件的出口许可证方面的延误和不确定性,被认为耽误了德国宇航公司的项目。根据该备忘录,"由于这种不确定的出口许可证情况,应不惜一切代价避免使用美国产品,特别是美国国防产品。如果使用美国产品,应尽快用非美国产品替代"[148]。

违反这些出口管制的惩罚可能很严重。因将一个两盎司、一英寸直径的商用芯片嵌入一架价值6 000万美元的商用飞机的机舱内,波音公司被罚款1 500万美元,原因是这种商业芯片也被用于武器系统,因此它属于出口管制规定的范围。波音公司已经向中国出售19架这样的商用飞机,目前禁止向中国出口所列国防物品。[149]

正如本书后面所讨论的那样,美国的商用供应商在做国防业务时有很多障碍,即使他们代表了最高的性能、可靠性、可用性和最低的成本。而这些出口管制规定只是其中的一大障碍,为了未来的国家安全和美国的经济竞争力,这些障碍必须被消除。由于对美国出口这些商用物品的限制,所以外国供应商可以主导全世界的商用市场,然后这些物品就可以被美国的对手获得,尽管无法从美国购买。今天,国务院每年处理大约60 000份出口许可证,很少有被拒绝的情况,其中最大的份额是为英国提供的物品,在2005年和2006年,这些物品中只有6个种类被拒绝。[150]但是,这个过程、风险,当然还有延误,大大阻碍了美国商用供应商成为该系统的一部分。这些管制规定同样适用于国防服务、技术和产品。

事实上,公法规定,国防服务包括:(1)向外国人(无论是在美国还是在国外)提供的援助(包括培训),以协助其设计、开发、工程、制造、生产、装配、测试、修理、维护、修改、操作、非军事化、销毁、加工或使用国防物品;(2)向外国人提供本分章规定的任何技术数据,无论在美国还是在国外。[151]在今天的美国大学中,超过50%的研究生,特别是科学和技术方面的研究生,是非美国公民,许多教师也不是美国公民。如果他们看到或使用出口管制清单上的东西(如超级计算机或生物技术处理设施),那么 大学就必须为每一个外国学生或教师参与的事件获得出口许可证,即使这发生在美国大学的校园内。公法规定,当一个外国人使用或接触到出口管制清单上任何物品的技术时,即使发生在美国,这种接触都被认为是"视同出口",因此必须受到控制(批准)。由于这在基础研究中造成了问题,布什总统成立了一个特别委员会,就"视同出口"提出建议,但这一政策在实践中如何实施还有待观察。

美国政府问责局总结了全球化时代美国政府政策和做法变革的必要性:"几十年前为保护关键技术而设立的政府项目,没能权衡相互竞争的美国利益,因为安全环境和技术革新在全球化时代不断发展。因此,我们正在指定关键技术的有效识别和保护作为政府范围内的一个高风险领域,这需要对现有的项目进行战略重审,以确定所需的变革,并确保推进美国的利益。"[152]

注释：

[1] This term was first used by President Franklin Roosevelt in December 1940, in connection with "Land Lease" to supply equipment to the U.K. and Russia who were at war with Germany. Then he used it in connection with production for U.S forces in WWII.

[2] For a detailed discussion of the history of the U.S. defense industrial base, with numerous references, see Jacques S. Gansler, "The Diminishing Economic and Strategic Viability of the U.S. Defense Industrial Base," PhD dissertation, American University, 1978 (University of Michigan Microfilm International, 1978).

[3] Lieutenant General Michael M. Dunn, U.S. Air Force, "The U.S. Defense Industrial Base: Past, Present, and Future Challenges," Paper presented at the Industrial College of the Armed Forces, June 2, 2005.

[4] For a discussion of planning for surprise, see Defense Science Board, *Summer Study Final Report*, September 2008.

[5] Naval Historical Center, "The Reestablishment of the Navy 1787–1801," online, June 22, 2007.

[6] J. M. Blair, *Economic Concentration: Structure, Behavior, and Public Policy* (New York: Harcourt Brace Jovanovich, 1972), 380.

[7] J. Houston, *The Provisioning of War: Army Logistics 1775 to 1953* (Washington, DC: U.S. Government Printing Office, 1956), 24.

[8] Charles W. Freeman Jr., "National Security in the Age of Terrorism," Paper presented at the "National Security" Conference, Williamsburg, VA, January 6, 2006, and published in *Middle East Policy* (January 6, 2007).

[9] Stephen Barr, "For Defense, Crunching the Numbers Is Half the Battle," *Washington Post*, May 12, 2008.

[10] The $60 billion estimate comes from Sami Lais, "The Future of Intelligence," defensesystems.com, 2008. See also Walter Pincus, "2007 Spying Said to Cost $50 Billion," *Washington Post*, October 30, 2007; Walter Pincos, "ODNI Executive may have disclosed U.S. Intelligence Budget Amount," *Federal Times*, June 7, 2007. Bill Sweetman, "Blog: Black Budget Blows by $50 Billion Mark," *Aviation Week and Space Technology*, http://www.aviationweek.com/aw/blogs/defense, summarizes the data in the DoD's fiscal year 2010 budget for intelligence programs.

[11] Walter Pincus, "DNI Cites $75 Billion Intelligence Tab," *Washington Post*, September 17, 2009, A7.

[12] B. M. Blechman, E. M. Gramlich, and R. W. Hartman, "Setting National Priorities: The 1975 Budget," Brookings Institution Report, Washington, DC, 1974.

[13] Wassily Leontief and Marvin Hoffenberg, "The Economic Effect of Disarmament," *Scientific American* (April 1961): 3–9 (and the ratios might be even greater for today's high-tech, high-cost defense sector).

[14] For example, see Murray Weidenbaum, *The Economics of Peacetime Defense* (New York: Basic Books, 1974).

[15] J. F. Lawrence, "Spending for Defense: Boom or Detriment?," *Los Angeles Times*, January 10, 1978, 1.

[16] John T. Bennett, "Defense News," July 22, 2010.

[17] *The Economist*, "Arming Up: The World's Biggest Military Spenders by Population," June 8, 2009.

[18] Based on Department of Defense, *Green Book*, fiscal year 2005.

[19] Tina Jonas, Paper presented at Jane's Defense Conference, Washington, DC, April 22,

2008.

[20] Jim Greenwood, "Toward a More Accessible and Affordable Health Care System: Regulate or Innovate?," *Bio News*, February–March 2008.

[21] According to the Social Security Administration's Office of the Chief Actuary, Centers for Medicare and Medicaid Services.

[22] "Unified Military Medical Commands Studied," *Newport News Daily Press*, May 21, 2006.

[23] "Schoomaker Expresses Concern Over FY '07 Army Budget," *Aerospace Daily and Defense Report*, July 17, 2006.

[24] Paper presented at a Jane's Defense Conference, meeting, Washington, DC, April 22, 2008.

[25] Government Accountability Office, *GAO Report 05647 on Military Health Care*, Washington, DC, May 2007.

[26] Center for Strategic and International Studies, *CSIS Report*, June 13, 2007.

[27] From Christopher Bowie and Karen Rodgers, Northrop Grumman, "Key Defense Policy Issues Facing the New Administration," briefing, September 18, 2007.

[28] Norman R. Augustine, *Augustine's Laws* (Washington, DC: American Institute of Aeronautics and Astronautics, 1983)..

[29] F. W. Lanchaster, *Aircraft in Warfare: The Dawn of the Fourth Arm* (London: Constable, 1916), chap. 5.

[30] Gary Hart, *The Shield and the Cloak: The Security of the Commons* (New York: Oxford University Press, 2006).

[31] John J. Hamre, "Realities of Today Demand a New Defense Acquisition Reform," *Aviation Week and Space Technology*, November 28, 2005, 74.

[32] Barry Goldwater, "DoD Reorganization: Summary of the Problems," *Armed Forces Journal International* 123, no. 4 (October 1985).

[33] Sam Nunn, "DoD Reorganization: An Historical Perspective," *Armed Forces Journal International* 123, no. 4 (October 1985).

[34] RAND National Defense Research Institute, "Goldwater-Nichols Brief: Pre-Interview Information," RAND National Defense Research Institute, Washington, DC, 2008.

[35] Some of the material in this section comes from a paper that the author presented at the Industrial College of the Armed Forces on June 2, 2005, and published as "U.S. Defense Industrial Base: National Security Implications of a Globalized War," National Defense University Press, Washington, DC, April 2006).

[36] James Langenfeld and Preston McAfee, "Competition in the Defense Markets: Meeting the Needs of Twenty-First-Century Warfighting," Institute of Defense Analysis, January 2001.

[37] Raytheon, "The Consolidation of the Defense Industry," briefing, January 14, 2000, based on transaction closing data as of December 31, 1999.

[38] Langenfeld and McAfee, "Meeting the Needs of Twenty-First-Century Warfighting," and JSA Partners, "Competition in the Defense Markets," both presented at the Institute for Defense Analysis Conference, January 14, 2001.

[39] For a detailed discussion of this issue, see Jacques S. Gansler, *Defense Conversion: Transforming the Arsenal of Democracy* (Cambridge: MIT Press, 1995), 69–84.

[40] Paul Blumhardt of Martin Marietta reported a 32 percent success rate from data from 1973 to 1993. Naval Research Advisory Committee, *Defense Conversion* (Washington, DC:

U.S. Government Printing Office, November 1993), 55. A 1991 survey of 148 firms reported a success rate of 36 percent. Wiabridge Group, DRI/McGraw-Hill, the Fraser Group, "The Commercialization of Defense Technology: A Survey of Industry Experience," Lexington, Massachusetts, November 1991, 2.

[41] David Ravenscroft and Frederick M. Scherer, *Mergers, Selloffs and Economic Efficiency* (Washington, DC: Brookings Institution, 1998).

[42] McKenzie, "Defense Company Acquisitions of Defense and Commercial Businesses," 1986, as reported by Loren B. Thompson, in a presentation at a conference at Harvard University, April 21, 1994.

[43] Jacques S. Gansler, "The Defense Industrial Structure in the Twenty-First Century," Paper presented at the American Institute of Aeronautics and Astronautics Acquisition Reform Conference, Washington, DC, January 27, 2000, and as reported by Lauren Thomson, *Defense Week*, January 18, 2000.

[44] Bureau of Labor Statistics, as reported by Raytheon, at a conference on "The Consolidation of the Defense Industry," in Washington, DC, January 14, 2000.

[45] Pierre Chao, "Structure and Dynamics of the U.S. Federal Professional Services Industrial Base, 1995–2006," Center for Strategic and International Studies, May 2007, 22, 33; see also Zachary Goldfarb, "Mid-Tier Contractors Getting Left Out: As Federal Contracts Grow, Medium-Size Firms Can't Keep Up," *Washington Post*, September 3, 2007.

[46] John Harbison, Thomas Moorman, Michael Jones, and Jikun Kim, "U.S. Defense Industry under Siege: An Agenda for Change," Booze-Allen and Hamilton, July 2000.

[47] Ibid.

[48] Gansler, "The Defense Industrial Structure in the Twenty-First Century," Presented at the Aerospace Industries Association's "Acquisition Reform Conferences," Washington, DC, January 27, 2000. .

[49] Ibid.

[50] Department of Defense Report to Congress on the Adequacy of Defense Industry Capabilities, February 2005.

[51] For example, see Jeff Cole and Thomas Ricks, "New Offer by Lockheed and Northrop on Merger Is Rejected by U.S. Officials," *Wall Street Journal*, March 18, 1998.

[52] Anthony Velocci Jr., "Face-off over Merger Leaves Industry Riling," *Aviation Week and Space Technology*, March 16, 1998.

[43] "Navy Breaks Up Destroyer Design Team," *Norfolk-Virginia Pilot*, June 6, 1998.

[54] Lauren Thompson, "The Defense Industry's Winter of Discontent," *Defense Week*, January 18, 2000.

[55] Jeff Cole and Ann Marie Squeo, "Defense Industry Questions Move by Pentagon to Spur Competition," *Wall Street Journal*, December 3, 1999.

[56] Ibid.

[57] Anthony Velocci Jr., "Merger Review Policy: Deciphering the Record," *Aviation Week and Space Technology*, December 3, 2001.

[58] Langenfeld and McAfee, "Competition in the Defense Markets: Meeting the Needs of Twenty-First-Century War Fighting" (from data supplied by the Department of Defense, the Teal Group, industry publications, and JSA Partners Analysis).

[59] "Arms Sales Monitor," *Federation of American Scientists* 21 (July 1993): 16; also see "Arms Sales Boom," *The Economist*, August 13, 1994, 24–28.

[60] Richard Stevenson, "No Longer the Only Game in Town," *New York Times*, December

4, 1988.

[61] R. Forsberg and J. Cohen, "The Global Arms Market: Prospects for the Coming Decade," Institute for Defense and Disarmament Studies, Cambridge, MA, 1993.

[62] Department of Defense, *Inspector General Report D-2000–088*, February 29, 2000.

[63] "Military Culture Remains Rooted in Cold War Era Mindset," *Inside the Army*, September 4, 2006.

[64] Ashton B. Carter and William J. Perry, "China on the March," *National Interests* (March–April 2007): 21.

[65] Lieutenant General Ross Thompson, Testimony before the House Appropriations Subcommittee on Defense, as reported in *GovExec*, February 12, 2009.

[66] "Structure and Dynamics of the U.S. Federal Professional Services Industrial Base: 1995 to 2004," Center for Strategic and International Studies, May 2006, 10.

[67] Ibid., 18.

[68] "In Military Spending Boom, Expense of Pet Projects Prevail," *Wall Street Journal*, June 16, 2006.

[69] Ibid.

[70] Government Accountability Office, "Defense Acquisitions: Assessments of Selected Weapon Programs," GAO-08-467SP, March 2008.

[71] "Congress Still Concerned about Affordability of Ship Building Plan," *Inside the Navy*, May 15, 2006.

[72] "Defense Spending Set for Sharp Rise," *Wall Street Journal*, February 7, 2007.

[73] Merrill Lynch, "Report on Aerospace and Defense," January 18, 2008.

[74] Greg Grant, "Gates Tells Military Services to Prepare for Unconventional Wars," *Government Executive*, April 22, 2008.

[75] Robert Gates, Defense Department Secretary, "Evening Lecture at West Point," Paper presented at the U.S. Military Academy, West Point, NY, April 21, 2008.

[76] "New Top Spy Inherits an Office Still Finding Its Way," *Washington Post*, January 7, 2007, 10.

[77] As of September 30, 2004, there were 1,426,836 active-duty personnel according to the DoD, Directorate for Information Operations and Reports.

[78] Message from Deputy Secretary of Defense John White to Congress and then to reporters, April 5, 1996.

[79] Herbert Meyer, "What in the World Is Going On? A Global Intelligence Briefing for CEOs," http://www.chosinreservoir.com/worldgoingon.htm.

[80] "Outsourcing Market View," *INPUT*, January 12, 2006, 1.

[81] Committee on Science, Engineering, and Public Policy, and the Committee on Policy and Global Affairs of the National Academies, *Rising above the Gathering Storm: Energizing and Employing Americans for a Brighter Economic Future* (Washington, DC: National Academies Press, 2007).

[82] As quoted in Norman R. Augustine, *Is America Falling off the Flat Earth?* (Washington, DC: National Academies Press, 2007), 23.

[83] For example, see Defense Science Board, *DSB Summer Study on Transformation, Subpanel on Defense Industry Acquisition: Assessment of the Current Situation and Recommended Actions*, Defense Science Board, August 2005, urging the exploration and exploitation of commercial and global technologies.

[84] Robert Brodsky, "Former Defense Leaders Call for Simpler Acquisition System," *Government Executive*, June 3, 2009, governmentexecutive.com.

[85] International Monetary Fund, "World Economic Outlook," May 1997, 45.

[86] Terrence R. Guay, "Globalization and Its Implications for the Defense Industrial Base," Strategic Studies Institute, U.S. Army War College, February 2007.

[87] Thomas Friedman, in *The World Is Flat: A Brief History of the Twenty-First Century*, categorized this Internet era of globalization as "Globalization 3.0."

[88] World Trade Organization, "Selected Long-Term Trends," *International Trade Statistics 2005*, as quoted in Guay, "Globalization and Its Implications for the Defense Industrial Base," 3.

[89] "Boeing Global's Strategy Takes Off," *Business Week*, January 30, 2006.

[90] Leslie Wayne, "Boeing Not Afraid to Say 'Sold Out'," *New York Times*, November 28, 2006.

[91] Wayne Arnold, "Where the Appetite for Aircraft Is Big," *New York Times*, November 28, 2006.

[92] Augustine, *Is America Falling off the Flat Earth?*, 26.

[93] Pierre Chao, "The Future of the U.S. Defense Industrial Base: National Security Implications of a Globalized World," Industrial College of the Armed Forces, June 2, 2005.

[94] Augustine, *Is America Falling off the Flat Earth?*, 19.

[95] Ibid.

[96] Thomas W. Anderson and William J. Zeile, "U.S. Affiliates of Foreign Companies: Operations in 2004," *Survey of Current Business* 86, no. 8 (August 2006): 195–211.

[97] Deborah Orr, "The Largest Foreign Investments in the U.S.," *Forbes Magazine*, April 10, 2008.

[98] Jacques Gansler, "Trade War," *Foreign Policy* (March 2009), http://www.foreignpolicy.com.

[99] The decision to use location is based on section 2500 of Title X of the U.S. Code, where it defines a member of the national technology and industrial base.

[100] For a full discussion of this topic, see National Research Council of the National Academies, *Science and Security in a Post-911 World* (Washington, DC: National Academies Press, 2007).

[101] According to data provided to the author by the undersecretary of defense for personnel and readiness in 2008.

[102] For a full discussion of this topic, see National Research Council of the National Academies, *Science and Security in a Post 9/11 World*.

[103] National Science Board, *Science and Engineering Indicators 2006* (2 vols.) (Arlington, VA: National Science Foundation, 2006).

[104] Ibid.

[105] Chris Nuttall, "Intel Chief Calls for Easing of Visa Curbs," *Financial Times*, February 8, 2006, 2.

[106] "Early Intervention, Pentagon Eyes Ways to Encourage JSF Partners to Accelerate F-35 Buys," *Aviation Week and Space Technology*, April 2, 2007, 30.

[107] Richard Kirkland, vice president, Lockheed Martin, February 2005, quoted in Michael Brewer, "An Aerospace Business Case for Transatlantic Cooperation," in Milton S. Eisenhower Symposium proceedings, conference on "American Mass Media: Redefining the

Democratic Landscape" (Baltimore: Johns Hopkins University Press, 2005).

[108] "Northrop Embraces the Small-Satellite Plan," *Wall Street Journal*, April 11, 2007, A9.

[109] For example, Congressman Hunter stated that to hold the line on Buy American, we must block EADS bid to make Air Force tankers, .

[110] Augustine, *Is America Falling off the Flat Earth?*, 17.

[111] Robert Trice, senior vice president, Lockheed Martin, "Globalization in the Defense Industrial Base," briefing to the Defense Science Board, December 11, 2006.

[112] Office of the Deputy Undersecretary of Defense for Industrial Policy, "Study on Impact of Foreign Sourcing of Systems," January 2004.

[113] Ibid., v.

[114] Ibid.

[115] "Made in Mexico," *Aviation Week and Space Technology*, April 2, 2007, 67.

[116] "Wiring the World," *Aviation Week and Space Technology*, July 30, 2007, 54.

[117] "Made in Mexico," *Aviation Week and Space Technology*, April 2, 2007, 68.

[118] "Oil Price Rise Fuels Leap in U.S. Arms Sales," *London Times*, August 21, 2006.

[119] "Foreign Sales by U.S. Arms Makers Doubled in a Year," *New York Times*, November 11, 2006.

[120] "MCS Announces Paveway II to the Czech Air Force," Prague, press release, October 12, 2005.

[121] "Pakistan Seeks Three Subs from France," *Defense News*, February 27, 2006.

[122] *The Economist*, December 24, 2005, 9.

[123] "Agency Announces Surcharge Increase for Foreign Military Sales," *Inside the Pentagon*, March 22, 2006.

[124] Frieda Berrigan, "Big Battles over Small Arms: But Progress at the United Nations Is Too Slow," World Policy Institute, January 23, 2006.

[125] "Weapons Given by U.S. May Be Used against U.S. Troops," *Washington Post*, August 6, 2007, A14.

[126] RIA Novosti, "Russian Arms Exports Break Records," March 8, 2007.

[127] Tom Shanker, "Russia First in Selling Arms to Third World," *International Herald Tribune*, October 30, 2006.

[128] "Russia, France Overtake U.S. as Top Arms Sellers," Agence France-Presse, October 30, 2006.

[129] Kelly Hearn, "Russia Negotiating Arms Sales to Buenos Aires," *Washington Times*, August 9, 2006, 11.

[130] RIA Novosti, "Russian Arms Exports Break Records," March 8, 2007.

[131] Kelly Hearn, "Russia Negotiating Arms Sales to Buenos Aires," *Washington Times*, August 9, 2006, 11.

[132] Robert Kimmitt, former deputy treasury secretary, Paper presented to the Atlantic Council, June 14, 2007.

[133] Will Reese, paper presented to the Association of American Universities in La Jolla, CA, March 10, 2008.

[134] "Defense Trade and Security Initiative," May 2000, http://www.fas.org/asmp/campaigns/control/dtsa17pts.htm.

[135] Walter Pincus, "Taking Defense's Hand out of State's Pocket," *Washington Post*, July

9, 2007.

[136] "Agency Announces Surcharge Increase for Foreign Military Sales," *Inside the Pentagon*, March 22, 2006.

[137] "World Public Favors Globalization and Trade But Wants to Protect Environment and Jobs," WorldPublicOpinion.org, April 26, 2007.

[138] "Buy American: A Roundtable Discussion," *Aerospace America*, September 2006, 28.

[139] Ray Ann S. Johnson, "House and Senate Debate the Berry Amendment: Keeping the Focus on the Needs of a Twenty-First Century Military," Manufacturer's Alliance/MAPI, August 2006.

[140] "Buy American Creates Hurdles for Pentagon's Business Plans," as stated by the Pentagon's deputy undersecretary for industrial base, *The Hill*, November 29, 2006.

[141] J. C. Anselmo, D. A. Fulghum, and D. Barrie, "National Insecurity: Pentagon's Zealous Enforcement of Law Requiring Use of Domestic Metals Is Holding Up Deliveries, Threatening Corporate Profits," *Aviation Week and Space Technology*, March 13, 2006, 24.

[142] As told to the author by the then-program manager of the activity in Iraq.

[143] "Congressman Introduces Bill to Extend Berry Amendment," March 14, 2006, Government Printing Office, H.R.4946.

[144] "ITAA Backs Relief from Berry Amendment for DoD," press release, June 26, 2006.

[145] Ibid.

[146] Kimberly Palmer, "Buy American Compliance Tricky in Increasingly Global Economy," *National Journal*, November 22, 2006.

[147] Ibid.

[148] Gordon Adams, Christoph Cornew, and Andrew James, "Between Cooperation and Competition: The Transatlantic Defense Market," Chaillot Paper 44, which was quoting from the *Blumberg News*, October 28, 1999.

[149] "Boeing Fined $15 Million for a Chip," *Washington Post*, April 9, 2006.

[150] Statement by the deputy undersecretary for acquisition, technology, and logistics, *International Affairs*, July 13, 2007.

[151] International Traffic in Arms Regulation, "ITAR Summary: Definitions and Subchapters Pertaining to Non-tangible Items on Munitions List."

[152] "High-Risk Series: An Update," *GAO Highlights* (January 2007).

第三章 21世纪的国家安全

第一节 潜在威胁的性质不断变化

随着1991年冷战的正式结束,正如阿尔文(Alvin)和海蒂·托夫勒(Heidi Tofflfler)在他们1993年出版的《战争与反战争:21世纪初的生存》(War and Anti-War: Survival at the Dawn of the Twenty First Century)一书中指出的那样[1],19世纪和20世纪的工业战争(其特点是庞大的军队、现代武器的大规模生产以及大规模杀伤)可以说已经结束。在21世纪,工业时代的战争正在被信息时代的战争所取代。但在后冷战时期,美国和其他地方仍有大量的常备军存在,冷战时期的组织、准则、政策和装备继续得到强调。在20世纪的最后十年,美国军事规划的重点是,能够应对两个并存的战争(主战场战争),一个在朝鲜半岛,一个在中东。这种模式仍然是一个两极的、相对稳定的常规战争环境。大规模国家军队将在传统的工业化战争中相互对抗,坦克对坦克,飞机对飞机。

正如加里·哈特(Gary Hart)所说,2001年9月11日的恐怖袭击"从根本上改变了国家安全的性质以及实现方式……它显示了美国在面对我们国家历史上从未见过的野蛮行径时的脆弱性"[2]。也许美国应该已经看到了这一点。兹比格涅夫·布热津斯基(Zbigniew Brzezinski)[卡特(Jimmy Carter)总统的国家安全顾问]在其1993年出版的《失控：21世纪前夕的全球动荡》(Out of Control: Global Turmoil on the Eve of the Twenty-First Century)一书中警告说，在大中东地区，一个贫穷的、不成形的伊斯兰集群充斥着对西方的愤怒，但缺乏足够的凝聚力，既不能使自己进入现代社会，也不能对西方进行有力的打击。他预言，结果将导致一个大范围的长期不稳定的地区，该地区陷于传统主义和现代主义相互竞争的冲动之中。[3]同样，亨利·基辛格(Henry Kissinger)[理查德·尼克松(Richard M. Nixon)和杰拉尔德·福特(Gerald R. Ford)总统的国务卿]在其1994年出版的《外交》(Diplomacy)一书中所说，21世纪将从20世纪的两极对抗和普遍主义的意识形态，转而进入一个高度多元化、变化和不确定的世界，这将使所有国家难以将其外交政策引向合理的方向，而且如果其利益和身份发生冲突，可能会使它们无法维护和平。[4]但如果没有一场真正的危机，如2001年9月11日的恐怖分子袭击所带来的危机，那么从一种模式转变为另一种模式是非常困难的。[5]直到那次事件之后，人们才开始意识到，在国家安全领域，世界一直在发生重大变化。而在那之后，美国在伊拉克和阿富汗参战。

　　冷战时期和后冷战时期之间的环境发生了变化，这一点逐渐被广泛认可。[6]也许对这一国家安全环境变化的最终认识是在美国国防部部长罗伯特·盖茨向美国军方发表的一系列讲话中提出的。在2008年4月21日对西点军校学员的演讲中，他说，在"长期混乱的非常规的冲突"中，军队应该更好地准备应对"残酷的、适应性强的叛乱和恐怖分子"[7]。

　　他说，面对这样的敌人，传统的军事实力衡量标准，如可以针对一个目标的火力大小，将不如国家实力的其他要素重要，如经济实力和外交实力。他继续敦促各军种停止把钱花在应对大规模常规战争的昂贵的武器系统上，而把重点放在训练和准备应对非常规战争和打击恐怖主义网络上。2009年4月，他提议对预算进行重大调整，如停止生产未在伊拉克或阿富汗使用的F-22战斗机，并增加对地面机器人和无人驾驶情报机的资助，后者已被证明在21世纪很有价值。2009年1月15日，参谋长联席会议主席宣布："未来的作战环境将具有不确定性、复杂性、快速变化和持续冲突等特点。"[8]此时，这种对军事行动环境变化的认识才被正式官宣。

　　在这个新的环境中，国家安全要求的变化不仅在供应端(国防工业基地)受到全球化的影响，而且在需求端也受到影响。工业和技术的全球化、国际贸易和投资的激增、国际旅行的增加(由洲际喷气式飞机提供便利)、通信卫星提供的全球通信能力、互联网的广泛使用,以及全球范围的电视报道(如 CNN 和 BBC),都为"平面地球"[9]带来了相互联系,缩小了世界的范围,以至于海洋和大陆不再像过去那样成为障碍。而在军事领域,随之出现的是诸如装备有核弹头的洲际弹道导弹。在世界某个地方的人,可以通过按下一个按钮来激活这些导弹,从而对地球另一端的城市具有巨大的破坏力。在相同的大规模杀伤性武器体系中,生物、化学和放射性武器可以给小众群体带来巨大的力量,而不再需要民族国家曾经所需的大量资金来实现同等水平的破坏力。社会的这种相互关联性和相互依赖性,也使得国家更容易受恐怖行为的影响,包括物理和心理层面的。

此外,世界上的许多人并没有从全球化中受益。在这一时期,贫富之间的差距实际上在扩大,到 2007 年,75%的世界人口只拥有 25%的财富。[10]而且这种贫富差距继续在扩大(按人均计算),原因是贫穷国家的人口迅速增长。由于美国被视为富裕的超级大国,因此它影响着世界,并成为不发达世界的城市地区的这些失业、贫穷的人的沮丧和愤怒的焦点。[11]

总之,我们已经从一个相对稳定和可预测的两极世界变成了一个有许多参与者(通常不是国家层面的)的世界,他们陷入巨大的挫折、仇恨、失业和贫困,但他们有能力拥有武器,可以对世界各地的许多人造成巨大伤害,包括美国人民。在 21 世纪,美国正面临着十个方面的潜在威胁:(1)国内和国外的恐怖主义;(2)大规模杀伤性武器(核、化学、生物和放射)的扩散;(3)网络战和网络恐怖主义(针对军事和民用基础设施和经济);(4)暴力的宗教激进主义;(5)国际毒品犯罪;(6)地区冲突(美国的卷入);(7)失败国(给当地造成巨大的不稳定和伤害,并牵涉到美国);(8)对稀缺资源(如石油、天然气、水、粮食、矿产)的争夺;(9)全球大流行病和自然灾害;(10)潜在的未来同伴竞争对手。这十种潜在的未来威胁中,每一种都会影响军事装备的需求,包括来自重组的 21 世纪美国国家安全工业基地和来自世界其他地区的需求。

一、国内外的恐怖主义

根据最近发生的恐怖事件,包括 2001 年在美国发生的袭击事件、2000 年在也门发生的对美国"科尔号"的袭击,以及 1983 年在贝鲁特海军陆战队军营发生的爆炸事件,无论是对平民还是对军队的袭击,军队都可能参与其中。在 21 世纪,恐怖主义很可能与其他更传统的冲突有关。当美国袭击伊拉克时,恐怖行动并没有作为伊拉克军事反应的一部分在美国境内发生,对此,包括笔者在内的许多人都感到惊讶。这种恐怖行动可以在国家层面和小规模的个人层面发起,并产生重大影响,特别是使用大规模杀伤性武器。在许多情况下,要想追溯这些行动的源头可能很困难。美国国会邮局的炭疽袭击就是这种情况。

无法通过传统的军事手段来击败恐怖分子。正如盖茨部长所说,风险在于"较小的非正规部队(叛乱分子、游击队、恐怖分子)会像以往一样找到办法,来挫败和抵消较大的正规军的优势。"[12] 要防止所有的恐怖主义行为是不可能的。然而,必须将其影响降至最低,无论是在国土保卫还是在针对我们的军队、公民或盟友的海外恐怖行动方面;而且我们不能继续把国防部和国土安全部的活动作为单独的问题来对待,因为它们是密切相关的。

二、大规模杀伤性武器的扩散

大规模杀伤性武器包括一系列潜在的威胁,按优先顺序包括生物、核、放射和化学武器。这些武器能够很容易地产生破坏性的影响,就像它们的破坏力一样,因为与这些武器有关的心理方面的影响可能是巨大的。

就伤亡和不利的经济及金融影响而言,精心策划的生物攻击有可能成为最具破坏性的攻击形式。使用传染性毒剂,如天花或鼠疫进行的攻击,可以在全球范围内杀死数千万人,并在一段相当长的时间内有效地关闭全球贸易。这样的攻击可能涉及在全球主要人口中心几乎同时释放毒剂或感染病毒的志愿者。在这样的情况下,使用传染性毒剂,再加上当今社会的高流动性,将确保疾病在症状被确认之前就传播到全球大部分地区。[13] 2003年缴获的文件显示,基地组织马上要在阿富汗的实验室里生产炭疽菌。[14] 事实上,在这种情况下,最好的防御是缓解,例如,通过可以抵御攻击的库存疫苗。然而,越来越多地使用生物工程技术来制造全新的病原体,使得人们难以缓解这种攻击的影响。因此,美国国家卫生研究院、国防部和国土安全部对这一防御生物恐怖主义领域的资金投入都在大幅度提高。研究人员正在开发疫苗和药物,以减轻任何被利用的病原体的影响。

第二类最危险的大规模杀伤性武器攻击是在人口稠密的城市地区的核攻击。这可能导致数十万人伤亡、数十万人流离失所,以及数十亿美元的经济损失,包括为那些受到影响但没有死亡的人提供的高额医疗保障。制造这种核装置的成本很高,而且很可能由一个国家赞助。然而,近年来,核武器能力有了很大程度的扩散(例如,源自巴基斯坦),世界上许多国家现在已经拥有或有可能获得核武器能力。其中一些国家,如朝鲜和伊朗,可能并不像苏联那样,屈服于相互摧毁的威慑。此外,由于在俄罗斯和其他地方有大量的核武器,从那些库存中购买或窃取的武器,可以很容易地实现相同的目标。出于这个原因,美国一直强调应该通过资助,协助保护或销毁这些武器及其运载工具。但许多国家也在发展导弹、飞机,甚至是舰载武器运载等能力。格雷厄姆·艾利森(Graham Allison)在其《核恐怖主义:可预防的终极灾难》(Nuclear Terrorism: The Ultimate Preventable Catastrophe)一书中,记录了俄罗斯境内的大规模杀伤性武器或可用于武器的材料的案例,这些武器或材料可能被盗取并出售给恐怖分子或敌对国家,用于对付美国在国外的军队或国内的公民。[15]

第三类大规模毁灭性武器威胁是放射性武器。其产量比核武器低得多,但更容易获得将常规高能炸药与放射性材料结合起来制造脏弹所需的材料。这些材料可以被窃取(例如,从医院),然后在一个人口集中的城市地区引爆。在这种情况下,除了最初对建筑物和人体造成损害以外,其最大的损害主要是,心理上担心会被辐射,以及该地区长期受辐射的挥之不去的影响。然而,在全国各地的一些城市引爆几个这样的爆炸性脏弹,肯定会给当地数百万人造成巨大的恐慌。

大规模杀伤性武器领域的最后一个类别是化学武器。这里的潜在的物理损害(仅来自高爆炸药)已被证明是显著的,而化学损害(例如,芥子气传播所致)可以是广泛和极其危险的。当初始攻击发生时,重要的是,要知道它是化学攻击还是生物攻击。在生物攻击的情况下,人们需要待在原地,以免扩散。在化学攻击的情况下,人们需要尽快离开该地区,以便不被感染。由于攻击的形式必须被检测到,因此需要在大多数主要城市地区设置传感器。

三、网络战争和网络恐怖主义

也许最新的21世纪威胁,是我们现在所处的技术化的社会的结果。军事系统正越来越多地被设计为尽可能多地免受网络攻击,但最脆弱的领域是民用基础设施,其受到的攻击可能具有巨大的破坏性。这些脆弱的系统包括中央银行系统、医院计算机(交换血型)和中央电力系统(造成大规模停电)。这种形式的

21世纪威胁是最常见的。它体现为黑客和其他扰乱或破坏我们系统的人对个人电脑的攻击。但是，一些国家和特殊利益集团正在努力将重大的攻击集合在一起，这些针对五角大楼、其他国家和美国基础设施的攻击每天都在增加。由于互联网是为受信任的用户设计的（最初是为大学研究人员之间的通信），因此在系统中增加安全是最近的一项创新。大多数软件系统供应商正在增加保护功能，因为他们推出了新版本的软件，许多软件安全公司也在这个日益严重的问题。这种情况并不是美国独有的。新加坡港口完全由计算机控制，是大亚洲地区大多数过境船舶的枢纽。2007年，爱沙尼亚被发现受到网络攻击，据信是来自俄罗斯的攻击。在2008年俄罗斯的坦克进入格鲁吉亚之前[16]，俄罗斯先用广泛的网络攻击破坏了格鲁吉亚政府的国家通信和信息系统。未来的安全行动将结合网络攻击和动能攻击，打击军事目标和非军事目标。

四、暴力的宗教激进主义

对宗教激进主义者来说，美国是一个道德败坏的社会，它拥护物质主义和性放荡，以牺牲宗教虔诚为代价。他们认为这个国家犯了最严重的异端邪说，即政教分离和维护世俗社会。它被认为是"大撒旦"，不是因为它用新殖民主义的军事侵略制造威胁，而是因为它能成为伊斯兰教道德纯洁的巨大诱惑者和破坏者。最终，他们憎恨美国，因为它支持以色列，而以色列被认为是一个外来的异教徒政权，是西方打击伊斯兰教的一个中东前哨。这使宗教激进主义者能够煽动对美国的仇恨，以动员阿拉伯民众支持他们在中东的政治议程，即驱逐美国，消灭以色列，并使整个中东地区恢复伊斯兰教的纯洁性。[17]

不幸的是，现代技术（互联网、全球电视、大众传媒）使已经沉醉于宗教仇恨的现代恐怖分子有能力鼓励其他人采取暴力行动。遏制这些宗教极端分子的价值不大，因为他们相信，如果他们在攻击敌人时被杀，就会进入天堂。他们会使用大规模杀伤性武器，即使这意味着一种报复形式（常规武器或甚至核武器）。这种对神的认可的信念，对任何抑制行为来说都是一个重大障碍，否则，来自与美国军事实力相关的威慑可能会起到作用。对世界来说，不幸的是，激进的伊斯兰教不仅采用了恐怖主义和其他暴力行为，而且强烈反对中东地区所需的治疗方法，包括现代化、经济繁荣和民主化。正如盖茨部长所言，即使从伊拉克撤军后，美国军队在其他国家仍"将继续打击暴力的圣战者组织"[18]。他接着说："用布尔什维克·里昂·托洛茨基(Bolshevik Leon Trotsky)的话说,我们可能对长期战争不感兴趣,但长期战争却对我们感兴趣。"因此,对美国未来的国家安全而言,暴力的宗教激进主义非常令人担忧。

五、国际贩毒分子

在20世纪90年代中期,当国防部每年的预算在3 500亿美元左右时,据估计,全球麻醉品大亨的年度预算与此相当。由于需求和供应(鸦片、可卡因、海洛因和其他毒品)的增长,非法毒品贩运和走私一直在稳步增长。莫伊塞斯·奈伊姆(Moisés Naím)在其2005年出版的《非法:走私者、贩运者和仿冒者如何在全球经济中大行其道》(*Illicit: How Smugglers, Traffickers, and Copycats Are High Jacking the Global Economy*)[19]一书中指出,近年来,在技术赋能下,国际上有组织的犯罪急剧上升,导致一些国家的政治犯罪,并威胁到许多其他国家的国际政治稳定。他指出,人口、武器、毒品、商用制成品、生物器官、知识产权、艺术品和金钱等非法贩运在近十年内已经飙升。而且在这些活动中,有巨大的利润可图。他进一步指出,全球化使非法贩运变得更加容易,因为它开放了国家经济,打破了贸易壁垒,整合了全球市场,并促进了货币兑换和国际融资。此外,由于这些国际犯罪头目拥有巨大的财力,许多国家的政府都无力对付他们。自冷战结束以来,许多过剩的军火库可以在世界市场上出售;而中间商则在东欧等地以低廉的价格购买军火,然后空运到非洲和中东地区,以赚取高额利润。因此,大量的步枪、机枪、手榴弹、迫击炮、导弹和火箭发射器,以及能够击落飞机的便携式导弹系统在全球范围内扩散。[20]美国的国家安全界(特别是那些与拉丁美洲和非洲有关的)越来越关注的是,恐怖主义团体与非法贩运贸易之间的联系日益密切。从历史上看,这并不是一个传统的军事领域,但近年来,军方已经越来越多地参与其中,例如,阻止毒品贸易从南美进入美国南部。由于这些非法经营者可以获得广泛的现代技术(如运载毒品的柴油动力潜艇)、现代传感器、安全通信,以及先进的武器,因此他们与恐怖分子之间的联系对美国的安全造成的威胁日益增长,其重要性越来越突出。

六、地区冲突

美国在后冷战时期的规划方案,试图同时应对两场常规的地区冲突,其重点放在常规性上,包括大规模部队、坦克战和空对空战斗。但21世纪的地区冲突预计将非常不同。中东和非洲的持续不稳定可能会加剧导致叛乱、内战和种族冲突的状况,而这些冲突很可能最终涉及美国。许多这些长期不安全的地区,也是使种族灭绝的暴力场所,如在卢旺达和最近在达尔富尔那样,许多人呼吁美国进行干预,防止进一步的暴力。例如,科索沃战争可以说是一场非传统的战争,因为它是仅靠空中力量发动的,并且在结束时没有发生一起美军死亡事件,这两个事实对于现代战争来说都是极其非传统的。出于对他国自然主权的尊重,美国一直不愿意进入另一个国家来阻止种族灭绝,但随着这种做法的蔓延,美国受到的压力日趋增加,要求其进入他国并带来和平。越来越多的种族暴力和宗教暴力出现了,例如,在卢旺达、索马里和苏丹。

除了这些不那么传统的情况,还有更常见的潜在的地区冲突,包括朝鲜与韩国、印度与巴基斯坦、俄罗斯与其邻国、巴勒斯坦(也许有邻国的帮助)与以色列,以及来自伊朗和叙利亚等国家的侵略。任何和所有这些冲突都很容易涉及美国。

七、失 败 国 家

与地区冲突一样,随着国家的分崩离析,为了带来稳定,出于人道主义原因,援助受威胁的邻国,或出于其他各种原因,美国很有可能被卷入。罗伯特·卡普兰(Robert D. Kaplan)在其2000年出版的《即将到来的无政府状态:粉碎冷战后的梦想》(*The Coming Anarchy*: *Shattering the Dreams of the Post-Cold War*)一书中[21],以巴尔干地区的种族暴力为例(基于几个世纪以来东正教、基督教和伊斯兰教之间的争斗),来描述失败国家的状况,这些国家既是人口过剩、贫困、城市化的贫民区、社会压力、环境恶化、犯罪、部落暴力、无能政府等的缔造者,也是受害者。所有这些都将难管制的民众置于混乱和无政府状态,国家边界已经毫无意义。[22]兹比格涅夫·布热津斯基对他所称的"欧亚巴尔干地区"做了类似的描述,该地区从高加索地区(格鲁吉亚、亚美尼亚和阿塞拜疆)延伸到中亚(包括哈萨克斯坦、乌兹别克斯坦、土库曼斯坦、塔吉克斯坦、吉尔吉斯斯坦和阿富汗)。他将这一地区的特点描述为不稳定的政府、宗教激进主义、贫困和不稳定,却拥有相当丰富的石油和天然气资源。因此,对邻国和世界上那些需要天然气和石油的国家来说,该地区非常有利可图。

这种不稳定并不是欧亚大陆和巴尔干地区所独有的,也经常出现在非洲、中东、东南亚,甚至拉丁美洲的部分地区。因此,内战、种族纷争、无能甚至犯罪的政府、贫困和大规模失业,不仅导致政府失败,还导致长期的不稳定和叛乱。要让一个外部组织(即使是像北约这样的多国组织)介入,解决该国所有的问题并迅速撤离,这很困难。

八、对稀缺资源的争夺

许多美国人都记得1973年和1974年在加油站排起的长队,当时石油输出国组织(OPEC)对中东石油实行禁运。汽油价格上涨,美国通胀率大幅上升,美国整体经济受到影响。这让许多年长的美国人联想起第二次世界大战时期的汽油配给和优惠券。2008年,汽油价格再次暴涨,并成为人们关注的话题。美国是一个富裕的国家,拥有自己的石油和天然气以及战略储备;然而,当这种情况被投射到像日本这样没有自然资源的富裕国家时,其影响要大得多。而对于世界上许多贫穷国家(世界上绝大多数国家)来说,稀缺资源(如在干旱时期,不断减少的食物供应和水储备)甚至更加紧迫。这些短缺往往导致大规模的移民,进一步增加了世界的不稳定。这并不是一个新问题,几个世纪以来以色列和约旦一直在争论约旦河的水权。但由于中南欧大型湖泊干涸,以及人口众多的中国和印度的经济急剧增长,燃料需求将增加,并且对稀缺资源的争夺将导致未来的不稳定。所有现代化的经济体都需要获得能源供应,特别是石油和天然气,而由于供应有限,而且获取这些供应的成本越来越高,未来发生冲突的可能性会大大增加。遗憾的是,许多国家倾向于从国家的角度来看待其安全,而不是从多边合作的角度来看待;因此,该领域的冲突是非常有可能的。

九、大流行病和自然灾害

随着世界变得越来越相互依赖,世界上某一地区发生的自然事件会立即传到所有其他国家或地区,并经常影响其切身利益。例如,人们坐上飞机,在世界各地飞来飞去,传播SARS大流行病,并将社会成本和经济成本转移到许多地区。飓风、地震和海啸给一个地区造成大量的死亡和破坏,但它们的影响在经济和社会方面会传递到世界上许多其他地区。第一种情况不是军事问题,但军队通常会被要求提供帮助和控制。军队通常也拥有必要的资源,这样就能采取行动,包括运输、通信和物资供应。可以理解的是,当美国军队来帮助他们时,许多国家会心存疑虑,他们的政治家往往认为,美国的援助(尤其是在民众已经有强烈的反美情绪的情况下)是把注意力从人道主义危机转移的绝佳方式。美国的帮助很容易导致国家间关系的恶化,而不是产生预期的积极效果。在疾病蔓延的情况下,美国拒绝接受任何来自有这种疾病的国家的旅行者,同样也会在这些国家的民众中引起强烈的政治反应和随后的反美情绪。同样,一个国家若销售有问题的产品,如果美国对该产品实施禁运,则会引起强烈的反美情绪。总的来说,虽然这类威胁对美国安全的直接影响可能小,但从长远来看,其间接影响可能很大。

十、潜在的未来同行竞争者

正如一些作者所指出的,"2020年前,不会出现挑战美国霸主地位或减轻其全球安全负担的军事实体或强权集团"[23]。然而,忽视长期的可能性(如复兴的俄罗斯、中国,甚至印度等国家)将是轻率的。中国作为一个民族大国而崛起,立足于主导文化,并获得了强大的战略和军事力量[24],因此,一个更强大的中国可能会在亚洲寻求主导地位,不是在军事上,而是在政治和经济上,通过建立一个关系网来吸引其他亚洲国家进入其轨道。[25]许多人认为,中国不会集中使用武力来实现其目标(但如果有必要,中国就有潜在的军事能力);相反,中国将更加注重软实力的使用(以军事力量为后盾)来实现其目标。尽管如此,对美国来说,对中国、俄罗斯和印度(以及任何其他未来可能的竞争伙伴)采取的明智战略是,寻求政治和经济对话,达成互惠互利的协议。这些都是美国可以与这些国家合作(不采取对抗性策略)的共同关注的领域。尽管如此,美国不能忽视未来任何可能的竞争伙伴,因为这无疑会导致美国未来在与其他拥有强大的全球军事实力的国家的地缘政治谈判中处于弱势地位。

综上所述,上述讨论清楚地表明,21世纪代表国家安全领域面临巨大挑战的时期。正如参谋长联席会议主席美国海军上将迈克尔·马伦(Michael Mullen)在2008年指出的那样,"我们生活在一个非同寻常的时代、一个充满变化和巨大挑战的时代,也是一个充满巨大不确定性的时代。但是,在这个变化和不确定的时代,我相信也有巨大的机遇"[26]。然而,这个机会稍纵即逝,如果我们不通过谈判寻求互利的解决方案,世界可能会陷入新的无政府主义和暴力的黑暗时代,以及美国与中国之间的新冷战。[27]

在应对这十个未来国家安全威胁时,国家必须平衡其安全战略的投资,在高强度的常规冲突中保持对潜在竞争伙伴的数量和质量上的优势,同时需要在不规则的未来冲突中满足远非明确和不太传统的军事需求。这种平衡是至关重要的。不能把非常规冲突简单视作与竞争伙伴之间的不太重要的战争,而且未来的安全威胁都不能只从军事角度来看待。相反,必须从政治、经济和军事的角度来看待。在我们做出必要的选择时,我们必须认识到,在21世纪,军事行动需要进行重大的转型。

第二节 军事行动的转型

为有效应对上述十种21世纪的威胁,并在经济上能够负担得起,需要重新思考军事行动。其中唯一可能被视作传统的威胁是潜在的竞争伙伴,在这种情况下,重点是以共同减少威胁的手段塑造潜在对手的行动,从而避免冲突。对于所有这十个关注领域,国家需要从政治-军事活动的角度来考虑,而不仅仅是军事行动。这种机构间活动的重要性正逐渐被认识到。例如,新的非洲司令部有一位来自国务院的副司令,南方司令部也进行了改组,配备了一名国务院的副司令,其重视战争与和平,而不仅仅是战争。

正如卡尔·冯·克劳塞维茨(Carl von Clausewitz)在19世纪初所说的,"政治家和将军所做的第一个、最伟大和最具决定性的判断行为是,正确地理解他所参与的战争;而不是把它当作什么东西,或者想把它变成什么东西,其关系的性质决定了这不可能实现。因此,这是所有战略问题中最重要的,也是最全面的问题"[28]。遗憾的是,自冷战结束以来,国防部、国会和国防工业中的许多人一直不愿意接受新的军事行动模式的现实。

许多人现在认为,21世纪的新模式将是"民众间的战争"[29],它具有以下特点:

● 我们为之战斗的目的,正在从国家间工业战争的硬性目标,转变为与个人和非国家的社会有关的更有可塑性的目标。

● 我们在民众间作战,而不是在战场上作战,媒体一直在场,并将战争投射到美国的客厅里。

- 我们的冲突往往是无止境的,可能需要几年或几十年。
- 我们努力保存力量,而不是冒着所有的风险来实现一个目标。
- 每一次,我们都会为旧的武器和组织找到新的用途,而敌人为全球可获得的技术和产品找到新的用途,所有这些都以意想不到的方式被应用。
- 双方多为非国家组织,由某种形式的多国集团组成,对抗一些非国家的一方或多方。

伊拉克战争和阿富汗战争,就是这场民众间战争的例子。这些战争与过去的战争之间的差别不是渐进式的。相反,这是一个"战争性质发生结构性变化的时期……敌人已经改变了克劳塞维茨的战争'目的、方式和手段'"[30]。在这种新的环境中,也许最关键的一个方面是了解人类的地形,即敌人的文化和语言。

当我们审视伊拉克战争和阿富汗战争时,我们看到,这些战争是在个人层面和小组织层面上进行的,其对手通常会隐藏、伪装(往往就在眼前),难以识别。美国卷入了一场战争,争夺我们不可能控制的国家的控制权。而我们感兴趣的则是在该地区拥有一个合作盟友。最后,对手使用的战术(包括引爆自杀式炸弹,躲在妇女和儿童后面,甚至容忍他们自己的民众大量丧生)对西方文化来说是出乎意料的。

"非常规战争"一词越来越多地被用来描述 21 世纪可能出现的战争环境。2006 年,国防部副部长戈登·英格兰(Gordon England)正式同意了非常规战争的操作定义,即"以相关政治当局的信誉和/或合法性为目标的一种战争形式,旨在破坏或支持相关政治当局"。这意味着,美国正在努力支持或取代现有的外国政府,使用"全面的军事能力和其他能力来寻求不对称的方法,以削弱对手的权力、影响力和意志"[31]。

另一个经常使用的术语(例如,国防部 2006 年的《四年期国防评估》——每四年发布一次的总体战略声明)侧重长期作战的挑战,诸如在伊拉克、阿富汗和其他地方发生的各种漫长的军事行动,在这些地方,美国军队与恐怖分子和其他对手发生了长期冲突,其中许多不是民族国家的常规军事力量。此外,一些人认为,由于这场长期战争大部分没有采用传统军事手段,因此用"长期斗争"(long struggle)一词来描述这场战争的性质可能更好。[32]

这种非常规战争的一个特点是,它往往需要一支相对较大的、多用途的地面部队,能够在普通民众间作战,行使强有力的自我保护,并对友好的平民造成最小的伤害。它还需要美国民事机构(如国务院和美国国际发展署)有更出色的能力、大量的机构间协调,以及大量的国际合作和责任分担。[33]

除了人员和目标上的不平衡,这种不对称战争的另一个主要特点是,对手使用的装备与传统的美国装备不同。通常被称为简易爆炸装置的路边炸弹,在伊拉克几乎造成了50%的人员伤亡(包括死亡和受伤),在阿富汗近30%。2003年的主要(更传统的)作战行动后,伤亡人数明显增加。2003年,伊拉克有40人死于简易爆炸装置,到2006年,总共有452人。[34]在阿富汗,路边炸弹袭击的数量从2002年的22起增加到2007年的2 615起,再到2009年的8 159起。[35]

在这种新形式的民众间的战争中,许多传统武器系统是不适用的。例如,以色列发现,它的许多先进的对峙武器没有在2006年的黎巴嫩战争中使用,原因在于需要针对特定的个人并尽量不伤及无辜。[36]相比之下,真主党恐怖分子却毫无顾忌地使用极其不准确的火箭弹来恐吓以色列人民。以色列人还发现,正如美国人在伊拉克和阿富汗所发现的那样,在不对称冲突中,这些敌对小团体倾向于迅速学习和适应环境,并发展新的能力以挫败敌对(更传统的)势力。例如,当美国开始干扰用于引爆路边炸弹的手机和无线电链路时,对手改变了技术,使用硬线连接到远程接收器。敌方越来越多地使用现代通信技术和其他来自商用界的全球可用的现代技术,来适应和赶超反应缓慢、官僚主义严重的美国部队。

迅速应对意外袭击的能力至关重要。在伊拉克战争的早期,例如,狙击手和自杀式炸弹袭击者开始杀害士兵,军队立即下令生产尽可能多的防弹背心。从负责士兵装备的理查德·科迪(Richard Cody)将军发布防弹衣命令到分配合同授权所需的资金,整整花了47天。总的来看,国防部花了五个半月时间才开始向在伊拉克的士兵提供防弹衣。随着美国士兵的伤亡数不断增加,数周或数月后,数以千计的其他士兵收到了防弹衣。[37]这种反应远非有效,然而在21世纪的战斗环境中,这种装备对于保护士兵是至关重要的。

另一个重要的变化领域是,先进技术曾经被用来赢得决定性的胜利,例如,用更好的飞机或更好的坦克来对抗其他飞机或坦克,而今天的技术则影响着作战人员的意图和思想。如今,在上一节中定义的威胁,不是为了夺取我们的领土或国家,而是主要针对我们人民的安全和我们的生活方式的安全。[38]在伊拉克和阿富汗,我们与我们的对手有一个相同的目标,那就是影响人民的意愿。而最好的技术就是现代通信。在这里,叛乱分子已经迅速利用强大的通信工具,如手机和互联网,用于招募、培训、通信、教育和控制新成员。他们已经从大规模动员转向有针对性的个人动员。[39] 从本质上讲,叛乱分子的运动是基于战略通信的运动,在游击队和恐怖主义行动的支持下,他们试图攻击决策者的思想。[40]

美国要想赢得叛乱分子活动范围内(例如,在伊拉克和阿富汗)的民众的心和思想,美国就需要有经验的人员,他们接受过与外国受众沟通的培训,并且对他们的语言和文化都有了解。在商用领域,美国拥有一套世界领先的广告产业,通过各种广告技巧让人们购买东西,从而影响他们的心灵和思想。但在政治军事领域,对手小团体似乎比美国做得更好。随着世界上越来越多的人通过互联网或其他通信媒体上网,这一领域的心理作战对 21 世纪的政治军事行动将是至关重要的。

一、信息技术的影响

美国国防部采取了一项利用信息技术能力的战略,即"以网络为中心的战争"——由大量的分布式传感器和发射器组成,通过一个共同的指挥、控制、通信和情报网络连接起来。这里的重点是数据本身和它所包含的信息,通过将所有不同的数据源整合为一套融合的信息,战斗力就倍增了。在这种模式下,地面上的每个士兵或海军陆战队员都可能是一个传感器或收集器,以及发射器。这个实际的系统最初被称为"陆地战士",后来改为"陆地战士系统"。它要求战场上的每个人装备一个个人全球定位系统接收器(用于定位数据)、一台无线电(用于发送和接收数据)、一个小型计算机和胸前的鼠标(使用微软软件运行)、一个安装在枪上的红外和电视摄像机,以及一个安装在头盔上的棱镜目镜(用于全色显示网络上所有可用的情报)。随着商业信息技术的发展,这些技术设备的尺寸和成本都在下降,大量陆军和海军陆战队用户正在使这一 21 世纪的能力成为实用和可负担的现实。有了这个系统,每个战斗人员都知道每个战友在哪里,并通过情报收集,知道每个敌人在哪里。所有这些数据也可以提供给更高级别的指挥官。重要的是,不要向每个战斗人员提供所有可能的数据,而是让用户在需要的时候获取其所需要的东西。"这将创建一个不受层级限制的扁平化网络;而且,与目前被划分的、相互独立的数据库不同,这将提供一个单一的数据来源。"[41]这个系统的重点不是更多的带宽,而是信息的使用。一个问题是,所有这些在战场上的数字系统必须加以整合才能有效。当美国去伊拉克的时候,它有七个不同的"蓝色友军追踪器",但彼此之间并不交换数据。同样,当北约前往阿富汗时,有39个不同的友军追踪器。[42]如果没有一个可执行的数据战略(要求人们在一个共同的领域内操作),共享信息的潜在好处就无法实现。美国目前正在建立一套蓝军追踪装置,预计超过25万名战斗人员将被在线追踪,这可以用先进的信息技术来处理,协同操作是巨大收益之所在。其好处延伸至军事行动的全部领域,大大提高了战斗能力、士兵层面的决策力,以及对个别战斗人员的医疗关注度。在未来,这个系统的系统,包括一个连接人员、传感器、武器和指挥行动的综合数字战场,将在一个单一的(多军种)共同数据集上运行。这是一个复杂的、软件管理方面的挑战。事实上,到2008年3月,该系统已经增长到9 500万行代码。[43]

这种综合数字战役的概念并不局限于地面部队。飞行员的战斗也发生了根本性的变化。[44]空中活动的重点已经从飞行路线和驾驶舱转移到联合空中作战中心——来自多架飞机的数据在那里进行融合和分析。在伊拉克和阿富汗,空中任务主要集中在情报收集(监视和侦察),利用F-15E和F-16战斗机(配备高分辨率的日夜光学传感器吊舱)、RC135"河流"联合信号情报机、大量无人驾驶的"全球鹰"侦察机和低空无人驾驶的"捕食者"侦察机提供的数据,分析敌人的位置和行动。这些飞行器上的系统向指挥中心通报它们的位置,而JSTARS飞机等其他飞机,与上述飞机一起,进行空中搜索。所有这些信息都被传送回来,以便共同显示综合空中图像,然后与综合陆地图像结合起来,提供一个空中和陆地战役的总体战役图像。尽管综合数字战场的重要性和技术可行性是毋庸置疑的,但面临的挑战是,如何克服文化上对共享此类数据的抵制,以及对其遭到破坏的恐惧。信任和最大限度的信息安全是该系统的关键因素。为了有效和高效地运行这样一个系统中的系统,需要有组织、理论,甚至文化方面的变革。

其中一个变化发生在获取武器系统的过程中。在过去,单个平台的喷气式战斗机可以从组件层面开始开发,直到子系统,由平台集成商(主承包商)提供垂直整合的平台。然而,在新的模式下,各种子系统(如传感器和通信设备)需要成为整体网络和架构的一部分,以实现完整的分散系统的集成。当这些子系统被放置在不同的平台上时,平台本身需要被视为整个分散系统的节点,不是在单个平台的基础上,而是在整个分散系统集成的基础上进行优化。这与传统的武器采购流程非常不同。

二、新旧任务

国防部在21世纪面临的一个特殊挑战是,平衡传统军事任务与新任务对资源、设备、组织和人员的需求。在后者中,有9项任务比较突出:

(一)导弹防御

今天,大国和强国(如俄罗斯和中国)已经或正在获得远程弹道导弹或洲际弹道导弹,但这些导弹的广泛扩散使许多其他国家也能获得它们。因此,美国及其盟友越来越需要发展、获得和部署导弹防御系统,以防止其人民被几枚远程导弹所挟持,甚至受到一两枚无意中发射的导弹的威胁。今天,美国每年花费110亿美元以上用于开发和部署此类导弹防御系统,以保护国家免受未来潜在竞争伙伴的影响,并且不受来自所谓"危险国家"(如伊朗和朝鲜)的潜在威胁。

(二)生物防御

2001年9月18日发生在美国国会山的炭疽袭击事件造成5人死亡和17人严重感染,这个国内事件例证了美国以及我们的部队和海外盟友也同样将面临的状况。不幸的是,制造一种致命的病原体的成本相对较低(这次估计花费了25 000美元)[45]、相对容易,而且操作指南不断扩散。[46]美国已经开始了生物防御的"演习",国防部、国土安全部和美国的医疗基础设施将被要求参与其中。[47]由于我们在战场上的部队容易受这种形式的攻击,他们必须做好充分准备。同样,虽然化学武器没有生物武器那样的大规模传播效应,但其在战争中的使用由来已久。国家也必须为恐怖分子使用这些武器做好准备。

(三)打击恐怖主义

恐怖主义基本上是一种胁迫手段,不能用传统的军事手段来打败。许多人质疑乔治·布什总统在提到"反恐战争"时使用的术语,因为它与传统的军事战争不同。然而,这场战争涉及军事活动,无论是在国内还是在国际上。

恐怖主义并不是一个新的现象,但由于现代电信和其他形式的信息技术的发展,即使是小团体也能在世界范围内产生影响。同样,现代大规模杀伤性武器,特别是生物武器和核武器,使得小团体具有很大的破坏力。最后,恐怖分子和犯罪分子(通常与毒品有关)在全世界范围内的联系越来越紧密,这种联系经常被称为"毒品恐怖主义"(narcoterrorism)。

打击恐怖主义是最困难的军事活动之一,因为它在时间、地点和方法上都是不可预测的。它可以被用来对付美国公民、美国工业或在全球任何地方的美国军队。反击它的能力包括加强人类情报、持续监视、特种作战部队、文化意识和理解、在全球范围内攻击瞬间目标的快速打击能力、快速反击敌人的宣传[48],身份管理、资格认证、生物识别以及许多其他不断发展的技术。

(四)网络战

在21世纪,信息技术网络需要被视为一种武器系统。网络安全或信息保障涉及各种各样的技术。在检测和防御方面,这些包括克服服务遭拒、认证、有效性、数据的完整性、保密性,以及不可抵赖性。在进攻方面,它们包括应对。当一个国家攻击另一个国家,网络恐怖分子攻击基础设施(商业和军事),以及网络犯罪分子攻击工业、个人和金融机构(估计每年有600亿至5 000亿美元因网络犯罪行为而损失)时,网络战可能发生。在21世纪初,这些因素中的每一个都变得越来越复杂。恐怖组织可能开始以高度攻击性的方式使用网络攻击,例如,攻击美国的网络和基于计算机的军事和民用基础设施。俄罗斯对爱沙尼亚就是这样做的,2008年,第一个将网络战与动能战相结合的大型案例发生了,那就是俄罗斯攻击了格鲁吉亚的政府信息系统,然后出动了坦克。

美国工业界和美国政府都对这种新的战争形式做出了强烈反应。2002年,国会通过了《联邦信息安全管理法》(Federal Information Security Management Act),该法案为联邦政府机构制定了信息安全认证要求,并广泛应用于这些机构的工业供应商。到2004年,联邦政府每年在网络安全方面的支出超过40亿美元,到2009年,这个数字已经增长了73%,达到73亿美元,其中超过40亿美元(约55%)是由国防部开支的。该项支出不断增加,2008年1月8日,总统签署了国家安全54号总统令和国土安全23号总统令,设立了一个价值170亿美元的为期五年的项目,以阻止敌方对美国信息网络的渗透。[49]尽管如此,对国防部和美国政府网站的渗透一直在成倍增长。美国网络指挥部负责人基思·亚历山大(Keith Alexander)将军指出,在2010年,对国防部网站的攻击达到每小时250 000次或每天600万次。[50]随着国防部向更加以网络为中心的行动迈进,保护其计算机和网络系统成为更优先的事项,到2006年12月,它是美国海军的"第四大优先事项"。[51]网络战是21世纪以网络为中心的战争的致命弱点,而随着其他国家跟美国学习,开始在军事行动中重视网络中心化,这个领域在军事和商业行动中变得更加重要(防御性和进攻性),并且随着网络中心化在多国和多机构基础上的应用,其困难加大了。

网络战将不仅仅是一个军事安全问题。许多美国的基础设施领域,包括银行、投资公司、公用事业和电信,也经常受到网络攻击,所有这些都代表着重大的国家安全问题。正如前国家情报总监迈克·麦康奈尔(Mike McConnell)在讨论对非军事目标的网络攻击的严重性时指出,"威胁美国货币供应的能力相当于今天的核武器"[52]。

(五)打击大规模杀伤性武器的扩散

由于一个拥有生物或核武器的小团体可以对一个大国产生巨大的破坏力,对这些武器及其运载机制的了解必须(至少)加以控制,并在可能的情况下予以消除。遗憾的是,由于广泛可得的操作说明和相对容易的生物武器甚至放射性武器的制造,这一问题变得更加复杂了。反扩散努力能获得成功的唯一途径是,通过多国协议,并辅以受监督的双方同意的核查。在冷战期间,通过军备控制协议和对核武器及其运载工具的限制做到了这一点,而在核领域和生物领域,这种协议制度需要在多国基础上大大扩展。

还必须为国家、团体,甚至个人提供激励措施,使其放弃这些武器的发展和扩散。医学治疗的研究(特别是在生物领域)与潜在的进攻性武器技术所需的研究之间的密切关系,使之变得尤为困难。在许多情况下,对出版和传播的必要控制和禁止必须放在研究人员个体层面上。监视和控制通常首先是在机构层面,然后才是政府层面。

覆盖所有潜在军事需求的高额费用,以及少数大规模杀伤性武器的破坏力,使美国显然应该将其资源的很大一部分投入反扩散和威慑中。

(六)维持核威慑

尽管不扩散大规模杀伤性武器是至关重要的,但防止使用(特别是大规模的核使用)甚至威胁使用这些武器也是必要的。美国必须保持负责任的和可信的核威慑力。它必须是可靠的、安全的,并且(出于经济原因)没有过度,而且潜在的对手必须相信核威慑力会被使用并发挥作用,否则它将失去其威慑价值。随着越来越多的国家获得了核能力,美国不能忽视其核威慑力,否则后果不堪设想,美国希望并期望永远不使用它,但要防止其他国家使用它们的核力量,甚至威胁使用它们的核力量来挟持美国。

(七)保持常规能力的超额配置

美国必须转变其资源,包括人员、装备、预算、组织计划、理论和训练,将重点放在21世纪威胁的新领域上,如恐怖主义、叛乱、网络和心理战。但是美国仍然需要具备与其盟友合作的能力,并且能使用传统的武器系统来战胜任何潜在的区域对手或潜在的未来竞争伙伴,所以要与上述转变之间保持平衡。由于潜在威胁领域全面扩大产生了关联成本,因此效率和效力变得至关重要,而过度的杀伤力是无法承受的。这意味着,美国必须专注进行持续的网络评估;在技术上保持领先;设计低成本的装备;强调可核查的军备控制协定(战略和战术);与盟友密切合作(从计划到演习);强调情报收集、预警和分析"如果"(红色团队以避免意外);发展快速反应的敏捷性(在政策与行动,以及理论、战术、装备开发和防守方面)。

(八)战后安全、稳定和复苏

在伊拉克战争中,美国吸取了一个痛苦的教训,那就是军事胜利(冲向巴格达,美军压倒了伊拉克军队)只是在不稳定的21世纪的世界上迈出的第一步。现在每年都会对不稳定的状态进行列举[53],在每一个例子中,美国的军事力量都比这些国家高出几个数量级。但是,如果美国将自己卷入这些国家(其正越来越多地参与这些国家的冲突中),那么面临的挑战是,如何在重大战事后维持安全、稳定和经济复苏。这很可能是一个长期的维和行动。例如,尽管波斯尼亚战争于1995年结束,但北约仍部署了3万名维和人员来执行条约,到2008年,美国仍有军队驻扎在波斯尼亚。事实上,乔治·布什总统将这些稳定、重建和维和行动称为"长期战争",不仅打击恐怖分子,而且打击叛乱分子和其他纯粹出于各种宗教和政治原因而往往相互斗争的人。军队在这些行动中的一个主要作用是,与当地国家部队和警察部队合作,帮助实现安全、稳定,甚至重建,而这种重建工作往往是在相当不安全的环境下进行的。在这种情况下,美国军队的一个主要职能是,训练和建立这些国家的军事机构。例如,在非洲,目标是使军队有能力维持秩序和镇压恐怖主义;在哥伦比亚,目标是使军队有能力打击全国境内的毒品生产、恐怖主义和暴力行为。[54]训练外国军队,已经成为美国军事计划中的一个重要项目,而这只是与军队在这个总体制度中的作用相关的一个方面。

(九)国土安全

在2001年9月11日之前,基本假设是,海洋和核威慑力将在很大程度上保护美国的领土不受军事行动的影响。在1995年国内恐怖分子将俄克拉荷马市的联邦大楼引爆后,人们有一些担忧,但"9·11"事件极大地提醒了国土防御的必要性。导弹防御系统是针对洲际导弹的国土防御的一种形式,但也有对从近海船只(从潜艇甚至商业船只)发射短程导弹的担忧,并且外国恐怖分子的袭击概率越来越高,无论是个人还是与其他地方的军事行动有关。国土安全部对美国的国土防御负有主要责任。但即使有许多以前独立的机构被置于国土安全部之下,其所获得的资源只占拨给国防部的资源的一小部分(少于一个数量级以上),因此,国防部需要在国土安全方面发挥重要作用。为此,国防部设立了美国北方司令部,并已开始与其他联邦机构合作,准备应对各种突发事件,如生物攻击、其他大规模杀伤性武器和对美国基础设施(电力系统、银行系统等)的网络攻击。随着国土安全部预算的增加,传统的国防公司已经重视这个不断增长的市场。政府和工业界越来越多地从一个更全面的视角来看待国家安全问题,视角涵盖了传统安全领域的全球军事行动和国内保护行动。

三、未来军事行动的转型

21世纪军事行动的转型将涉及广泛的行动,包括外交、信息行动、传统的军事行动,以及经济、社会、文化和发展方面的活动。从使用的装备类型和对手本身来看(通常是非国家角色的小团体,但通过信息网络在组织上是全球化的),美国将参与非常规战争。合作安全将得到高度重视,包括多国行动和多国控制协议。所有这些行动,包括反恐、打击大规模杀伤性武器的扩散、对网络战进行控制、在世界不稳定的国家实现稳定和安全,都需要国际合作,而这些合作关系需要在事件发生之前建立和规划,而不是在事件开始之后。早期应采取预防措施以阻止当地问题升级,同时提高联合部队的灵活性和自由度。这些活动也将需要美国行政部门内部多个机构的参与,包括国务院、国土安全部和财政部。这些机构间的行动,要求在必须采取联合行动之前,能以精心策划的方案顺利应对,这就是重组非洲作战指挥部和南方作战指挥部的目的。在这两种情况下,国务院将提供副指挥官,而必要的军事活动和政治活动将早早提前规划好,包括机构间整合、多国代表、战略沟通以及公共与私人的合作。[55]

我们还需要认识到,许多涉及的关键网络是社会性的,而不是电子网络。我们必须学会与我们的盟友、本地部队(军队和警察)以及当地政治领导人合作。

这需要对语言和文化的理解。同样,这也是一项多机构活动。[56]

除了多国合作和涉及许多非军事机构外,未来作战将是远征性的。它们可能会持续很长时间,并且将会有大量的承包商与军队混杂在一起。此外,还将严重依赖特种部队作战,因为特种部队拥有特殊的作战技能,并负责心理作战,这将在未来的军事活动中发挥重要作用。

最后,我们应期待看到资源的重大转变,包括人员和预算。这种资源的转移,是对威胁性质变化、地缘政治变化、与战争有关的技术巨变的一种回应。

第三节　技术变革效应

许多书都写到了长弓、步枪、飞机、雷达和精确制导导弹等技术如何影响战争以及支持战争的产业。因此,毫不奇怪,21世纪的技术也会对战争的性质和支持战争的产业产生重大影响。但是,大型机构抵制变革,而且往往适应缓慢。例如,即使在以色列的巴卡谷地成功展示了遥控车辆的有效性之后,美国军方也花了二十年的时间才做出反应,将遥控飞行器纳入美国的军事行动中。

21世纪后半期被称为信息时代,商业世界充分利用了信息的优势。例如,联邦快递(Federal Express)和联合包裹服务公司(United Parcel Service)将自己从运输公司转变为信息公司。但小型恐怖组织也能迅速转向新技术,并将其用于自己的利益。比如,互联网在20世纪最后十年才成为一种全球性的信息技术,但到了2007年,沙特阿拉伯内政部善后委员会主管阿卜杜勒·拉赫曼·哈德拉克(Abdul-Rahman Al-Hadlaq)指出,在招募青年参加圣战的过程中,80%用到了互联网。[57]

技术对美国军事行动最大的近期影响是,从以平台为中心到以网络为中心的视角转变。国防部朝这个方向发展存在三个潜在问题。第一,仍有一种倾向,即试图优化这个复杂系统的每个单独节点(每个人工操作平台或无人操作平台),而不是优化综合在一起的整个分散系统。当系统没有被看作一个综合的分散系统时,每个节点都变得极其昂贵,而且从某种意义上说,是局部优化。整个系统不被看作一个分散系统,而是众多独立而昂贵的系统的连接。第二个问题是软件和通信系统的复杂性和脆弱性。在软件领域需要做出重大努力,以确保其对网络战的无懈可击性以及在发生任何问题时的安全运行。第三个主要问题是，需要一个独立的组织来建立分散系统的架构，并选择构成该系统的各种要素。当国防工业在后冷战时期进行大幅度整合时，这一点变得尤为重要。因此，如果一个企业被指定为分散系统建立架构，并为该系统提供许多配置，那么在为系统中的任一节点选择最佳配置与在每个节点放置主承包商自己的设备之间会产生冲突。到2008年，美国国会开始立法规定，负责分散系统整合的大型集成商不应该为分散系统的任何配置提供设备。但在冷战时期存在的、愿意接受所要求的不包括硬件和软件的合同条款的、以前独立的企业已不复存在，必须重新建立以满足这一需求。

在软件方面朝着所需的架构灵活性而采取的第一个步骤是，要求有使用标准接口的模块化的开放系统架构。通过螺旋式发展持续升级系统，同时使用被证明是现有的最好的技术，对于硬件来说是最佳选择。如果这点可以通过商业接口标准来实现，那么国防部就可以在全世界范围内自由地利用最好的商业技术和军事技术（始终牢记安全的重要性）。在软件领域的另一个技术是开放源码软件。[58] 每个人都可以获得开放源码软件，而且也许是反直觉的，它被认为是非常安全的，因为它不断地被每个人测试，因此，有人在程序中插入恶意代码，而不被任何人注意或质疑的可能性非常小。

信息技术对21世纪战争的影响已经很明显了，但许多其他技术目前正在扩散，也会对未来的军事活动和工业活动产生巨大的影响。作为一种大规模杀伤性武器和一项发展生物防御能力的研究内容，生物技术就是其中之一。与此密切相关的是，在边境口岸和其他地方，越来越多地使用生物识别技术来标记和追踪个人。例如，在伊拉克和阿富汗，使用生物识别技术来监测叛乱分子已经变得很普遍。

最近的一种生物技术威胁，也是人们越来越担忧的一种威胁，是合成生物学，即人造虫子。生物黑客是这种危险技术的恶意应用者。由于各国专注于对已知病原体的生物防御，新发明的病原体的威胁就变得更加难以应对，例如，需要尚未研制的疫苗。就像信息安全，在这个领域，措施、反措施和反反措施的持续挑战，一定会是一个需要保持警惕的持续应对过程。

另一项将被广泛使用的主要技术是机器人技术。大量的海陆空设备将采用机器人。所有地面士兵和海军陆战队员的背包里可能会有一个小型机器人，他们可以将其送入山洞或城市峡谷中，进行初步侦察和搜索潜在的陷阱。他们还将携带一个小型无人驾驶飞行器,来查看山的另一边有什么,并将信息发送回来。这些机器人工具正变得越来越复杂,在许多情况下还将载弹。

在21世纪将被广泛使用的两种武器是高能激光(用于杀戮)和高功率微波装置(非致命用途)。这两种非传统武器在国防部内部都受到了相当大的阻力,对其发展的支持也很有限。尽管如此,它们将越来越受到关注。在伊拉克等地发生在民众当中的平息叛乱行动中,以及在保护核电站,甚至在阻止美国水道中的可疑船只的国土安全方面,非致命武器特别有吸引力。[59]

当苏联的人造卫星在1957年开创了卫星时代时,通信、导航、情报和武器的世界发生了巨大的变化。幸运的是,在太空中使用武器已在很大程度上受到条约的控制,但这是一种持续关切。在所有其他领域,卫星已经极大地影响了军事行动。今天,在诸如GPS之类的武器制导系统、大部分的情报收集工作(包括无线电和电话拦截,以及摄影和雷达目标情报)、导弹发射警告和跟踪等方面,美国都依赖其空间系统,即分散系统的通信和指挥与控制。这种依赖性使得美国很容易受到反卫星技术的影响——通过直接拦截猎杀、信号干扰和高能激光的攻击。商业公司和许多国家已经在太空中投入了大量的资产(在通信、导航和情报领域),而潜在的对手(国家、恐怖分子或叛乱分子)可以使用或在商业市场上购买这些资产。因此,美国被要求保持其自身在空间系统方面的不断发展(更高的性能和更低的成本)。它还需要应对潜在对手日益增长的反卫星能力,以及利用商业和军事空间系统对付美国和其盟国的商业基础设施,例如,GPS卫星中的原子钟控制着国际银行系统。

另一项可能对战争和国防工业的未来产生重大影响的技术是纳米技术——这是创造和使用1纳米宽(1米的十亿分之一)材料的科学。作为参照,一根人类头发的宽度约为80 000纳米。其在军事上的早期应用之一是,为地面战士开发先进的防弹衣。这将利用这样一个事实:当普通的碳原子被挤压成管状(称为纳米管)时,它们的强度是钢的100倍,而其重量只有钢的六分之一。美国国防部高级研究计划局正在研究该技术的另一个应用场景,即一种1.5英寸宽、0.32盎司重的纳米侦察飞行器,它有一个旋转的机翼,射程为3 300米。这种以火箭为动力的旋转翼飞行器,就像枫树种子一样飞行,可以远程控制,并传输稳定的视频图像。[60]许多商业公司在纳米技术领域进行了广泛的应用,包括生物和纳米技术的许多组合,这将在商业和军事领域得到全面推广。

未来在远征环境中使用的一项关键技术是,能拥有双向、自动翻译能力。没有这种能力,就必须向每个士兵派出昂贵的译员,以应对平民中的叛乱分子。2007年,在伊拉克担任翻译的美国公民的平均年薪为17.6万美元,泰坦公司的战区工资单上大约有6 900名美国译员和外国译员。[61]语言本身是不够的。文化理解是必不可少的,而且需要开发许多培训工具,使士兵能在他们所融入的截然不同的文化中工作。从伊拉克和阿富汗的持续军事行动中吸取的一个重要教训是,战争的胜利不仅仅是靠子弹,还得靠语言。最后,量子计算是一项正在迅速推进实现的技术,它可以显著影响军事行动。计算速度和能力是很重要的,但密码学有助于美国的信息安全,其使破译密码几乎不可能。它也极大地削弱了美国阅读他人邮件(在所有的通信形式中)的能力。这不是一个美国是唯一的世界领导者的领域。其他国家也一直在投资量子计算,而且最终它将在全球范围内可用(用于商业和军事用途)。这是美国,尤其是情报界,必须积极参与的一个研究领域。

在考虑技术对美国经济和军事竞争力的影响时,必须认识到,在21世纪,美国军队不再是所有关键军事技术的唯一领先者。在许多领域,如量子计算,美国军队与商业技术和外国军事技术水平相当,甚至落后了。全球化已经实现了大量的技术平坦化,而技术越来越成为商业公司之间的差异化因素。商业技术的进步和广泛传播,使美国国防部有必要寻找可能适用的外国军事和双重用途的商业技术。

也许技术在商业和军事应用之间唯一的最大区别是,商业公司业倾向于使用技术来提高性能和降低成本,而军方则主要关注性能的提高。这里的区别是以最低的成本获得最好的性能,还是不惜一切代价为我们的孩子获得最好的性能。

第四节　致力于经济可承受性和有效性

年复一年,国防武器系统的成本持续飙升,现在,一艘航空母舰的成本超过120亿美元(这还不包括飞机),一艘驱逐舰的成本超过36亿美元[62],而一艘新的核潜艇则超过70亿美元。其他高成本设备也有类似的价格,如B-2轰炸机每架12亿美元,F-22战斗机每架1.43亿美元。在这些高价格下,即使对于美国国防部的庞大预算来说,能够负担得起的数量也是极少的。对于广泛的安全、训练和维护需求来说,数量是至关重要的,但在如此高的价格下,所需的数量根本无法负担。武器的复杂性和武器中不断增加的材料和子系统成本,造成了这些高成本。例如,镍的成本从2005年的每吨13 000美元上升到2006年的每吨35 000美元,这导致电池的成本急剧上升。但这些高成本的主要原因是,由于只能负担得起少数武器系统,所以与工业基础设施相关的高额开销(由政府独特的采购要求所驱动)必须由少数几个系统来承担。因为没有足够的数量用于生产学习,所以政府只是为最初的几个系统的高成本买单。更糟糕的是,这些系统往往是耗油大户,而且其基本设计很少考虑到尽量减少燃油的使用。事实上,甚至连燃油成本都是按用量计算的,而不是将空中加油机、燃料补给船和加油车的全部成本计入,而这些都需要与飞机、船舶和坦克一起支持武器系统。运输大大增加了燃油的实际全部成本。2000年的一项国防科学委员会的研究估计,这一成本约为每加仑400美元。最后,由于成本高,国防部建造的每种武器系统越来越少,而且在每一个十年中,国防部能够负担的不同武器项目也越来越少。例如,如表3.1所示,每十年开始的不同飞机项目越来越少。

表3.1　　　　　　　　　启动军用飞机项目

20世纪 50年代	20世纪 60年代	20世纪 70年代	20世纪 80年代	20世纪 90年代	21世纪 首个十年
XFY	XP5Y	A6	F14	F117	F22	JSF EMD
F8U	A2D	B52	S8	F20	EMD	UCAV
U2	XC120	SR71	YA9	X29	YF22	
SY3	F4D	SC4A	A10	T46	YF23	
F105	F3H	X21	F15	T45	JSFC36	
X13	B52	X19	F18	B2	JSF X37	
C133	A3D	C141	YF-17	V22	C17	
F107	X3	B70	B1			
F5D	S2F	XC142	YC15			
X14	X2	F111	YC14			
C140	F10F	A7	AV8b			
T2	F2Y	OV10	F/A18			

续表

20世纪50年代	20世纪60年代	20世纪70年代	20世纪80年代	20世纪90年代	21世纪首个十年
F4	F100	X22	F-16		
A5	B57	X26B			
T39	F102	X5A			
T38	R3Y1	X24			
AQ1	F104				
X15	A4D				
F5A	B66				
X1B	F11F				
F101	C130				
T37					

资料来源：Mark Lorell, " The U. S. Combat Aircraft Industry: 1909—2000: Structure, Competition, Innovation," RAND Corp. , Santa Monica, CA, 2003.

正如美国国防部部长盖茨所强调的："几十年来，在越来越少的平台上增加一层又一层的成本和复杂性，并且需要越来越长的时间来建造，这种常年的采购周期必须被终止。……如果不从根本上改变这种态势，未来将很难维持对这类武器项目的支持。"[63]

对于这个支付能力问题，似乎只有一个解决办法。如果军队要想购买它所需要的装备类型和数量，那它就必须把降低成本作为设计要求。商业公司一开始就会为新装备设定某种要求，包括某种性能和可负担的市场价格。同样，军队也必须把支付武器系统的价格作为其硬性要求的一个方面，以便能负担得起它所需要的系统数量。除非成本成为工程设计的要求（而不是会计师的问题），否则目前的趋势可能会持续下去，而国防部能负担得起的越来越贵的系统将越来越少，而这些系统是国家未来安全所需要的。这并不是一个新的概念。它以前就被用于敦促国防部。[64]例如，2000年国防部的一项指令（由参谋长联席会议副主席和主管采购、技术和后勤的国防部副部长签署）指出，成本应该是一项军事要求。然而，只有少数系统真正做到了这一点。空军参谋长明确提出，JDAM导弹必须性能可靠，击中目标，并且每枚不超过40 000美元。由于成本是一个刚性设计要求，该指示被遵循，目前的导弹成本约为17 000美元，其生产数量足以满足军事需要,性能可靠,并能击中目标。其他一些系统,如"全球鹰"无人驾驶飞机,甚至是联合攻击战斗机(现在被称为 F-35),一开始就把成本作为一个硬性要求。然而,这两种飞机被允许在成本上增长,以满足日益增长的性能要求(以增加成本为代价),所以它们的数量不得不减少。例如,"全球鹰"最初规定每架成本为 1 000 万美元,而到了 2009 年,当装备齐全时,其成本为 2 亿美元。由于根据指定成本设计是商业准则,在军事环境中实施该方法时,熟悉该领域的工程师们就能体现出价值。由于它被设计为具有较低的成本,因此,这也是国防部使用更多商业设备的一个理由。然而,当它开始调整商业设备时,军队必须意识到,成本仍应是修改设计的一个主要考虑因素。它不应该简单地认为,因为原来的产品是低成本的,所以调整后的商业产品仍将是低成本的,除非它将低成本作为设计考虑因素。只有当成本成为未来军事系统的一个主要设计因素时,国防部才能负担得起 21 世纪全面战争所需的武器数量和类型。

最后,从必须提前规划(实际上没有规划)的伊拉克战争和阿富汗战争中吸取的一个教训是,承包商将在 21 世纪背景下的战争区域发挥重要作用。

第五节 战区承包商

如表 3.2 中的数据所示,在战区有承包商并不是什么新鲜事。

表 3.2　　　　　　　　美国军事行动期间承包人员情况

战争	估计人数(单位:千人) 承包人员	估计人数(单位:千人) 军事人员	承包人员比例估值
独立战争	2	9	1∶6
1812 年战争	不详	38	不详
美墨战争	6	33	1∶6
内战	200	1 000	1∶5
美西战争	不详	35	不详
第一次世界大战	85	2 000	1∶24
第二次世界大战	734	5 400	1∶7
朝鲜战争	156	393	1∶2.5
越南战争	70	359	1∶5

续表

战争	估计人数(单位:千人) 承包人员	估计人数(单位:千人) 军事人员	承包人员比例估值
海湾战争	9	500	1∶55
巴尔干战争	20	20	1∶1
伊拉克战争(截至2008年初)	190	200	1∶1

资料来源:美国国会预算办公室,基于以下数据:William W. Epley," Civilian Support of Field Armies," Army Logistics 22 (November-December 1990):30—35; Steven J. Zamparelli," Contractors on the Battlefield: What Have We Signed Up For?," *Air Force Journal of Logistics* 23 (Fall 1999):10—19; Department of Defense, "Report on DoD Program for Planning, Managing, and Accounting for Contractor Services and Contractor Personnel during Contingency Operations," October 2007, 12.

事实上,在美国的独立战争期间,乔治·华盛顿将军让承包商驾驶马车,向其部队提供食物和衣服。但正如表3.2所示,到2008年初,伊拉克境内的承包商和军事人员的人数大致相同。虽然在巴尔干地区存在类似的1∶1的比例,但人员和资金的规模大不相同。在巴尔干地区,从1996财年到2000财年,合同总金额为21.68亿美元[65],而在伊拉克,从2003年到2007年,合同总金额为850亿美元。[66] 表3.2中的数据不包括在阿富汗的承包商或为伊拉克政府、其他政府或不由国防部资助的公司工作的承包商。在战区的实际承包商人数大大超过了表3.2显示的仅仅是伊拉克战争的承包商人数。在阿富汗(2006年和2007年),总兵力的65%是承包商[67],到2009年,这一比例增加到75%。

从表3.2的数据中还可以看出,在美国内战和第二次世界大战中出现了更多的承包商。但在那些战争中,承包商与军事人员的比例明显不同,而且那些承包商所处的环境也大不相同。之前的冲突更接近于传统意义上的战争(正面交锋),而承包商则在后方。虽然在伊拉克和阿富汗的战争中,扩展行动的主要功能是为国家带来稳定和重建,但叛乱分子在平民中持续实施暴力,使承包商始终处于危险之中。

这就提出了一个问题:在战区,承包商比军事人员还多,我们是如何陷入这样的局面的? 首先,最关键的是,在冷战结束后,军方将其现役部队从210万人缩减至2000年的不到140万人。剩余的部队集中在作战单位,所以人员削减的主体是在保障单位。此外,在和平时期,武器系统变得越来越复杂,因此越来越依赖承包商来维护和保障这些高科技装备。因此，当伊拉克和阿富汗的军事行动开始时，军方在很大程度上依赖承包商的全方位保障。正如第三集团军司令大卫·麦基尔南(David McKiernan)中将在2003年所说："在减少现役和预备役部队规模方面，我们所做的很多事情意味着对承包商的依赖程度增加。而且有很多技术都需要承包商的支持。"[68]

问题是，承包商的运作环境、他们的庞大人数，以及军队对他们的严重依赖等方面发生的变化，并没有被国防部认识到或解决。美国政府问责局2003年题为"军事行动：承包商为部署的部队提供重要服务，但在国防部的计划中没有得到充分的考虑"的报告，强调了这一事实。"[69]该报告指出，"随着国防工业增加其海外工作人员，公司越来越关注其工人的安全。在发生敌对行动时，政府对承包商的责任并不明确；这造成了混乱并使平民的管理变得复杂。……参谋长联席会议指出，提供安全保障是承包商的责任，而陆军则将这一责任放在当地军事指挥官身上"[70]。即使在伊拉克战争已经持续了五年之时，负责后勤和物资准备的国防部副部长杰克·贝尔(Jack Bell)在一次听证会上说："坦率地说，我们没有做好充分的准备来解决……我们对承包商的这种空前的依赖程度。"[71]在同一次听证会上，斯图尔特·鲍文(Stuart Bowen)(负责伊拉克重建的特别监察长)和威廉·索利斯(William Solis)(政府问责局国防能力和管理部主管)表示，军方没有足够的训练有素的人员来监督伊拉克的承包商。最后，大卫·马多克斯(David Maddox)(退役陆军将领、陆军采购和项目管理远征行动委员会成员)重申了委员会的结论之一，即军队还没有认识到合同和承包商对远征行动和任务成功的全面影响。[72]实质上，在其培训活动、军事演习、理论或行动规划、人员编制、人事政策、合同管理或财务计划等方面，国防部都没有认可这些承包商。因此，需要进行一系列全面的改革。但是，要想认识到在伊拉克和阿富汗开展的行动类型很可能在未来都会发生，并且军队的结构、文化和做法是面向更传统的行动，这存在着相当大的制度性阻力。最终，在2008年，军队推出了自9月11日恐怖分子袭击以来首次修订的行动手册，正式将维稳行动(或国家建设)与作战相提并论。当时，军队官员表示，此次修订体现了对打击恐怖主义的重视，并充分认识到这些活动很可能是其不确定的未来的一部分。[73]正如盖茨部长所说，"美国需要一支军队，它有能力踢开大门，也有能力收拾残局，甚至在事后重建房屋"[74]。

在伊拉克战场上,表3.2确定的、表3.3定义的19万名承包商是由美国公民、当地公民(约20%)和第三国公民组成。表3.3所列的大多数美国公民是退役军人,他们自愿担任这些高风险的职位,因其工资很高,大约是他们在美国同等工作的2.5倍。他们主要受雇于高技能工作,例如,驾驶后勤车辆和维护高科技军事装备。[75]很大一部分劳动力是由当地公民组成,这对于实现国内稳定和重建的目标来说是可取的(基于这样一个假设,即一个受雇的伊拉克人比一个失业的伊拉克人更不可能成为叛乱分子)。最后,普通后保人员中大部分是第三国公民。他们的工作范围很广,许多人在餐厅工作,并且来自不同的国家,包括斯里兰卡、菲律宾和孟加拉国。他们由一小群美国监管人员管理,执行工作的费用比美国军队要低。

表3.3 2008年在伊拉克战区工作的承包商人数(按授予合同的部门划分) 单位:人

机构	地点	美国公民	当地公民	第三国公民	共计
国防部	伊拉克	29 400	62 800	57 300	149 400
	伊拉克战区的其他地方	6 700	3 500	20 100	30 300
国务院	伊拉克	2 300	1 300	3 100	6 700
美国国际开发署	伊拉克	200	2 900	300	3 500
其他机构	伊拉克	200	100	200	500
共　计	伊拉克战场	38 700	70 500	81 000	190 200

资料来源:美国国会预算办公室,基于美国中央司令部的数据,"Second Quarter Contract Census Report," Department of State, U. S. Agency for International Development, April 30, 2008.

表3.3中的数据还显示,伊拉克战区的行动是由多个机构参与组成的。旨在实现稳定和重建的行动,需要硬性和软性的努力(通常是在非国防方面的作用)。这种环境与第二次世界大战后通过马歇尔计划重建的欧洲有很大的不同,但它仍然结合了军事目标和人道主义目标。正如西奥多·罗斯福(Theodore Roosevelt)所说的那样:"我们对人类的主要作用在于我们将力量与崇高目标相结合。"[76]该表不包括为国务院或美国国际开发署工作的分包商,但它包括"其他机构"下面的承包商,他们为农业部、商务部、卫生与公众服务部、内政部、司法部、交通部、财政部以及总务管理局提供支持。举例说明一下这些人的工作内容,1999财年,在波斯尼亚和科索沃,100%的维修、餐饮服务、洗衣、污水处理、

危险材料、邮件、水、燃料和重型设备的运输以及超过 70% 的建筑工程都是由负责保障的承包商提供。[77]

表 3.4 列出了整个中央司令部行动(包括伊拉克和阿富汗)中的承包商和为美国国际开发署工作的分包商的更全面的名单。

在该表中,承包商总数上升到 265 000 个,同样包括美国公民、伊拉克人和第三国公民。该表还列出了他们的职能。

表 3.4　　　　2007—2008 年中央司令部行动中的承包商和职能范围　　　　单位:人

职　能	机构和人数	人员构成
重建部	国防部,25 000 国务院(美国国际开发署),79 100	大部分是伊拉克人
后勤和基地保障	国防部,139 000 国务院,1 300	美国公民 24%、第三国公民 49%、伊拉克人 27%
口译员	国防部,6 600 国务院,100	美国公民、第三国公民、伊拉克人的混合体
顾问和其他	国防部,2 000 国务院,2 200	美国公民、一些第三国公民
保安(不包括保镖)	国防部,6 300 国务院,1 500	大部分第三国公民、一些伊拉克人
保镖	国防部,700 国务院,1 300	美国公民和英国公民
总　计	国防部,181 600 国务院,85 500 共计 267 100	美国公民 15%、第三国公民 30%、伊拉克人 55%

资料来源:数据来自国会预算办公室,Contractors' Support of U. S. Operations in Iraq (Washington, DC: Congressional Budget Office, August 2008); Jennifer K. Elsea, Moshe Schwartz, and Kennon H. Nakamura, Private Security Contractors in Iraq: Background, Legal Status, and Other Issues (Washington, DC: Congressional Research Service, July 11, 2007); Jack Bell, deputy undersecretary of defense for logistics and materiel readiness, Testimony before the U. S. Senate Committee on Homeland Security and Governmental Affairs, February 27, 2008; John J. Young, undersecretary of defense for acquisition, technology, and logistics, Testimony before the House Appropriations Subcommittee on Defense, March 4, 2008; Department of Defense, "Report on DoD-Funded Service Contracts in Forward Areas," July 2007; T. Christian Miller, "Contractors Outnumber Troops in Iraq," Los Angeles Times, July 4, 2007. Figures include subcontractors for the U. S. Agency for International Development but exclude contractors working for the intelligence community. Figures also exclude informal tribal arrangements such as Sons of Iraq local security forces.

如表 3.4 所示，大部分合同内容与后勤和基地行动保障有关。为了了解这项工作的规模，请看下面的例子："进入战区一年后，KBR（承包商）有 24 000 名雇员和分包人员在伊拉克和科威特工作。在六个月的时间里，他们交付并安装了 34 000 个生活集装箱单元(帐篷或营房)、10 000 个厕所和 10 000 个淋浴间，以容纳 80 000 名士兵。在不到一年的时间里，KBR 开设了 64 个餐饮设施，提供了 4 000 万份膳食。其每年处理 100 万捆衣物和 150 万立方米的垃圾，运输和投递 1 300 万磅的邮件，将 100 万个设备和供应集装箱从科威特运到伊拉克，并运送了 18 亿升燃料。为了完成其运输功能，他们必须雇用、动员和培训 1 500 名经过认证的重型卡车司机。"[78]

在重建方面，截至 2008 年 2 月底，29 家伊拉克国有企业重新启动了生产运营，48 个项目正在进行中，以重新启动伊拉克的工业基础，为私人投资做准备。在所有工业领域，有超过 3 900 家伊拉克私营企业注册，伊拉克政府还批准了对大型国有企业的三项重大私人投资（基尔库克、穆萨纳和盖因的水泥厂）。外国投资团队正在为酒店、办公楼建设、食品加工、餐饮服务和新工业建设提建议。[79]

从表 3.4 的数据来看，在 26.5 万家承包商中，只有不到 1 万家从事安保工作，其中一小部分(20%)从事个人安保工作（即保护政府高级官员外出的保镖）。其余的安保职能是在固定的政府设施。他们携带枪支，但仅限于自卫作用。这一小部分承包商得到了最多的宣传和关注。许多其他安保人员是作为分包商在那里保护正在进行重建的承包商，并在他们非常脆弱的地区提供基地保障。这项工作不是由军事人员来完成的，因为需要军事人员来打击叛乱活动。国会在 2003 年《国防授权法》中部分承认了承包商履行这些职能的必要性，该法案允许承包商可被用来守卫军事基地。[80]

表 3.5 列出了由承包商履行的另一项职能，举例说明了从事这项工作的承包商。

这张表包括了以前没有观察到的两项重要职能。首先，培训职能涉及与美国涉足的国家的警察和军队合作，其目的是引入一种非常值得期待的稳定性。这一职能越来越重要，通常由退役军人和警察执行，必要时请翻译协助。其次，情报职能涉及的承包商，不是作为间谍而是作为分析员。在叛乱行动中，对从全国各地多个传感器（包括机载和地面）收到的情报数据进行分析至关重要。这种

表 3.5　　2006 年美国承包商在伊拉克提供的支持类型

支持类型	实　例
军队保障	食品准备(凯洛特·布朗公司、鲁特公司)、洗衣、装备维修
恢复服务设施	供水、污水处理、电力、交通、桥梁、铁路、机场(贝克特尔公司、福禄尔公司)
建筑工程和重建	主要设施、医院、学校、炼油厂(贝克特尔公司、哈里伯顿公司)
民政事务	食品分发、培训、选举保障、媒体(福禄公司、达因集团、诺斯罗普·格鲁曼公司)
情报	对用简易爆炸装置进行攻击、对官员进行攻击,以及对主要危险区域(克罗尔公司)开展分析
安保	保护官员、建筑工地、住宅区、车队、其他承包商(黑水公司、克罗尔公司)
杂项	审讯、口译、司法培训、法律支持(L-3 公司,全球语言学公司,CACI,精诚资讯)

资料来源: Marion Bowman, "Privatizing While Transforming," *Defense Horizons* (July 2007): 3.

高度熟练又敏感的工作需要对工作人员进行安全调查,同时是对军队和政府文职人员中的安全分析员所做工作的一种褒奖。由于这是一个敏感领域,表 3.4 所列的承包商不包含这些人员。据估计,他们会在表 3.4 的总数中增加 2 万至 3 万名承包商。[81]

总体而言,战区有承包商,这是对作战指挥官任务的保障。为了做到这一点,有三种形式的合同可供选择:外部支持合同、系统支持合同和战区支持合同。每一种合同都有国防部的正式定义。[82] 系统支持包括用于应急行动部署的武器、监视、目标或情报系统的操作或维护。这一类别的大多数承包商与远征行动中使用的主要武器系统有关。这些人所做的工作往往与他们在美国所做的相似,尽管环境有很大的不同。例如,洛克希德·马丁公司在伊拉克的维修人员发现,他们在迫击炮下连续工作 180 天。[83] 20 世纪 80 年代中期,军队意识到,随着部队的缩编,在应急行动中需要承包商的支持,以便在需要时进行增援,此时外部合同诞生了。启动的一项政策要求军队各部门为全球应急行动的后勤和工程服务进行规划和签约。[84] 为落实这项工作,1985 年签订了"后勤民用增援计划"的正式合同,1989 年在巴尔干地区首次使用。20 世纪 90 年代,海军和空军效仿陆军,签订了全球范围内的一揽子合同,也为应急行动提供某些类型的支持。这些合同分别被称为空军合同增援计划和应急建设能力计划。[85]最后,战区支援合同可以提供许多与外部支援合同一样的供给品和服务,但在战区指挥官的直接控制下(与外部支援合同不同,后者通常是通过在美国签发的合同来运行的)。所有这三种类型的合同都被视为应急合同,在某些战时条件下,需要快速处理,以迅速应对紧急需求。在某些情况下,《联邦采购条例》的典型条款和条件可以被豁免,以满足这些快速反应的需要。

这些应急合同中最大型的合同是陆军的"后勤民用增援计划"。虽然它定期进行重新竞争,但它是一个持续的合同,"在战时使用民用拖拉机来执行选定的服务,以加强陆军部队",并"腾出军事单位来执行其他任务或弥补不足"。最初的概念很简单。[86]承包商将保留一份有意愿和有资格的人员名单,并有能力迅速招募这些人。在和平时期,政府基本上没有任何成本,甚至没有与预备役部队有关的培训和人员成本。当冲突发生,军队需要增援时,承包商将在所需地点提供具有特定技能的人员。由于合同已经到位,这种增援可以迅速进行。由于军队是在伊拉克和阿富汗的执行单位,因此"后勤民用增援计划"合同是最为熟知的。从2003年至2007年,该合同收到了后勤支援、建筑、石油产品和食品方面的规定任务,总额为220亿美元。[87]总的来说,正如军队证明的那样,从波斯尼亚、伊拉克和阿富汗的结果来看,这份合同被认为是非常有价值的。[88]仅就波斯尼亚而言(其活动规模明显小于伊拉克和阿富汗),承包商布朗和如特公司(后来成为KBR的一部分)雇用了大约6 700名员工,执行原本需要8 500名士兵才能完成的任务,据估计,军队节省了1.4亿美元。"后勤民用增援计划"合同明确规定只包括支持性的职能,没有"会危及承包商作为非战斗人员角色"的职能。因此,该合同的目的不是要取代陆军士兵的战斗角色,也不是取代政府文职人员或军事人员的任何职能,这些职能本质上是政府的职能。尽管如此,这是一项极其危险的工作。事实上,在2006年6月,KBR称其95名雇员和分包商在伊拉克、科威特和阿富汗被杀害,另有430名雇员和分包商在敌对行动中受伤。然而,这一年他们有165 000名潜在雇员与他们联系,询问在伊拉克、科威特和阿富汗的工作机会,他们说,当时他们有50万份以上的简历在案。[89]这些并不是最危险的工作,因为在许多情况下,它们是在受保护的基地(但在战区内)进行的。为军队提供笔译员和口译员(他们经常在战区露天工作)的L-3服务集团,在伊拉克遭受的伤亡最为严重,截至2006年底,共有261名雇员被杀害,包括当年最后三个月的32人。这些受害者中有许多是伊拉克人,据了解,这些受害者是与美国人一起工作的笔译和口译人员,他们经常是在非工作时间被暗杀。[90]

在伊拉克,另一项高度危险的职能是卡车驾驶。[91]在美国年薪3万美元的普通卡车司机,在伊拉克可以赚8万美元以上,如果司机在伊拉克逗留超过330天,其还可以获得可观的减税。同样,报名参加的大多数人是前军人,习惯于战时环境。尽管如此,车辆在为期两天的行程中运送供应物资,从科威特到巴格达外面的一个仓库,穿越425英里的公路,运送燃料和其他常规用品,如武器、制服、弹药和防弹衣,他们几乎在沿途的任何地方都会受到叛乱分子的攻击。在2006年,有超过7 000个这样的车队,其中600个以上的车队遭到了路边炸弹、小型武器或迫击炮的袭击。这些车队得到了车队安保小组的保护。提供保护的承包商ArmorGroup于2006年在伊拉克管理了1 184个车队,并报告了450起敌对行动。它还指出,在巴格达以北的危险道路上,"一般来说,每一次任务都会遇到至少一次袭击事件"[92]。

虽然很难全面了解这一时期在伊拉克被杀害的承包商的人数,但通过对报纸上的一些报道进行追踪,我们可以感受到该地区的危险程度。例如,2005年10月23日,《华盛顿邮报》的一篇文章[93]指出,自2003年4月战争开始以来,被杀害的非伊拉克人的文职承包商人数为320人,而2006年12月《华盛顿邮报》的另一篇文章称,"根据劳工部的统计,自2003年以来,约有650名承包商在伊拉克死亡"。文章指出,这些数字不包括分包商,如果加进去,那么这一数据将大大增加。[94] 2007年5月19日《纽约时报》的一篇文章指出,2007年第一季度,146名承包商在伊拉克被杀害,而且劳工部的统计数据显示,同一个季度,另有3 430名承包商因在伊拉克受伤而提出索赔。[95] 2007年8月20日《华盛顿邮报》报道称,劳工部的数据显示,截至2007年8月20日,共有1 001名文职承包商在伊拉克死亡。[96]最后,斯蒂芬·斯古纳(Steven Schooner)的一份独立分析报告指出,"截至2008年6月,在伊拉克和阿富汗,超过1 350名文职承包商为保障美国的行动而死亡。约有29 000名承包商受伤,其中超8 300人伤势严重"[97]。承包商的死亡风险很高,可能是军队在实际作战行动中死亡人数的25%左右,而重伤的概率则大大增加,可能是20倍。美国公民的死亡人数大约与美国公民相对支援合同中伊拉克和第三国公民的比例成正比,约占总数的20%至30%。

最后,大多数准备进入战区的美国公民承包商(如果他们要在那里待上30

天或更长时间)会在佐治亚州的本宁堡接受简短的训练,包括体检、关于该地区的研讨会,以及对所有需要的文件进行彻底检查。然而,与军队在进入战区前接受的详细训练相比,这种训练似乎是不够的。[98]

一、需要解决的承包商问题

在伊拉克或阿富汗这样的战区,当承包商的人数基本上等于或超过军队的人数时,就会产生大量的问题,这些问题在未来的此类行动中必须得到解决。

(一)远征合同签订

依据在美国实施的标准的《联邦采购条例》和具体的联邦采购惯例,参与伊拉克和阿富汗远征行动的第一批政府采购人员接受了相关培训。当作战指挥官要求他们"立即"采取行动时,采购人员的回答是:"好的,先生,但我们必须先花几个月的时间就提案要求的细节达成一致,然后承包商需要几个月的时间来回应,而具体的来源选择流程也需要几个月的时间,届时我们需要与中标的承包商进行最后的谈判。"毋庸置疑,这个漫长的过程造成了巨大的问题。同样,还有大量的《联邦采购条例》中的要求需要得到满足,如《购买美国货法》、小众企业的要求、对妇女开设企业的要求(那个地方此类企业几乎没有)、专门的成本核算要求、"即时"审计要求、安全问题、职业安全要求,以及遵从出口管制的规定。

此外,在应付现金经济及战区工作人员极高的人寿保险成本和医疗保险成本方面也存在问题。也许最重要的是,在大多数情况下,合同是在美国管理的,而起草和履行合同的人却都在战区。最后,2008年发布了一份关于远征合同的手册,其中纳入了《联邦采购法》中所有允许战时条件下破例的特殊条款。如此一来,即将赶赴战区的签约专员就需要接受这些条款的培训。

(二)谁是负责人

根据战争的军事原则,统一指挥是至关重要的。然而,在正常的合同操作中,任何被添加到合同中的任务,都必须通过合同官修改合同来完成。在大多数远征合同中,拿"后勤民用增援计划"合同为例,合同官居住在美国,而在陆军条例715-9款"随军承包商"中,军队的政策明确规定,"承包商雇员不受指挥系统中军事人员的直接监督"。这里有可能会产生相当大的歧义。[99]例如,在阿布格莱布监狱[100],承包商雇员协助军方审讯囚犯,而包括军官在内的士兵们则认为承包商处于指挥系统中。华盛顿的一位美国陆军发言人也持有同样的看法,他说,在阿布格莱布监狱和其他地方的文职承包商"符合目前的指挥结构",并被当作正规军事人员一样对待。[101]一个相关承包商的发言人也发表了类似的声明,"所有CACI员工都在美国驻伊拉克军事指挥系统的监督下工作"[102]。在极端情况下,如战争,当出现紧急需求时,修改过的合同很难在美国(也在不同的时区)获得批准。因此,指挥系统的问题今后必须得到澄清。

(三)军方对承包商的责任

与上述内容相关的是军方对承包商的责任问题。比如,军方是否无论如何都要对非军事人员的安全负责?军方是否有责任跟踪非军事人员(如果不跟踪,可能会使后者容易遭到"友军杀戮")?军方是否应对承包商的稳定和重建行动加以规划和培训?军方需要对在战区受伤的平民的康复负责吗?承包商往往比军人更容易受到伤害,因为他们在旅行方面的限制比军人少。[103]

(四)承包商是否会甩手不干

军事人员可以因离开战场而被送上军事法庭,而最初人们认为承包商可能会"临阵脱逃",因为最坏的情况是他们会因违反合同而得不到报酬。也许是因为这些人员很多是退役军人,所以几乎没有关于承包商不履行其指定职责的报道事件,无论是在员工个人层面还是在公司层面。在一个案例中,一家公司因为环境问题决定不再续签合同。柏克德公司说,当该公司在2003年获得最初的合同时,合同中写道"确保其公司员工拥有一个安全的环境"。但三年后,52名员工被杀害,而且由于伊拉克陷入叛乱和教派暴力,该公司的许多工作遭到了破坏。一些雇员和分包商被绑架,其他人被拖出办公室并被枪杀,还有相当数量的人被打伤。因此,柏克德公司选择不再续约。[104]在这三年内,该公司获得了23亿美元的工程款用于道路、发电厂、水厂和其他建筑业务——这是该公司在全球范围内的常规业务,因此要放弃这样的后续合同并不容易,即使该公司认为是受工作条件所迫。然而,其他承包商会在下一个合同中介入,承担这些工作,因为这很有利可图。从2003年到2007年,美国为伊拉克的重建行动提供了850亿美元的合同。[105]

(五)对政府文职志愿者的补偿

在合同签订领域,军队的大多数签约专员是政府文职人员。只有3%的签约专员是正规军。因此,当战区需要承包时,就要求文职人员"自愿"前往。对于伊拉克和阿富汗战区,他们的老板实际上不鼓励他们去,因为他们原先的岗位将无法回填。美国的经理们在扩军期间的合同显著增长,因此他们不愿意让自己的员工去海外做志愿者。此外,志愿者因战争死亡时,他们的个人人寿保险得不到保障,因为大多数民用保险有一个战争免赔条款。他们也得不到像军队那样的长期的医疗保障,而且他们的总报酬将受到国会的限制,即使他们将每周工作7天,每天工作24小时。所有这些工作都是在极其危险的条件下进行的。那些自愿在这种危险条件下工作的人都很敬业、非常能干,但是,许多必要的职位无法得到填补。这是未来需要得到国会关注的另一个领域。正确的做法是,要有一批预备志愿者在需要时可以前往战场,在某种意义上,就像预备役一样(他们中的许多人可以来自预备役)。可以预先制订薪资和福利方案,这样随时可用,并且这些人将接受远征合同方面的培训。

(六)从事政府固有工作的承包商

根据参谋长联席会议的"军事行动合同保障"的文件,"有一些职能被认为是固有的政府职能,不应签订合同,或应非常谨慎地签订合同。大多数战斗保障和维持职能可以被部分或全部承包。一些特定的职能被认为是政府固有的,包括作战行动、合同审批,以及对军事人员和国防部文职人员的监督。重要的是,承包商被禁止直接或主动参加敌对行动"[106]。

文件并不禁止承包商支持政府固有的职能。例如,由于政府的合同人员短缺,政府雇员将成为合同签订的最后一方,但他们可以得到承包商的协助——只要他们与将要开展工作的承包商没有利益冲突(个人或公司)。然而,鉴于参与行动的不同承包商和分包商数量众多,以及许多活动具有紧迫性,监督这些活动的政府人员必须确保不存在利益冲突,并且承包商没有从事政府固有的工作。如同上文所述的指挥系统问题,很难区分哪些职能是政府固有的,哪些可以由承包商完成,特别是在紧急状况下。

(七)1949年《日内瓦公约》规定的承包商权利

根据《日内瓦公约》,"随军人员,但实际上不是武装部队的成员,例如……承包商,如果落入敌方手中,而敌方认为应予扣留者,只要他们已经获得随行武装部队的授权,且部队为此向他们提供了身份卡,都应有权被视为战俘"。这些规则很清楚,但叛乱分子是否会遵守还不确定。同样,对于承包商是否可以免于遵守伊拉克法律,人们也感到困惑。理论上,依据《域外军事管辖法》(Military Extra-Territorial Jurisdiction Act)或《统一军法》(Uniform Code of Military Justice)

来实施美国法律的权力机关的确存在,但在伊拉克战争和阿富汗战争之前,这些权力机关还没有被启用过,也不存在实施这些法律的机制。唯一的补救措施似乎是开除相关人员,如果他们违反了任何法律,就将其送出战区。[107]为了澄清这一点,国会修订了《统一军法》,以涵盖支持军事行动的文职人员,而国防部则颁布了必要的实施准则。这样的话,可以由司法部根据《域外军事管辖法》,或由国防部根据《统一军法》采取法律行动。2008年6月有了第一个这样的军事法庭。[108]

(八)承包商可以携带枪支吗

承包商和枪支的问题是一个非常模糊的领域。如果带枪的承包商被俘,他们是否参加了战斗?谁可以携带枪支进行自卫?交战的规则是什么?这些问题适用于履行保镖职能的承包商,也适用于人数多得多的处于危险境地的承包商(当他们开车穿过危险地区,履行后勤职能,陪同部队进行翻译,或参与危险地区的重建工作时,他们会受到伤害)。2005年10月,美国国防部试图澄清其中的一些问题,发布的指示主要是说,军事指挥官应决定承包商是否可以穿军装,携带政府发放的或私人拥有的武器。[109]因此,即使是为了自我保护,承包商也必须得到作战指挥官的明确许可才能武装自己。[110]作战指挥官的决定应基于国防部承包商雇员是否有人身伤害的风险,以及军队是否能充分保护每个承包商雇员。如果做不到,那么承包商就可以武装起来,以便在危险情况下保证他们的安全。武装承包商的一个条件是,他们必须依据美国或他们本国的法律,才有资格拥有武器。例如,他们需要接受适当的武器使用培训,并且没有重罪前科。除了履行某些安全职能的签约专员,该政策规定承包商雇员只能携带一把手枪。截至2008年2月28日,在伊拉克和阿富汗的638名承包商雇员和约200名国防部文职人员为自卫而携带武器。[111]然而,即使是履行私人安保职能的承包商,也要遵守比军队交战规则更严格的武力使用规则。他们不允许参与任何进攻性的军事行动。截至2008年4月,驻伊拉克的5 613名国防部安保承包商获得授权,可以使用类似于步兵使用的小型武器。

(九)资金的灵活性

在这些远征和应急行动期间,大型"后勤民用增援计划"合同出现的一个主要问题是,承包商经常被要求做一些他们还没有得到资金或资金正缓慢地从美国流入战区的工作。为了响应作战指挥官的要求,承包商经常被要求拿出大量自己的钱来按时完成任务,同时等待政府修改合同和发放资金。一年内,仅仅为了资金发放,就对"后勤民用增援计划"合同进行了141次修改。这个问题在巴尔干行动中被认识到,于是国会批准了一项"海外应急行动转移基金",赋予战区一定的灵活性,可以以各种方式使用资金。例如,资金可以从"采购"转到"运营和维护",只要在事后立即向国防部和国会报告资金的实际使用情况。大型的"后勤民用增援计划"合同或其他在伊拉克和阿富汗的类似合同,不存在这种灵活性,而备用豁免权在"购买美国货"这样的事情上最初并不存在。因此,在这些战时条件下,有效和高效的运作存在法律障碍和财政障碍,这一点必须在未来的行动中得到纠正。这种灵活性对美国国际开发署来说是存在的,但对于与战时行动有关的、规模大得多的国防部资金来说,这种灵活性并不存在。[112]

(十)多机构行动

伊拉克和阿富汗战区涉及多个美国军种(陆军、海军、空军和海军陆战队的联合行动)、多国军队(随后需要共同的多国军事努力),以及各种美国机构(国防部和国务院,包括美国国际开发署)。有一回,国防部和国务院向当地工人支付不同的工资,并争夺他们的服务。但更关键的是,需要在合同签订、稳定和重建工作上进行协调。事实上,重新启动伊拉克经济和增加就业机会的工作协调不力,最终"播下了经济萎靡的种子,助长了叛乱的气焰"[113]。而最关键的是,需要协调各方使用的私人安保承包商。最后,2007年5月,国防部和国务院签署了一份"协议备忘录",其中概述了如何在战区控制美国政府的私人安保承包商,以使规则适用所有的参与方。[114]在未来的远征政治行动和军事行动中,国务院和国防部还有很长的路要走。如果这些行动要取得成功,就必须事先以协调的方式进行规划和演练。新的非洲司令部和南方司令部正在朝着正确的方向采取初步措施,他们已经要求指派国务院代表,并要求提前进行紧急状态下有效行动所需的所有规划和演习。要做到这一点,国务院无疑将需要更多的资源,而国会就需要提供这些资源(包括资金和人员)。在向参议院国土安全小组委员会和政府事务小组委员会作证时,伊拉克重建特别监察长小斯图尔特·鲍文(Stuart Bowen)指出,"在伊拉克,不同机构适用的规章制度错综复杂,使合同签订过程困难重重,造成了不一致和效率低下,从而阻碍了管理和监督"。[115]

二、三个主要的人事问题:签约专员、安保人员、政府与承包商的成本比较

(一)签约专员

到2007年底,对伊拉克和阿富汗战区的承包商提出了超过90项欺诈和其他非法行为的指控。然而,伊拉克重建特别监察长指出,这些案子在整个重建投资中的比例相对较小,涉及的个人也相对较少。[116] 也有设备监管责任缺位的案子,以及私人安保合同中可能出现的不恰当行为的案子。为解决这三个问题,国防部成立了一个特别委员会,来调查"如何防止未来出现这种明显的合同问题"(通过进行体制改革)。在远征行动中的陆军采购和项目管理委员会[117]发现,驻伊拉克和阿富汗的签约专员对远征作战、大量的合同和承包商、紧急情况和非常危险的环境都没有做好准备。我们进行了100次以上的访谈,受访者提出了诸如这样的评论:"我无法找到有资格的陆军人员(文职或军事)来满足我的签约需求。"在战区,只有38%的签约专员获得了他们所担任职位的证书。"身处战区,华盛顿会有很多人告诉我们各种规则,但在紧急情况下不顶用。""我们没有接受过作战培训。""在战区,我们没有能力进行定价或结清合同。""我们需要在每门领导课程[为作战指挥官]中加入签约和承包商的内容。""下次我去海外时,我希望不是临时性的。""为远征服务签订合同具有更大的复杂性。""我们正在根据三四十年前制定的人事规则,将政府文职人员部署到战区。"

该委员会发现,在这个扩军时期,军队的合同签订工作量增加了七倍,由于冷战后在作战部队和支援部队(文职和军事)之间做出的选择,劳动力本身急剧下降。例如,从2001年到2006年,陆军物资司令部(其负责军队的采购活动)的签约活动增长了653%,花费的美元增长了331%,但签约专员减少了53%。问题不在于审计员(战区的审计员比签约专员多),而在于人员太少,针对这种特殊环境的培训太少,以及军队高层人员对合同签订职能的重要性重视不够(尽管总兵力的50%是承包商)。由于冷战结束后部队的全面缩编,许多高层职位被取消了,包括具备合同签订经验的五个军队将官职位、国防合同管理署的四个将官职位,以及海军和空军中一半的将官职位和高级职位。这些职位的取消表明对这一领域的重视程度很低。一个特别值得关注的问题是授标后的阶段,在这个阶段,政府的合同管理部门必须确保工作按时完成,符合投标成本,并达到要求

的质量。在这个阶段,军事人员被要求把这一职能作为次要职责履行,而且他们没有经过培训。此外,为美国的武器采购履行这一职能的国防合同管理署,在战区并不负责这一职能,其本身也从25 000人缩减到10 000人。

伊拉克和阿富汗的军事行动以及未来类似性质的行动都需要改变。幸运的是,军队和国会都认识到了变革的必要性,并开始采取与委员会建议一致的行动。这些建议中特别关键的是,远征组织需要具备合同签订经验以及具备规划、训练和作战经验的高级军事官员。由于这些都是战时条件下的军事指挥,穿制服的人要发挥重要的作用。此外,在初级人员选择沿着这个方向发展职业道路之前,这些高级职位需要存在。

(二)安保人员

在超过265 000个承包人员职位中,安保承包人员是最有争议的。根据表3.4,他们的人数约为10 000人,但其他统计口径的数据接近20 000人。[118] 只有大约2/3的人拥有武器,而且大多数人不是伊拉克人,他们身穿制服,往往与军事人员没有区别。[119] 然而,有几起事件引起了媒体的关注。例如,2007年9月16日,在巴格达,安保人员为躲避汽车炸弹的威胁,据称向无辜平民开枪射击,造成数十人伤亡。

人们对这些安保人员的职能存在着很大的误解。他们中约有3/4的人负责保护主要基地内的固定设施,从不冒险离开铁丝网。这一职能在2005年大幅增长,当时摩苏尔的一个餐饮设施发生了自杀式爆炸事件,这突出表明需要对进入人群密集的设施的人员进行筛查。虽然这些内部安保人员中有些是军人,但大多数是承包人员,他们通常是第三国公民。例如,萨尔瓦多人守卫着美国国际开发署在绿区的办公楼,而乌干达人则看守海军陆战队的设施。他们的主要职能是检查进入设施的人员,具体做法是检查身份证。这类人中的大多数人从未因愤怒而开过枪,他们类似于在国内看守美国银行和购物中心的警卫。

然而,保镖(或私人安保)问题产生的争议最大。如表3.4所示,在作战地区大约有2 000名保镖(大大低于所有承包人员总数的1%),但他们参与了几乎所有媒体报道的暴力事件的安保工作。这些承包私人安保工作的人员来自60个以上的跨国公司[120],包括三叶丛林公司、达因集团、国际公司、盾安全公司,以及现在闻名遐迩的美国黑水公司。[121] 这些安保人员经常被称为私营单位的士兵,甚至"流氓"雇佣军(《财富》杂志在其2004年5月那期这样称呼他们)。[122] 他们非常专业、训练有素,而且几乎以前都是军人。然而,他们的工作是有争议的。他们中的大多数人为国务院工作,并且在国防部和国务院达成协议之前(如上所述),他们一直不受任何军事管制(见表3.4)。

历史上,国务院对其人员有三层安全保障。第一层是通过东道国(负责保护其境内的所有外交人员和外交设施)。第二层是海军陆战队的独立小分队,通常负责守卫固定设施的核心区域。与许多人的看法相反,海军陆战队的使馆小分队不为外交官提供保镖,其守卫的是使馆内的设施和美国公民及财产。第三层是合同警卫,在伊拉克境内,由于外交官在离开使领馆时需要保护,所以合同警卫的队伍不得不大幅度扩充。2004年,黑水公司的警卫在费卢杰遭到伏击,四名警卫被杀,尸体被吊在桥上,部分原因是黑水公司没有与当地军事当局协调好。警卫的工作是不惜一切代价保护"委托方"(受保护人),这意味着需要对抗叛乱活动。例如,黑水公司为自己从未失去过"委托方"而感到自豪。对于保镖来说,这是衡量效力的唯一标准。不幸的是,缺乏与国防部的协调和所谓的保镖心态,导致了2007年9月16日的枪击事件,许多伊拉克公民死伤。这促使国务院发布了新的指导方针,将承包商置于军事控制之下,要求国务院负责安保的官员陪同每个大使馆车队,并发布了关于保镖使用武力的规则。在国务院工作人员遭遇暴乱人群和叛乱分子的情况下,要完全控制住场面并完成工作,对保镖而言尤其困难。在任何国家和任何未来的行动中,越早实现理想的稳定局面,这些问题就越能得到更好的解决。虽然承包商造成的平民死亡事件很少发生,但他们受到了新闻界和国会的高度关注,当然最好将伤亡数降至最低。

(三)政府与承包商的成本比较

国会预算办公室比较了政府人员与承包商安保人员的成本,并指出:"私人安保合同的成本与执行类似职能的美国军事单位的成本相当。然而,在和平时期,私人安保合同将不必续签,而军事单位将留在部队结构中。"[123]一些人认为,由于军事人员的时薪比私人承包商的时薪低得多,因此使用军事人员履行这些职能会便宜很多。然而,承包商的费用包括所有的间接费用和设备费用,而且他们只在工作期间被雇用,他们的退休费、医疗保险等都包括在内。另外,军事人员的时薪不包括与他们相关的所有"附加成本",涉及医疗保险、退休金、敌对行动津贴、人寿保险、家庭分居津贴、战区行政性保障、退伍军人福利、在职教育、中途或探亲休假以及培训假。军事人员薪酬也不包括保障军事人员的装备费或与他们的管理有关的间接费用。最重要的是,军事人员的工作是不断轮换的。在任何时候,都会有第二个人正在接受培训,以替补现职人员,而在许多情况下,第三个人正在轮流休假。因此,每部署一名士兵,国内就有1.2~2.0名额外的士兵的费用需要从该职位中支付,但承包商的情况就不一样了。如表3.3所示,大多数安保人员(不包括保镖)是第三国公民,他们的工资通常比美国人(文职人员或军事人员)低得多。国会预算办公室的分析认为,从长期来看,由军事单位取代承包商的成本将比使用承包商的成本高出90%,而且与装备新部队相关的前期费用也很高。[124] 使用承包商的最大优势是,当不再需要他们时,费用就会终止。而军事人员仍在服役,无论是否有战争,他们的费用仍在继续(通常为二十年)。

三、战区承包商小结

正如国防部部长盖茨在其2009年发表在《外交事务》(*Foreign Affairs*)上的文章中指出的那样[125],美国在伊拉克和阿富汗战争中经历的环境很可能与未来军事行动的环境相似,尽管传统的部队对部队、国家对国家的冲突也可能在未来发生。美国需要认识到未来出现这种情况是现实的,也许总兵力的50%将是承包商(出于上述原因)。国防部在其2006年的《四年国防审查》中承认了这一点,并指出:"国防部的总兵力,包括现役和预备役军队、文职人员和承包商,构成了其作战能力和实力。"[126] 其在组织、理论、计划和演习方面的文化必须加以改变,以使这些活动形成规范,而关于"文化变革"的文献表明,需要做两件事。[127] 第一,必须认识到变革的必要性(伊拉克战争和阿富汗战争的经验证明了这一点);第二,领导层需要有一个愿景、战略和一系列行动来实现变革。国防部部长盖茨、各军种和国会已经着手这方面的变革。2008年1月,美国陆军部部长皮特·格伦(Pete Geren)下令成立美国陆军合同签订司令部,"以提供一个更有效的体系架构来执行远征行动的合同签订工作"[128]。国会通过了《2008财年国防授权法》,该法第849节是关于应急合同和采购队伍以外人员的培训以及对陆军委员会建议的评估,其为贯彻实施委员会的许多建议提供了指示。此外,在2007年的一篇社论中,参议员理查德·卢格(Richard Lugar)和当时的国务卿康多莉扎·赖斯要求建立一支文职的"重建储备队伍"。这支队伍类似于军队预备役,但是,如同布什总统在2007年国情咨文演说中提到的那样,其可以被征召,以"缓解武装部队的负担,使我们能在美国有需要时雇用具有关键技能的文职人员到国外执行任务"[129]。这一举措得到了国防部和国务院的支持。在许多方面,这类似于英国的"赞助的储备队伍"。在这种概念下,承包商通常在和平时期提供的服务,由其承包人员提供给远征行动,他们也是武装部队的预备役成员。[130]承包商保留了一支由自愿加入预备役的人员组成的队伍。从多个方面来看,这解决了上述的一些关键问题,因为这些雇员事先都是自愿的,并在征召后成为军队的一员。虽然美国不应局限于英国的"赞助的储备队伍"模式或卢格和赖斯的建议,但需要在这个方向上采取一些步骤,以便美国能在未来的行动中高效和有效地发挥作用。

第六节 美国未来地位的关键因素

为确保美国在 21 世纪的地位,需要实现八个关键目标:

(1)保持强大的美国经济;否则,国家安全就会陷入联邦资金的竞争苦斗。

(2)计划并实施有效的机构间行动和培训。

(3)建立关注共同利益的国际伙伴关系。所有 21 世纪的安全问题需要多国合作,共同解决。

(4)将重点和资源转向 21 世纪的威胁、战争和战后。需要这一转变来纠正战略与资源不匹配的问题。

(5)保持技术领先。这种领导地位对于长期的经济竞争力和国家安全都是至关重要的,它需要敏捷和快速的反应能力。

(6)为应对不确定性做好准备。不确定性是 21 世纪安全的一个主要特征。

(7)充分利用商业和外国军事的全球化技术。

(8)以人为本。安全领域的军职官员和文职官员对于国家的未来安全至关重要,战区的政府人员和承包商人员必须接受培训,并得到相应的工作奖励。

经济有效地落实这八个关键要求并不容易,而且需要时间。但是,如果美国要在 21 世纪保持其安全领导地位,它们就是必不可少的。

注释:

[1] Alvin Toffler and Heidi Toffler, *War and Antiwar: Survival at the Dawn of the Twenty-First Century* (Boston: Little, Brown, 1993).

[2] Gary Hart, *The Shield and the Cloak: The Security of the Commons* (New York: Oxford University Press, 2006), vii.

[3] As quoted in Hans Binnendijk and Richard Kugler, *Seeing the Elephant: The U.S. Role in Global Security* (Dulles, VA: Potomac Books, 2007), 63.

[4] Ibid., 167.

[5] For an excellent discussion of the difficulty of achieving a paradigm shift, see Thomas S. Kuhn, *The Nature of Scientific Revolution* (Chicago: University of Chicago Press, 1996).

[6] For an excellent discussion of this new environment, see Hart, *The Shield and the Cloak*, especially 11.

[7] As reported by Greg Grant, "Gates Tells Military Services to Prepare for Unconventional Wars," *Government Executive*, April 22, 2008.

[8] Chairman of the Joint Chiefs, "Capstone Concept for Joint Operations: Version 3.0," Department of Defense, January 15, 2009, 2.

[9] As described by Thomas Friedman in *The World Is Flat: A Brief History of the Twenty-First Century* (New York: Farrar, Straus and Giroux, 2005).

[10] Richard L. Kugler and Hans Binnedijk, "Future Directions for U.S. Foreign Policy: Balancing Status Quo and Reform," Working paper, Defense and Technology Papers 40, Center for Technology and National Security Policy, National Defense University, Washington, DC, May 2007, 10.

[11] As described in Steven Flanagan and James Schear, eds., *Strategic Challenges: America's Global Security Agenda* (Washington, DC: National Defense University of Press, 2007), 111.

[12] As quoted in Thom Shanker, "Gates Says New Arms Must Play Role Now," Paper presented at Heritage Foundation Conference, Colorado Springs, Colorado, May 14, 2008.

[13] Flanagan and Schear, *Strategic Challenges*, 88.

[14] Ibid., 89.

[15] Graham T. Allison, *Nuclear Terrorism: The Ultimate Preventable Catastrophe* (New York: Times Books, 2004).

[16] M. Schwirtz, A. Barnard, and C. J. Chivers, "Russia and Georgia Clash over Separatist Region," *New York Times*, August 9, 2008.

[17] Bernard Lewis, as quoted in Binnendijk and Kugler, *Seeing the Elephant*, 96.

[18] Greg Grant, "Gates Tells Military Services to Prepare for Unconventional Wars," *Government Executive*, April 22, 2008.

[19] Moisés Naím, *Illicit: How Smugglers, Traffickers, and Copycats Are Hijacking the Global Economy* (New York: Doubleday, 2005).

[20] As quoted in Binnendijk and Kugler, *Seeing the Elephant*, 154–155.

[21] Robert D. Kaplan, *The Coming Anarchy: Shattering the Dreams of the Post-Cold War* (New York: Random House, 2000).

[22] As described in Binnendijk and Kugler, *Seeing the Elephant*, 83.

[13] Charles Lutes, Elaine Bunn, and Steven Flannigan, "The Emerging Global Security Environment," in Steven Flannigan and James Shear, eds., *Strategic Challenges: America's Global Security Agenda* (Dulles, VA: Potomac Books, 2007).

[24] Samuel P. Huntington *The Clash of Civilizations and the Remaking of World Order*

(New York: Simon and Schuster, 1996).

[25] As described in Binnendijk and Kugler, *Seeing the Elephant*, 68.

[26] Admiral Michael Mullin, Chairman of the Joint Chiefs of Staff, at the Atlantic Council, Washington, DC, April 21, 2008.

[27] As discussed in Binnendijk and Kugler, *Seeing the Elephant*, 173.

[28] Carl von Clausewitz, *On War* (London: Penguin Books, 1968 [1832]), chapter 1, book 1.

[29] Rupert Smith, *The Utility of Force: The Art of War in the Modern World* (London: Allen Lane, 2005), 17, 269.

[30] Major General Robert Scales, at the Joint War Fighting Conference, Virginia Beach, Virginia, June 17–19, 2008.

[31] Walter Pincus, "Irregular Warfare, Both Future and Present," *Washington Post*, June 7, 2008.

[32] Binnendijk and Kugler, *Seeing the Elephant*, 269.

[33] Ashton B. Carter, "Defense Management Challenges in the Post-Bush Era," in *Defense Strategy and Forces: Setting Future Directions* (Newport, RI: Naval War College, 2008).

[34] Lieutenant Colonel Richard Ellis, Major Richard Rogers, and Lieutenant Commander Brian Cochran, "Joint Improvised Explosive Device Defeat Organization (JIEDDO) Tactical Successes Mired in Organizational Chaos: Roadblock to the Counter-IED Fight," Joint Forces Staff College, March 13, 2007.

[35] "Violence on the Rise" *Washington Post*, June 15, 2008, based on data released by NATO's International Security Assistance Force; Craig Whitlock, "IED Attacks Soaring in Afghanistan Stymie U.S. Counteroffensive," *Washington Post*, March 18, 2010.

[36] David Eshel (reporting from Tel Aviv), "No Room for Maneuver," *Defense Technology International* (July–August 2007): 41.

[37] Michael Moss, "Supply Gap in Iraq: What Went Wrong," *International Herald Tribune*, March 8, 2005 (originally published in the *New York Times*).

[38] For a full discussion of this change, see Smith, *The Utility of Force*, 1.

[39] Colonel T. X. Hammes, "Fourth-Generation Warfare Evolves: Fifth Emerges," *Military Review* (May–June 2007): 20.

[40] Ibid., 14.

[41] Lieutenant General Jeffrey Sorenson, army chief information officer, as quoted in Sandra Erwin, "Troops in the Digital Age, Disconnected," *National Defense Magazine* (December 2007).

[42] David Bond, "Washington Outlook," *Aviation Week and Space Technology*, April 2, 2007, 27.

[43] Government Accountability Office, "Defense Acquisitions: 2009 Is a Critical Juncture for the Army's Future Combat System," March 10, 2008.

[44] "Network-Centric Warfare," *Aviation Week and Space Technology*, May 23, 2005, 50.

[45] Martin Amis, "Terrorism's New Structure," *Wall Street Journal*, August 16–17, 2008, 101.

[46] See Paul Boutin, "Biowars for Dummies," as discussed in Hammes, "Fourth-Generation Warfare Evolves."

[47] For example, see Mark Mientka, "Dark Winter Teaches Bio-Lessons," www.usmedicine.com.

[48] Binnendijk and Kugler, *Seeing the Elephant*, 270.

[49] Bill Lambrecht, "Boeing among Defense Contractors Fighting Cyberterrorism," *Chicago Tribune*, June 28, 2010.

[50] David E. Sanger, John Markoff, and Thom Shanker, "U.S. Steps Up Effort on Digital Defenses," *New York Times*, April 28, 2009.

[51] "Second Fleet Releases Top Ten C-4 Requirements List for the Navy," *Inside the Navy*, December 18, 2006.

[52] Sanger, Markoff, and Shanker, "U.S. Steps Up Effort on Digital Defenses."

[53] "Fundforpeace.org and Foreign Policy Magazine," as noted in "States of Instability," *Washington Post*, June 24, 2008, which listed Somalia, Iraq, Nigeria, Kenya, Egypt, Iran, Ivory Coast, Liberia, Haiti, Pakistan, Bangladesh, and others.

[54] Robert R. Tomes, *U.S. Defense Strategy from Vietnam to Operation Iraqi Freedom* (London: Routledge, 2007), 269.

[55] As specified in the secretary of defense's August 2007 memo that established the transformation of the Southern Command as an integrated operation.

[56] Noah Shachtman, "How Technology Almost Lost the War: In Iraq, the Critical Networks Are Social-Not Electronic," *Wired* (November 27, 2007).

[57] Asharq Al-Awsat, May 2, 2007, as reported in *Terrorism Focus* 4, no. 13 (May 8, 2007).

[58] J. C. Herz and John Scott, "COTR Warriors: Open Technologies in the Business of War," *DoD Software Tech News* 10, no. 2 (June 2007): 3FF.

[59] "Rumsfeld Calls for More Spending on Non-lethal Weapons," *Inside the Navy*, May 22, 2006.

[60] "Nano-Air Vehicle to Fly Like Seed," *Flight International*, August 1, 2006.

[61] "Iraqi Translators High-Dollar Risk Can Mean Huge Payday," *New York Daily News*, May 6, 2007.

[62] "Forward Observer: Bartlett's Not-So Familiar Quotations," *Congressional Daily*, May 1, 2006.

[63] Robert Gates, secretary of defense, "Remarks to the Heritage Foundation," *U.S. Department of Defense Speeches*, May 13, 2008.

[64] For example, I have argued for it in three prior books—*The Defense Industry* (1980), *Affording Defense* (1989), and *Defense Conversion* (1995). .

[65] Government Accountability Office, "Contingency Operations: Army Should Do More to Control Contract Costs in the Balkans?," Washington, DC, September 2000, 9.

[66] Congressional Budget Office, "Contractors' Support of U.S. Operations in Iraq," Washington, DC, August 2008, 1.

[67] "Contractors Outnumber U.S. Troops in Afghanistan," *New York Times*, September 1, 2009 (based on a report by the Congressional Research Office).

[68] Chairman, Joint Chiefs of Staff, Joint Publication 4–10, "Operational Contracts Support, Final Coordination," November 1, 2007, as quoted in *Atlanta Constitution*, MONTH DAY, 2003, II-1.

[69] Government Accountability Office, "Military Operations: Contractors Provide Vital Services to Deployed Forces But Are Not Adequately Addressed in DoD Plans," Washington, DC, June 2003.

[70] Renae Merle, "No Protection Policy for Overseas Contractors: Oversight 'Inconsistent' Report Says," *Washington Post*, June 26, 2003.

[71] "U.S. Cannot Manage Contractors in Wars, Officials Testify on Hill," *Washington Post*, January 25, 2008.

[72] Ibid.

[73] "Army Manual Takes On Nation-Building," *USA Today*, February 29, 2008.

[74] Robert Gates, "A Balanced Strategy: Reprogramming the Pentagon for a New Age," *Foreign Relations* (January–February 2009): 1–7.

[75] "Truckers in Iraq," *New York Times*, September 27, 2004.

[76] Warren Zimmerman, *First Great Triumph: How Five Americans Made Their Country a World Power* (New York: Farrar, Straus, and Giroux, 2002), 493.

[77] Government Accountability Office, "Contingency Operations: Army Should Do More to Control Contract Costs in the Balkans," September 2000.

[78] "Halliburton Successes: Improving the Lives of Soldiers and Iraqis," Halliburton Press Release, March 18, 2004.

[79] Paul A. Brinkley, deputy undersecretary of defense for business transformation, "Restoring Hope: Economic Revitalization in Iraq Moves Forward," *Military Review* (March–April 2008): 8ff.

[80] "Law Allows Contractors to Help Guard Military Bases," *GovExec.com*, December 5, 2002.

[81] Steve Fainaru and Alec Klein, "In Iraq, A Private Realm of Intelligence-Gathering: Firm Extends U.S. Government's Reach," *Washington Post*, July 1, 2007, A-20.

[82] "Contractor Personnel Authorized to Accompany the U.S. Armed Forces," *Department of Defense Instruction* 3020.41, October 3, 2005.

[83] Dennis C. Colby, Lockheed Martin Orlando, remarks at DoD Conference in Annapolis, Maryland, as reported in Richard L. Dunn, "Contractors Supporting Military Operations," Center for Public Policy and Private Enterprise, School of Public Policy, University of Maryland, September 2006.

[84] U.S. Army Material Command, Pamphlet 700–300, "Logistics Civil Augmentation Program (LOCAP)," August 2003.

[85] Peter Higgins, "Civilian Augmentation of Joint Operations," Army *Logistician* 35 (January–February 2003), which describes each of these three programs.

[86] Mark Cancian, "Contractors: The New Element of Military Force Structure," *Parameters* (U.S. Army War Colleges) (Autumn 2008): 61–77.

[87] Congress Congressional Budget Office, "Contractors' Support of the U.S. Operations in Iraq," 1.

[88] See George Cahlink, "Army of Contractors," *GovExec*, February 1, 2002; Claude M. Bolton, Jr., assistant secretary for acquisition, logistics, and technology, U.S. Army, Testimony before the Senate Armed Services Committee, April 19, 2007.

[89] "Contractor Deaths in Iraq Nearing 800," *Houston Chronicle*, January 28, 2007, August 2009, page 1.

[90] Ibid.

[91] "Truckers in Iraq," *New York Times*, September 27, 2004, 1.

[92] Steve Fainard, "Iraq Contractors Face Growing Parallel War: As Security Work Increases, So Do Casualties," *Washington Post*, June 16, 2007, A-1.

[93] J. W. Anderson and S. Fainaru, "U.S. Confirms Killing of Contractors in Iraq," *Washington Post*, October 23, 2005.

[94] Renae Merle, "Census Counts One Hundred Thousand Contractors in Iraq: Civilian Number, Duties Are Issues," *Washington Post*, December 5, 2006.

[95] "Contractor Deaths in Iraq Soar to Record," *New York Times*, May 19, 2007.

[96] Walter Pinkos, "Contractors in Iraq Have Become U.S. Crutch," *Washington Post*, August 20, 2007, A-13.

[97] Steven Schooner, "Remember Them, Too: Don't Contractors Count When We Calculate the Costs of War?," *Washington Post*, May 25, 2009, A21.

[98] David Phinney, "Dangerous Business: Sending Contractors to War Zones Poses New Problems for DoD," *Federal Times*, February 24, 2003.

[99] Richard L. Dunn, "Contractors Supporting Combat Operations: Developing the Vision to Fill Gaps in Policy," Center for Public Policy and Private Enterprise, School of Public Policy, University of Maryland, January 2008.

[100] A. E. Cha and Ellen McCarthy, "Prison Scandal Indicates Gap in U.S. Chain-of-Command," *Washington Post*, May 5, 2004, A-20.

[101] Lieutenant Colonel Pamela Hart, as quoted in Leon Worden, "Army May Be Misusing Contractors," *The-Signal.com*, June 15, 2004.

[102] Ibid.

[103] David Bond, "Protecting Contractors," *Aviation Week and Space Technology*, September 6, 2004, 23.

[104] "Bechtel Pulling Out after Three Rough Years of Rebuilding Work," *San Francisco Chronicle*, November 1, 2006, 1.

[105] Gates, "A Balanced Strategy."

[106] Joint Chiefs of Staff, "Operational Contract Support," Joint Publication 019, U.S. Government Printing Office, November 1, 2007, I-12.

[107] Mark Lindemann, "Civilian Contractors under Military Law," *Parameters* 37 (Autumn 2007): 83–94.

[108] Cancian, "Contractors."

[109] Department of Defense Instruction No. 3020.41 issued by the Undersecretary of Defense (Acquisition, Technology and Logistics), October 3, 2005.

[110] Renae Merle, "Pentagon Revises Contractor Rules," *Washington Post*, May 7, 2005, E-1.

[111] Congressional Budget Office, "Contractors' Support of U.S. Operations in Iraq," 19.

[112] Commission on Army Acquisition and Program Management in Expeditionary Operations (known as the Gansler Commission for its chair, the author of this book), "Urgent Reform Required: Army Expeditionary Contracting," October 31, 2007.

[113] Paul Brinkley, "A Cause for Hope: Economic Revitalization in Iraq," *Military Review* (July–August 2007).

[114] "Memorandum of Agreement between the Department of Defense and Department of State on U.S. Government Private Security Contractors," May 12, 2007.

[115] Robert Brodsky, "New Direction Chartered for Wartime Contracting," *GovExec.com*, January 25, 2008.

[116] "Official History Spotlights Iraq Rebuilding Blunders," *New York Times*, December 13, 2008.

[117] Commission on Army Acquisition and Program Management in Expeditionary Operations, "Urgent Reform Required."

[118] Mary Pat Flaherty, "Private Guards Status Outline by Pentagon: Number in Iraq Expected to Grow," *Washington Post*, May 5, 2004.

[119] This material is drawn largely from Cancian, "Contractors," 61–77.

[120] Mary Pat Flaherty, "Private Guards Status Outlined by Pentagon: Number in Iraq Expected to Grow," *Washington, Post*, May 5, 2004.

[121] As a result of the adverse publicity, Whitewater changed its name to Xe Services LLC.

[122] Jeremy Kahn and Nelson Schwartz, "Private Sector Soldiers," *Fortune Magazine* 149, no. 9 (May 3, 2004): 33.

[123] Congressional Budget Office, "Contractors Support of U.S. Operations in Iraq," 2.

[124] Congressional Budget Office, Logistics Support for Deployed Military Forces, Washington, DC, Congressional Budget Office, October 2005, 36–43.

[125] Robert M. Gates, "A Balanced Strategy: Reprogramming the Pentagon for a New Age," *Foreign Affairs* (January–February 2009).

[126] As quoted in Joint Chiefs of Staff, "Operational Contract Support," I-1.

[127] John P. Kotter, *John P. Kotter on What Leaders Really Do* (Boston: Harvard Business School Press, 1999).

[128] "Realignment of ACA and Establishment of ACC," Department of the Army, January 30, 2008.

[129] Richard Lugar and Condoleezza Rice, "A Civilian Partner for Our Troops: Why the U.S. Needs a Reconstruction Reserve," *Washington Post*, December 17, 2007.

[130] Joint Doctrine Pamphlet 4/01, "Contractors on Deployed Operations (CONDO)," Ministry of Defense, United Kingdom, December 2001.

第四章　21世纪初国防工业的特点

第一节　国防工业结构

由于政府与商业市场在监管、政治参与、独特的合同签订、专门的成本核算和买方集中等方面有所不同,在这两个领域开展业务的公司往往将其政府业务与商业业务进行独立的经济利润核算。政府业务引起了关注,尤其是联邦业务部分。但在21世纪,人们对打破立法和监管障碍的兴趣越来越大,这些障碍人为地迫使国防与商业业务分离,却鼓励企业的双轨制运营模式。

2007年,美国的联邦采购每年超过4 000亿美元,涉及16.9万个不同的承包商。[1]然而,只有少数政府承包商占据了绝大部分的采购份额,向联邦政府提供货物和服务的公司绝大多数是小企业。例如,在服务行业,2005年有近69 000家公司[2],根据美国政府的定义,超过70%的公司是小型企业。[3]尽管参与联邦市场的公司数量众多,但公司的集中度很高,特别是在国防领域,这是到目前为止最大的联邦业务领域。在2005年,排名前二十五位的公司获得的国防资金占研发资金的85%,服务资金的70%,以及硬件采购资金的74%。[4]如表4.1所示,在2006财年,排名前十的公司获得了国防部合同总量的36%,以及联邦政府合同总量的约30%。公司在整个联邦市场上的排名与它们在国防部市场上的地位高度相关,因为国防部在整个联邦市场占主导地位。[5]

表 4.1　　　　　　　2006 财年排名前十的政府承包商　　　　单位:10 亿美元

政府排名	公司	总计	国防部	政府文职部门	国防部排名
1	洛克希德·马丁公司	33.5	27.3	6.2	1
2	波音公司	22.8	20.9	1.9	2
3	诺斯罗普·格鲁曼公司	18.6	16.8	1.8	3
4	通用动力公司	12.4	11.5	0.88	4
5	雷神公司	10.9	10.4	0.51	5
6	KBR	6	6	0.02	6
7	L-3	5.7	5	0.62	7
8	SAIC	5.3	3.4	1.9	10
9	联合技术公司	5.1	4.6	0.56	8
10	BAE 系统公司	4.7	4.5	0.19	9
总计(前十)		124.8	110.3	14.5	
占比(前十)		29%	36%	12%	

资料来源:Government Executive, August 15, 2007.

　　国防工业基础的整体结构往往被分为以下几个产品市场,如航空航天、船舶和军备(见图 2.2)。虽然有些公司在多个部门运作,但它们的业务往往是分开的,因为它们的任务有很大的不同,例如,船舶制造与飞机制造是非常不同的。因此,不同的产品有不同的客户,例如,海军的一个部门购买船舶,而海军或空军的另一个部门购买飞机。所以企业高管们倾向于将自身与一个特定的产品领域甚至是其业务的分领域联系在一起。例如,海军的航空母舰业务有一个代表该行业的工业基地联盟,而该行业本身由 46 个州的 2 000 家以上的公司组成,这些公司为航空母舰提供设计、材料、建造、维护和服务。[6]然而,主承包商层面只有一家船厂——诺斯罗普·格鲁曼公司在弗吉尼亚州纽波特纽斯的船厂,有能力建造航空母舰。这个例子说明了主承包商层面的集中度(只有一家船厂),以及当业务下移到较下一级时船厂的多样性。一艘航空母舰的成本超过 130 亿美元[7],这个数字不包括航母上飞机的成本,所以周转的资金量很大。

　　近几十年来,国家安全行业最引人注目的结构性变化发生在后冷战时代的大整合中,当时国防部的预算急剧下降,特别是采购资金。这个时期改变了美国的国防工业。当横向合并最终停止后，剩下的几家大型国防主承包商以牙还牙，转而进行垂直整合，甚至这些开始引起反托拉斯监管机构的关注，它们对同意书施加了一系列宽泛的限制(见第二章)。

2001年9月11日之后，美国的国防预算迅速增长，外国公司(尤其是欧洲公司)开始在美国市场进行大量的投资和收购。按照国防部的要求，美国的国防企业转而提供各种类型的服务、分散系统集成和设备保障，以此作为主要业务领域。

也许看清当前国防工业整体结构的最好方法是从顶层开始，逐层审查。

一、主承包商

排名前五的国防企业也是联邦政府拨款总额最高的5家企业，分别是洛克希德·马丁公司、波音公司、诺思罗普·格鲁曼公司、通用动力公司和雷神公司(见表4.1)，2006年，它们对美国国防部的销售额约为870亿美元，另有110亿美元来自其他联邦机构，这意味着从1996年到2006年的十年间，仅这几家公司就增长了40%以上。但也许更令人惊讶的是，在这十年里，它们的服务收入增长了180%，它们的研究、开发、测试和评估收入也增长了约200%，后者确保了它们未来对国防部资金的控制。[8]其中一部分增长是通过收购实现的，但主要是受到"9·11"事件后国防部预算大幅增长的推动。此外，这些少数公司收入增长的一个重要原因是，只有少数几个新的重大国防项目在进行中。由于这些项目被这几家公司中的一家获得，因此在整个国防部业务中的份额仍然高度集中。

如表4.2所示，几个大型项目，如空军、海军和海军陆战队的联合攻击战斗机，以及陆军的未来作战系统，造成了产业的高度集中，特别是因为在主要的装配和测试业务方面，航天和国防企业的外包量往往比同等的商用领域的企业少50%。[9]

国防部面临的挑战是，在每个主要领域保持两到三家公司，因为武器项目的数量大大减少了。每个领域只有一家公司，竞争的潜力就被消除了。政府需要不断解决这个潜在的危险，并且要有各种技巧来做到这一点。例如，当某一产品领域只有一家公司在生产时，第二家公司可以被授予该领域的下一代项目，以保持未来竞争的潜力。市场也可以开放给外国公司。此外，可以将合同授予剩下的两家公司，这样它们就可以继续竞争，而不是在最初的向下选择的竞争后进入唯一来源(见第七章关于连续竞争的好处的讨论)。

表 4.2　　　2001 财年和 2006 财年国防部最重要五大项目的成本

单位:10 亿美元(以 2006 财年美元计)

2001 财年		2006 财年	
项　目	成本(美元)	项　目	成本(美元)
F/A-22"猛禽"飞机	65.0	联合攻击战斗机	206.3
DDG-51 级驱逐舰	64.4	未来作战系统	127.5
弗吉尼亚级潜艇	62.1	弗吉尼亚级潜艇	80.4
C-17"环球霸王"空运机	51.1	DDG-51 级驱逐舰	70.4
F/A-18E/F 超级大黄蜂战斗机	48.2	F/A-22"猛禽"飞机	65.4
共　计	290.8	共　计	550.0

资料来源:国防部数据,2007 年;美国政府问责局的分析和介绍,2007 年。

遗憾的是,尽管在每个关键领域保持两个来源有很多好处(在创新、更高的性能和更低的成本方面),但这种做法并没有被广泛接受。人们继续希望"这一次会有所不同",并且垄断供应商会不断努力提高其性能,同时降低其成本(尽管有大量的经验数据与之相反)。另一种保持两个或更多来源的方法是,在工程、制造和保障业务方面,采用更多的商业军事一体化。然而,在许多产品领域,如导弹、战斗机、大型海军战舰和坦克,在总装层面上几乎没有什么共同点。

二、分包商和零部件供应商

分包商和零部件供应商通常被称为国防工业基础的"关键下一级"。当一艘军舰被建造时,只有 12%~18% 的成本归造船者(主承包商)。[10] 主要的成本驱动因素(高风险、高科技、最先进的元素)是子系统,如指挥和控制系统、先进的雷达和推进装置。同样,一个导弹系统中 70%~80% 的成本和高风险因素不在主承包商的导弹总装中,而是在电子设备、传感器和推进系统中。即使是在先进战斗机的生产中,也只有大约 20% 的成本直接由飞机制造商承担。大成本和高风险项目通常在子系统中,如航空电子设备、传感器和发动机。

这个下一级范围还包括基本零部件和材料供应商。一个关键的问题往往是,及时获得足够数量的零部件和材料的能力,特别是当需求激增时(任何特定领域的需求迅速增加)。在第一次波斯湾战争中,大量火箭弹朝沙特阿拉伯和美国军队发射，而美国的反应是试图建造更多的反导弹系统"爱国者Ⅱ"。尽管主承包商雷神公司在其工厂有充足的生产能力，但该公司手头没有足够数量的半导体芯片来制造导弹制导系统，而这些关键部件的交货期为18个月。在伊拉克战争中，敌人埋设的路边炸弹，导致美国决定建造防雷、伏击保护的装甲车辆。车辆交付延迟了数年，原因在于缺乏装甲材料，而不是主承包商层面的生产能力不足。[11]

原材料层面的部分问题是，国防工业经常与商业经济竞争关键材料。由于国防部的需求激增是高度不可预测的，因此国防部往往比商业客户的可预测性和可靠性差得多。由于其高强度和轻重量，钛越来越多地被用于航空航天和国防工业以及商用飞机。但是，这种原材料的来源有限，主要来源是俄罗斯。从中国进口用于电池的镍的价格正在迅速上升，而且来源的可靠性可能是一个问题，即使出于国家安全的需要，国防部在法律上有权利对这些材料行使高于商业需求的优先权。

国会认识到第二次世界大战后国家对外国原材料的战略依赖的重要性，通过了《1946年战略材料和关键材料储备法》(Strategic and Critical Materials Stockpiling Act of 1946)，其目的是允许美国储存关键材料和战略材料，以便在国家紧急情况下使用。到1975年，大约有价值80亿美元的材料被储存起来，包括铬、钛和蓖麻油。[12]这些储备的目的是基于特定的战争情景。对于"短期战争"（这是美国在20世纪后期计划的主要基础），没有必要对关键材料的储备进行投资，但对于较长期的战争而言，这些投资是有价值的。然而，从这些储备中出售材料的钱是归属普通（国家）财政，而不是国防部，因此，储备材料销售很容易被作为一种预算平衡方法，而不是用来满足国防部的潜在需求。[13]此外，国防部增加储备的请求需要国会的独立举措，所以会受到政治操纵，因为众议员和参议员可能会参与储备材料购买，通过刺激对其产品的需求，从而支持其所在地区或州的工厂。近来，国会利用战略储备来获得燃料，而战略储备的使用更多的是出于经济原因而不是军事考虑。最后，由于21世纪可能出现的战时情况极难预测（如上所述），因此要确定哪些原材料应予储备也是很困难的。这使得将数十亿美元用于这一保险政策（在原材料层面），而不是将其投资于可随时用于战时危机的完整武器系统，就更加难以自圆其说。其结果是把主要精力放在了完整的武器系统上，而不是放在储备零部件和材料上，以应对长期战争中需求的增加或供应的限制。

在政府层面上,甚至在主承包商层面上,对关键部件和材料的供应情况往往缺乏了解。1983年,美国国防部正式停止跟踪通过各种分包和再分包合同授权制造的关键部件。这一实情在2007年被曝光,当时《联邦采购条例》的拟议修正案,要求承包商在一个公开的网站上报告任何联邦拨款授权的分包合同。[14]但是,即使这一要求也只是针对大型分包合同(超过100万美元),并不能提供零件和材料层面的透明度。随着越来越多的零部件和材料具有双重用途,同时用于商业和军事领域,国防部获得了商业用途的大批量优势,从而降低了成本,提高了可靠性,因为错误可以在大批量生产的过程中得到解决。这在电子和软件方面尤其如此,它们在武器系统的性能和成本中所占的比重越来越大。国防部的半导体和软件程序是由制造个人电脑微处理器、手机扩音器,以及汽车和智能电器的高科技元件的相同公司生产的。这种两用设备的低成本和高性能使国防部受益匪浅。因此,国会已经不断加强规定,要更多地使用商业物品。例如,《美国法典》(United States Code)第10章第2377款和第2501款分别要求"优先采购商业物品",并指出"关于国家技术和工业基础的国家安全目标:军商融合政策(1)在实际可行的最大范围内,依靠商业性的国家技术和工业基础,(2)减少国防部对经济上依赖国防部业务的技术和工业基础领域的依赖,以及(3)减少联邦政府对商业产品、程序和标准使用设置的障碍,这是非常可取的。"遗憾的是,国防部的实际做法并没有遵循这一规定。

如果他们这样做了,零部件和材料就可以随时满足国防部激增的需求,而这些需求可以简单地通过将商业零部件和材料从商业市场上转移到军用市场来满足。国防部在法律上有权力这样做,即当零部件和材料有紧急军事需求时,国防部可以行使其优先权。遗憾的是,政府为这种理想的军商融合设置了障碍,如高度专业化的成本核算要求。另一个障碍是,让国防主承包商将所有国防特有的合同和监管要求转给下一级承包商,这样主承包商就不会承担额外的风险(他们认为通过如果允许分包商和供应商有更大的灵活性,他们自己就有可能承担更多的风险)。国防部通过军民共用可以实现的另一个好处是,随着制造国防工业两用产品的下一级商业厂家赚取更多的利润,他们将投资于更多的资本设备和研发,不会像主承包商和国防独特的下一级供应商那样依赖政府投资设备和研究。2006年,在国防部和商业市场上保持平衡的下一级的公司,其销售回报率的中位数为12.6%——明显高于大型国防公司的收益率,因此他们有能力进行投资。[15]

三、小企业优惠

创新是保持美国技术领先地位的关键。创新也有助于保持国家的经济竞争力并刺激经济增长,从而给国家安全领域的重大投资创造条件。研究表明,小企业做出了许多创新。[16]近来,随着大型企业合并的增加,这些贡献是非常重要的。人们发现,"近几十年来,所有新创造的工作岗位中,有60%~80%是在中小型公司(雇员少于500人)"[17]。

由于小公司的每笔研发投资都有更大的创新,美国国会于1982年设立了"小企业创新研究计划"[18]。在这之前,整个联邦政府的研发预算的很大一部分给了主承包商,而没有转给小企业。"小企业创新研究计划"规定,政府所有外部资助的研发资金的2.5%必须给小企业。尽管政府界的许多人反对这一规定,声称它应该是一种自愿分配,甚至称它是一种研发项目"税",但硬性规定使得它可以实现。在英国,类似的计划是自愿的,基本上没有实现。

美国的"小企业创新研究计划"已经非常成功。它是一个高度竞争性的项目。当每个政府机构列出需要创新以满足任务需要的领域时,该计划就开始了。对从小企业那里收到的大量提议进行评估,并在多阶段的工作中给予奖励。随着这些提议的可行性和有效性得到证明,其美元价值也随之增加。该计划在2007年国家科学院的一系列研究中给出了详细描述。[19]风险资本公司记录了哪些小企业被授予"小企业创新研究计划"合同,因为这表明了政府的兴趣所在,以及这些公司产品的潜在市场,从而鼓励私营企业进一步投资这些产品。所有这些行动都导致了创新的早日实现(作为商业产品和政府产品),正如立法所期望的那样。政府还试图在未来的任务性装备中为这些创新找到"归宿"(如国防部的武器系统),并做出类似努力,以鼓励大手拉小手计划[20]获得成功,在该计划中,大公司在开发和部署阶段管理创新的经验可以帮助小公司实现其创新的商业化效益。

由于美国大多数地区有许多小企业,国会为刺激政府对小企业的资助所做的努力在政治上是有吸引力的,因此它同样受到潜在的政治滥用的影响。国会已经规定联邦政府与每个机构的小企业签约目标为23%。这只是在直接政府合同层面上所作的规定,因此,与小企业签订的下一级合同并不计入这些总数。在通常情况下,联邦政府一直在实现这一目标。例如,在2005年,它达到了

25.4%[21]，2006年总计为22.8%，2007年是22%。在此期间，拨款（尤其是由国防部下拨的）迅速增加，主要去向是伊拉克战争装备的大型主承包商。拨给小企业的实际资金在增加，但其比例略有下降。由于法律规定的百分比是一个目标，因此，如果任何特定机构或联邦政府没有实现立法目标，也不会有任何惩罚。[22]

由于小企业补贴在政治上有吸引力，国会不断试图提高补贴的数额。2007年，众议院以409票对13票通过了《小企业公平承包法》(Small Business Fairness in Contracting Act, H. R. 1873)，试图将目标从23%提高到30%。国会还制定了许多其他此类目标："小型弱势企业"的目标为5%，"少数族裔拥有的企业"的目标为5%，"女性拥有的企业"的目标为5%，以及"历史上未被充分利用的地区的企业"的目标为3%。这些目标的金额非常大，因为它们适用于整个联邦政府。例如，在2005年，有796亿美元被分配给小企业。少数族裔拥有的小企业获得了105亿美元的直接政府合同拨款，处于"历史上未被充分利用的地区"的企业获得了61亿美元，女性拥有的小企业获得了105亿美元，而残疾退伍军人拥有的企业获得了19亿美元。[23]

在小企业管理局的8(a)计划中，可以找到一个有趣的特权例子。阿拉斯加土著公司(ANCs)不受适用于其他8(a)企业的300万美元单一来源合同的限制，但其也被计入机构的小企业目标中。[24]这种立法上的灵活性使许多ANC公司可以将大部分工作分包给大型非阿拉斯加公司。在一个案例中，能源部给了一家ANC公司8 000万美元的合同，该公司计划将大部分工作交给一家现有的大型承包商，尽管这些工作可以单独承包给ANC公司。[25]由于法律只涉及所有权，而不涉及工作地点，因此，在2000财年至2008财年间，下拨给ANC公司的资金中，只有21%用在阿拉斯加。[26]在2008财年，尽管ANC公司只占8(a)计划公司的2%，但对其资助占所有8(a)计划资金的26%。[27]国会继续将这种特权扩大到夏威夷土著组织，然后是印第安部落。[28]

四、下一级企业的担忧

出于政治动机的立法给大量滥用"幌子"公司创造了机会。这些公司出现在各种小企业或特殊利益的类别中。大型公司或中型公司几乎被迫成为小型公司和特殊利益公司的分包商，以获得联邦采购预算总额的25%至30%的资金。一个明显的纠正措施是，改变对小企业拨款的计算规则，以包含历史上处于不利地位的小企业的分包合同,从而允许分包合同被计算在内,甚至允许将总业务量的更大比例设定为目标,如从23%提高到30%。通过这种方式,国会也可以利用主承包商来实现小企业的拨款目标,而无须违背初衷,就像现在的情况一样,一家大型国防公司的大型分包合同是在小企业的"幌子"下签订的。

国防工业下一级企业的第二个重大忧虑是纵向一体化的增加。[29]如上所述,大型国防企业已经通过收购下一级的公司,转向垂直整合的收购战略。一个令人担忧的问题是下一级企业的竞争水平降低了,因为主承包商选择自己的分公司来签订分包合同。另一个担忧是,大公司收购小公司后,创新就会减少。部分原因是小公司的创新者在收购后离开了,还有一部分原因是大公司对原有的小公司提出的新的、有时是颠覆性的创新表现出体制上的抵制。解决办法是,要求创新的小型分公司从大主承包商中分离出来或解体,政府的采购做法可以对之加以鼓励。通过加强对主承包商选择分包商过程的公开性(即制造或购买的决定)的监督,政府可以刺激此类行为。政府的这种透明度应该在未来的来源选择标准中加以明确规定。[30]

国防工业下一级企业的另一个日益严重的问题是对竞争的限制,因为一两家大公司和其首选供应商连续赢得两三份合同从而造成来源减少的问题。这消除了未来的竞争,由于剩下的一两家公司的能力有限,导致了底部供应商的重大"瓶颈"。例如,在2008年3月国防部的一项分析中指出[31],这种"瓶颈"出现在镍氢空间电池、K波段行波管和高功率太阳能电池中。

美国政府问责局在2008年研究这个来源减少问题时,发现了两个重要问题。对于一项关键物品,政府往往只剩下一个供应商,而且在许多情况下,由于政府保留系统的时间过长,关键部件已不再可供替换。事实上,在美国政府问责局审查的20个武器系统项目中,有15个项目的关键零部件现在只能从一个单一来源获得。在这20个项目中,有11个项目的关键零部件现在已经过时,无法从任何来源获得。在这些情况下,我们必须回到最初的开发阶段,并重新创建一个过时的零部件或重新设计系统,以便能使用新的零部件。[32]国防部需要对其下一级供应商的基础有更多的了解,以解决这些问题。

五、国外采购

解决美国下一级国防供应商来源减少,以及从全世界创新浪潮中获益的一个方法是,寻找潜在的外国供应商,这些来源通常比美国来源更先进。这将涉及消除从这些来源获取物品的障碍,并解决这些来源可能导致的任何潜在的漏洞(通过对硬件和软件方面的外国依赖领域实施高度监管)。由于这些零部件大多是双重用途的,因此需要解决外国间谍活动(即使是在美国工厂)[33]的问题,尽管在美国企业中使用外国科学家和工程师的好处远远超过了与这种担忧相关的小风险。

所有的美国武器系统中都有外国零部件。美国国防部部长办公室[34]对此进行了详细的研究,检验了21个重要的美国武器系统,并确认了73个下一级外国供应商。这些下一级的分包合同在主合同值中的占比各不相同。它们的比例范围从0.1%到12.5%,平均为主合同值的4.3%。这项国防部的研究发现了以下问题。

- "在所研究的项目中使用这些外国采购源并不影响长期准备工作。"
- "已确认的外国采购源不构成对国家安全造成风险的外国依赖性。"
- "外国供应商在任何时候都没有因为美国的军事行动而限制提供或限制销售这些部件。"
- "利用这些外国采购源并不影响国家技术和工业基础的经济可行性。"
- "除四种情况外,所有的国内供应商都可以提供从外国采购源获得的零件、部件和材料。"
- "选择外国分包商是因其提供了价格、性能和交货的最佳组合。"

研究人员还发现,这项研究与之前的研究是一致的。例如,2001年10月,一项"关于武器系统进行外国采购的影响"的研究发现,在项目的所有分包合同中,外国来源的分包合同价值不到2%。该报告还指出,大多数外国采购是用于生活、燃料、建筑服务和其他杂项。这些结果也与1999年国防科学委员会关于全球化和安全的报告一致,该报告指出:"全球化为美国的安全带来了巨大利益,如果国防部接受这些获益,就可以抵御相关的风险。"[35] 2005年,传统基金会(一个保守的智囊团)发表了一份关于"全球化时代的军事工业基础"的报告,指出"不参与全球国防市场将增加而不是减少对美国的风险。……在提供最好的系统时,美国的采购商将经常寻找美国以外的来源。这种做法鼓励创新,并以更低的成本提供更好的产品。问题不在于美国公司是否能在美国本土提供某种商品、系统或材料,而在于这些产品在全球市场上是否具有竞争力。"[36]

尽管如此，美国仍需要了解它对外国来源的任何依赖性，但由于更多的基础元件具有双重用途，因此实现这一点变得越来越困难。美国信息技术协会的国防项目主任特雷·霍奇金斯（Trey Hodgekins）说："开发一个51%来自美国的信息技术产品已经变得非常困难，纯粹是因为该行业的全球市场。"[37]国土安全部监察长2005年的一份报告显示，该部门的合同数据库和联邦采购数据系统都无法跟踪采购产品的来源数据。2002年国防部监察长对军事采购的审计发现，67%的军事采购缺乏必要的国内采购要求条款。[38]对于许多分包的零部件（来自值得信赖的盟国），国际形势的变化将要求改变与国外采购相关的条款，以避免通过立法禁止海外采购而损害美国的国家安全。然而，潜在的依赖性可能通过这种采购产生，所以必须采取具体步骤将其最小化。[39]

● 敏感数据不需要转移到境外，可以在境外使用假数据或加扰数据进行开发和测试。

● 敏感项目的网络要素可以在物理空间或虚拟空间与服务提供商的网络分离。

● 计算机闪存驱动器、共享驱动器和USB连接器可以在整个组织内分离。

● 境外项目可以在物理上封闭的区域内进行，只有经过批准的人员（对其进行详细的背景调查）才能进入。

这些离岸政策取决于几个关键概念：人员安全、数据安全、网络安全、物理安全，以及政策和程序。[40]

六、国防与商业的结合

随着商业世界变得越来越以高科技为导向，并依赖信息技术，商业和军事工业结构将被期望整合。然而，尽管工程和制造可能是相似的，但主要的（政府设置的）障碍强烈地阻止了商业和军事工业运作的整合。事实上，这些壁垒非常高，以至于公司通常被迫将其军事部门与商业部门分开。这些障碍包括以下内容：

(一)专门的成本核算要求

一家电子公司的首席执行官说："我把我的两个工厂分开，是因为国防部希望跟踪每个部件的每一美元支出；而在商业领域，我们的目标是降低我们生产的每个部件的成本。"换句话说，国防部（通过其立法规定）关注的是核算蕴含在每一个产品中的成本,而商用企业关注的是其所支付的最终价格。由于国防部注重信任,而商界则试图将物品的生产成本降到最低,因此国防部为确保其对所有成本的全面了解,对零部件支付的费用要高得多。这些专门的成本核算规则和跟踪系统产生的间接费用大量增加。遵守这些规定的成本估计会增加15%左右。

(二)在价格谈判中披露准确、完整和最新的成本数据

这一要求来自立法规定——《谈判真相法》(Truth in Negotiation Act)。这也是基于政府希望在成本层面而不是在支付的总价格上有充分的可视性,而商业公司不愿意提供这种专有的成本信息。商业公司通常也无法计算出成本,因为其定价基础是对成本的广泛分配,而政府的监管要求是确定每个产品的每一美元的成本。

(三)失去知识产权的风险

政府要求有权拥有所有供政府使用的数据,这样的话,如果它认为有必要,就可以再建立一个采购源,与原始采购源竞争。商业公司抵制这种做法,并做出巨大努力来保护其知识产权。

(四)出口管制条款

当一个商业产品被嵌入一个军事系统时,它就会受到出口管制,而该商业产品的国外销售就可能会被耽搁甚至推迟。在某些情况下(如上所述),这大大限制了产品的商业销售。

(五)预算的不确定性

在商业领域,市场是由购买者决定的,但国防市场很容易受国会的影响,因为国会每年都会就在某一产品上投入多少资金的问题进行辩论。这种不确定性给高效运作和劳动力需求的规划带来了巨大的动荡。尽管多年期合同大大减少了这种不确定性,但是国会一直不愿意做出这种多年期的承诺。

(六)后勤保障的差异

商业企业往往会不断地改进产品,并且可以在该领域有许多不同的产品版本。对于基于信息的系统,这种升级通常在18个月周期内发生。相比之下,国防部倾向于锁定一种设计,并要求该领域的所有系统都是相同的。这种差异的其中一个典型例子体现在喷气发动机的发展历程中。商业世界在不断地改进其发动机,但国防部坚持保留旧型号。喷气发动机供应商被迫建立了两条独立的

生产线，一条为国防部制造旧的设计版本，另一条为商业世界制造现代的、改进的设计版本。国防部在性能和成本方面都受到影响。

（七）需求过程

商业买家不断地在其想要的性能和成本之间进行权衡。从本质上来说，他们购买的是"最佳价值"。相比之下，国防部的需求过程往往更加僵化，并且在平衡理想性能为实现该性能所需的成本和时间方面的灵活性要小得多。这就导致了更长的国防开发周期和更昂贵的产品，该产品将无法占领商业市场。

（八）盈利政策

国防领域的法规倾向于将重点放在盈利最小化，而不是支付总额最小化。在商业领域，重点是最大限度地减少总成本和尽可能多地收回利润，以使投资者获得回报，并进一步投资研发及资本设备。这种方法上的差异可能导致国防部的产品的成本非常高而利润小，特别是在高科技行业。在商业领域，重点是降低成本以提高利润，同时保持客户支付的最低总价。对国防部来说，微软的产品作为一个软件来购买可能很便宜，但其高利润率可能还是会成为国会听证会的头条新闻（这并没有考虑到这一利润已经被重新投资于随后的新的创新和进一步的降价）。

由于所有这些原因，跟政府做生意与跟商业市场做生意有很大的不同，这导致同时涉足这两个领域的公司将其业务分为不同的部门和不同的地点。其结果实际上不利于国家安全，因为这种强制分离的结果是为其产品支付更多的费用。过去，波音公司在其位于堪萨斯州威奇托市的同一家工厂制造商用运输机和军用运输机（这些飞机具有类似的特征）。政府从规模经济中获益，而规模经济是由较高的联合生产量带来的。然而，政府独特的成本会计制度要求，波音公司在其军用飞机上进行的独立研发必须作为整个工厂销售百分比的一个函数，在商用和军用之间进行划分。这迫使商业系统产生更高的成本和更低的竞争力。波音公司选择将其商业运输业务迁出该工厂，这大大增加了国防部购买的军用运输机的成本。

这种军用与民用分离已经扩大到非制造业业务，甚至服务行业也趋于分离。博思·艾伦·汉密尔顿公司是政府最大的承包商之一，每年有超过12亿美元的收入来自国防部。2007年12月，董事长兼首席执行官拉尔夫·施拉德（Ralph Shrader）说："在人员模式、监管要求和资本方面，我们的全球商业咨询业务和我们的美国政府业务有非常不同的运营需求……每项业务的长期成功都可以通过专注各自的市场来加强。"[41]所以它把两者分开了。

大量公司同时在商业和军事领域开展业务，如拥有大型商用飞机的波音公司和拥有各种商用产品和军用喷气发动机的通用电气公司。但这些公司认为这些市场是独立的，而且在其各自的市场实现多样化，进入其他产品领域，比在军用和商用之间实现多样化更容易。后冷战时期国防开支大幅下降，其间，许多国防公司及其分公司试图进入商业市场开展多元化业务，但发现在进入这样一个全新的市场过程中，其对于国防部市场的经验却成为障碍。事实上，大多数公司的国防转型经验是非常不利的。[42]在2001年9月11日之后，随着国防部大额预算的恢复，这些国防转型的尝试基本上被放弃了。然而，在国防部预算下降的同时，拥有强大商业销售能力的公司倾向于卖掉其国防业务，而集中于商业市场。例如，IBM卖掉了其联邦政府的业务。当国防部的预算再次上升时，许多原本在很大程度上专注商业领域的以信息为基础的公司，也开始加强对政府业务的重视，如EDS、CSC和埃森哲公司。IBM重新将重点放在政府市场，在2007年，其联邦合同金额超过13亿美元，但是在其独立的业务中。

虽然在军事和商业领域的业务运营越来越多，但整合主要是在公司会计层面实现的，而不是在运营层面。这使政府失去了一些通过整合业务可以实现的重大利益。随着商业世界继续迅速进入高技术领域(通常是那些适用于国家安全的领域)的领导地位，很明显，行政和立法部门都需致力于清除商业和军事业务一体化过程中的许多障碍。

七、国有工业领域

几乎完全出于政治和历史原因，而不是军事或经济原因，很大一部分国防工业基地一直隶属国有领域。表2.3显示了政府文职人员和合同人员的估计总数，在这个领域没有产生精确的数据。[43]显示的美元与直接资助的运营和维护有关，但不包括由周转资金资助的部分。例如，在航空维修站方面，这些资金的数额与表中所示的数十亿美元相当或更多。表中所示的美元还不包括军事人员费、厂房和设备的折旧费，以及大约100个政府拥有和运营的实验室和工程中心。尽管规模庞大，但美国国防工业的国有领域并没有被视为效益和效率可以进行优化的国有和私营综合工业基地的一部分。相反，它受到立法规定的控制。

例如,美国国会最大的核心小组——维修站核心小组,有超过135名成员,他们为自己国家的维修站积极开展工作。他们帮助通过立法,要求50%的军事设备维护工作必须在政府设施内由政府工作人员完成。

因此,国防部的维修工作很大一部分是以非竞争性的方式进行的,对提高效率的激励措施很少。另外,政府业务的人工维护能力也是有相当大余量的,以备未来潜在的激增需求。例如,海军在任何特定时候都只采购三到四艘新船,需要对现有的船只进行维修,但有六家大型私有船厂[44](现集中于诺斯罗普·格鲁曼和通用动力两家公司)和四家政府拥有的大型船厂(只做维修工作),因此有足够的能力来完成有限的必要工作。然而,当海军部部长约翰·雷曼(John Lehman)试图刺激国有船厂和私营船厂之间的竞争(船舶维修工作)时[45],对于继续采用这种方法的政治反对声太大。在战争时期,政府的船厂、航空后勤中心和维修站的过剩能力被用来维修设备。然而,在和平时期,这种相当大的过剩能力(在设施和劳动力方面)必须被分散到剩余的维修和升级工作,这大大增加了成本,并导致私有设施无活可干。

最近的一个趋势是,为了提高这些政府拥有的大型业务的效率和效益,在国有和私营领域之间建立了伙伴关系。任何一个方向都可以外包,即国有企业可以将其部分工作外包给私营企业(不顾政府工会和国会的反对),而私营企业也可以将工作分包给国有企业,这样可以利用政府的经验和政治影响力。当以竞争的方式进行时,这两种安排都有很大的潜在好处,应予以鼓励。然而,当以唯一来源的方式进行时,这些安排本质上是一种垄断,对效率或最大性能的激励很少。然而,这些基地所产生的政治影响力已经吸引了私营企业的极大兴趣,私营企业要么让员工直接在政府基地工作,要么在附近建造基地。例如,BAE系统公司收购了联合国防工业公司(该公司从事装甲车业务)。2005年,BAE系统公司在得克萨斯州的红河陆军维修站拥有相当份额的布雷德利车辆业务,并在安尼斯顿陆军维修站建造了一个价值1 300万美元的工厂,以彻底检修其他装甲车辆。2006年,国会批准了171亿美元用于维修、升级和更换陆军车辆。这比政府2007财年的预算要求多出40亿美元,并且比2006年的维修站工作量有了显著的增加(伊拉克和阿富汗的军事行动为其提供了理据)。[46]当国防部选择将目前由国有企业完成的工作交给国有企业和私营企业竞争时,它鼓励以性价比高的方式建立伙伴关系。这种做法应得到鼓励,但国会一直在抵制这种竞争性采购。

八、内包

奥巴马政府的主要举措之一是内包,即将业务从私营领域引入政府。这最初源于后冷战时期许多政府资深采购职位的流失。然而,许多人将这一举措理解为一个建立整体政府劳动力的机会。空军希望将更多的飞机维修工业务引入政府维修站,而陆军则将车辆维修工作转移到内部。尽管历史数据显示,通过竞争性采购可以获得巨大的性能和成本效益,但其政治吸引力导致了从私营领域到国有领域的转变。

九、不断增长的国际工业基地

全球化正在模糊美国国防企业与外国国防企业之间的区别。例如,BAE系统公司的总部位于伦敦,但到2000年,它卖给美国政府的产品比卖给英国的多[47],并且根据任何一天的股票交易情况,其大部分股票可能很容易被美国人购买。BAE系统公司在美国销售的大部分产品是由美国工人在其美国的子公司制造的,该子公司的董事会主要由美国公民组成,并为美国政府从事高度机密的工作。BAE系统公司并非独一无二。意大利的芬梅卡尼卡(Finmeccanica)公司、法国的泰雷兹(Thales)公司、以色列的航空工业公司(IAI),以及法德合资的欧洲宇航防务集团(EADS),在美国都有子公司,这些公司积极开展国家安全业务。此外,大多数总部设在美国的大型国防公司,在欧洲都设立了子公司,这些子公司是通过收购或新的开发投资(在以前没有基地的地方投资)获得。这一切都由全球化所驱动——技术、工业、高科技劳动力、金融,以及最重要的国家安全的全球化,因为应对全方位的安全问题(恐怖主义、地区冲突、稳定和重建)需要地缘政治和军事联盟。

在21世纪,工业界和政府在其国家安全产业结构方面处于一个两难的境地。两者是否应该建立贸易壁垒,从而使其市场保持封闭并保护其产业?或者两者是否应通过实现全球化带来的经济利益、技术利益和军事利益来加强其整体国家安全?[48]这是一个所有希望以可承受的价格拥有强大安全态势的国家的决定。向潜在对手进行第三方技术转让的风险必须加以解决,但利用全球化的好处似乎远远大于潜在的风险。尽管美国国会(以及许多其他国家的立法机构)的许多当选官员持有的保护主义观点在政治上颇具吸引力,但趋势似乎是不可逆转地朝着国际工业基地的方向发展。[49] 在这个领域的项目中,也许最著名的是 F-35(以前被称为联合攻击战斗机)。美国率先开发了这种先进的隐形战斗机,但其他国家也在开发阶段投入了大量的资金,有 11 个国家(澳大利亚、加拿大、丹麦、以色列、意大利、荷兰、挪威、新加坡、西班牙、土耳其和英国)已经承诺购买这一系统。[50] 这个型号的飞机由参与国提供的最佳部件组成,并且所有国家都将使用相同的系统,以便从规模经济中获得生产效率。许多人认为,未来的(多国)项目应遵循这一模式,允许参与国从更高的性能和更低的成本中获益,并同意由第三方控制技术转让,而不是财团。市场上仍然会有替代性的飞机,例如,欧洲战斗机"鹰狮"和"阵风",这将确保此类项目在国际上保持竞争力。[51] 这个项目并不是独一无二的。反导弹"爱国者"PAC-3 的生产由美国的洛克希德·马丁公司与法国、德国及西班牙的欧洲宇航防务集团公司共同完成。滚动式机体导弹是由美国的雷神公司和德国的 BGT 公司共同承担。"流星"导弹由法国与英国的马特拉公司、意大利的阿莱尼亚·马可尼公司、法国与德国及西班牙的欧洲宇航防务集团、瑞典的萨博(SAAB)公司和美国的波音公司共同生产。美国的普力美(Primex)公司和挪威的北欧弹药公司(NAMMO)之间有一个中口径弹药的战略联盟,美国的洛克希德·马丁公司和意大利的阿莱尼亚公司在战术运输机方面有一个合资企业,"鹰狮"战机由瑞典的沃尔沃公司和美国的霍尼韦尔公司、洛克希德·马丁公司和桑斯特兰公司参与生产。

这些联合行动是在政府对政府的基础上或者通过工业合作(向不同的国家提出建议)发起的。政府合作伙伴的优势是成本低、技术好,并且可以通过某种形式的本地生产和保障,解决政治(劳工)问题。

也许,走向全球化国家安全产业基地的最重要步骤,是跨大西洋兼并和收购(双向)的结果。如前所述,BAE 系统公司是最活跃的,1999 年至 2006 年间在美国投资超过 70 亿美元。在 2005 财年,它是国防部的第七大国内供应商,也是前十名中唯一一家总部不在美国的公司。[52] 但 BAE 系统公司并非独一无二。2006 年,法国阿尔卡特公司以 134 亿美元的价格收购了美国电信公司朗讯,在此过程中获得了原来的贝尔实验室。2008 年,意大利的芬梅卡尼卡公司收购了美国的国防公司 DRS 科技公司,刺激了欧洲公司在美国进行更多的类似投资。这种趋势并不只出现在国防领域。许多外国公司将其重要业务转移到了美国,也许最值得注意的是汽车工业。事实上,到 2004 年,外国(外资占多数、非银行)

公司的美国分部雇用了510万美国人,为美国国内生产总值贡献了5 150亿美元,并占美国出口总额的19%。[53]

外国直接投资对美国经济产生了显著的积极影响,而这些投资带来的好处已经体现在美国的国家安全态势。美国公司在欧洲的类似收购活动也在进行。例如,美国的联合国防公司收购了博福斯公,通用动力公司收购了西班牙的装甲车公司圣巴巴拉,而通用电气公司则收购了总部位于英国的史密斯航空航天公司。[54]

这些在国家安全领域的外国投资受到了美国国会和许多外国政府的抵制。例如,在其常规潜艇制造商德意志造船厂(Howaldtswerke Deutsche Werft)被设在芝加哥的风险投资公司(One Equity Partners)收购之后,德国政府提议立法,把外国对德国国防企业的投资比例限制在25%。甚至在英国(长期以来被认为是对美国国防公司最开放的市场),凯雷公司购买了奎奈蒂克(QinetiQ)公司的实际控股权(该公司在2002年私有化之前一直是英国国防高级研究实验室的管理者),从而引起了政治上的骚动。[55]

十、全球化工业基地的好处和问题

到2006年,有近百家在美国经营的外资企业与五角大楼签订了协议,允许这些企业获得政府的机密项目。[56]这意味着比十年前几乎翻了一番。名单上有18个国家(由国防安全服务署提供),除4个国家(澳大利亚、百慕大、以色列和新加坡)外,其他都是欧洲国家。这些外资公司或控股公司从事国防部机密信息的工作,并须遵守一套专门的规则。这些公司必须设立美国子公司,并有独立的董事会,其中包括国防部批准的成员,公司必须有自己的电子邮件系统和网络服务器,并且必须全面记录与母公司(外国公司)雇员的所有通信。尽管复杂性和成本增加了,但这些规则解决了与此类业务相关的一些主要问题。这些公司必须使用美国的劳动力(有合法安全许可),为美国子公司的技术和经济运作提供透明信息(以确保美国的利益得到充分的保护),对信息和设备出口进行控制(以防止第三方的转让),并减少美国在使用外国技术方面的依赖性(例如,通过美国国内生产)。

美国国家安全工业基地的全球化,已经成为政治和实质性的问题。只要这些问题得到解决(就像上面提到的做法那样),这种全球化工业基地的潜在好处

就远远超过任何潜在的风险。这些好处包括以下几点:

(一)军事实力增强

通过这个国际工业基地,美国军队获得了其他国家提供的技术,在许多情况下,这些技术可能比美国更先进。这些技术还促进了美国军队与盟国军队之间的交互能力,这样当部队开战时,所有的部队都拥有最强的实力,并能有效地一起行动,这极大地提高了联合的、整体的部队效力。由于无法想象美国会在没有盟友的情况下参与任何未来的军事行动(出于地缘政治而非军事原因),这种整合的、整体的部队效力就显得尤为重要。

(二)经济利益

通过建立联合生产业务,美国可以利用盟国在研发方面的投资。它还可以从由多国分担开发成本的联合开发中获益。在任何一种情况下,美国都能从高产量的联合生产项目带来的规模经济中获益。此外,设在美国的外资企业在美国建造其设施时,进行了大量的资本投资,从而大大加强了美国的整体工业基础。最后,这些位于美国的外资企业向美国提供设备,同时(受美国出口管制)为国防工业的总体出口与进口贸易之间的顺差做出了贡献,2005年仅航空航天工业的顺差就达380亿美元。[57]这为美国的就业创造了大量的额外机会。

(三)加强竞争

除了带来其他国家的先进技术,当某一领域只有一家美国生产商时,这种工业基地的全球化也提供了巨大的竞争。这鼓励了美国生产商继续创新,使其以更低的成本获得更高的性能。例如,当美国空军需要替换其加油机队时,唯一的国内来源是波音公司,但诺斯罗普·格鲁曼公司与欧洲的EADS公司合作,提出了一个空中客车的变体,拟在亚拉巴马州建造。空军从这次竞争中受益匪浅,在性能和成本方面都是如此。当陆军需要购买轻型运输机时,美国的L-3通讯公司与意大利的阿莱尼亚公司成立了一家合资企业,而雷神公司则与EADS卡萨公司(一家西班牙公司)建立了一家竞争性的合资企业。[58]在美国最近对直升机投资不足的案例中,也可以看到拥有外国替代品的好处。美国陆军需要下一代轻型通用直升机,而该项目由北美EADS公司和欧洲直升机公司的联合子公司美国欧洲直升机公司获得。该公司计划在密西西比州的哥伦布市建立一个大型工厂,把直升机的生产从德国转移到美国,进行全面组装和随后的制造。[59]而BAE系统公司的北美业务在与洛克希德·马丁公司的竞争中获胜,为美国陆军的作战直升机提供下一代激光制导导弹。[60]

除了为主要武器系统的合同引入竞争,工业基地的全球化在主要子系统层面也有显著的潜在好处。当国防部想要开发一套需求量极大的下一代无线电设备(超过20万台的生产量)时,竞争性合同被法国的泰利斯公司和美国的哈里斯公司获得。这确保了持续的竞争和以较低的成本提高这些数字无线电的性能。[61]这也保证了美国部队与欧洲部队的交互性。在喷气发动机领域,对于F-35联合攻击战斗机(历史上最大的武器项目),最初的普拉特和惠特尼公司的发动机有一个竞争产品,该发动机由几个合作伙伴共同拥有,通用电气50%、劳斯莱斯公司40%,以及其他国际合作伙伴10%。[62]最后,在飞机起落架方面,美国唯一的生产商B. F. Goodrich与加拿大的Messier-Dowrich公司一直处于竞争中。

在每一种情况下,外国竞争的存在都提高了美国武器系统的整体性能,如果没有全球化的工业基地,就不会有这种好处。我们面临的挑战是,如何克服国会设置的政治障碍,包括出口贸易和进口贸易的壁垒[如《国际武器非法交易条约》(International Traffic in Arms Regulation)和《贝里修正案》],以及对购买外国产品的情感担忧。

十一、对外军售

无论顺境还是逆境,但尤其是当美国国防部的采购出现衰退时,国防工业一直通过对世界市场销售改善境遇。这些军售可以通过直接销售(由工厂直接向外国政府销售,但须经美国政府批准)或通过对外军售进行,后者是美国政府在政府对政府的基础上进行的。外国政府通常更喜欢后一种方式,因其可以从美国政府那里得到财政和管理方面的支持。国防安全合作局(国防部的一个完整组织)在102个国家有900名安全援助人员,每年监督14 000名国际军校生,并每年花费约5 000万美元用于人道主义援助。它还负责操作所谓的第1206项资金,这些资金旨在提供全球培训和装备项目,以"建设伙伴国家的能力,支持全球反恐战争"。2008年的资金为5亿美元,用于支付在阿尔及利亚、乍得、多米尼加共和国、印度尼西亚、伊拉克、黎巴嫩、摩洛哥、尼日利亚、巴基斯坦、巴拿马、普林西比、圣多美、塞内加尔、斯里兰卡、泰国和也门等联盟伙伴的费用,再加上国防部的2亿美元装备资金,用于"稳定援助和重建,将与国务院共享"[63]。为了提供这些服务并支付国防部的费用,国防合作安全局从所有的对外军售中收取了3.8%的附加管理费。[64]

多年来,对外军售的主要来源一直是美国和俄罗斯(苏联)(见表4.3)。

表4.3　　　　　　　　对外军售:1981—2005年的主要供应商

单位:百万美元(以1999财年美元计)

国家	1981年	1986年	1991年	1996年	2001年	2005年
美国	11 797	10 229	11 641	10 377	5 516	7 101
俄罗斯	16 814	14 378	5 221	3 589	5 548	5 771
法国	3 622	2 629	902	1 651	1 133	2 399
德国	1 673	1 302	2 372	1 618	640	1 855
英国	1 919	1 733	1 394	1 526	1 070	791
荷兰	697	342	423	381	190	840
意大利	1 549	334	506	414	185	827
瑞典	172	275	184	118	459	592
中国	825	2 143	1 100	707	408	129
乌克兰	不适用	不适用	不适用	236	702	188
全球总计	41 997	37 241	25 928	22 079	17 32	21 961
美国占比	28.1%	27.5%	44.9%	47%	31.8%	32.3%

然而,这是一个竞争性极强的市场,由于个别国家的单次大宗采购,年度销售量可能出现大幅波动。例如,在2005年9月至2006年9月间,由于在中东地区的一次大宗销售,美国国防承包商将武器销售从106亿美元提高到210亿美元,增加了一倍。[65]对于个别美国公司来说,大额订单可以提升公司的年销售额。例如,通用动力公司2008年的海外销售额首次超过了其在美国的销售额。[66]

从历史上看,这种海外销售主要集中在美国的欧洲盟国,而且主要是军事装备的销售。然而,最近为全球盟国提供的培训、支持、备件和升级服务有了很大增幅,同时为了打击全球恐怖主义,用于海外的训练和装备资金也有了相当大的增幅。最引人注目的是,中东和亚洲市场的采购量增加了。

石油丰富的中东国家已经成为外国军售的重要市场,这并不奇怪,因为它们的财富越来越多,而且该地区相当不稳定。从美国的角度来看,这些销售的举措既是政治性的,也是军事性的。虽然从历史来看,重点放在以色列和埃及,这两个国家都得到了大量的财政支持以维持该地区的和平与稳定,但伊拉克战争和对伊朗越来越多的担忧,已经使国际安全重点转移到了中东地区的许多其他国家。这些国家的石油财富意味着,重点主要是销售而不是援助,但同时美国认识到了中东石油的重要性(美国经济依赖于此)。伊朗和叙利亚也一直从俄罗斯购买大量武器,并将一些武器转交给真主党和哈马斯用来对付以色列,而且人们越来越担心其他武器出口国可能会在这个地区变得咄咄逼人,以获得石油资源的销售和政治筹码。[67]

在这个地区的销售竞争中,赌注很大。2007年,美国宣布向沙特阿拉伯出售约200亿美元的一揽子武器,并向海湾合作委员会的其他五个成员国出售类似金额的武器,这些成员国包括巴林、科威特、阿曼、卡塔尔和阿拉伯联合酋长国。[68]国会对其中一些武器的销售有抵触情绪。例如,国会议员反对向沙特阿拉伯出售大量武器,理由是沙特人在伊拉克战争中对美国的帮助不大,在反恐斗争中的支持力度也不够。[69]

虽然过去的军事装备销售(经国会批准)主要是基于海外采购的美国库存装备,但最近的趋势是,石油富国为美国装备的进一步研发买单,供自己和美国使用。阿拉伯联合酋长国对下一代F-16战斗机的开发进行了重大投资,该机配备了增强型新雷达,美国也将使用该机。这意味着,美国将受益于一个先进的系统(其研发费用由阿联酋支付),并将获得两国大额需求带来的规模经济效益,以及未来潜在的对其他国家的销售。

最后一个大型且不断增长的外国市场是亚洲。大规模武器展销曾经在巴黎航展或伦敦航展隔年举行。然而,今天,对全世界国防企业来说,新加坡航展已经成为一个同样重要的销售舞台。2006年的新加坡航展包括来自940家国际公司的代表,来自89个国家(包括首次参加的中国)的35 000名航空航天业人士参加了为期六天的航展。[70]美国的亲密盟友(如日本、新加坡和澳大利亚)一直被允许购买一些最先进的美国武器,但最近,这个市场已经扩大到印度、泰国和中国台湾。正如在中东地区一样,这是一个竞争激烈且日益重要的市场。例如,印度需要更换其20世纪90年代初购买的已经老化的苏联时代的"米格-21"战斗机组。印度的财富增长、地理位置的重要性,以及现代开放市场的趋势,激发了美国将其重心从以欧洲为中心的世界扩大到亚洲。虽然中国被列在美国军事装备禁止出口名单上,但仍是俄罗斯装备的一个重要市场。

十二、变化中的国防工业基础概述

美国国家安全工业基础结构的几个特点一直在变化:

- 整合

国防工业的整合一直以横向和纵向的方式在进行,而政府一直试图保持足够的竞争,以刺激创新和降低成本。

- 技术转变

国防工业对信息技术日益依赖:更多的分散系统集成;更多的信息来自各种类型的情报系统,并广泛提供给所有用户;更多的无人驾驶系统(因为它们的成本更低,而且有利于拯救人的生命);对信息安全(网络和计算机)更加敏感。

- 更加强调服务

国防部60%以上的采购是关于服务的,包括工程、维护和培训。甚至历史上以装备为导向的公司也增加了服务部门(往往通过收购的方式)。

- 军民融合

随着技术在商业世界的扩展,以及先进技术的领导地位往往来自商业世界,越来越多的商业和军事工业结构之间的整合正在发生。现在越来越需要消除这一领域历史上存在的许多整合障碍。

- 全球化

无论是在结构上(横向和纵向)还是在市场上,安全领域一直在急剧地朝着全球化的方向发展。这遵循了商业世界的趋势,并认识到21世纪安全和经济之间强大的相互依存关系。

第二节 政府和工业界开展国防业务

工业界和政府为美国国家安全提供商品和服务的过程,既成功又不成功。通过这个过程,已经建立世界上最好的武器系统,但它昂贵且耗时,而且往往不能达到预期的效果。正如美国前总审计长、美国政府问责局署长大卫·沃克(David Walker)所言:"国防部在打击和赢得武装冲突方面位列世界第一,是A+。但在我看来,国防部在经济、效率、透明度和问责方面是D级(按曲线评分,并考虑到质疑的好处)。"[71]

武器系统的成本增长受到的关注最多。美国政府问责局的一份报告指出,在 2001 年至 2006 年间,五角大楼对新武器系统的计划投资翻了一番,从大约 7 000 亿美元增加到近 1.4 万亿美元[72],个别武器也有类似的结果。此外,陆军的未来战斗系统从预估的 826 亿美元增加到 1 275 亿美元(甚至在它建成之前),而空军的 F-22 先进战斗机项目从 811 亿美元的 648 架飞机变成了 644 亿美元的 181 架飞机(每架飞机的成本增加了 188%)。[73]这两个结果都是 2009 年盖茨部长终止项目的重要依据。

造成这些武器采购问题的原因是众所周知的:

● 国防部启动的项目超出它的承受力。基本上,它试图以乐观的低价购买,在可能的可用预算范围内启动更多的项目,并希望以后国防部预算增长。

● 国防部在确定它所追求的能力可以利用现有的最先进的技术,并在现有的预算范围内实现之前,就开始实施项目。美国政府问责局发现,使用成熟技术的项目只增长了 4.8%,而那些使用不成熟技术的项目仅在开发成本上就增长了 34.9%。

● 国防部允许在项目的采购阶段增加许多新的要求,因此在项目开始后,增加了复杂性、时间和成本。

● 国防部试图用单一的武器来满足大量的武器需求,从而使用更少但更大、更复杂、更昂贵的单一武器。[74]

国防武器系统的进度、成本和性能问题并不是新的现象。四十多年来,国防采购系统一直被称为"糟糕透顶"和"反应迟钝、烦琐和极其官僚主义"[75]。数以百计的研究提出了改革国防采购系统的方法。其中一项分析指出,从 1986 年到 2005 年的这段时间里,美国政府问责局、国防科学委员会、一些国会委员会,以及国防部已经完成了 70 项重要研究。[76]研究结果都认同采购流程本身的极度复杂性。此外,采购体系中的激励和补救措施往往对实现以低成本和快速部署获得最大性能的预期目标产生了不利影响。

对于这个复杂的过程,有两个主要误区:一是认为这些过程不能得到有效的执行,二是认为业绩不佳是由故意滥用和非法行为造成的。幸运的是,的确有一些以低成本开发的高性能武器的例子,类似于商业市场在计算机成本下降和性能提高方面的经验。如前所述,联合直接攻击弹药导弹达到了预期的可靠性和高精确度,其成本也从每枚 40 000 美元的目标降低到每枚 17 000 美元的实际成本。另外一个例子是,工业界受到激励,为海军的 F/18 仓库管理系统提供稳定可靠的后勤保障和快速反应。该体系的可利用率从 65% 提高到 98%,关键部件更换的响应时间在国内从平均 42.6 天缩短至 2 天,在全球范围内减少至 7 天。许多其他的成功故事说明了这一点,但并不经常发生,也不广为人知。关于如何改善国家安全产品和服务采购,本书提供了更详尽的内容。

关于采购流程的第二个主要误区是,普遍认为存在非法行为。在国防部每年数以百万计的采购行动中,总有几起欺诈案件。但公众的看法是受新闻界影响的,特别是在国防预算迅速扩张时期,新闻界揭露并大力宣扬滥用职权的案例。1985 年,在里根政府扩军时期,国防部的预算快速扩张,价格过高的马桶座、锤子和咖啡壶得到了广泛的宣传。为了应对这种滥用,里根总统成立了国防管理蓝带小组(以其主席的名字命名,被称为帕卡德委员会)。该小组对采购体系进行了重大的结构性改革[后来在《戈德华特－尼科尔斯法案》(Goldwater-Nichols Bill)中实施],但国会随后立法规定了马桶座的最高价格("不超过 660 美元"),并增加了 5 000 名审计人员,而这并没有改善签订合同的过程。另一个案例是,2007 年国防部的支出大幅增加,包括数千亿的战时补充资金。许多发生在伊拉克的合同欺诈案件被揭露后,陆军部部长格伦(Geren)成立了陆军采购和远征行动项目管理委员会(以该委员会主席、本书作者甘斯勒的名字命名)。该委员会指出,美国国防部已经大大降低了对其采购队伍和对纠正行动必要性的重视程度。国防部在 2009 年成立了陆军合同司令部,开始采取纠正行动。

这两个案例强调了这样一个事实,即往往需要一场危机才能给国防项目带来巨大变化。这两个委员会在强调和指导其纠正行动时,指向广泛的结构性问题。两者并没有把重点放在非法行为的相对较小的影响上,而是强调与过程本身相关的浪费和低效。滥用权力往往是由过程而非参与者造成的。例如,一些最广为人知的采购——435 美元的锤子、640 美元的马桶座、91 美元的螺丝钉、2 917 美元的扳手和 7 000 美元的咖啡壶——是政府独特的会计准则的结果,这些准则要求按交易而不是按单个物品的成本比例来分配间接费用。在这种情况下,没有发生非法行为。一个糟糕的管理系统不允许人们了解成本本身,此外,一系列军事要求往往使单个物品的成本远远高于合理水平(如要求咖啡壶在飞机坠毁后仍完好无损)。

目前的采购流程中存在巨大浪费,但这种浪费并不是因为缺乏监督。每个机构都有监察长,其负责发现问题并给予适当的惩罚。国防部也有一个完整的组织——合同审计局,该局确保国防部供应商采用适当的会计做法。许多法律和法规对政府采购的监督提供了检查和控制,其目的并不在于提高效率或效益,而是确保完全合规,即所有规定都予以遵守,没有非法行为。这些法律法规很有效,最大限度地减少了非法行为,并确保行业和政府本身的高尚的道德行为。布兰代斯大学道德、正义和公共生活国际中心主任丹尼尔·特里斯(Daniel Terris)认为,"在美国,国防工业拥有任何商业领域中最成熟的道德规范"[77]。他调查了洛克希德·马丁公司(最大的国防承包商),发现该公司每年在道德倡议上花费数百万美元,雇用了65名道德官,并要求所有员工(超过130 000人)每年至少有一小时考虑道德问题。因此,收购改革的重点必须是采购流程的广泛结构性变化,而不是增加实际上阻碍该流程有效和高效运作的法律法规。但是改革需要认识到政府采购流程与商业市场之间的差异。

一、国防市场的独特性 [78]

也许国防采购流程中最有意思的一面是买方和卖方之间的关系,这使其区别于美国经济的其他领域。在此,国防部是一个单一的(垄断的)买方,它可以从每一个关键经济领域的少数几个选定的供应商那里采购,包括战斗机、海军舰艇、喷气发动机和雷达,而且市场在一个极其规范和透明的环境中运作。这两个特点都与商业世界不同,在商业世界中,许多买家和许多供应商在一个基本自由的市场中运作。著名的经济学家沃尔特·亚当斯(Walter Adams)将这种独特的国防环境称为"一个由买方和卖方组成的封闭系统,为了共同的利益而相互关联",这"使传统的经济工具无法进行分析"[79]。詹姆斯·麦基(James McKee)说,在这种关系中,"大买家对大卖家的政策和决定有直接影响",并且"我们所观察到的这种行为,并没有被经济学中任何常用的市场关系'模型'所充分描述"[80]。

尽管在国家安全层面上存在着密切的和公认的共同利益,但在个别国防项目上,实际情况更接近于一种对抗关系,而不是一种互利的共同努力。这是因为在商业世界中,买家可以选择卖家。在商业世界中,要想通过谈判得到理想的价格和质量,买家可以去找其他卖家,而卖家也可以去找其他买家。在国防领域,大部分合同是由单一买家和单一供应商为一个单独项目直接谈判达成。[81]这种微妙的关系,有时被称为豪猪做爱或相扑运动员在一个封闭空间内争斗。

在谈判过程中,政府谈判人员担心其会被大型国防承包商利用,而承包商则试图在其可能为数不多的主要项目机会中实现销售最大化。由于这种关系双方的谈判者都有很高的公众透明度,因此在这种环境下很少出现政府与工业界串通的情况。[82]

同样,由于只有几家公司参与大型项目的竞争,人们往往担心两三家公司会串通一气。然而,认真研究国防工业[83]后,并没有得出任何数据表明大型企业之间存在任何形式的合谋,这也可以归因于与此类活动相关的极高透明度。大额订单很少,而且往往是整批收到,因此,两三家公司密谋瓜分市场的机会很少。事实上,如果真的存在阴谋,那就会有巨大的动力让一家公司脱离联盟,以低价竞标赢得大合同。

国防市场与商业市场的区别在于两个高度相关的领域——公共责任和监管。政府的所有决策和行业的所有记录都要接受国会、公众、媒体和授权审查员的详细审查。仅在国防部,1978年,超过9 000名军事人员和文职人员对国防部进行了审计和调查[84],到2008年,这个数字已经增加到3万。[85] 2007年,在伊拉克和阿富汗战区,审计人员比政府签约人员还要多。[86]虽然有一项法律要求国防采购进行全面公平竞争,从监管到管理控制已经形成一系列政策替代措施,以取代或纠正自由市场的不足。政府密切参与了国防市场的运作。它控制着几乎所有的研究和开发,支付大部分的进度款,并为核心工厂和设备提供了大部分资金。在企业的日常运作细节方面,政府的参与面非常大,以至于国防市场变得完全很独特,不再是任何传统意义上的市场。

这种参与的法律基础来自国会立法,其导致了《联邦采购条例》和随后的《国防部采购条例》的出台,这些条例包含超过16 000页的文本和数百页的附录[87],提供了关于如何开展国防业务的详细信息。它们要求与国防部有业务往来的公司拥有特殊的账目系统、特殊的质量控制程序、特殊的图纸、特殊的焊接技术等。同时,从事商业业务和军事业务的公司必须将其业务分开,以便国防法规成本不会给其商业业务增加沉重负担。

许多法规是基于国会对国防工业活动的调查结果。当有证据表明或有可能出现滥用权力的情况时,就会增加另一项普遍适用于整个行业的法规。对于引发新法规的单一案例,纠正行动可能是也有可能不是正确的解决方案。然而,这些行动对大多数不需要进一步监管的其他案例的累积效应却很少被考虑。国防武器系统的累积成本往往是意料之外的,但也是非常重要的。

国防工业从未被列为受管制的行业(尽管它显然是),因为它的控制方式是独一无二的。国防工业的监管方与买方相同,这与典型的受管制行业不同,在这些行业中,外部监管者为公众利益而行事。由于政府决策者和监管者倾向于关注个别项目和具体、详细的法规,他们在执行政策或监管决定时,往往不考虑行业的整体结构。正如拉里·埃尔斯沃思(Larry Ellsworth)所指出的,"国防部通过其采购决策,决定了是否会有更多或更少的集中度"[88]。然而,没有任何法规涉及可允许的集中度,甚至没有制定关于国防工业理想结构的广泛政策。通过做出单独的计划性决策,在一个主要商业领域的两三个供应商中选择其中一家,政府控制了产业结构。正如沃尔特·亚当斯所指出的,他们可以"在一天内创造出比反垄断领域一年内所能消除的更多的垄断"[89]。

为了说明这种情况是如何发生的(以及政治和游说在这一过程中可以发挥的作用),本章将回顾采购武器系统的步骤。但在这之前,有必要先消除两个普遍存在的观念。第一,国防部的决策者被认为是要决定"轮到谁接受下一个合同"[90],从而使企业保持其业务地位,而国防部则能维持其工业基地。事实上,详细的建议和来源选择活动排除了这种简化的做法,但由于发生了寡头竞争,最终的结果可能与采取轮流的方式相同,因为中标的公司非常需要业务,所以它的出价非常吸引人。第二个错误的想法是,国防工业与正常的自由市场非常相似(正如采购法所要求的那样),并且下一个武器系统的供应商的选择实际上是基于最低成本的。合同授予更多的是以承诺的最大性能为基础,因为国防部正在努力实现技术优势。在典型的商业市场上,货架上可对比物品的价格是可以比较的,而在国防市场上销售的复杂而有差别的物品的成本和性能是难以比较的。这不是一个简单地打开信封并选择最低投标人的问题。

二、武器采购流程

武器采购不是一个单一流程,而是一组多方相互关联的流程,包括预算、需求、采购、国会,以及总体采购(包括上述许多流程,以及研发、生产、测试和评估、物流、许多服务和后勤工作)。关于每一个流程及其交叉点,已经写了整整几本书,这些流程影响着为国家安全界提供货物和服务的行业的结构、行为和绩效。

预算过程决定了美元的使用方向。从理论上讲，预算是一个自上而下的过程，在这个过程中，总统确定未来五年的优先事项（例如，更加重视教育、运输或安全）。这些信息被提供给管理和预算办公室，该机构负责在总预算的顶线内对各行政部门机构进行总体分配。然后将其与各机构自下而上提出的需求进行比较，这些需求通常附有大量理由，说明为什么去年的预算不够，为什么需要增加。整个过程的制约因素是顶线，在这个过程中，对收入与支出做了比较，对通货膨胀进行了预测，并确定了未来一段时期所期望的宏观经济状况。

然后，每个机构的部长（这里是国防部部长）根据其优先项目，为各军种的五年计划提供指导。例如，在2008—2009财年，国防部部长针对即将到来的预算周期[91]提出五个优先项目：在当前的反恐战争中取得胜利、提高地面能力、改善部队的战备状态、发展未来的作战能力，以及改善军事人员的生活质量。这种总体指导的目的是转移各军种的资源。然而，各军种通常试图通过谈判来获得更多的资源，因其先前为实现自己的优先事项所做的努力往往没有达到预期效果，资源不足是原因之一。然后，国防部部长办公室必须平衡这些军种的请求，以实现国防部的综合预算。

总体预算以两种方式划分：首先按照不同的资金类别划分（研发、生产、支持、人事、设施等，每个类别都有独立的国会小组委员会进行监督），然后按照每个资金类别中的单个项目要素划分，因此，每一枚导弹、每一辆车等都被单独列支）。多年来，我们一直试图对这些不同的类别和分项目进行分组，以便更清楚地了解其总体目的。在20世纪70年代，"任务区总结"显示了不同类别的国防任务，即有多少资源（美元、武器和人员）被应用于每项任务。三十五年后，有人主张按"联合能力区"进行类似的分组。尽管作为一种预算编制的技术，分组确实提供了对各种优先事项和能力的分析性理解，但它一直受到国会和各个军种的强烈抵制。由于国会预算过程采用不同的委员会和小组委员会来审查每一个分项，在国会预算周期内，这些委员会被承包商逐个分项游说。在林登·约翰逊时代，国防部部长罗伯特·麦克纳马拉（Robert McNamara）引入了一个为期五年的计划、项目编制和预算体系，以便大型资本设备（如需要五年时间进行建造的舰艇）可以被纳入稳定的财政计划，以满足工业高效运作所需。尽管这个逻辑完全正确，但这个体系非常不稳定，主要是因为受到外部事件以及谁在哪里建造什么的政治问题的影响。

五年周期的支出计划几乎没有实现。图4.1比较了5位总统五年周期的财政计划(虚线)与实际支出(实线)。可以看出,在任何一年,财政计划和支出之间的差异都可能超过1 000亿美元。在伊拉克战争期间引入的补充预算导致了更大的偏差。个别项目预算的这种明显的年复一年的不可预测性已经导致效率严重低下,因为企业运营经理无法充分计划他们在未来一段时间的劳动力和材料需求。订购长周期的零部件,往往需要18个月的时间才能交货,而雇用人员也同样需要相当长的时间。从国防部的角度来看,对此没有什么办法,因为国会只允许在极其有限的500万至1 000万美元的水平上调整拨款,这不足以有效地运行这些大型项目。此外,每年都有一些意料之外的事件。为了支付急剧上升的燃料费用,国防部可能不得不延长其他项目,从而导致它们的成本增加,并产生复杂效应。

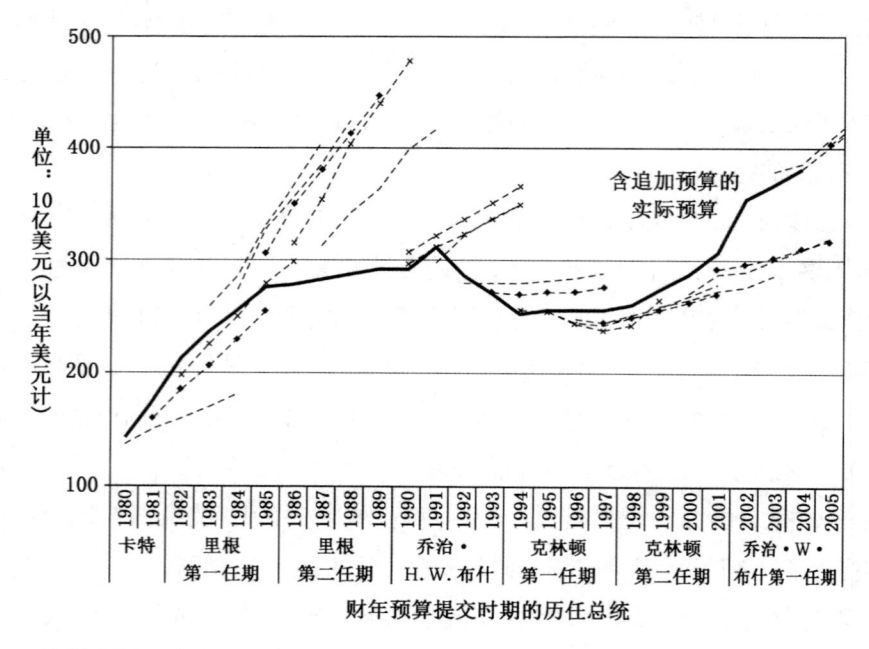

资料来源:StanSzemborski, principal deputy director, Office of the Secretary of Defense of Program Analysis and Evaluation, Paper presented before the Defense Science Board Taskforce on Defense Industrial Structure, January 4, 2007.

图4.1　1980—2005财年总统的预算提案和实际国防预算

使这一预算过程更加复杂的是,要求对每个年度预算进行三年的预测。当新总统于2009年1月上任时,他承袭了该财年9个月的预算(每个财年始于10

月1日)。2010年的财政预算必须在就职典礼后几周内提交给国会,因此,新总统对该财年的影响非常小。最后,在2009年2月,2011财年的预算编制开始了(差不多在他就职后的几个星期),在很少的准备时间里,他就已经在为他执政的第三年做预算了,而在前两年很可能会出现意外,需要对第三年的预算进行重大调整。最后,这一预算过程的复杂性和不可预测性导致一些人试图打破这个体系。比如,由于建造一艘军舰需要五年时间,因此在五年里,海军试图将每年20%的资金分配给其年度预算。这将使国会做出四年的承诺,因为它不会在建造过程中停止拨款。为了防止这种情况发生,国会通过了一项立法,其中包括"全额拨款"条款,要求任何产品的全部费用在第一年就得到全额拨款。

英国人使用一种叫作私人融资计划的方法将项目转移到预算之外。他们没有花费数百亿美元来购买空中加油机(为飞往前线的喷气式战斗机和轰炸机提供燃料),他们只是在需要时租赁加油机(类似于租车而不是买车)。英国人也用这种方法来处理与训练职能(包括战斗机飞行员)有关的大型合同。[92] 在美国,当国防部无法支付将军队住房升级到可接受标准的费用时(威廉·佩里部长估计大约需要200亿美元),就用类似的方法来支付私有化住房,原因在于升级军队住房会干扰主要武器系统的采购。然而,除住房外,这种私人融资计划的概念一直受到国会拨款委员会的强烈抵制,因为它降低了他们对预算的控制。

在所有国防预算计划的预测中,也许最不现实的是国防工业中一些人使用的预测,他们认为国防部有一个预算宏观周期。事实上,大约每隔十八年就会出现一次国防预算的大幅增长,紧接着是一次急剧下降(见图4.2)。

尽管这些急剧变化显然是由外部事件(如冷战结束和2001年9月11日的恐怖袭击)驱动的,但一些人认为,这是一种基于设备磨损的自然现象,他们感到周期性转变未来将持续下去,他们的预测基于这些转变。当国防部的预算周期处于低谷时,这种信念变得尤为明显,而行业内的那些人在为上升趋势的假设寻找理由。

在采购过程中必须做出两个关键的决定。国防部必须确保:(1)购买正确的东西;(2)购买这些东西是正确的。这两个问题,即我们买什么和我们如何买,是相互关联的,但目前的采购流程倾向于将两者分开,称需求环节是军方的职责。单位成本、交付时间表和技术可行性等问题,往往在这里没有发挥应有的重要作用。对于军方哪一部门应该推动需求,仍然存在争议。根据法律规定(《美国法

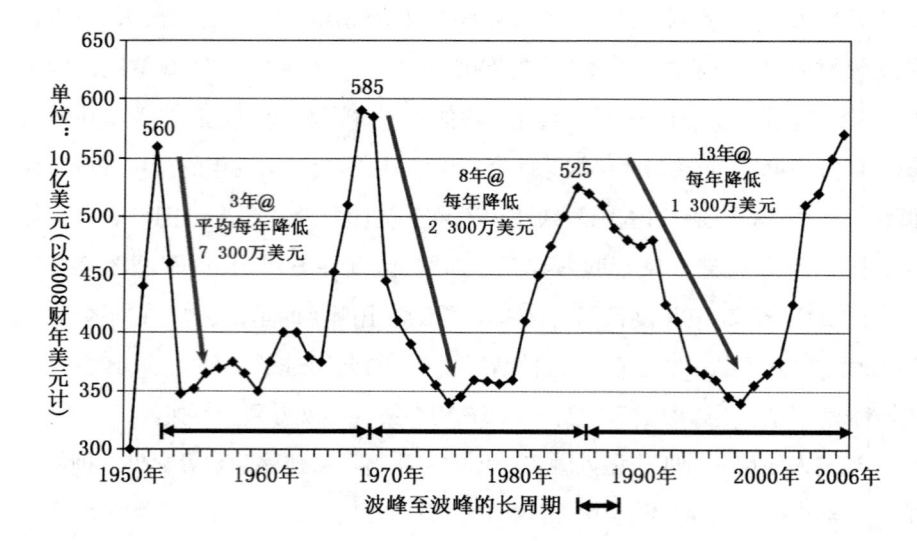

资料来源：National defense budget estimates for the fiscal year 2008 budget (Green Book), briefing by C. J Bowie and K. Rogers of Northrop Grumman, December 18, 2007.

图 4.2　1950—2006 年的国防预算周期

典》第 10 章），各军种负责训练和装备部队，但其是否应该单独管理这些环节呢？作战司令官负责打仗所需的部队。在目前的体系下，各军种负责编制预算，并决定购买什么和购买多少。而作战指挥官只是使用各军种提供的东西。在过去，当战斗分别在海陆空进行时，可以为每一个军种单独编写需求。但到了 20 世纪 80 年代中期，大多数是联合作战，即各军种之间的整合。因此，最好以联合的方式来编写需求（设备的交互性成为一个主要需求）。在一个联合的分散系统中，例如，空中的传感器有必要与地面的发射器有互动。为了解决需求过程中的整合之需，《戈德华特－尼科尔斯法案》（1987 年）设立了联合需求监督委员会，由参谋长联席会议副主席领导。其目的是确保所有的需求都考虑了联合作战。然而，由于联合需求监督委员会的成员是由各军种的副参谋长组成，需求过程仍然更多地倾向于供应商（各军种），而不是作战者（作战指挥官）。对未来改革的一项强烈建议是，联合需求监督委员会要有作战指挥官代表。[93]这项建议由参议院军事委员会在 2009 年提出。

需求过程的另一个重要缺陷是，预算过程由单个武器项目驱动。因此，需求过程首先考虑的是单个武器，并为下一代武器确定需求，这导致几乎自动地从一架飞机演变到下一架。然而,由于现代通信系统已经发展到在以网络为中心的战争中发挥重要作用,需求过程需要优化整个分散系统,而不是系统中的单个平台。要做到这一点,就需要在需求过程早期完成系统工程和系统结构的大量工作。[94] 系统工程还需要包括与分散系统中每个元件相关的成本和技术可行性。编写需求的人和负责开发系统的人之间必须有密切的工作关系。

把单个系统的单位成本作为需求过程的一部分来考虑,这其中还有一个原因。如果一个部门受到资源限制,也就是说,要留出一定数量的资金用于购买平台或分散系统,那么需求也必然使资源受限。用这些钱可以购买的系统数量与单个原件的单位成本之间有直接的相关性。由于数量关系到战争的有效性,并且是一项军事要求,因此武器系统的单位成本必须要有军事要求,并且在项目启动时就明确加以规定,而不是后来在支付账单阶段才发现。在可用的总任务经费、所需的系统总体数量和现有的技术能力范围内,成本与性能的权衡问题必须在需求过程早期得到解决。

随着技术、战争、区域环境和对手能力的快速变化,需求过程需要灵活,以避免开发的系统在投入使用时已经过时。这个问题不是国防武器系统独有的。它也是商业软件、电子产品和其他领域的典型问题。螺旋式发展是商业世界已经形成的解决方案。利用现有的(经过验证的)技术,系统的第一个区块被快速开发、生产和调配,而下一个区块正在被进一步开发(见图 4.3)。

这种方法可以与在 12～20 年的周期内开发一个主要武器系统的方法(所谓的"大爆炸"过程)形成对比。螺旋式发展使得武器系统能更早地投入使用,并且在技术性能、进度和成本方面的风险要低得多。它也大大减少了技术上的过时,并为一个更强大、更有竞争力的工业架构创造了条件。如果一家被选中的公司不能以越来越低的成本继续提高性能,那就可以在下一个区块的任何一个里程碑引入竞争,在主承包商或分包商层面皆可。即使是在汽车行业,这一过程已经被发现可以节约大约 30% 的成本,并且可以根据早期的现场可用性和用户及维护者的反馈,提供持续的性能输入和重新设计。

螺旋式发展和调配极大地影响了整个采购流程中的每一个要素。由于需求过程不再是固定的,而是随着每个区块的变化而不断变化,因此测试和评估过程决定了下一个区块的军事价值是否显著增加。这与"大爆炸"方法不同,后者对是否实现了固定的、长期的、理想的性能进行通过或失败的测试和评估检验,在

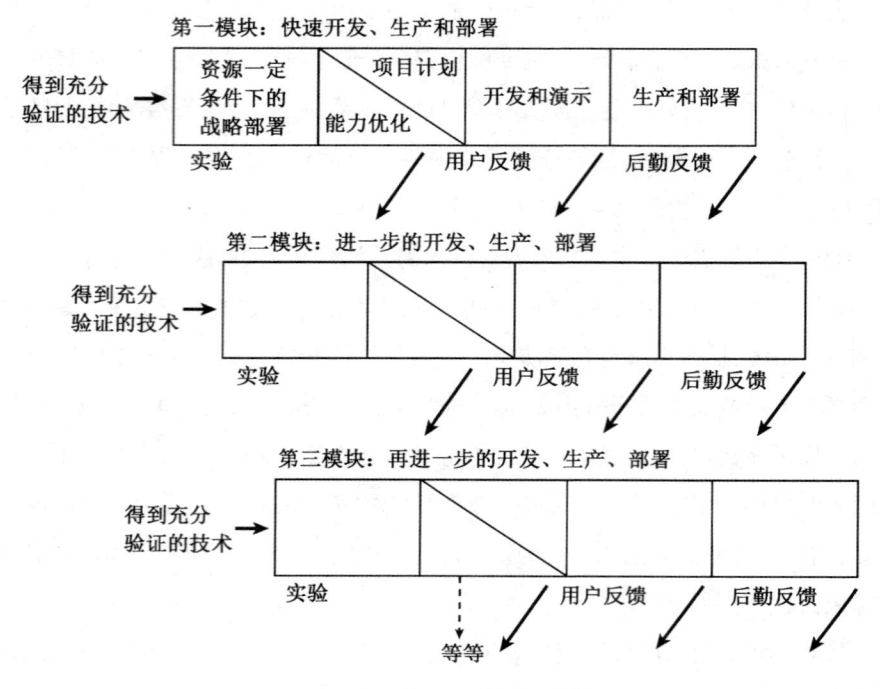

图 4.3　系统的螺旋式发展

这里,测试为该区块确定系统的性能和缺陷,这为下一个区块的研发工作提供了有价值的信息。同样,预算过程也不再是一个从研究到开发、生产和支持的线性过程。现在,这些活动是在后续区块上平行进行的。此外,物流系统需要进行配置,以便多个区块可以同时投入现场应用,这通常需要承包商的支持(可能需要担保)。

除了能适应不断变化的环境和吸纳来自设备用户的持续反馈,螺旋式发展还具有其他优势。如果做得好,它就可以避免当前的问题,即在最坏的情况下分析需求,这会产生对"可能需要"的物品的需求,从而导致系统不必要的昂贵和灵活性受限。例如,为了应对叛乱分子在伊拉克和阿富汗使用路边炸弹,开发了一种防雷、防伏击的重型装甲车,重达6万至8万磅。它的重量给物流带来了巨大困难,不仅是在伊拉克和阿富汗,而且在几乎任何其他战区。美国海军陆战队负责规划、政策和作战的助理副指挥官罗纳德·约翰逊(Ronald Johnson)准将称,"世界上72%的桥梁无法容纳防雷、防伏击的重型装甲车。……[此外,]这些装甲车不能登上运送海军陆战队装备和补给品的预先配置的两栖舰"[95]。每辆装甲车超过 150 万美元,它们也很昂贵。

需求过程中的另一个主要问题是,尽管商业设备有可能可以满足需求编写者的需求,而且很容易获得,价格也低于新技术,但它可能无法满足需求编写者的所有愿望。它可能是一个 80% 的解决方案。如果不能做出权衡,那么人们就会继续要求更高的性能——不惜一切代价。[96] 关于这个问题有很多例子,当海军陆战队想购买一架现有的直升机,作为总统直升机使用;当海军试图购买现有舰艇,作为濒海战斗舰使用;当空军试图购买一架经过改装的商用飞机来满足其加油机需求。对于加油机,需求文件列出了超过 800 个不同的要求[97],其中 37 个被列为"关键"。在每一种情况下,这些极端的"需求"要求进行大尺度的重新设计,从而导致高风险、高成本和巨大的进度延误。

对需求过程的一个主要的(也是有效的)指责是,在还不清楚如何实现一个革命性的新性能的细节之前,是不可能具体说明对它的要求的。正如《牛津美国军事史指南》(Oxford Companion to American Military History)的编辑约翰·钱伯斯(John Chambers)所写的那样,"在 20 世纪改变战争的最重要的武器中,包括飞机、坦克、雷达、喷气式发动机、直升机、电子计算机,甚至原子弹,其最初的开发都不是基于理论上的'需求'或军方的要求"[98]。

最后,在技术变化迅速的领域(如电子学)出现了一种趋势——随着技术的发展不断修改需求。例如,陆军首席信息官杰弗里·索伦森(Jeffrey Sorrenson)中将指出,从 2004 年到 2007 年,军队"出台了 5 000 份以上关于购买信息技术系统的'需求'文件"[99]。

在新的武器系统上加载多余需求的问题已被广泛关注。在介绍《2007 年国防采购改革法案》(Defense Acquisition Reform Act of 2007)时,参议员约翰·麦凯恩(John McCain)说道:"[在需求过程中,]昂贵的需求常常被不负责任地堆到这些项目上,其中很多与联合司令部所说的需求无关,一点不考虑底线。"[100] 他指出,有一次,正在建造濒海战斗舰时,海军每周发出 75 份变更订单。[101] 这些额外要求增加了武器系统的成本,并减少了购买数量。

需要为任何特定的货物或服务的购买制定一个采购战略。一个关键的考虑因素是,在规划采购战略时制定激励措施,使承包商和政府都有动力以最低成本实现最高性能(而不是简单的非此即彼)。最有效的激励措施是,进行初始竞争,并在整个项目中保持某种形式的竞争。这并不意味着每个阶段都需要有承包商之间的竞争,但如果有一个现成的替代方案,那么现有的承包商就会不断地被激励以越来越低的成本来提高性能(否则就会在可靠的竞争面前失去竞标资格)。在某些情况下,这是不现实的,因为政府可能已经承诺购买某种类型的船舶或某种类型的高成本飞机,而其替代产品的维护费用将高得离谱。在这些情况下,必须计划其他形式的激励措施。比如,国防部可以改变合同的授标费,或者承诺如果成本降低,就购买更多的系统。这种价格弹性本质上和商业世界中价格下降而需求随之增加的情况一样。这种价格弹性的使用也是对国防部鼓励降低价格的一种激励,因为任何节省下来的钱通常都会回到国库(对政府的项目经理和企业供应商来说都是一种抑制因素)。在所提议的情况下,国防部可以保留资金,并获得更多的设备(假如有需要)。

今天,超过40%的合同是在唯一来源的基础上给予现有承包商的后续合同,这在没有竞争的情况下拿走了总金额的很大一部分。在这种情况下,国防部必须建构一种刺激竞争的方法,或者在合同中建立重要的激励机制,并注意将原始提议中的"承诺"作为授标费的基础,而不是允许对合同进行重大修改,然后确定授标。许多其他的采购方法已经被采用。最近几年,有一个很大的转变,那就是不定期交付、不确定数量,这种合同形式对许多已经签订的服务合同(占国防部合同的一半以上)来说是很有价值的。在服务领域,事先确定合同需求和未来所需服务的准确数量,往往有困难。目前的做法是,将不定期交付、不确定数量的合同授予多个竞争者。由于每个新任务都是由买方需求产生,并被定义为特定任务,然后,假设最初的两三个中标者(在整个不定期交付、不确定数量的合同当中)由于有能力完成每项任务而被选中,那么他们就可以进行投标。遗憾的是,由于这种方法颇具吸引力,因此它已经被误用。众所周知,政府将最初的合同授予20个或更多的"中标者"(拥有后续任务的投标权),然后在大量的"中标者"中开展每项任务竞争。这种做法的弊端在于提议本身的成本很高且不利于中标者,因为他们赢得任何一项任务的可能性都很低。这方面的一个极端例子是,在高度复杂的模拟和训练领域,军队向142名中标者授予了合同。[102]一个更为极端的例子是海军的"海港"合同,在该合同中,1 800名"中标者"有权对20个以上的业务领域的任务进行投标。竞争概念需要被更有效、更高效地应用。

对一个特定项目的采购战略的初步分析,必须考虑所有潜在利益。例如,也许该产品或服务可以用来刺激小企业,利用他们提供的创新,满足国会对小企业获得相当大业务份额的要求。当政府购买商品时，它可以转而采用更高效和有效的做法，如使用反向拍卖或从总务管理局的商品计划（该计划列出了总务管理局通过谈判获得巨大数量折扣的东西）上购买。此外，使用政府采购卡也带来了显著的成本节约。

另外，政府特许经营权允许一个政府机构为多个机构采购具有数量折扣的特定商品或服务。这种方法只对定义明确的普通商品有效。当产品或服务为某个特定机构所特有时，这种方法就行不通，该机构通常最好自行采购该商品。

最后，当产品或服务可以来自商业化的公司，并且有符合国防部需求的商业产品或服务时，就可以使用"其他交易权限"。只要在法律范围内，它就允许政府在与非传统国防供应商的采购中使用最佳商业惯例，而不是要求其遵循通常用于政府采购的独特的联邦法规和惯例。这满足了国防部的迫切需求，并为其吸引了非传统供应商。因此，供应商的范围被扩大到商业公司，这些公司通常会避免与政府采购相关的复杂的官僚程序。随着商业世界在许多对国家安全至关重要的关键技术领域变得越来越高科技，政府采购中的其他交易权限也变得越来越有吸引力。然而，由于许多商业产品最适合下一级的武器系统，因此，为了充分利用其他交易权限，主承包商有必要在其采购中使用该权限，而他们一直不愿意这样做。我们希望在这方面有所改变，并且在某些情况下需要进行一些立法改革。

三、团队合作

国防企业的兼并使某一领域的供应商数量减少到只有两三家公司。在这种情况下，有时销售量太小，无法支持一个以上的供应商。国防部越来越多地鼓励有限的几个供应商联合起来，而不是让两三个中的一个因全面竞争而倒闭。这种做法形成了一种垄断，却使几个供应商能保持业务，在未来开展潜在竞争。对政府来说，不利的一面是，它失去了当前项目的竞争带来的好处，并因此而支付更高的价格。例如，当两个核潜艇供应商（通用动力公司和纽波特纽斯公司）组成一个团队来建造先进的潜艇，两者都保持了业务，但估计每艘潜艇的成本会增加5亿美元。同样，当两个用于中型和重型发射服务的火箭供应商（波音公司和洛克希德·马丁公司）创建了联合发射联盟，国防部表示，这是唯一能让两个供应商保持业务的方法。但是联邦贸易委员会分析了拟合并的结构，并指出："拟议合资企业可能会对美国政府中级和重型发射服务的市场竞争产生重大不利影响。这种反竞争合并的预期结果是,降低创新率和其他非价格利益,并提高政府,包括空军、美国国家航空航天局和其他政府机构,支付这些服务的价格。……拟议交易还提出了纵向整合问题。在政府的卫星市场上,波音公司和洛克希德公司是仅有的三个竞争者中的两个,第三个是诺斯罗普·格鲁曼公司。今天,波音公司和洛克希德公司在发射服务方面的竞争可能会对其与诺斯罗普的合作意愿产生积极影响。在波音公司和洛克希德公司把其运载火箭业务合并后,可能没有竞争动机来优化其运载火箭,以用于诺斯罗普公司的卫星。此外,作为纵向整合的供应商,波音公司和洛克希德公司可能有动力来分享诺斯罗普公司的机密信息(作为运载火箭服务供应商获得的该公司卫星业务方面的信息),从而对政府卫星市场产生不利影响。"[103]

除了与团队合作和合资企业的这些趋势有关的垄断问题,人们还提出了关于这是不是一种高效和有效的管理结构的问题。在提到上述的火箭合资企业时,《华尔街日报》问道:"波音公司和洛克希德公司能一起工作吗?"[104] 人们担心的是,这两个国防工业巨头将在一个领域内处于尴尬的合资状态,而在许多其他国防业务领域继续开展竞争。美国国家航空航天局在选择洛克希德·马丁公司作为价值80亿美元的"猎户座"载人探索飞行器的主承包商时,也提出了类似的担忧。该航天局称,人们对失败的团队(诺思罗普公司和波音公司)是否真的管用感到困惑,因为这两个航空航天巨头已经同意在不同的竞争中停止率先行动。美国航空航天局"担心,两家非常大的公司作为主角和配角之间的整合和互动,将是一个经常性的管理挑战"[105]。

团队合作伙伴通常指出,没有足够的采购量来同时支持两家公司,并且政府希望将两家公司保留在总体业务领域内,这样两者就可以在以后的竞争中分开来参与竞争。这些都是有效的考虑。也可以考虑其他两个团队合作方案,以此在未来保持竞争。第一个方案是,利用两个供应商之间的竞争所节省下来的资金(相对于团队的垄断定价而言),来资助竞争失败者的研发合同。这使得没竞争上的公司能够继续经营(当然是以更低的水准),确保工程和制造人才(构建一个基础人才库)可用于以后的竞争,通过下一代系统的研发资金来刺激创新,并保持对获胜者的压力(在成本和性能方面)。第二个方案是,在未来采购活动中,允许外国参与业务领域的竞争,这将使剩余的美国供应商处于一个不断竞争的模式。但美国将不得不允许与外国供应商进行正儿八经的竞争,并且如果美国公司输了,政府就必须支付美国公司的研发项目,这样它就可以继续经营下去。

四、首席系统集成商

随着政府越来越倾向于以网络为中心的分散系统,这些系统结合了各种平台(空中、陆地和海洋)上的分布式传感器和发射器,并与复杂的通信、指挥和控制系统相结合,于是如何管理这些活动的问题就出现了。历史上,复杂系统的管理是通过建立一个强大的政府项目办公室,由经验丰富的项目经理、系统工程师和项目控制人员组成。海军上将"红色"拉伯恩负责北极星项目(潜艇与远程弹道导弹的组合),海曼·里科弗(Hyman Rickover)上将以这种方式管理许多复杂的海军核动力系统。

但在2002年,当海岸警卫队决定对其91艘舰艇、49架航空无人机、124艘小船和195架新的或升级的直升机进行整合和现代化,并将它们与一个新的通信系统连接起来时,这个庞大的深水计划(为期二十五年的240亿美元项目)的责任被交给了洛克希德·马丁公司和诺斯罗普·格鲁曼公司创建的财团,名为综合海岸警卫队系统公司。其理由是,海岸警卫队缺乏人员来管理如此规模和复杂的项目。国防部面临类似的短缺,因为在冷战结束时,其采购人员被削减了50%以上,而且在"9·11"事件之后没有再恢复人数,因为所有增加的资金都被用于伊拉克战争和阿富汗战争中的作战人员了。当陆军决定通过未来战斗系统的项目,对其21世纪的部队进行现代化改造时,它选择由波音公司和SAIC公司共同管理所有的军车、导弹、机器人、指挥和控制,以及通信系统的重大现代化项目。

在这些首席系统集成商的工作中,主承包商(在这两个案例中,每个主承包商都使用了一个团队)将执行整体架构和系统工程,并选择承担这些复杂分散系统(平台、传感器和通信系统)的所有分包商。例如,在深水项目中,主承包商(由洛克希德·马丁公司和诺斯罗普·格鲁姆公司组成的团队)将决定需要哪些船只和飞机,以及哪些分包商将设计和建造其中的子系统。

国会和国防部对首席系统集成商这一概念产生了两大疑虑。首先是政府对项目结构、内容和性能的充分了解和控制问题。国土安全部监察长发布的一份报告发现,海岸警卫队官员对承包商的决策影响有限。[106]这种缺乏政府洞察力和控制力的情况加剧了关于首席系统集成商这一概念的第二大疑虑,即主承包商方面可能出现重大的利益冲突。由于主承包商在选择这个分系统的每一个平台和主要分包商,因此他们从这一过程中获得了利益,并可以通过选择自己的子公司作为分散系统各元件的供应商,从其本身利益出发配置系统。因此,整体配置(在整体性能和成本方面)可以得到优化,以利于主承包商而不是政府的需求。主承包商可以在自己的供应商或其喜欢的供应商当中挑选分散系统的许多元件,而不是通过自由和公开的竞争,为分散系统中的每个元件寻求最好的同类产品,这也不符合政府的利益,而是符合主承包商的利益。

尽管有这些顾虑,但主要因为缺少合格的政府人员来做这些工作,首席系统集成商的概念继续被扩大。[107]例如,波音公司被选为国家导弹防御项目的首席系统集成商,国土安全部选择其来管理SBI网(耗资20亿美元,在美国与墨西哥边境建立一个虚拟围栏——结合了传感器、摄像头和其他设备)。其中的一些项目遇到了问题。第一艘"深水"号舰艇是一艘重建的巡逻艇,该艇在甲板和船体上出现了裂缝,并出现了一系列的机械问题。海岸警卫队将翻新后的舰艇撤出服务,并使其永久退役,因为在已经花费1亿美元的基础上,维修还需要增加5 000万美元。[108]《美国新闻与世界报道》(U. S. News and World Report)的头条新闻声称"深水计划深陷麻烦"[109]。在国会的巨大压力下,海岸警卫队收回了项目管理权,解除了洛克希德·马丁公司和诺斯罗普·格鲁曼公司的首席系统集成商角色。[110]

随着首席系统集成商项目的问题不断增加,以及人们对缺乏政府控制和利益冲突的担忧不断增加[111],国会在2007财年的《国防授权法案》中对承包商作为首席系统集成商的行为实施如下限制:"任何在国防部重大系统采购中履行首席系统集成商职能的实体,都不得在任何单个系统或任何分散系统元件的开发或制造中拥有任何直接的经济利益。"[112]国防部规定这一限制适用于2006年12月31日以后签订的所有合同,这使得诸如"未来战斗系统"这样的项目不在该法案的适用范围之内,但确保了未来所有的系统都将被纳入该法案。国会允许此规定可以有两种破例情况:国防部部长可以证明某个承包商是特定原件最好的行业供应商,或者在国防部开展了正式的竞争后,被选中的承包商是唯一竞标者。

由于政府人员短缺,无力管理大型复杂的分散系统,因此有时政府会雇用一家独立公司作为系统架构和系统工程公司。该公司必须愿意在合同中加入硬件和软件除外条款。但是，由于历史上大多数独立的公司已经在国防并购时期被吸收到纵向整合中，这一要求意味着，大公司要么在一个特定的项目上遵循硬件和软件排除条款(对他们来说是不可取的)，要么创建新公司或从大型公司中分离出来以填补这一空缺。2009年，美国国家侦查局迫使诺斯罗普·格鲁曼公司卖掉了它的TASC分公司，因为该公司在为政府的项目办公室做系统工程，而其他分公司则在为其建造卫星。从本质上讲，独立的公司为政府工作，以支持负责整合的政府项目办公室，而政府则从独立公司获得工作人员。然后，政府负责选择分散系统中的各种元件(由独立公司提供建议)。这个方案解决了首席系统集成商方式所面临的两个主要问题：政府充分知情并有话语权，而主承包商也没有利益冲突——因为系统集成商在其合同中列入了硬件和软件除外条款。

五、采 购[113]

由于涉及数千亿美元的纳税人的钱，因此，政府的采购体系必须让人感到公平、高效、有效和透明。每当发生没有达到这些效果的事件时，就可能会有新的立法或法规来确保它不再发生。因此，政府采购体系极其(许多人说是过分)详细、规范、全面和昂贵，有大范围的审核和统筹，以及监管。这种政府特有的规定和监管的追加成本(与常规商业行为相比)预计为10%～50%。[114]永道审计公司的一项详细研究表明，增加的成本为18%。[115]政府在这个独特的、高度专业化的市场中运作，产生了巨大的成本。

特别值得注意的是国防部采购体系的规模。2006财年的采购活动为3 681 301项，累计金额为284 965 796 000美元。尽管其中25%的采购活动的金额低于25 000美元，但超过98%的资金用于25 000美元以上的合同，而在后者中，80%以上给了几家非常大的公司。[116]

由于政府每年都要进行数百万项小额采购(如果按照常规的、涉及面广的采购流程操作，就会捆绑大量人员)，因此它已经转而采用一个被称为"GSA智能支付"的采购卡计划。2006年，该计划处理了230亿美元的联邦政府总体采购，被认为为政府节省了超过10亿美元的联邦采购处理成本。[117]

六、特许经营

为了提高采购效率，并弥补冷战后合同管理人员的大幅削减，国防部试图利用其他政府机构的合同管理组织。然而,在通常情况下,签发合同的人往往不熟悉国防部的流程或任务需求。当国防部采用内政部的两个采购模式时,国防部监察长发现,其"经常违反旨在保护美国政府利益的规定"。在被评估的49个合同中,61%存在"合同非法、合同失策,以及合同管理环节漏洞百出"等问题。96%缺乏足够的监督。[118]当国防部通过财政部的合同管理单位——联邦资源——进行采购时,国防部监察长发现,在61个任务订单中,有48个订单的"合同监督计划不充分",并有许多其他合同方面的缺陷。[119]报纸上的头条新闻宣称,内政部官员从一家软件制造商那里购买了用于加强军队车辆的装甲,并从一家以前没有从事过家具业务的公司那里为国防部购买了家具。[120]由于这些其他政府机构对承包工作收取费用(其有效性值得怀疑),因此这种做法在很大程度上被终止了。

七、招标

为了让每个人都有公平的机会对国防部有兴趣购买的东西进行投标,国防部制定了一个全方位的流程,来确定对各个投标企业的要求。在执行流程前,通常会要求提供行业信息,以帮助公司确定其将如何解决政府所面临的问题,以及公司目前可能有哪些产品或服务可以满足政府的需求。本质上,这是一个市场调查。随后是招标书,这是一项涉及面广的工作,就是让政府采购人员详细描述他们想要什么。如果要采购的物品本质上容易获得,而且各大生产厂家之间没有区别,那就可以发送一份询价单,采购者只要打开信封,低价者就获胜。但这种情况越来越少,因为所采购的货物和服务具有复杂性和精密性。事实上,由于现在总采购量的60%是服务[121],而服务很难描述和比较,所以今天很少使用询价单。

1907年,美国陆军为一种"比空气重的飞行器"发布了通信部队第486号规定。实际上,这只是一页对飞机原型的规定,要求其能够"被迅速、方便地拆开,以装入军用卡车中运输""在大约一小时内完成组装并进入工作状态""被设计成在静止的空气中具有至少每小时40英里的速度",并要求公司附上关于如何对其进行测试以证明其满足这些要求的论证。[122]对公司答复审核一个月之后,陆军授予威尔伯和奥维尔·莱特公司一份两页的固定价格合同,总金额为25 000美元,该笔金额"在合同验收完成后,在可行的情况下会尽快支付"。在此后的一百多年里,国会和行政部门使这一过程变得非常复杂。招标书现在可能有数百页,答复和评估的时间大大延长,而合同本身也复杂得多。但有些部门正试图做一些与莱特兄弟的案例的意图和成果非常相似的事情。例如,美国国防部预先研究计划局发布了一份广域公告,其中指出,政府正在寻找解决广义问题的思路。其通常限制答复的页数,以便能迅速采取行动授予多个合同,使调研立即开始。但这并不是常态。今天,为一个新的武器系统或复杂的服务发出的招标书,是一份内容广泛的文件,经过了所有相关政府部门之间的广泛协调,这往往需要几个月的时间来准备。之后,通常会有一个投标人通气会,这为潜在的投标人提供了一个机会,使他们能够提出需要澄清的问题,并为所有人提供答案。投标人通常有6个月的时间来回应,并能获得预期的性能数据。

八、投 标

一般来说,公司倾向于把其最佳人选放在标书上,因为竞标获胜通常是"你死我活"的情况。政府更愿意让这些人执行合同,但从企业的角度来看,在招投标竞争中获胜才是首要任务。在大型项目中,只有少数几家公司有能力做出回应,例如,建造一架新的战斗机,而结果就是"激烈的竞争"[123]。

国防部下拨的许多资金并没有通过竞争,主要原因有三个。首先,有时只有一家公司有能力应标。例如,只有一家有资格的公司(纽波特-纽斯造船厂)拥有足够的设施来建造核动力航空母舰。其次,如果一家公司显然会在竞争中获胜,而且其他公司与该公司竞争的成本极高,那么政府通常只接到一个投标书,或者提出单一来源采购的理由,例如,对于一个复杂的武器系统的后续生产订单,目前只有一家公司在生产该系统。最后,当产品或服务的时间非常紧迫时,政府可能会在单一来源的基础上,选择它认为最有资格并能满足迫切需求的公司。在2004财年,政府采购资金的1/3是以非竞争方式下拨的;即使在2005年举行了竞争,20%的招标书只收到一份报价。[124] 很大比例的资金是以单一来源方式下拨,其主要原因是,那家生产商赢得了以前的竞争。例如,在一个重大的飞机项目中,初始合同的竞争异常激烈。但是,自从一家公司投入生产后,该项目很少为未来的生产数量重新进行竞争。该飞机的维护工作也不可能通过竞争来完成,而是由政府或原来的承包商在单一来源的基础上完成。

由于这些对手对数十亿美元的长期合同展开你死我活的竞争,因此公司都会花费数百万美元(甚至数亿美元)来赢得这些竞争。公司会组建庞大的标书撰写团队,经常请来顾问帮忙,有时甚至建造硬件设施来证明其能力。由于政府可用于这些大型项目的资金已为人所知(通过预算程序)并已经公布,企业对此一清二楚。这就为可以投标的价格设定一个上限。然而,历史证明,随着项目的发展,将会产生成百上千的变化,由于这些变化发生在授标之后,它们可以由中标的承包商在单一来源的基础上进行报价。因此,为了赢得竞争,企业往往低价竞标("买进"),并预期通过变更之后,项目能够明显做大,这对企业具有极大的诱惑力。这些合同允许政府通过变更条款对合同进行单方面的变更,并允许承包商向政府证明执行变更的成本。随着项目的推进(通常是在数量和性能方面的修改),这些政府需求变更是国防武器项目在最初低价竞标和最终成本之间发生增长的主要原因。其他原因包括政府预算变化和技术问题。

在这一过程中,政府和企业之间的议价能力发生了很大的变化。在竞争性的预授标阶段,当几个企业竞标这些大型项目时,政府是唯一的买家,拥有所有的权力。授标后,在任何关于政府所需的变更的谈判中,中标的承包商(生产政府急需的独特产品或提供政府急需的就地服务)处于非常有利的地位。在理想情况下(从政府的角度来看),在授予合同后,要尽一切努力减少合同修改。然而,随着技术的改进,政府往往希望获得对方提供的更好的性能,而且随着世界环境的变化,政府的需求也在变化,因此,随着项目的推进,"无变化"声明(政府经常在项目开始时做出这种声明)很难实施。

举一个极端的例子,在F-111飞机项目中,有492 000项以上的变更(许多是在电子产品方面)。尽管这是一个"固定价格"合同,但由于每项变更的报价都是基于单一来源,因此成本急剧上升。

九、来源选择

来源选择决策确定了哪家公司将获得连续多年的、价值数十亿美元的合同,为国防部建造一个急需的武器系统。由于这一决策的重要性,以及需要体现对投标人的完全公平(投标人已经花了数月和数百万美元来准备详细标书),政府组建了来源选择小组,评估从每个承包商那里收到的性能和成本数据。这些标书为政府提出的需求提供了千差万别的解决方案,因此,评估可以以两种方法进行。第一种是权衡每个投标人的成本、性能和进度等不同方面。这些权重因素公布在招标书中,包括其中每一个参数的详细加权系数,总分最高的一方获胜。另一种方法是说,每个投标人要么在技术上可以接受,要么不可接受,而在那些"技术上可接受"的投标人中,选择低价投标人作为赢家。这种方法远不如最佳价值方法(将成本、性能和进度结合起来)可取,因为性能和进度确实重要。有时,多付一点钱以获得更多的性能,对军事能力是有价值的。如果是这种情况,那么最佳价值方法的吸引力要大得多。这是商业采购通常采用的方法。

为了进行最佳价值评估,与成本和性能相关的以前独立的来源选择小组必须整合在一起。但是,关于成本的第二个考虑是投标人的成本真实性。为了确定投标的真实性,政府必须进行独立成本分析。每个军种和国防部部长办公室都能对一个特定的标书进行独立成本分析,这应该被用来确定一个特定投标的价格真实性。虽然接受大公司的低价对政府而言很有吸引力,但历史表明,使用独立的成本分析估价作为其授标基础,对政府来说更为安全。如果政府接受了一个不切实际的低价,则中标者很可能会利用变更条款,在单一来源的基础上竞标这些变更。这将导致项目成本大大超支,为了不超出国防部的总预算,要么整个项目被削减,要么其他项目不得不被削减,这两种结果都是不可取的。

在20世纪90年代引入的另一个来源选择标准是"过去的业绩"。在商业领域,如果一家公司在提供服务方面做得不好,或者提供有缺陷的产品,那么消费者下次就会从别人那里购买。他们在选择过程中使用了过去的业绩。通过将过去的业绩作为一个重要的选择考虑因素,承包商就会有动力在其目前合同里面的产品或服务上有良好表现。这样,通过成功实现成本、进度和绩效目标,承包商就能在未来赢得胜利。当公司提供复杂的产品和服务时,会出现许多变量(如成本、性能和进度方面的系列变量),因此过去的业绩更难衡量。对于如何改进公司过去业绩评分卡,大家提出了很多建议。其中一些包括观察具有可比性的产品和服务,厘清任何不良业绩的原因(政府与承包商),允许承包商审查评价并与政府讨论,以及评分卡上包含竞争者和政府的反馈。[125]这方面需要引起政府进一步的关注,因为它是鼓励公司做好工作的极好的激励措施,能使其商品和服务用上高质量的供应商。

十、合同类型

政府在授予合同方面有各种各样的选择。具体如下:

● 固定价格

固定价格是传统的商业运作方式。当产品定义明确,技术已被充分展示时,这是极其合理的,在这种情况下,不按报价履行责任的风险很低。固定价格合同形式也适用于不保证结果的尽力而为的行为,在这种情况下,结果不能得到保证,但承包商将尽最大努力在出价范围内取得成效。尽管有些人想这样做[126],但它并不适合高风险的研发项目,因为这种项目只能以两种方式投标。承包商可以:(1)投入高额的应急资金以抵御风险,这意味着政府将为该研发工作支付比其他情况下更多的费用;或(2)低价竞标以赢得合同,然后最大限度地增加政府将强加的许多预期变更,而这些变更将在单一来源的情况下进行竞标。这种高科技国防产品固定价格开发的想法在过去已经尝试过,例如,F-111 战斗机(见上文)、C-5 运输机,以及其他许多飞机,而结果都是一样的,即成本增长极大,超过了那些基于成本的开发合同。人们总是希望"这一次将不同",并且认为政府将在不改变预算、数量、技术或任务需求的情况下管理项目。另外,这种固定价格的合同形式适合用于产品被证明后的大型生产项目,但不适合重大的、高风险的开发工作。这种合同形式对政府的好处是,成本是已知的(只要没有进一步的变更),而对工业界来说,如果企业能够提高其生产效率,那就可以赚取更大的利润。对于合适的项目而言,这是一种非常理想的合同形式。

● 成本+固定费用

基于成本的合同适合需求无法具体化或可能实现的技术能力未知的项目(即有高风险的项目)。在这些条件下,承包商不可能在固定价格的基础上承担该项目,因为风险太高了,但会以成本为基础的方式进行。当合同价是固定的,如果成本增加,则承包商不会收到任何额外的费用(只要范围保持不变),而且降低项目成本也没有任何奖励,即没有额外的费用。

● 成本+授标费

政府可以使用成本加授标费来激励承包商优化性能、成本或进度。预定的奖励计划把授标费作为承包商绩效的一个函数,并随之变化。另一种形式是成本加激励费,其目标相同。在这两种情况下,奖励费都是合同所取得的业绩的函数。从理论上讲,这种形式的合同是很有意义的。如果承包商低于成本或超过规定的业绩,其就会得到更高的报酬。

但同时,该承包商也会遭到大量质疑,因为奖励费往往是在没有达到预期结果的情况下发放的。

2006年美国政府问责局的一份报告发现,"不管采购结果没有达到,还是达到了或超过了国防部的预期,国防部已经支付了约80亿美元的奖励费"[127],并且2009年美国政府问责局的报告发现,这种不良情况并没有得到显著改观。[128]

- 成本＋授标期

通过这种形式的成本＋合同,承包商有很大的动力去完成预定的目标,因为如果完成了,承包商就会被授予下一阶段的合同(无论是额外的服务、额外的设备数量,还是继续开发产品)。这不是一个常见的方式,但对政府有吸引力,因为它对承包商有很大的激励作用,并且对承包商也有吸引力,因为如果做得好,就能得到重要的后续合同。

- 战时紧急需求

在战时环境下(生命受到威胁或任务无法完成),危机有时需要得到快速反应,没有时间通过完整的合同程序——邀标、来源选择、详细设计、技术演示——来进行固定价格竞标,但产品或服务则是急需的。在这种情况下,必须放弃许多标准程序,并基于成本(竞争或非竞争)进行授标。对于这些情况有特殊的法律条款。

- 时间和材料

在这种常见的商业服务合同中,承包商的所有劳动和材料费用都会得到补偿(由于风险较低,因此只需支付少量费用)。在该类合同的竞争阶段,承包商往往通过竞标低价劳动力和间接费用,来使其报价最低。在实施阶段,他们试图最大限度地提高高成本劳动力的数量,以使其收入最大化。当范围界定不清时,这是一种很方便的合同机制,因为政府可以在合同执行过程中控制范围。然而,这是一个基于投入的机制,所取得的结果(而不是在项目中投入多少劳动力或材料)很重要。此外,承包商也有不正当的动机来实现成本最大化,因为每一美元的劳动力或材料都附带成本(即使费用比例很小)。

- 不定期交付、不固定数量

在这种形式的合同中,要交付的货物或服务的范围和数量尚不详细。该类合同的应用领域广泛,多个合同将被授予两个或更多的供应商,当任务出现时,对于每项任务,政府都会在供应商之间进行竞争性选择。通过这种方式,政府在保持竞争方面就具有了灵活性,同时可以根据工作需要确定每项任务。这种类型的合同对小型服务任务特别有吸引力,到 1996 年[129],不定期交付、不固定数量合同的多家授予概念开始流行起来。遗憾的是,政府中的一些人认为,通过在一个特定的不定期交付、不固定数量合同[130]上拥有为数众多的承包商,合同竞标结果会更好,他们还发现,可以通过简单地将合同授予其中的许多承包商来消除任何投标人的抗议。这个概念被扭曲了,因为他们允许基本合同有大量的中标人,然后为每项单独的任务举行大规模的竞争(如前所述,这样做效率极低)。

- 其他交易权限

这种形式的合同是法律所允许的,但在法律中没有定义。它基本上是利用法律文本来涵盖合同、拨款和其他交易权限。DARPA 的总顾问瑞克·邓恩(Rick Dunn)利用这种定义缺失的情况,提供了一种国会允许的灵活机制,以便通过使用商业惯例来开发和投入使用新的军事能力,并引入商业公司(及其产品)以实现其想要的技术进步,如果必须通过完整的政府立法和监管程序,则他们永远都无法实现这方面的招投标。[131]国会于 1989 年首次授权国防高级研究项目局使用其他交易权限。1991 年,其他交易权限被固定了下来,并扩大到军事部门。最初的授权(《美国法典》第 10 章第 2371 节)针对的是研究项目,但其灵活性和在引进非传统承包商方面取得的成功使国会在 1994 年(公法 103~160,第 845 节)将这一权限扩大到原型授权。最后,由于根据其他交易权限协议建立原型的公司不愿意在其投入生产时突然适用标准的(国防部特有的)合同条款,因此国会允许在其他交易权限协议下启动的项目可以在同样的基础上投入生产。遗憾的是,一些非常大的项目(一个是海军舰艇项目,另一个是整个下一代陆军分散系统项目)试图在主合同层面使用其他交易权限方法,国会认为这太过分了,所以这个概念暂时被搁置了。其主要优点是提供灵活性和引入非传统的供应商,这些都很有价值,应该在任何适用的地方都加以使用。如上所述,它应该扩大到分包领域,因为主承包商倾向于将政府在主合同中规定的所有条款和条件转嫁给其所有的分包商。这大大打击了商业供应商的积极性,尽管在很多情况下,下一层级的商业供应商所能提供的资源最多。必须努力寻找方法来鼓励主承包商在适用的情况下使用其他交易权限分包合同,尽可能地从传统的国防领域或商业领域(后者现在基本上被排除在外)引进最好的供应商。

- 拨款

对于不符合特定国防要求(如专门的成本核算系统)的大学和其他组织来

说,研究工作或类似活动的固定价格合同合理且常用(通常是相对较小的合同)。

● 合作研究和开发协议

有时,特别是在研究活动中,政府与企业界或大学合作开展一项联合活动是有意义的。在这种情况下,政府支付其份额,并部分或全部资助其"合作伙伴"。这时需要一个新的机制,而合作研究和开发协议满足了这一需求。

十一、利润政策

国防工业需要在其业务上赚取利润,以便投资于未来的研究和开发,购买资本设备,并为股东的投资提供回报。但是,由于国防部的合同涉及大量的公共资金,因此,对待利润的方式往往与受管制行业(如公共事业)基本相同,人们的看法是,保持相对低的利润才符合公众利益。事实上,国防部采购主管在1977年进行的一项调查发现,政府采购人员感到他们的首要目标是将利润降到最低。与此相反,预期的反馈应该是使总成本最小化,因为利润在总成本中的比例相对较小。[132]虽然监察团体和政客们往往认为国防承包商正在赚取巨额利润,但其利润比那些受管制行业的利润要少得多。由于国防部预算的大幅增长和大量的补充资金,国防承包商在2008年创下了利润的历史新高,当年一项对一百多个政府承包商的跨行业调查发现,42%的被调查的政府承包商没有实现盈利或利润率为总收入的1%~5%,12%的政府承包商的利润率超过15%,其中许多处于行业的较低级别,并以固定价格合同运作。[133]在这次调查中,大约40%的联邦合同收入来自成本补偿合同,得出的结果与普遍的看法相反,后者认为这些合同导致了过高的利润。现实情况是,这些成本偿还型合同通过详细的政府审计受到了高度关注,其中一个被密切关注的领域是利润率。在伊拉克和阿富汗的后勤支持工作的数十亿美元合同是以总收入1%的基本利润率谈判的(有可能因授标费而略有增加),此事曝光后,大多数人感到很惊讶。

需要对合同的授标费在利润方面采取纠正措施。有很多关于承包商的公开报道,有些大大超过了预期的成本,有些落后于预定的交货期,有些没有达到预期的业绩却仍然获得了远远超过80%的激励费(旨在奖励那些满足成本、进度和成效的公司)。授标费的许多标准被认为更多的是基于阶段性成果(如按时交付的报告),而不是实际的整体项目成本、进度和成效。例如,据美国政府问责局报告,科曼奇直升机比其预算高出41.2%(35亿美元),比计划晚了近三年,但波音和西科斯基的飞机团队获得了85%的奖励费,即2 025亿美元。[134]政府问责局发现,F/A-22"猛禽"战斗机超出预算47.3%(102亿美元),比计划晚了两年多,而洛克希德公司获得了91%的授标费,即8 487亿美元。问责局发现,联合攻击战斗机比预算(101亿美元)高出30.1%,并且晚了11个月,但洛克希德公司获得了4.94亿美元的100%的授标费。

诸如此类由主要几家国防承包商管理的大型项目的案例给人的印象是,国防工业存在严重的利益滥用。然而,在许多情况下,成本的增加和进度的延迟是由政府的需求变化造成的。因此,要确定是政府还是承包商该对任何特定项目的超支和进度延误负责就变得很困难了。实际情况通常是两者都有责任。尽管如此,这方面仍有待改进,因为授标费的目的是创造一种激励机制,从而在预算成本内按时完成项目。关键是,政府和工业界对成本和进度的关注程度要与历来对绩效的关注程度一样。

关于利润的最后一点是,它应该与公司在特定项目上承担的风险相关联。尽管监管指南指出,这应该是一个主要的考虑因素,但在许多情况下,它并没有得到足够的重视。国防工业相对较低的利润取决于政府往往承担大部分风险(基本上是自我保险方)。比如,在商业领域,一个高风险的考虑因素是,公司已经在长周期的零部件或资本设备上做了大量的投资,或对劳动力做出了合同终止费用的承诺,然后客户终止合同。在国防合同中,终止合同的责任由政府承担。如果一个项目终止,那么承包商会向政府提交一份终止费用账单,其中包括所有劳动力成本和资本成本。2006年,与波音公司签订的一份陷入困境的间谍卫星合同被终止,波音公司预计将收到4亿至5亿美元的费用,以支付关闭部分项目的费用。2005年,五角大楼准备终止洛克希德·马丁公司的C-130J运输机,但决定保留该项目,部分原因是终止费用估计高达16亿美元。[135]

十二、多年期合同

如果一家公司年复一年地执行国防部的生产合同,那么它通常需要等待下一年的合同,然后下订单购买下一年的零部件,甚至增加或减少其劳动力。国会和国防部监察官们都更喜欢年度合同,因为这给了他们更大的灵活性,可以根据国防部总预算的最高限额,把资源从一个项目转移到另一个项目,以及在订购某一特定项目时实行增减。但这是一种非常低效的经营方式,特别是在较低层次的企业。如果主承包商有多年期的合同,那其就可以提前订购零部件(他们通常需要18个月的交货时间),因此在下一年的订单到来时就能准备好,而且它们的成本会低很多,因为它们将被大量建造,并获得规模经济的好处。企业(主承包商和分包商)也可以更稳定地规划其劳动力,这对成本有很大的影响。对高度优先级的重大武器项目进行长期规划可以极大地提高工作效率。海军的"北极星""波塞冬"和"三叉戟"项目对于未来几年的资金一直了如指掌,因此,在对国防部的管理工作开展的独立评估中,这些是管理得最好的项目。多年期合同普遍节约了10%至15%。空军和洛克希德公司估计,F-22"猛禽"战斗机的多年期合同将在三年内节约2.25亿美元。[136]波音公司估计,一个为期四年的海军"超级大黄蜂"战斗机的多年期合同可以为海军节省10%的费用(每年购买飞机方面)。[137]最后,贝尔公司和波音公司获得了一份价值104亿美元、为期五年的合同,为海军陆战队和空军特种作战司令部生产"鱼鹰"倾斜旋翼飞机。贝尔和波音公司项目办公室的副总裁说,多年期采购合同"使工业团队能够稳定我们的生产计划,为纳税人节省开支,并增加为作战人员生产的飞机数量"[138]。美国政府问责局[139]强调的一个问题是,国防部没有根据最初的预期来跟踪多年的结果,也没有努力去验证实际节约下来的成本。该信息将有助于国防部向国会证明未来的多年期授标是合理的。这里的问题与跟踪授标费依据的问题一样:在执行多年期合同期间,政府改变了项目的要求,这使得我们很难确定多年期合同的效果,以及最初预计的成本节约是否真正实现。尽管如此,确定已经节约下来的大致费用还是值得一做,因为应该清楚地知道,效益是这个概念所固有的,并且跟踪这些效益对于证明未来的多年期合同是很重要的。

十三、质疑

如果在某一特定采购中投标的公司认为,政府在做出决定时没有遵循适当的程序,那其就有权向美国政府问责局或联邦索赔法院提出质疑。其有权质疑用于达成授标决定的程序,但不能质疑授标决定本身。通常的程序是,首先向美国政府问责局提出质疑,因为这种方法是免费的,而且相对快速。问责局被要求在100天内得出结论,但法院的裁决没有时间限制,可能再需要六个月的时间。质疑者不受次数限制,他们可以再次质疑,如果他们认为他们已经找到了原因,他们也可以先去找美国政府问责局,再去法院。问责局的结论只是一个国防部不一定非得要采取的建议,尽管它通常会采取该建议。如果问责局发现,国防部在这个过程中没有平等对待投标人(也许向某个人提供的信息比其他人多),或在招标书中说它明确了某些参数的加权方式,然后又改变了权重,那么,美国政府问责局就可能建议重新竞标(邀标和来源选择的整个过程)。

最近,国防部一直在扩大单个采购项目的规模,并减少这些大型项目的数量,因此,每次授标对承包商来说都是孤注一掷的事情。越来越多的大型国防公司倾向于聘请律师,并在其失败时提出质疑。质疑的数量已经大幅上升。在2002年至2006年间,承包商每年向美国政府问责局提出的质疑增加了10%(达到1 327项),而将其案件告上法庭的公司数量增加了50%。[140]然而,在"9·11"事件之后的时期,质疑的增长速度已经低于国防采购的增长速度。国会已经通过立法来鼓励质疑活动,认为如果程序不合规,只有质疑活动才能显示对失败者的公平。但质疑活动日益增多的数量已经引起国会和行政部门的担忧。2008年5月,针对向美国政府问责局提交无意义质疑或不正当质疑的公司,众议院军事委员会提出了处罚的可能性。它希望阻止承包商将质疑作为一种"拖延或惩罚性策略"[141]。问题是,很难确定哪些质疑是无意义的或报复性的,哪些是合法的。一般来说,问责局倾向于站在政府一边,认为质疑没有价值。2007年,在总共1 318项质疑中,只有1/4的质疑被认为是有价值的,需要官方裁决。与前五年相比,该数量略有增长,之前只有20%的质疑被认为是有价值的。质疑的增加似乎是由赢家通吃的大型项目和败者希望推迟授标所引发的,或者是因为败者目前是合同方,或者是因为它不想把优势给予作为赢家的竞争对手。多次投标质疑也越来越多了。落标的承包商不断向美国政府问责局提出质疑,这几乎是一次试探性的活动,他们希望质疑得到支持,但至少知道授标将被推迟数月,甚至在某些情况下被推迟数年。

对空军的战斗、搜索和救援直升机(CSAR-X)替换项目的多次质疑,使授标工作推迟了两年多。[142]在政府问责局做出裁决后再上法庭,耽搁的时间会更多,这可能解释了为什么公司会更频繁地将其案件提交给法庭。质疑增加的另一个原因是,针对复杂的大型采购项目发起的质疑被认为有价值之后,持续质疑(质疑成功)的概率大大增加。这些非常庞大复杂的采购项目得到了大量的新闻报道,2008年对数十亿美元的空军加油机采购项目的授标发起的持续质疑就是如此。因此,尽管更换老化的空军加油机是其在2005年的最优先项目,但到2010

年仍未被授标,而它们必须被建造!

这种政府越来越多地不遵守来源选择程序的情况被归结为各种原因。首先,在反恐战争开始后,国防部的预算大大增加,并下拨了大量预算补充资金,但在冷战后的裁员中,国防部的合同签订工作人员的数量急剧下降,这些人在后"9·11"时代没有被取代。这就意味着在国防部处理合同的人员数量及其资历都不足。此外,在这一时期,政府与工业界之间的沟通急剧下降。有些人说,他们害怕不正当的沟通,但实际情况是,公开的讨论渠道已经中断。沟通的缺失往往导致对政府需要什么以及它如何准备和执行来源选择过程的不理解。

此外,项目办公室和参与来源选择团队的承包商数量增加了(也是因为政府合同管理人员的减少),对此质疑不断,声称其中一些承包商有利益冲突。美国政府问责局的一份报告发现,在国防部 15 个项目办公室的采购队伍中,承包商占到 88%,他们参与了授标过程的关键领域。美国政府问责局指出,在所有与政府工作中个人利益冲突有关的法律中,承包商雇员只受到禁止贿赂和回扣的规定的约束。[143]

最后,由于 IDIQ(Indefinite Delivery, Indefinite Quantity,指不定期交付、不固定数量)合同中有更多的多方赢家,落标者可以对每个新任务提出质疑,从而增加了机会,即使都在同一个合同载体上。索赔法庭的一项裁决指出,有 28 个赢家和更多的落标者,后者都有理由提出质疑,因为他们没有被纳入赢家中,而且他们有理由反对其中一两个因程序错误而被选中的竞标者。[144] 一个类似的案例出现了,美国政府问责局支持 4 家大型国防公司对五角大楼的国防信息系统局提出的质疑。

在五角大楼的国防信息系统局把价值 120 亿美元的计算机服务合同授予其他 5 家公司后,4 家大型国防公司发起了质疑,美国政府问责局对此案表示支持。在该案例中,问责局的结论是,国防信息系统局与获胜的公司进行了有意义的讨论,但没有与一些失败者进行讨论。[145]

政府的质疑程序有点像职业足球教练向比赛官员提出疑问,并要求即时重赛。如果质疑成立,那么决定就会被推翻,质疑者也不会受到惩罚。但是,如果质疑不成立,那么质疑者将受到处罚,他将失去有限的一次暂停机会。如果质疑不成立,也许政府需要对提出质疑的公司进行处罚(如支付赢家和政府的法律费用);如果质疑成立,政府将因程序不当而受到处罚(如向质疑者支付费用)。鉴于近年来发现大量的质疑致使政府和企业产生高额费用,因此在这一领域开展进一步调查将富有成效。

十四、监督

由于国防部每年将数千亿美元的公共资金用于从国防企业购买商品和服务,因此,需要对这些支出进行高度监督。透明度是通过监督此类活动的各种法规和组织来实现的。首先,要求所有主要国防承包商使用经批准的成本核算标准——该标准由指定的政府会计专家组成的成本会计标准委员会制定。这种簿记由国防合同审计署监督,该机构在全国各地设有区域办事处,并经常指派特定人员负责重大合同和个体法人公司。

合同签订后,国防合同管理局对所有重大合同进行监督,公司代表仍然被派驻在这些重大合同单位。在那里,他们检查项目进展、质量和合同中货物的逐项交付。

有好几个监察长,一个负责国防部,其他负责国防部内部每个独立机构和部门。监察长办公室总共有1 737人。

整个国防部都有合同专家,他们负责监督每个合同(以及对合同进行的修改)。国防部有超过3万名合同专家。

最终,在国防部工作的审计师超过30万名。[146] 2006年,国防部的一个特许采购绩效评估项目发现,人们对目前的采购监督状况感到非常失望(几乎是一致的)。该项目报告指出,"现有的监督依赖于审查和审查人员的层层叠加,而忽略了质量和重点。……不管有没有监督程序,项目都在推进,而不是因为有监督才推进。"[147] 同样,2007年的一个秘书委员会审查了与伊拉克战区和阿富汗战区的19万名承包商的相关问题,并发现"该地区的审计人员比政府合同专家还多"[148]。尽管如此,在2008年3月31日提交给众议院和参议院军事委员会的报告中,国防部监察长指出,他的办公室"人员严重不足","需要增加33%的人员"[149]。

除了这种内部监督和审计,新闻界和独立的非营利组织还试图揭露国防部内部的浪费、欺诈和滥用。其中一个这样的组织是政府监督委员会。许多这类组织都有先入为主的偏见,似乎认为"没有消息就是好消息"。

最终,国会委员会和小组委员会有了授权和拨款的职能,但也有监督职能。

对于头条新闻报道的浪费、欺诈和滥用案例,众议院和参议院的政府监督委员会非常有意查明真相并制定立法,以防其再次发生。

国防部业务受到了所有的内部和外部监督,对此不少人著文指出,对这种公共资金支出的监督远远多于对私营企业业务的监督。当私营企业的大型丑闻(如安然公司或麦道夫公司)成为头条新闻时,就可以看出这一点。

此外,人们经常指出,改进国防采购将需要改变流程,而不是增加更多的审计人员来监督一个糟糕过程的结果。这就好比在汽车装配线的末端增加检查员一样,而不是在汽车制造过程中纠正问题。

十五、美国国会

对国防工业采购行为的最大贡献者是美国国会,它扮演着三个主要角色。首先,它通过各种授权委员会和小组委员会,确定要购买什么以及如何购买这些物品。它规定了每年将采购的舰艇、飞机和坦克的类型和数量。它还明确了所有这些物品采购所依据的规定(法律)。其次,各预算和拨款委员会和小组委员会确定授权项目经费。预算委员会确定了美国政府总预算中给予国防部的总资金水平,作为资金上限。在这个上限内,拨款人决定每年给每个项目多少钱。从理论上讲,每个委员会(授权者和拨款者)对行政机构(即国防部)每年提出的预算方案做出回应。国防部要求完成任务所需的设备和服务,以及用于满足这些需求的资金。但国会不需要满足行政机构在这些事情上的要求。最后,除了授权和拨款作用外,国会还具有监督功能,需要追踪行政机构执行法律的情况,以及国会每年批准和拨付的预算的执行情况。

1974年,当美国处于对越南的热战和对苏联的冷战中时,《国防授权法案》还不到100页。到了2001年,《国防授权法案》有近1 000页长。国会针对国防需求的法案比以前详细得多。在此期间,国会工作人员急剧增加,而代表和参议员的人数却保持不变,国会办公大楼的数量增加了2倍,从众议院和参议院各1个地方增加到3个地方,以容纳这些庞大的工作人员。

在长达近千页的授权法案中,有些细节是对研究的要求(这些通常由国防企业通过其当地代表提出)。这些实际上是没有资金支持的规定任务,要求国防部花自己的钱。它们不是由国会资助。许多没有资金支持的规定任务出现在每年的法案中。当它们被添加到法案后,它们就成为法律的一部分,必须予以执行。

许多资金实际上给了工业界,让企业来开展研究。尽管这些研究通常不会导致什么变化,但立法者可以通过要求开展研究来体现他们对选民的回应。该法案还包含了大量的采购政策和流程变化。2007财年的《国防授权法案》包括了61项采购政策、实际操作变化,以及应提交给国会的相关报告。[150]

由于国会对行政机关的运作做了极其详细的阐述,因此国防部的管理灵活性大为降低,从而使其无法以最低的成本高效且有效地运作。当发现个别项目出现问题时,国会很想制定一项新的法律,以防止其再次发生。这些新的限制被应用于所有其他项目和所有其他采购活动。这就使所有其他案例变得缓慢和复杂,这一切都是为了防止同样的错误再次发生,却没有对这种变化的成本和效益进行分析。

国会的法律制定过程也倾向于高度抵制变化,即使世界在技术进步、战争要求、商业惯例和全球化方面发生了巨大变化。参议院需要60张票才能讨论重要的立法,更不用说通过了。正如史蒂文·佩尔斯坦(Steven Pearlstein)在《华盛顿邮报》上所写的那样,"由于这些古板的规则,移民改革、重要的能源法案、全球变暖立法、住房法案、航空系统大修以及替代性最低税等,都被封杀在参议院中"[151]。

国防世界已被全球化。国防部从海外获得先进技术,美国国防企业在海外销售美国设备,国防业拥有跨国利益。然而,国会继续在进口和出口方面采取高度保护主义的立场。2007年《国防授权法案》颁布的限制措施,使向美国陆军交付1 000辆以上新卡车的工作停滞不前,因为这些卡车含有来自外国供应商的金属。外国金属的存在被认为违反了"购买美国货"的规定,该规定要求美国国防硬件的所有特种金属都必须在美国购买。[152]在另一个案例中,当空军为其新的空中加油机选择了空中客车公司的设计时,国会大声抱怨美国的工作机会将会丧失,并威胁要取消该项目,尽管该油轮将在亚拉巴马州建造。[153]

遗憾的是,许多为解决特殊情况而合理制定的法律,在更广泛的环境中会产生意想不到的后果。出口管制规定和《购买美国货法》没有得到更新,无法体现已经发生的技术全球化。尽管这些法律是为了保护美国工业而制定,但它们限制了国防部从海外获得更高性能和更低成本的系统和部件。它们最终对美国国家安全产生了负面影响。同样,在20世纪90年代中期,国会通过立法将国防部的采购人员削减了25%,以减少管理费用。结果,人手不足的采购队伍没有能力处理大量的采购活动和21世纪前半叶所花费的资金,原因是"9·11"事件后采购资金急剧增加。

众议院和参议院的议员想拨款给他们自己所在的地区和州,这并不令人惊讶。选举时,给自己地盘送去了大量资金的当选官员将提出一些重要观点。除了试图通过这些预算拨款来争取选票外,国会议员也会受到对其竞选活动的捐款的影响。说客们在国会大厅里走来走去,提醒他们的代表注意他们所在地区和州的工作、他们公司的捐款,以及他们公司项目的重要性。2007年,游说支出达到27.9亿美元,其中很大一部分来自主要的国防企业。诺斯罗普·格鲁曼公司、波音公司和洛克希德公司在游说方面的支出分别超过1 000万美元。[154]

授权和拨款委员会以及负责国防事务的小组委员会的主要成员,收到了来自国防委员会的大量捐款,用于其连任竞选。2006年,参议员吉姆·泰特(Jim Talent)(R-MO)在担任参议院军事服务海洋权委员会主席时,接受了来自政治行动委员会的大笔资金。波音公司捐款52 400美元,通用动力公司、洛克希德·马丁公司、诺斯罗普·格鲁曼公司和雷神公司各捐款1万以上美元。他的竞争对手从国防领域共收到250美元。[155]

这些游说活动和政治行动委员会的捐款,旨在实现两个目标——为公司的项目提供最大限度的资金,并增加国会为其提供的"专款"。自然,说客们试图最大限度地提高拨款法案中为其公司项目投入的美元数量。然而,由于最高限额在某种程度上是有限的(尽管拨款人经常跨越预算委员会的指导原则),因此,在某些领域增加额度,势必导致其他领域额度减少。当众议院军事服务委员会制定其2008年预算时,它又增加了3艘舰艇和一系列额外的飞机,最终超过了军方要求的数额。然而,该委员会从申请资金中拿出了16亿美元用于导弹防御和军队的未来发展计划。[156]此外,海军作战部部长敦促国会不要在预算中额外增加DDG-51驱逐舰的数量,因为它将回到20世纪80年代的技术,然而当时的众议院军事服务海洋权委员会主席吉恩·泰勒(Gene Taylor)(D-MS)无论如何也要把它们加进去。泰勒的选区是诺斯罗普·格鲁曼公司英格尔斯船厂的所在地,该厂正面临关闭其DDG-51生产线的命运。最终,众议院拨款国防小组委员会主席约翰·默沙(John Murtha)(民主党人)拒绝批准购买DDG-51,但希望增加其他5艘舰艇,并明确指出其中一艘将是额外的弗吉尼亚级核攻击潜艇。[157]

这些例子表明,授权者和拨款者之间并不总是达成一致。预算问题往往成为一场权力之争，谁控制了钱，谁就掌握了权力。我们必须牢记这些行动所涉及的高额费用，在这个案例中，仅一艘潜艇就需要数十亿美元的资金。后来，7名众议员在2008财年的国防拨款法案中增加了24.2亿美元，供波音公司为空军建造新的C-17运输机。这些并没有包括在五角大楼的预算申请中，而且事实上，空军已经预留了资金来停止该运输机的生产。

由于国会提高和降低了数百个单独的预算项目，因此无论是增加还是减少资金，每年劳动力产业规划都产生了不可预测性和不稳定性。其结果导致工业运行效率极低。除了低效，不确定因素还与授权拨款的设备数量的增减有关。长周期零部件不能提前订购，特定生产量的资本设备数量可能不足，而且不能雇用劳动力或不得不在预期需求变化情况下解雇劳动力。

各军种在这些行动中也并非完全无辜。国防部部长办公室可能会决定不为某一项目提供资金，以平衡国防部的整体预算，即使相关军种希望继续该项目的资助。作为回应，各军种往往会间接地让国会知道他们真的希望国会能插手该特定项目，并且他们肯定会得到他们的企业合作伙伴(以及他们企业伙伴的说客及其工会代表)的强烈支持。

游说和国会捐款的第二个作用，也许是最著名的作用，即国会的"专款"。华盛顿注册说客有34 785名，国会议员或参议员为了当地选区的利益，在授权或拨款法案中增加了许多内容。2007财年有15 500项专款，价值640亿美元(根据国会研究服务部的数据)。[158]这一数字的意义取决于什么被归类为专款。例如，在国会议员所在地区增加几艘船，耗资几十亿美元，是否算作专款？还是应该只计算小规模的额度增加，比如为当地大学的图书馆增加的资金？不过用于国防的专项资金是巨大的。2008年，众议院《国防授权法案》中有99亿美元的专项拨款，而参议院法案中包含了额外的54亿美元，总金额一共为153亿美元。[159]政府行政部门审查了2008财年《国防拨款法案》中的专款，发现在20家最大的国防承包商中，有13家获得了80项专款(包括船舶、飞机和坦克的大订单以及主要装备的附加物)。只有众议院的规则要求专款的发起人和他们的目标接受者公开身份。参议院的规则要求发起人证明拨款不会导致个人利益，立法机构约40%专款(53亿美元)是由参议员代表匿名接受者发起的。[160]毋庸置疑，这些专款可能会严重扰乱国防部或产业界已经规划好的有效运作。

当总统收到国防法案时，他可以否决或批准整个法案。他无法选择否决法案中的个别项目。他可能会强烈反对增加这些价值数十亿美元的专款,但他对此无能为力,除非他否决整个法案,而这将使政府停止运作。签署2008财年的拨款法案后,小布什对总价值超过100亿美元的9 800项专款坚持以下观点:"这些项目不是通过基于业绩的程序来资助的,并为政府的浪费性开支提供了一个渠道。"[161]

不断改变预算项目和增加专项资金,国会微观管理的最大影响是效率低下和国家安全效力的降低。还应注意的是,在国会召开听证会之前,国防部和其他政府机构的高级管理人员必须花费大量时间准备和提交多个授权和拨款委员会和小组委员会要求的证词。

国土安全部就是一个极端的例子,该部有88个国会委员会和小组委员会,这些委员会对国土安全的某些方面拥有管辖权。[162]

除了关于授权和拨款的常规听证会,还有许多与国会的监督作用有关的听证会。愤世嫉俗者声称,这样做的目的不在于改善体系,而是在这个过程中逮到某个人并成为头条新闻。当一个问题被发现时,无论是一个项目的成本超支,还是违反了国会的某项法律规定,或是不恰当地应用政府特有的成本会计准则,都将举行听证会,并提出新的规定。如上所述,这些规定可以防止此类事件的再次发生,但在应用于所有其他项目时,它们通常会产生不利影响,即减缓业务,使其效率或效果降低。这种听证会所提供的透明度(通常会被媒体放大)在确保合法行为方面起到了宝贵的作用,但是,尽管国会授予了大量资金,并向议员提供了大笔钱用于其连任竞选,实际上非法行为的例子非常少。尽管一位共和党议员兰迪·坎宁安(Randy Cunningham)公爵在2006年被定罪,他接受了数百万美元的现金和礼物,为一个军事承包商牟取专款,但这被认为是一个罕见的事件。它在公共媒体上的曝光度相当于一个公开的绞刑,抑制了其他公众人物的此类行为。

十六、浪费、欺诈和滥用

几个世纪以来,报纸上的文章一直在宣称国防部采购中的丑闻。人们对乔治·华盛顿的部队在福奇谷的食物和衣服的价格提出了疑问。20世纪30年代中期,参议员杰拉尔德·奈(Gerald Nye)发起了"死亡商人"听证会[163],20世纪40年代初,参议员哈里·杜鲁门(Harry Truman)发起了"战争获利听证会"。

但有关非法行为的实际丑闻,并不是导致价值数十亿甚至数百亿美元的成本超支或无效的武器系统的原因。相反,它们是相对低成本的事件。在许多此类事件中,一件普通物品可以从当地商店以更低的价格买到。在20世纪80年代中期的"零部件丑闻"中,政府被发现为一个扳手支付了9 609美元。[164]在这个案例中,政府提供了一个合理的解释,涉及整个生产设施的间接费用的分配方式。五金店的价格与政府支付的价格之间的差额,涵盖了与国防企业间接费用相关的成本,而不是公司正在实现的利润。但公众的看法是,这个高昂的价格大部分作为利润进入了公司的口袋里。事实上,当时进行的一项调查发现,美国人把国防部开支中的浪费和欺诈视作一个巨大而严重的国家问题。[165]美国人认为,平均来看,国防部预算的近一半因浪费和欺诈流失了,欺诈造成的损失与浪费一样多。任何参与国防采购的人,尤其是承包商,都有可能实施欺诈和不诚实行为。美国人猜想,国防承包商一定是在从锤子到主要武器系统的所有东西上赚取巨大的非法利润。

为了确定国防部每年约4 500亿美元的合同(截至2008年)有多少是由非法行为消耗的,我们必须首先定义浪费、欺诈和滥用,尽管大多由于媒体呈现的缘故,公众往往把三个术语等同。欺诈是指非法行为的实施,浪费是指因管理不善导致政府资金低效和无效使用,而滥用是指非明智的、错误的但并非严格意义上的非法行为。浪费包括以下一些情形:[166]

● 不合理的、不现实的、不充分的,或经常变化的国防部需求;

● 未能在适当情况下使用竞争性招标;

● 未针对突发事件(如飓风或军事冲突)开展特定的合同签订准备工作;

● 国会指示(如专款专用)和机构支出行为违反客观的价值和风险评估,未考虑现有资源。

1985年,格雷斯委员会对国防部的104种所谓的浪费进行了界定。[167]数量最多的三类(到目前为止)是国防承包商的高额管理费(由于在武器系统的管理中缺乏降低成本的激励措施)、预算编制和采购过程的不稳定(导致不经济的生产率),以及在武器设计中缺乏成本意识(以及相应地,需求过程中缺乏成本意识)。因此,为了节省数十亿美元的浪费资金,重点应该放在武器采购流程的广泛的结构性问题上。

浪费的另一个主要源头(也是造成上述高额间接费用的一个重要原因)是监

管过程,据估计,该过程使总成本增加15%至20%。[168]监管过程包括过多的文书工作、社会经济计划、专门的成本核算程序以及其他阻碍商业惯例和产品融入国防部的监管障碍。其他浪费情形包括开启和关闭生产线,要求定制物品,以及购买数量过低。其中一些类别的浪费可以达到非常大的金额,特别是涉及武器系统和对其管理不善时。然而,即使这些浪费的美元达到数十亿,这些疏忽的行为也不是非法的,只是对公共资金的无效或低效使用。那些往往最引人注目的浪费案例实际上并不是最昂贵的。1998年,美国国防部的一位监察长发现,一个买家为一架飞机的一些小型电子备件支付的费用明显过高。五角大楼收到了来自国会的一些信件,询问"谁因这起事件被解雇"。国防部部长威廉·科恩(William Cohen)在对整个国防部的广播讲话中回应说,他抵制这种要求,致力于找出出错的原因,并希望人们"更多地考虑创新,而不是因为犯了诚实的错误而受到惩罚"。调查显示,买方错误地支付了立即交货的少量零部件的费用,而实际订单要求将大量零部件放在货架上,以备日后作为备用零部件使用。当被告知这一错误时,买方纠正了错误,并获得了大批量的价格折扣。这一行为并不违法,只是一个诚实的错误。在这个案例中,买方创造性地试图从采购目录中购买,而不是就零部件开展具体谈判,因此,纠正措施不是解雇此人,而是发布一本按照目录采购的培训手册,只要适用,就该鼓励这样做。

在滥用类别中,承包商经常利用现有的法律,而没有实施任何非法行为。例如,由于法律要求为小型公司和少数族裔公司预留大量的国防部业务,因此大公司经常利用小公司作为"幌子"来操纵这些规定。尽管这种从小公司到大公司的分包合同并不违法,但这并不是小企业预留法的目的。

所有浪费和滥用的案例都是不可取的,但只有欺诈案例是非法的。同样,这些案例在国防部所有业务中往往只占很小的资金量。即使是在里根扩军时期的备件丑闻和其他滥用职权的情况下,国防部监察长(其工作是尽可能多地揭露不正当行为)说:"国防部每浪费一美元……只有两美分是被盗的;其余的都是由于管理不善造成的损失。"[169]

最危险的欺诈类型是供应商故意提供劣质零件。这损害了设备的有效性,并可能导致丧命。因此,我们做出了最大的努力来减少所有质量受损的情况。尽管如此,这种情况偶尔也会发生。因为政府的政策要求自由和公开的竞争(而不是将竞争限制在成熟的供应商)。曾经发生过这样极端的情况:一个供应商在她的地窖里经营,从中国购买零件,重新分类,大幅加价,但仍以美国供应商的最低价格出售给国防部。[170]在另一个案例中,北达科他州的一家苏族制造公司在为驻伊拉克和阿富汗部队的头盔盔甲编织凯夫拉纤维线时,没有达到军方规定的要求。该公司被罚了200万美元,但随后从国防部获得了一份7 400万美元的合同,用于制造头盔盔甲。在这个案例中,可能有一个质量控制程序予以纠正了。[171]小型企业对国防部有欺诈行为的第三个案例是,佛罗里达州一家现已倒闭的金属公司被认定犯有篡改其出售给美国宇航局和国防部的金属零部件测试证书的行为。[172]

另一种欺诈行为是多收零部件或服务的费用。在一个广为人知的案例中,南卡罗来纳州的一个小型零部件供应商向军队开出了数十万美元的账单,将价值不过几美元的物品运往伊拉克和佛罗里达。由于这些是优先项目,它们通常由国防部采购系统自动支付。在这种情况下,供应商利用了国防部采购系统中的一个弱点。[173]这方面的另一个案例发生在服务领域,在1999年和2000年的巴尔干军事行动中,KBR被指控(被判有罪)在科索沃建造斯托本德斯蒂尔营地期间,根据与军队签订的后勤保障合同,抬高各种货物的价格。[174]正如这些例子所表明的,某些情况下时间的紧迫性造成了巨大的浪费,偶尔也会让一些欺诈行为瞒天过海,尽管后来往往还是被发现了。最常见的非法收费活动是乱收劳务费,在这种情况下,工人将时间记入成本补偿合同,而这些费用本应是固定价格合同的一部分。政府最终支付了本应由固定价格合同支付的成本损失。[175]美国政府问责局的一项研究表明,这种情况占所发现的欺诈案件的30%以上。[176]同样,详细的审计通常会发现这种滥用行为,而且这种审计的存在极大地阻止了这种行为,但它仍然偶尔会发生。

最后一个非法行为的例子是,向未经美国政府批准出口的国家或组织出口美国军事技术。最常见的手法是化身获准国家的"幌子"公司来申请设备,然后运往未获准的地区。例如,在沙赫统治时期,伊朗购买了美国的军事装备,包括F-4、F-5和F-14战机,以及眼镜蛇、奇努克和西科斯基直升机。然而,在伊朗革命之后,美国实施了禁运。为了保持这些飞机的运行,伊朗必须能获得零部件,一些军火商在不知情的情况下将这些设备运到了迪拜和南非,随后又被运到了伊朗。[177]虽然美元价值不高,但这种行为必须予以制止,因为它对美国的安全政策十分重要。为了找到这些少数几起滥用或非法行动的案例,需要进行详细的审计,由于必须审查大量的案例,才能发现少数的不当行为,因此代价高昂。正如一位空军官员指出的那样,当涉及备件丑闻时,所做的每一项分析都表明,"发现这些案件的成本远远超过了节约的结果"[178]。

随着欺诈案件的曝光,政府开始采取重大行动予以打击。在20世纪80年代,最早的行动之一是修订《虚假索赔法》(False Claims Act,1863年针对内战时期的贿赂行为的法规),加强政府的调查权力,增加对承包商欺诈性索赔的民事案件的可能性。[179]该修正案规定了传唤权、调查、起诉以及在联邦司法机构之外进行审判。其中最后一项规定是,承认司法部无法彻底追究其他联邦机构提出的许多欺诈案件。正如副总检察长史蒂文·特罗茨(Steven Trotts)所说:"国防采购系统是我们所面临的最复杂的程序之一。"[180]最后,政府使用了"归讼"——这是一个法律概念,即向那些将欺骗政府的人绳之以法的个人支付报酬。这为合法和不合法的"告密"行为提供了额外的激励。遗憾的是,这也鼓励了个人提出无意义的甚至是报复性的指控,希望政府会去发现一些东西,并给予指控者一大笔钱。[181]除了这些行动,政府还大大增加了政府审计人员的数量。据估计,在20世纪80年代,政府增加了5 000名审计人员。[182]这些审计人员很多入驻承包商的工厂。在伊拉克战争扩军期间,也采取了类似的行动。例如,在批准2008财年第一年国防拨款法案时,众议院为国防合同审计局增加了1 200万美元的资金、国防合同管理局1 700万美元、监察长办公室2 400万美元,以及新增2 100万美元用于从总务管理局临时调派600名合同专家到国防部协助进行合同监督。[183]最后,由于21世纪国防工业全球化的显著增长,美国的国防企业一直在与欧洲的国防企业合作建立一个共同的道德准则,为共同武器项目的使用提供标准化的原则。[184]

在国防部快速扩军时期(如20世纪80年代的里根扩军时期),特别是在战争环境中签订合同时(如在"9·11"事件之后的伊拉克和阿富汗的扩军期间),资金流动会更加自由。在这些时期,浪费、欺诈和滥用的案例更加普遍。除了里根扩军时期零部件价格过高外,还有"恶风"丑闻,波音公司的一名前雇员在被聘为海军助理部长期间为该公司提供了非法帮助。在21世纪前十年的扩军期间,人们对德鲁云事件给予了很多关注,在该事件中,一名空军副助理部长在向波音公司谋职的同时,为该公司提供非法帮助以获得合同(她和波音公司的首席财务官都因此入狱)。在伊拉克和阿富汗花费的大量资金以及政府合同管理人员不够,导致对90个以上的潜在欺诈案件的调查。这些事件包括一家伊拉克分包商向KBRS的一名采购官员支付了13.3万美元的回扣[185],一家地方公司向伊拉克的一名军事合同官员提供金钱和其他有价物品,以换取将数十万美元的合同转给该地方公司[186],以及向一群军事人员先后行贿30 000美元,以获得阿富汗的建筑合同。[187]伊拉克重建特别监察长斯图尔特·鲍文(Stuart Bowen)指出,伊拉克政府中的腐败现象十分普遍,但是,"从我们迄今发现的大多数案件来看,美国重建计划中的腐败事件,在美国对伊拉克重建的总体财政贡献中,似乎只占较小的部分"[188]。他发现,在47 321个重建项目中,只有112个项目因承包商违约而被终止(0.2%的违约率)。[189]他还发现了许多浪费的案例,比如420万美元的未经授权的施工项目(包括一个奥林匹克大小的游泳池和20辆应伊拉克官员要求建造的贵宾拖车)。但由于这些项目是经过授权的,因此它们只是浪费,但不是非法的。[190]

公众认为,欺诈案件在几乎所有国防采购中都很普遍和常见。恰恰相反,一项分析发现,在330 000项被审查的采购中,只有372项采购被认为是有问题的。[191]在国防部每年实施的1 500万项合同中,有千分之一可能被认为是有问题的(并非不当或违法)。在1984年提交给国会的年度报告中,国防部部长指出,在调查的24 380个案件中(相当于上面提到的问题案件),有2/3的案件被认为不涉及实际问题而被撤销,有一些需要采取行政措施(如改变采购程序),还有一些则被移交起诉。[192]该年有657起被定罪,因此每100起有问题的案件中,只有不到3起被起诉。通过粗略归纳这两组统计数据,在每年1 500万次的采购行动中,可能有1 500次涉及某种形式的非法行为。

同样的万分之一比例也出现在所涉及的资金中。国防部部长在1984年提交给国会的报告中指出,在1983财年,司法部收取了520万美元的罚金、赔偿金和追偿金,国防部收取了960万美元。因此,在当时大约1 700亿美元的年度采购预算中,总共收回了1 480万美元,同样约为万分之一。虽然1 480万美元不是一个小数目,但在同一年政府用于收回这些钱的成本远高于此(国防部和司法部的审计师、律师和其他雇员的工资)。这里的问题是道德和合法性,但是经济学上并不主张增加审计师和律师。

最糟糕的案例是那些贿赂。海军的采购丑闻涉及大约7万名雇员中的6名官员(比例也约为万分之一)。同样,在伊拉克贿赂案中,在该地区19万名承包商中发现了15~20起案例(同样,比例约为万分之一)。正如诺曼·奥古斯丁(Norman Augustine)所指出的,相对于参与军工企业的大约300万~500万人而言——"有哪个城市,即使人口只占其一小部分,却没有监狱?"[193]贿赂是违法的,犯罪者必须受到严惩。必须给他们树立一个反面典型,以阻止其他人犯罪。因此,每次在合同数量及浪费、欺诈和滥用行为显著增长之后,都会成立一个高级委员会,为采购改革提出建议,在这两种情况下,都采取了重大措施来开展一系列广泛的、结构性的纠正行动。[194]

令国防工业普通观察家惊讶的是,虽然国防部提供的合同价值巨大(特别是在预算迅速增加的时期),但是非法行为的案例很少,而且那些确实存在的非法行为往往涉案金额较小。高度的可见性(透明度)使得这种非法行为难以得逞。这是数以千计的审计师对所有交易进行审查以及新闻界和国会监督的结果。无论是在国防部还是在行业内部,对遵守规则都非常敏感。正如航空工业协会主席兼雷神公司首席执行官威廉·斯旺森(William Swanson)在谈到国防企业的道德行为时所言,"没有公司愿意在这个领域接近犯规线"[195]。

尽管存在公众的看法和频繁的头条新闻,但国防采购中的非法行为案例并不多,与之关联的美元也很少。更大的问题在于数十亿美元的浪费,这实际上是由所采用的采购流程造成的。用国会提供的资金获得最大的国家安全实力,需要政府和国防工业对未来业务的运作方式进行重大变革。

十七、国防业务活动摘要

国防业务量庞大:[196]
- 每年的合同金额超过4 500亿美元(截至2007年);
- 每年为近600万人完成1.453亿笔支付交易(截至2006年);
- 每年发布5 700万笔总账交易;
- 每年处理1 380万张商业发票;
- 每年处理700万笔旅行付款;
- 每年管理2 550亿美元的军人退休和健康福利。

《联邦采购条例》规定了这些业务流程的监管方式。尽管详细的规定有一些潜在的优势,但重点在于遵守而不是结果。流程的独特性和它所提供的透明度使许多世界级的公司不愿意从事国防业务。一些人反对公布高管的工资和详细的公司成本信息;反对面向全球市场的出口管制;反对披露专利信息;以及反对设计、制造和后勤保障的专有化特性。正如安吉拉·斯蒂尔斯(Angela Styles,前联邦采购政策办公室主任)所言:"你有很好的实体公司……看了这种情况,你会说:'天哪,在政府合同中做错事或被认为做错事的风险这么高,这不值得我参与这个市场。'"[197]对政府合同的不完全理解使这一问题变得更加复杂。国会议员、众议院监督和政府改革委员会的高级成员汤姆·戴维斯(Tom Davis)对同僚的合同改革方式进行了评论,"他们没有任何政府合同的工作经历。他们只是通过道听途说或是对新闻报道的反应来实施改革。所以你会得到这些非常不一致的合同政策和做法,这当然不是好事"[198]。这种过度监管也挫伤了政府的合同管理人员,以至于他们在履行本应为了效率和效益而采取的步骤时,失去了管理灵活性。正如克里斯托夫·多罗贝克(Christopher Dorobek)所指出的那样,过度监督使联邦合同官员处于一种不稳定的状态,他们不敢使用现有的灵活性:"采购官员感到害怕,因为他们担心自己做出的任何决定都会被审查、审查、再审查。如果联邦雇员犯了错误,他们担心自己会被传唤到国会,或者更糟。"[199]他认为,监管是必要的,错误的行为应该被揭露,但有太多优秀的联邦官员和承包商被卷入漩涡之中。他最后指出,这种情况也损害了政府在吸引新员工加入公共服务方面的能力,特别是在合同管理领域。

政府需要足够数量的有经验的、聪明的买家来应对国防部购买的设备和服务的复杂性、涉及的大量资金以及任务本身的重要性。

这些人必须:[200]

- 具有商业和组织方面的才智;
- 了解政府采购和项目管理;
- 了解经济和市场力量;
- 了解并专注服务领域;
- 熟悉技术;
- 享受工作的稳定性和晋升潜力。

海军部部长唐纳德·温特(Donald Winter)强调了经验丰富的政府采购人员的一些关键特征。[201]他列举了广泛的领域知识、广泛的业务知识(包括商业知识)、充分理解业务成本,以及善于利用竞争来提高绩效和降低成本。

鉴于国防部的业务规模,需要有一个综合的企业信息系统来管理国防部的复杂业务。这样一个系统应能处理财务系统、人事系统、后勤系统和采购系统。所有世界级的企业都有一个综合的现代信息系统,但国防部没有。2009年,国防部有超过4 000个不同的业务系统,这些系统既不集成也没有交互性。自1995年以来,美国政府问责总署一直将国防部对业务系统现代化的需求以及相关的财务管理领域列为高风险。[202]国防部一直在逐步解决这个问题,但制度上的阻力和相对较低的优先级(国防部把它视为后台的东西)使这个过程放慢了。每个人都赞同拥有一个综合的、全局性的系统是可取的,但很少有人愿意放弃他们已经使用多年的系统。

国防部采购货物和服务(特别是复杂的武器系统)的过程非常细化和复杂。其最不理想的特征之一是为军队购置新装备所需的时间——从决定启动项目到物品交付军队的时间。首先,要有一个细化过程,就需求内容达成一致。然后,这将被写入一份通常长达数百页的招标书中。接下来,企业可能会花6个月或更多的时间把大量的标书答复整合在一起(包括性能、成本和管理)。然后,需要约6个月的时间来评标、选择来源、撰写合同和授予。如果没有抗议,那么中标的承包商就会与政府进行设计审查,并开展详细的测试项目(首先由公司进行,然后由政府单独进行)。最后,可以开始初步的生产和现场安装,包括建立项目的保障体系。

一般来说,对于武器系统来说,整个过程往往需要10～15年的时间。在这期间,技术在变化,需求在变化,数量和预算也在变化。项目不断在修改(一般在这一时期经历数千次变化),项目涉及的人员也在发生许多变化(高级政府人员很少在整个过程中留在一个项目上)。虽然这个延长期在和平时期可能是可以容忍的,但在战争时期则不然。在军事冲突期间,战斗人员会不断产生新的紧急需求而这些需求必须得到迅速满足(几周、几个月,或者最多一两年)。在战时情况下,政府会开发一个并行的采购程序(主要是临时性的),以便有一个可接受的(和合法的)程序来快速响应紧急需求。

为了有效地购买商品和服务,国防部的采购系统必须解决四个关键问题:

(1)应该购买什么货物和服务(在承受能力和技术限制的范围内)?

(2)如何采购货物和服务(在法律允许的范围内,尽可能高效和有效地采购)?

(3)谁应该去采购(政府采购人员的数量和质量以及适当的激励措施)?

(4)谁应该提供货物和服务(这涉及工业基础的结构以及全球化、竞争、创新、健康和企业与军方之间的合作等问题)?

这四个方面共同决定了所取得的成效。

第三节 国防工业绩效:结果和趋势

在评估美国国防工业基础的有效性时,也许可以做出的最重要的声明是,它提供了世界上最优的武器系统。在近四十年里,美国的国防战略一直以技术优势为基础,而美国在21世纪面临的最大挑战之一就是保持这种技术优势。性能最大化是工业基地生产活动的必要结果,但仅有这个结果还不够。这种装备还必须在数量足够的前提下,经济上可承受,在需要的时候可交付,高度可靠,廉价且易于操作和维护,并且是整个美国经济中的一个积极因素。

美国航空航天业是净出口的领导者。在2005年[203],航空航天和国防工业的净出口顺差为385亿美元(出口总额为650亿美元)。这大大超过了半导体、化学品和新闻出版的净出口,也超过了诸如食品、饲料、饮料、电信设备、家用电器、药品和计算机及其配件等行业的净出口,所有这些行业都是贸易逆差。航空航天业对美国的出口做出了突出的贡献,因其武器被公认为是全世界性能领先的。由于这些出口中越来越多的份额是在服务领域,除了制造业领域获利,这个出口体系还在工程领域为美国提供了大量的就业机会,并为出口的装备创造了保障条件。据航空航天业估计,其2006年的净出口创造了140万到190万个工作岗位。[204]

贸易平衡和创造就业是重要的,但对国防工业基础来说,最关键的问题是要创造性能最大化、负担得起、按时交付、高质量、可靠的系统。在这一方面,成绩单不太理想。美国政府问责总署对选定的武器项目[205]进行了年度评估,得出的结论是,2007财年一揽子重大国防采购项目的总采购成本比最初的估计增加了26%。这些项目的开发成本比最初的估计增加了40%。在大多数情况下,项目也未能在承诺的时间内交付系统性能:目前的项目在向作战人员提供初始性能方面平均延迟了21个月。在所评估的72个项目中,没有一个项目在系统开发中达到最佳实践标准,以实现计划成本、进度和预期性能。发现存在以下几个问题:

● 使用成熟的技术

数据显示,同时引进新技术和新武器系统会带来高风险、高成本和进度延误。首选的方法是使用已被验证的技术,并将新技术嵌入系统的后续阶段或区块(通过螺旋式发展)。

● 稳定的设计

美国政府问责局发现,63%的项目在系统开发启动后发生了需求变化,这些项目的成本增加了72%。在没有改变需求的项目中,成本只增长了11%。同样,需求改变应该放到后续阶段或区块,而不是在设计过程中引入。

● 合格又稳定的管理和员工队伍

政府和企业员工需要具备资格和经验。美国政府问责局发现,自2001年以来,政府项目管理人员的平均任期只有17个月(还不到国防部政策规定的一半),这破坏了管理结构的稳定性和责任感。调查还发现,政府采购部门人员严重不足,以至于他们要么是聘用外部承包商来补充项目办公室(48%的政府项目发生此类情况),要么依靠行业承包商来完成本应由政府完成的管理职能。最后,调查发现,政府没有充分管理在软件领域(武器系统)所占的越来越大的业务份额,这导致了成本的显著增长(自这些系统开发以来,预期的代码行数增长了25%)。

● 早期设计和开发阶段的规划

美国政府问责局发现,对产品后续制造和保障的规划——低成本、高可靠性和易维护——不充分。

如果国防部想继续拥有世界上最好的武器系统,上述四个问题必须以可承受的价格,高效、有效地及时加以解决。

上面提到的成本和进度绩效信息是相当令人震惊的,但它需要与其他部门处理成本超支和交付方式进行比较。图4.4显示了美国国防部与其他公共部门和私营企业的项目在开发和生产成本方面的对比结果。

1986年,美国总统的国防管理委员会(帕卡德委员会)[206]指出,武器系统的平均成本增长约为40%,而兰德公司的一项研究表明,2005年的平均成本增长约为55%。如图4.4所示,国防武器系统的成本增长相当于或者低于一些主要的政府建设项目(如哈特参议院办公大楼、雷本众议院办公大楼,或弗吉尼亚州的杜勒斯机场),并大大低于一些企业项目,如新奥尔良的路易斯安那超级穹顶

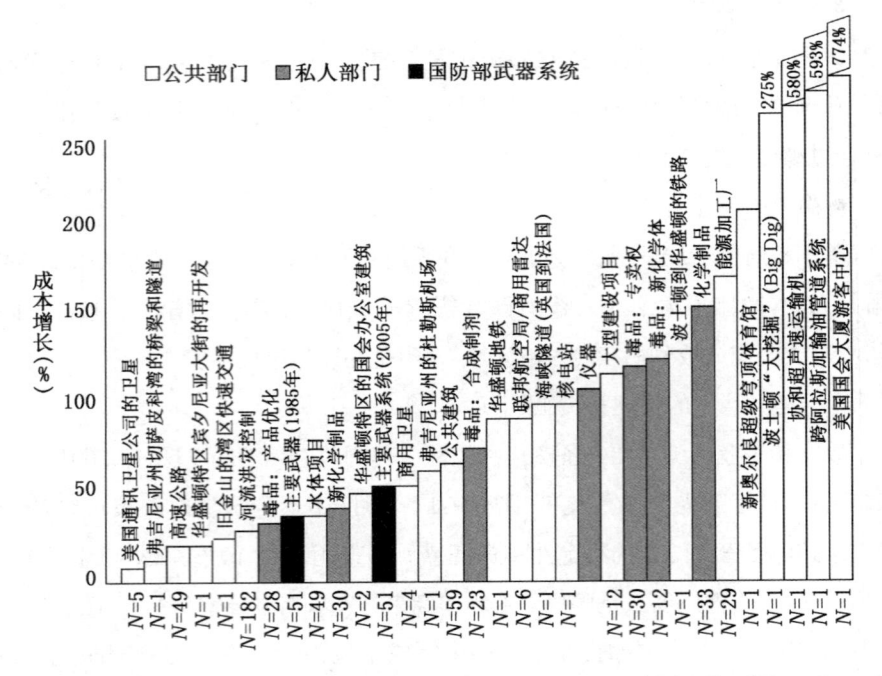

资料来源：F. Biery, The Analytic Sciences Corporation (TASC), "Cost Growth and the Use of Competitive Acquisition Strategies," National Estimator 6, no. 3 (Fall 1985); RAND Corporation, "Cost Growth Study," November 2006; "Capitol Visitor Center," Washington Post, November 17, 2008. All data have been adjusted for quantity and inflation.

图 4.4 主要军事项目和民用项目的成本增长

体育馆、波士顿的"大挖掘"(Big Dig)地下公路系统、跨阿拉斯加管道系统、协和超音速运输机，以及最近在华盛顿特区的美国国会大厦游客中心。美国国会大厦游客中心的交付时间晚了三年，刚开始时，它只是一个价值7100万美元的前厅和游客休息站，1999年，变成了一个耗资2.65亿美元、更加昂贵的游客中心，在2008年完工时，耗资达6.21亿美元。这是一个典型的"需求蠕变"的例子，但这次是在国会的管理之下。最初的7100万美元的游客休息站变成了6.21亿美元的美国国会大厦扩建工程，看起来像一个地下足球场。[207]这些由国会控制的建筑项目的案例，并没有在关于国防武器系统成本超支的国会听证会上被提出来。尽管如此，国防部必须改变其采购程序，以控制成本增长和进度延误，这在历史上一直是国防采购的结果。

一、高昂且不断增长的成本

如果可用于武器系统采购的总金额已经确定,那么可以购买的系统数量是每个武器的单位成本的一个应变量。国防部一直面临着两个成本问题。第一个问题是,单个武器的单位成本高(包括预期的和增长的)。第二个问题是,随着系统变得更加复杂,设计进去的单位成本会成倍增加,可以采购的系统逐年减少。首先要考虑的是单一武器的高昂的单位成本:

● 据估计,一艘新的核动力航空母舰(不包括上面的飞机)的成本为117亿(2003年的估值)[208]至200亿美元(2008年的估值)[209]。

● 目前的核潜艇和较大的水面作战舰艇的成本为30亿至50亿美元[210],而下一代估计为70亿美元或更多。[211]

● 海军陆战队运输船每艘耗资17.6亿美元(几乎是十年前原预计成本的3倍)。[212]

● 隐形B-2轰炸机每架耗资约12亿美元[213](部分原因是购买数量从计划的128架减少到24架)。

● 现代隐形战斗机的数量因年份和生产数量的不同而有很大差异。F-22估计每架超过2亿美元,F-35每架超过1亿美元[214],相对于最初的估计,两者的成本都大幅增长。F-35在批量生产时的成本为3 500万美元。[215]

● 陆军和海军的防雷、防伏击车辆是大批量生产的,每辆成本超过160万美元(包括为其配备通信、电子设备和备件)。

自越战以来,甚至为士兵和海军陆战队员提供保护的费用也已大大增加。在越南,每个士兵35磅的装备成本约为1 941美元。在伊拉克和阿富汗,每个人的保护装备已经增加到75.3磅,成本为17 442美元。[216]

单个系统的高成本只是问题的一部分,因为随着时间的推移,每个系统往往都会有新的要求,以获得更高的性能,这导致其单位成本增加。正如预期的那样,最大的成本增长来自大型项目。在2000年至2007年期间,6个项目占据了总项目成本的56%。在4 010亿美元的总项目成本中,陆军未来作战系统的成本为697亿美元,联合攻击战斗机(F-35)的成本为668亿美元,SSN 774攻击潜艇的成本为273亿美元,陆军的化学非军事化项目耗资234亿美元,空军的进化型可消耗运载火箭(EELV)耗资183亿美元,空军的C-17A飞机耗资176亿美元。这些都是极其庞大的数字,但在许多情况下,大量的系统正在被采购。一个武器系统的单位成本是至关重要的,因为它要乘以正在采购的数量。需要采取两个重要的行动。首先,设计初样单位成本的意图是作为需要采购和可承受的数量的基础,所以把单位成本作为一个设计要求变得至关重要。其次,如果成本得以维持,那么购买数量就不会减少(只要该系统可使用的资金总额保持不变)。

考虑一下这两个成本类别的经验数据——单位成本和成本稳定性。当坦克的单位成本随时间变化时(在调整了通货膨胀的影响后),1 000辆谢尔曼坦克的成本为140 000美元,如果将这一成本与M-60坦克和M-1坦克放在一条曲线上,那就可以清楚地看到一辆坦克的单位成本会随着时间的推移呈指数式增长。同样,如果从中途岛航空母舰开始绘制曲线,并将现代航空母舰的曲线往上移,这也是一条指数式增长的成本曲线。如果我们从早期的喷气式飞机开始(即F-4,100架的价格为350万美元),然后继续增加现代战斗机,直到F-35和F-22,那么这又是一个指数级增长的曲线。[217] 所有分析过的系统都出现了这种指数式单位成本增长。增长率随个别类型的武器系统而变化。对于核弹道导弹潜艇(调整了通货膨胀后的恒定美元),从一代到另一代的成本增长是每年3.48%,而对于战斗机,每年是7.1%。

随着每一代新武器系统的问世,其性能也在指数式提高(在战斗机方面,平均每年提高5.6%)。许多人会说,你必须支付更多的钱来获得更多的性能。然而,计算机、计算器、电视机和手机的发展趋势表明,一代又一代,性能得到了极大的提高,而成本却在下降。考虑到更多的武器系统依赖于电子产品,人们应该能以更低的成本获得更高的性能,而不是接受必须付出更多才能获得更多这样一个自然条件。

在国防部,武器的数量对整个部队的效力非常重要,而可用于国防的资金总量是有限的。因此,随着装备的单位成本上升,可以采购的系统数量却急剧下降。国防采购的总体现象是,单位成本增加,性能提高,可负担得起的武器系统数量减少,因此每年的采购数量大大减少。事实上,诺曼·奥古斯丁采用这种减少数量的曲线,预测了战斗机的数量。他发现,在2054年,国防部将每年购买一架战斗机(由各军种共享)。[218] 随着个别武器的成本继续上升,每个军种的装备数量也会有类似的缩减。例如,海军将不得不缩减舰艇数量,除非其开始购买价格低得多的舰艇。来看一下海军陆战队的坦克项目(被称为"远征战车")。最初的预测是以84亿美元购买1 025辆坦克(根据众议院监督委员会的报告),但随着单位成本开始大幅上升,国防部表示,将购买593辆两栖突击车,总成本为132亿美元。同样,从海军的F/A-18A/D到F/A18E/F,平均成本从每架3 800万美元增加到8 260万美元。虽然开发成本和采购成本相当(分别为60亿美元和380亿美元),但海军获得的总数量从1 021架下降到462架。[219]

这种单位成本增长的另一个重要影响是,将采购数量进一步推迟到年外预算中,从而导致部队获得装备的时间严重滞后。例如,上面提到的远征战车的生产时间推迟了八年。看一下个别项目的成本增长情况:

● 从2003年到2005年,陆军的未来作战系统的成本估算从920亿美元增长到1 650亿美元。这是一个完全不受财政约束的项目,随着需求的增长和系统定义的完善,该项目也在不断增长[220],直至2009年盖茨部长将其取消。

● 从2005年到2009年,总统直升机(一开始是现成的采购)从最初的23亿美元到37亿美元,直至最后的45亿美元到75亿美元的版本。[221]同样,在合同签订后,需求继续增长;直到2009年合同被取消。

● 从1999年到2005年,先进的间谍卫星(未来图像架构项目)从50亿美元的估算增长到180亿美元,其间遭受了技术困难和需求增加,最终被取消。[222]

● 从2002年到2004年,进化型可消耗运载火箭从154亿美元增加到280亿美元,尽管该项目预期发射次数减少了(138次而不是最初计划的181次)。[223]

● 从1998年到2006年,一个信息收集卫星项目(天基红外系统)的费用从41亿美元增加到102亿美元,而卫星的数量从5颗减少到3颗。[224]

图4.5和图4.6显示了F-22飞机单位成本的上升(从1992年到2006年)和采购数量的下降(从1986年到2005年)。几十年来,这些成本增加的原因一直为人所知,但系统内的激励措施使这些做法得以继续,而且成本增加、进度延长、数量减少的情况继续存在。

关于国防系统高成本的报告常常被夸大,因为它们没有说明描述的基础。如图4.4的数据所示,国防系统的超支并非无足轻重,但与其他领域的许多商业采购和政府采购相比,超支的程度要小得多。此外,为了使数字看起来很大,新闻报道经常强调武器系统的总成本,而不是分析细节。例如,在讨论F-35战斗机时,有一篇文章指出,它最终可能需要花费1万亿美元来开发,但文章进一步

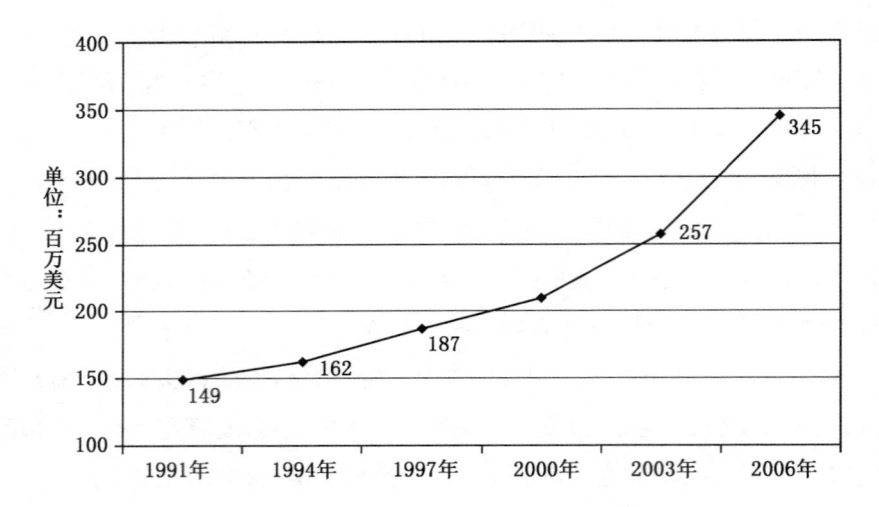

资料来源：U. S. Government Accountability Office (GAO), "Tactical Aircraft: Air Force Still Needs Business Case to Support F/A-22 Quantities and Increased Capabilities," March 2005.

图 4.5　1991—2006 年每架 F-22 战斗机的平均总成本

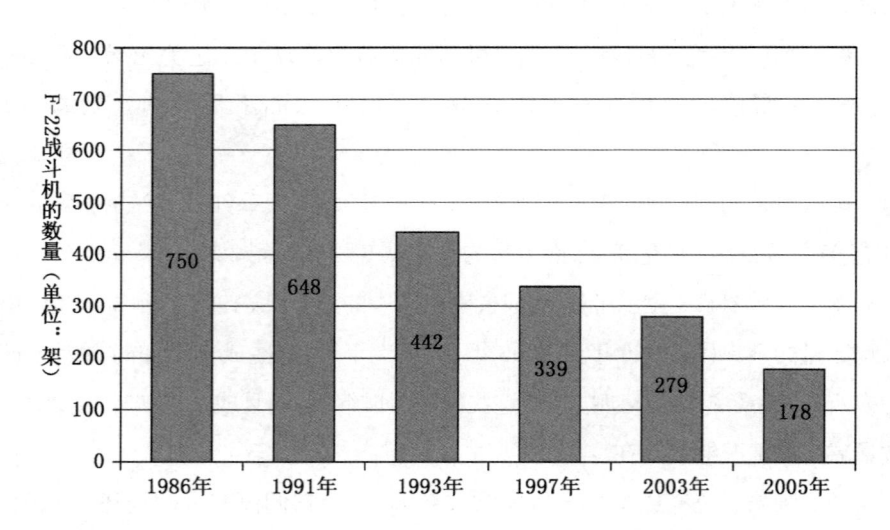

资料来源：U. S. Government Accountability Office (GAO), "Tactical Aircraft: Air Force Still Needs Business Case to Support F/A-22 Quantities and Increased Capabilities," March 2005.

图 4.6　1985—2005 年 F-22 战斗机的采购数量

指出,这一成本包括为空军、海军和海军陆战队采购2 458架飞机,6 500亿美元用于运营和维护这些飞机二十年,以及这款先进的隐形战斗机的十二年开发费用。[225] 也许数字的使用最容易引起误解的是,一个非常成功的项目降低了武器系统的单位成本,从而说服国防部购买更多的这些武器系统。在商业世界中,这被称为价格弹性——价格越低,销售量就越大。在这种情况下,数量已经显著增加,但看一下该项目总成本,给人的印象是已经超支。同样,一些分析报告指出,美国国防部对新系统的计划投资从2000年的7 900亿美元到2007年的1.6万亿美元,翻了一番,而实际情况是,2000年有75个项目被认定为重大项目,而2007年则有95个这样的项目。[226] 这不是苹果与苹果的比较。同样,如果单位成本增长,而国防部决定购买更少的系统,则总成本可以保持不变,但由于数量减少,军方获得的总体军事能力却下降了。

尽管如此,即使在调整了通货膨胀、数量变化和性能提高之后,国防武器系统的成本也还是太高了,而且在持续增长。[227] 如果美国要在21世纪保持其国家安全态势,政府和工业界就必须对这一领域给予极大的关注。

二、延长的周期时间

为了获得最大的军事能力,国防部需要将高性能的系统从开发阶段转到应用演练,而且这些系统需要以足够的数量部署,而不仅仅是一两个。当战时指挥官发现美国需要某种能力,而且马上就需要时,这一点尤其重要。这个问题在21世纪比过去更为普遍,因为在伊拉克和阿富汗的对手在世界(商业和军事)市场上获得了先进装备,并经常以意想不到的方式使用这些装备,这就要求美国做出快速反应。

新武器系统的开发和部署周期较短,也往往将项目成本降至最低。如图4.7所示,一个新系统从开发到首次作战部署的时间越短,其成本增长就越小。由于投放市场的时间缩短以及开发成本和单位成本降低这两个原因,汽车工业、电子工业和其他商业领域已经越来越多地争取并实现了更短的产品完成时间。遗憾的是,国防部并没有遵循这一趋势。从1969年到1998年,军用产品的平均周期从约80个月增加到107个月,而私营汽车行业的平均周期时间从约90个月减少到24个月。[228]

成本和进度之间的相互关系是双向的。一个短期项目带来较少的成本增

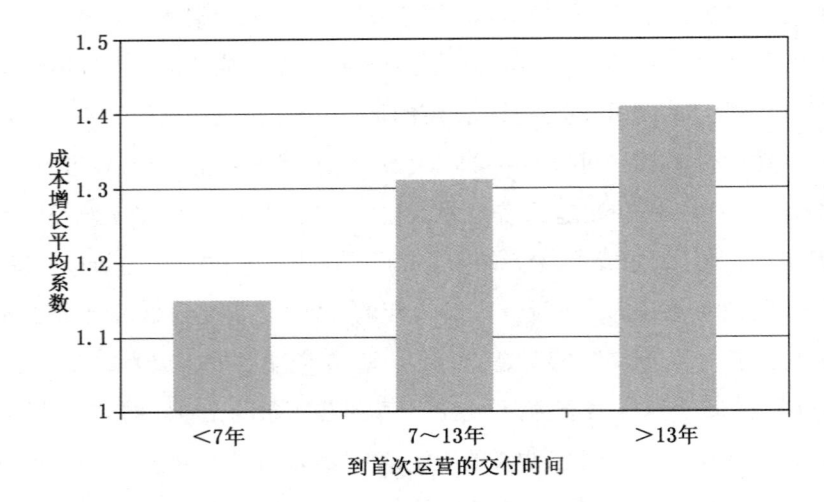

资料来源：RAND Corporation,"Analysis of Selected Acquisition Reports,"1996.
图 4.7　国防部三个项目的平均成本增长

长,而成本增长则会延长项目,时间长了,成本也就增加了。人们在某个项目工作的时间越长,他们做出的变动就越多,于是新的需求被加入,新的技术被引入。以下例子说明了进度如何影响武器系统：[229]

2000 年 5 月,陆军的未来作战系统项目启动,2003 年 5 月开始研发。采购周期预计为 91 个月。到 2006 年 8 月,周期已经延长到了 139 个月,而且该系统预计要到 2014 年 12 月才会有初步的实战能力。

1994 年 2 月,无人机"全球鹰"开始作为一个示范项目,其研发启动和低速生产的决策始于 2001 年 3 月。预期采购周期为 55 个月。到 2006 年 9 月,其采购周期已延长到 78 个月,单位成本已从 7 860 万美元增长到 1.682 亿美元。

1997 年 9 月,联合战术无线电系统(一种基于软件的无线电)项目启动,2002 年 6 月开始研发。采购周期为 55 个月。到 2006 年,采购周期已经延长到 117 个月,预计到 2012 年 11 月才会做出批量生产的决策。这个周期与商业电子设备有很大的不同。

最后,表 4.4 显示了 F-22 项目的进度延迟,这与图 4.7 中显示的成本增长数据一致。

表 4.4　　　　　　　　　　F-22 项目的进度延期

事件	延期月数
核心设计评审完成	16
首飞	24
首次生产	58
首架运营飞机交付	56
首批运营能力交付	27
首次运营测试和评估完成	63
全面生产	63

三、可靠性和可用性不足

任何武器系统在被要求执行任务时都必须工作,如果它无法使用,那就必须有备用系统。当一个系统不可靠的时候,维护费用就会大大增加,因为每当系统发生故障时,都要对其进行维修并使其恢复工作状态。因此,可靠性和可用性对作战能力和武器系统在其生命周期内的成本都至关重要。遗憾的是,许多国防部的系统并没有达到需求中规定的可靠性和可用性。在 2000 年至 2003 年间,空军 B-2 轰炸机的任务可执行率(可用率)平均略高于 39%,在 2005 财年,它的平均任务可用率为 31%。[230]在这些可用率下,需要有三架轰炸机,以便有一架总是处于待命状态。由于轰炸机的单位成本很高,因此可用率的代价高得令人望而却步。

同样,空军 F-22 先进战斗机的高成本并没有带来可靠的设计。事实上,国防部指出,其重大故障间隔时间平均只有 1.7 小时[231],而其可用率只有 55.9%(除此之外,其每小时的飞行成本为 49 808 美元)。

再看一下海军陆战队的两栖远征战车,它以水面 30 节、陆地 45 英里的时速运送部队到战场。到 2007 年,经过十年的发展,测试表明,它平均每 4.5 小时就会发生故障,而且存在明显的软件问题。[232] 2009 年,老化的 C-5 战略空运飞机的任务可执行率只有 50%,有些人声称实际数字更低。[233] 2008 年五角大楼的一项审查发现,联合空对地距外导弹(价值 60 亿美元的项目)存在明显的可靠性问题。在前一年的测试中,4 枚被设计为高精确度并被认为可以投入战斗的导弹,偏离目标多达 200 英尺,或未能在撞击时引爆。

根据前国防部部长办公室测试和评估主管皮特·阿道夫(Pete Adolph)的说法,"在完成了初步作战测试和评估的武器系统项目中,约 50%没有被认定为作战有效和适合作战"[234]。这里的定义取决于规定的要求,而(如上所述)这经常是过度规定导致的一个结果。在濒海战斗舰(基于现有的和经过验证的设计)被选中供海军使用后,14 000 项新的技术要求被添加到该舰必须执行的任务中,以符合《海军舰艇规定》(Naval Vessel Rules)(如在"第 8 种海况"条件下工作,浪高为 27~42 英尺)。[235]这一要求是否真的必要,并不是问题所在。即使该要求被证明使系统变得相当复杂,提高其成本,并降低其可靠性,但在成为武器规格的一部分内容后,就必须得到满足。

许多大型商业项目或其他政府项目也有可靠性问题。波士顿的 Big Dig 公路隧道系统的成本超支比远高于一般的国防部项目,完工时间晚了五年,还出现了天花板瓦片掉落,导致一名汽车司机死亡,吓坏了数百万人。同样在波士顿,在 20 世纪 70 年代初,60 层的约翰·汉考克大厦因其不可预测的窗户坠落而臭名昭著,这使得在该地区行走不安全,在恢复安全之前,需要进行两次全面的窗户更换。尽管如此,由于国防系统对国家安全和服役人员生命的影响,军事装备必须能够正常工作。正如皮特·阿道夫在 2008 年所言,令人惊讶的是,"在过去的十五年里,系统开发中的可靠性提升被国防部弱化或取消了"[236]。

四、工业绩效

国防工业的高管们在谈话中表示,他们的业绩衡量标准是他们所提供的武器系统的质量、成本和交付进度。实际上,他们的股票价格和绩效奖金是基于其利润和年收入增长率。由于他们获得了所在公司的大量股权,因此他们还基于股票价格本身得到个人奖励。

在 2001 年 9 月 11 日的恐怖袭击后,国防部的预算呈爆炸性增长,基本预算有了战时追加资金的补充;到 2005 年,美国航空航天和国防工业的销售额和利润都达到了创纪录的水平[237],这些结果一直持续到 2006 年,当时洛克希德·马丁公司的股票上涨了 45%,通用动力公司的股票上涨了 30%,雷神公司上涨了 32%,诺斯罗普·格鲁曼公司上涨了 13%。[238]在许多情况下,这些记录一直持续到 2008 年。

工业利润可以用多种方式衡量,如投资回报率或销售回报率。在后冷战时期整合之前,就股本回报率而言,国防工业是非常有吸引力的(相对于标准普尔的工业指数)。这主要是因为有很大一部分资本和研发投资是由政府出资的。然而,在整合期间,国防企业的股本回报率显著下降(相对于标准普尔指数),因为它们将大部分股权投入了收购。[239]在预算上升趋势和巨大的合并狂热被抑制后,该行业再次回到了非常有利的股本回报率(在21世纪初)。

国防工业历来是一个低销售回报率的行业。即使它是一个高度管制的行业,其销售回报率也明显低于公开管制的电力行业。事实上,由战略和国际研究中心(CSIS)[240]所做的一项分析表明,国防工业的销售回报率低于标普500综合指数,以及其中的资本货物指数、医药和生物指数、技术硬件指数及软件和服务指数。它也明显低于那些以利润领先著称的私营企业。在2005年(国防销售非常积极的一年),5家大型航空航天和国防企业的销售回报率如下:通用动力公司6.9%、洛克希德·马丁公司4.9%、波音公司4.7%、诺斯罗普·格鲁曼公司4.5%、雷神公司4.5%。与之相比,埃克森公司为43%,微软公司为32%,富国银行为25%,财富500强公司为14%。[241]2005年航空航天和国防工业的总体销售回报率平均为6%左右,这是从2001年3.9%的低点增长五年后的结果。[242]一些最大的合同通常具有相对较低的销售收益率,因为它们是在一个高度竞争的环境中被授予的。如上所述,在伊拉克和阿富汗的战争中,最大的服务合同是LOGCAP保障合同(授予KBR),该合同的基准费率只有1%(最高可授予9%)。[243]我们的猜想是,该合同是在竞争环境中竞标的,是一个基于成本的合同,风险相对较低,因此公司只能获得少量的销售回报。从激励的角度看,它促使承包商最大限度地完成其被授权的工作,因为即使只有1%或2%(包括一些授标费)[244]的销售回报,在低资本投资和高销售额的情况下,它仍然代表了相当数量的利润。

从2001年到2007年,标准普尔航空航天和国防工业指数攀升了181.7%,而大盘上涨了17.6%。在伊拉克战争和阿富汗战争的扩军阶段,华尔街不断给予国防股回报。尽管计划成本大幅增长,进度滑坡,而且所提供的装备的可靠性往往不尽如人意,但是公司高管们(受到利润、销售和股票价格的激励)做得非常好。2007年,洛克希德·马丁公司的董事长和首席执行官获得了2 600万美元的综合报酬,其他5位公司高管获得了680万至360万美元的报酬[245];波音公司的首席执行官获得了1 900万美元[246];雷神公司的首席执行官和董事长获得了1 930万美元[247];通用动力公司的首席执行官为1 570万美元。这一年,政府允许(作为可收费的合同费用)从那些基于成本的合同中最多提取597 912美元作为高管薪酬,其余的薪酬必须来自公司利润。然而,当年的利润足够高,因此,可以很容易支付额外的高管薪酬,而公司仍然可以拥有创纪录的利润。

公司高管们经常会说,他们作为经理人的工作就是最大限度地提高股东价值。在20世纪60年代,当普通投资者的持股时间超过六年时,这是一个合理的说法。然而,正如苹果公司的史蒂夫·乔布斯(Steve Jobs)所言,"今天,10%的股票为对冲基金持有,而其平均持有期只有60天,而另外85%的股票是由共同基金和养老基金拥有,其平均持有期为十个月。……我不认为将这些投资者视为贵公司的股东是正确的。他们只是在一个特定的时间点上暂时拥有贵公司股票的投资者。他们负责使其投资的股票价值最大化。而作为首席执行官,你要负责让你的公司得到最大程度的长期健康发展。"[248]国防部面临的挑战是,如何建立充分的激励机制,使国防企业的高管们将最高质量、价格可承受、按时交付的武器系统视为他们的目标,并因实现这些目标而得到奖励。一种方法是,在授予未来的国防业务合同时参照过去的业绩(在质量、成本和进度方面),并根据承包商最初在投标时提交的标书且参照过去业绩来制定衡量成功的标准。遗憾的是,这种衡量手段并没有被证明是有效的(如上所述)。第二个方法是,当承包商达到目标时,以更高的费用(授标费)来奖励承包商。然而(如上所述),国会、美国政府问责局和国防部对那些在绩效远低于预期的情况下(即使是政府的原因)给予高额授标费的政府项目管理者提出了很多批评。奖励承包商的另一种方式是,当绩效达到目标时行使项目采购的年外选择权,当业绩不符合目标时拒绝这些选择权(然后开放竞争)。还有一种奖励承包商的方法是,使用价格弹性的商业惯例。如果武器系统的价格下降并变得非常有吸引力,那么政府就应该用这些钱来购买更多的系统,以此奖励承包商,从而增加其销售额和由此产生的收益。最后,还有许多其他的方法,如利益共享,即政府和承包商之间分享节省下来的资金,双方都将获得收益。所有这些激励措施都需要在未来加以认真的考虑。

这方面的最后一点是,关于国防企业是否全额缴税的问题。2004年政府问责局的一项研究发现,61%的美国公司,包括39%的大公司,在1996年至2000

年间没有缴纳企业所得税。在2008年的一个案例中,最大的伊拉克战争承包商KBR承认通过2家开曼群岛的分公司减少纳税义务,据报道,该公司逃避了数亿美元的医疗保险和社会保险税。最后,美国政府问责局2004年的一项研究发现,最大的联邦承包商中有24家利用开曼群岛来减少他们的税单。[249]当公司从联邦政府获得大部分资金时,他们应当支付所有的税款——许多公司也都这样做了。

第四节 军事后勤保障和装备维护

根据美国陆军参谋长埃瑞克·史内斯基(Eric Shineski)将军2000年的讲话,"如果没有国防部的后勤转型,我们就无法实现国防部的转型。"由于后勤是迄今为止最大的承包领域,并且对部队的战备状态影响最大,因此它必须得到行业的极大关注。从广义上讲,后勤是指在全球范围内通过当前的行动规划和维持一支准备就绪的联合军事力量的能力,并确保作战指挥官自由开展行动,以满足和维持未来的军事任务需求。其功能包括运输、维护、规划、订购(替换、修理、备件)、采购、财务、财务、库存和决策。从工厂到散兵坑,从零部件供应商到作战人员,以及其间的所有功能,构成了国防部的供应链。这是一个关键的作战功能,因为如果子弹不能及时送达,生命就会丧失,战争就会失败。

仅美国在2007财年的数字就很惊人:[250]
- 年度后勤支出(包括补充资金)1 720亿美元;
- 库存940亿美元;
- 军事和文职政府人员超过110万人(以及至少同样多的承包商);
- 零部件数量价值超过500万美元;
- 每年的征用费超过1 800万美元;
- 政府基础设施,包括13个维修站、3个军火库、212个主要的中级维修设施、21个配送站、23个不同的周转基金,以及超过2 000个后勤信息系统。

为了发挥作用,这个复杂的系统需要3个要素:(1)同步和完全整合;(2)整个供应链中所有资源的可见性;(3)对需求做出快速、精确和可靠的反应。而且,这3个要素必须以高性价比的方式实现。在当今这个21世纪的世界里,所有功能(财务、人事、库存、运输和维修)、所有军种(因为大多数行动是联合的,必须共享所需的资源)、所有参与机构(例如,在伊拉克,国防部应与国务院、美国国际开发署、情报局和其他需要后勤保障的机构协同运作)、所有盟国(这些国家也需要后勤保障,其战备状况会影响美国开展综合军事行动的能力),以及在全世界范围内的所有级别的相关企业活动,都需要同步和全方位整合。

在伊拉克(战区的承包商和政府人员数量相等)和阿富汗(战区的承包商数量约为军事人员的3倍),后勤系统必须整合纳入这些人员以及他们的需求,并且必须将作战人员与工厂直接联系起来,以便及时交付零部件。这个系统必须全方位整合,并提供总资产的可视性,即实时了解所有资产的状态,包括通过供应链提供的零部件和系统,以及(更重要的是)该供应链的结果,这些都要通过武器系统的战备状况来衡量(产出导向)。

最后,信息必须是准确的,而且供应链必须是完全可靠的。道格拉斯·麦克阿瑟(Douglas MacArthur)将军曾经说过:"战争的历史证明,一支军队十有八九是由于其供应链被切断而被摧毁。"[251]这些潜在的供应链断裂事件中最显著的是受到物理攻击。在阿富汗,约有90%的美国货物被运往巴格拉姆(美国在阿富汗的主要军事基地),这些货物从巴基斯坦的卡拉奇港(只有武器和弹药是空运至阿富汗)出发,要经过八天的公路运输。这些车队不仅经常受到袭击,而且敌军还炸毁道路和桥梁,以阻断供应链(尽管北约买通了当地军阀以保证安全通行,也雇了武装枪手随护大型车队)。2008年6月,一个由40辆卡车组成的车队在喀布尔以南约40英里处遭到袭击,40辆卡车被毁,60人被杀。[252]此外,供应系统中的各个节点(如港口和储存区)都非常脆弱,而且有许多其他可能导致供应链崩溃的原因,包括工厂或储存区的火灾、工厂工人或运输工人的罢工、飓风、恐怖行动、公司倒闭,或外国来源拒绝(出于政治原因)供应某些货物。这类事件同时发生的情况出乎意料地普遍,在商业世界中也可以看到。例如,沃尔玛运营着一个紧急处置中心,对各种此类事件做出反应,包括飓风、地震和暴力犯罪行为,这个中心几乎每天都会接到至少一家沃尔玛商店的紧急危机电话。[253]最后,在21世纪,信息系统本身也很容易受到网络攻击。1996年,国防科学委员会进行了一次演习,演习中,国家安全局闯入国防部的全球运输系统,并将飞机(虚拟)发送到不同的地点。这一漏洞一经暴露,就立即被修复。第二年,国家安全局进行了一次名为"合格接收者"的大规模演习,发现了更多的漏洞。此后的一年,一次大型的、长时间的网络攻击演习(被称为"日出"行动)使人们相信,信息系统的脆弱性可能会破坏供应链。不幸的是,所有这些攻击最终都不再是演习了。21世纪的第一次大型攻击是一次广泛的互联网蠕虫攻击(被称为"红色代码")。在21世纪的第一个十年里,美国国防部每年受到4万次以上的网络攻击。2008年,在俄罗斯人入侵格鲁吉亚之前,他们对格鲁吉亚政府的所有信息系统进行了广泛的网络攻击。

未来任何基于信息系统的国防部供应链都必须考虑隐私和专有数据(包括定价信息和零部件的可用性),也要关注安全保护问题。[254]安全性必须被设计为一项关键要求,并经常接受"红方"(独立的第三方)攻击测试,以验证其安全性和准确性。

一、后勤提升空间

尽管国防部每年花费1 720亿以上美元,雇用了超过200万政府人员和企业人员,但无论从哪个角度(如反应能力、准确性、战备状态或成本)来衡量,国防部的后勤工作都不是世界级的。目前已观察到以下一些问题:

● 国防部有超过2 000个无交互功能的后勤信息系统,很少与其他部门(如财务、人事和采购)相连接。

● 国防部几乎没有成本透明度(基于活动成本计算方面),也没有绩效问责制。它衡量武器系统的战备状态,但没有将其与供应链责任相关联。

● 已经有所改进(在第一次波斯湾战争中,从订货到收货的时间平均为49天,而在2003年伊拉克战争中则为22天,2008年又缩短到16天)。但是,在配送过程中出现了许多错误,没有接近世界级水准(这意味着国内2天,国际4天,几乎没有不确定性,而且有详细的实时可见性)。

● 进入伊拉克需要3个月的部署过程(这比军事要求的14天要长得多)。

● 2008年,在后勤供应系统中仍有超过50万份延期订单没有完成;

军事装备的总体战备情况在65%至90%的时间里被评为"不满意"(其中一些装备的战备程度明显不足;2005年,B-2轰炸机的任务可执行率为31%)。[255]

● 国防部无法解释战区内4万个以上的集装箱。[256]由于跟踪系统不完善,许多单件物品在伊拉克下落不明(据某报告案例,有190 000支枪被送给伊拉克军队)。

● 追踪供应物资的射频识别技术的实施极其缓慢。2005年发布了一项部长指令,要求在2005年之前实施射频识别技术,但四年后仍未完成这项工作。

● 根据美国政府问责局的报告,空军一半以上的备件库存(价值187亿美元)都是当前不需要的,从承包商处订购的备件中约有一半(13亿美元)也是不需要的,其中价值约3亿美元的备件将在到达后被标记为处置。过剩的库存在不断积累,而所需物品的短缺却增加到了12亿美元。在回应这份报告时,一个空军基地指出,它"只有"约13亿美元的计算机库存过剩。[257]

● 在国防后勤管理局的库存中,只有18%在2006年上交,其余则被认为过时了。[258]

● 大约37%的弹药库存被评定为过时、不可用和无法修复。

● 美国政府问责局在另一份报告中评论说,国防部缺乏一套注重结果的绩效和成本衡量标准来评估供应链管理改进计划中的所有单项举措,以及该计划的需求预测、资产可视性和物资配送等重点领域。[259]

● 最后,在美国政府问责局的另一份报告中,它发现"实现资产可视性一直是个难题,因为信息技术系统之间缺乏可操作性"[260]。

总的来说,美国政府问责局对国防部的后勤系统一直持高度批评态度,并从1990年起将其列入高风险名单。其中许多问题仍然存在。遗憾的是,大部分用于后勤的巨额开支和用于后勤的人员似乎集中在当前军事行动上的问题,而不是长远地解决系统问题,即将国防部的后勤系统改造成一个世界级的系统。其结果是,在伊拉克战争和阿富汗战争中,美国因没有一个现代化的后勤系统而受到影响。[261]通过使用过剩的库存和人员,这一问题已经部分得到解决,但其结果既不符合任务的有效性,也不具性价比。而这些问题可能会因为军事装备不断老化、使用广且更换率不高(主要是因为其成本很高,并且需要将国防资金用于军事行动,而不是现代化)而恶化。2007年,一些装备的平均服役年限如下: B-52轰炸机、C-135加油机、C-130运输机和H-53直升机为36年;所有TACAIR战斗机(作为一个群体)为20年;U-2侦察机为24年;海军两栖舰为22年;M-1艾布拉姆斯坦克为22年;HUMVEE吉普车为18年;军队中型卡车为23年。[262]

这些武器系统中有许多是电子密集型的,而电子系统的改装周期通常为18个月(在商业领域)。很明显,这些系统中有许多已不再是最先进的。然而,不仅在伊拉克和阿富汗的长期冲突中的广泛使用和训练任务使得这些系统正在损耗,而且保障和维护这些部队的成本将继续增长,这使得国防部后勤系统现代化的需求更加迫切(既要保持战备,又要降低成本)。

总之,部队需要现代化,但由于国防部人员费用和旧设备的维护费用不断增加,因此用于部队甚至后勤现代化的资金不足。目前有种死亡式螺旋正在增长——由于需要越来越多的资金用于操作和维护老旧装备,因此部队现代化可用资金越来越少,而这种循环又加速了下滑。预算削减使问题变得更糟,而后勤系统的问题使得军事效力和整体成本问题变得更加复杂。

二、商业比较

商业公司和国防部对后勤系统的要求有很大的不同,在设计未来的国防部系统时必须认识到这些差异。首先,如果供应链没有交付,在商业案例中会有经济损失或客户不满意,但在国防部的案例中,生命就会丧失并且战斗就会失败,因此国防部要求更多的供应缓冲是真实的。其次,商业系统是在一个基本和平的环境下运行的,而国防部的系统必须被设计成在危险条件下运行。同样,它需要更大的内置安全系数。最后,商业系统可以实现最大的性价比,而国防部的系统则受到政治和法规的明显阻碍(如法律规定,50%维修站点的工作必须在政府设施内由政府工作人员完成)。尽管如此,在商业领域运作的现代物流系统可以为国防部提供大量已知经验,并提供许多工具和技术,使其能有效、高效地运作。

在商业领域,企业投入的资源将帮助其实现预期的绩效。例如,美国联合包裹服务公司(UPS)每年投入超过10亿美元用于研究和开发,并在包裹流通技术上花费了超6亿美元,以改善其物流系统。[263]国防部在这一领域的研究和开发花费很少。此外,商业系统已经进入需求拉动系统的领域,利用感应网络技术,通过装备本身(发送信息要求维修)或从零售商店或批发商店(发送类似的信息)感知需求,并且为更好地预测和即时回应做出了巨大努力。沃尔玛和戴尔的与众不同之处在于其感应系统,两者在几个小时内就可以完成从订单到交货。相比之下,国防部系统的主要特点仍然是一个供应推动型的系统(需要上述的大量库存)。尽管国防部系统巨大,但许多人惊讶地发现,一些商业系统还要大得多。具体如下:

● 卡特彼勒公司每年处理2 800万份申购单(相比之下,国防部为1 800万份);

- 联邦快递每年处理 90 亿个包裹,联邦快递全球枢纽每 90 秒就有一架飞机降落,包裹的传输分拣带为 300 英里;
- UPS 每天平均处理 1 570 万个包裹,其世界港每小时分拣和运送 30 万个包裹,每天约有 600 架自有和包租的飞机在全球各地巡航;
- 戴尔公司每隔 5 秒就生产一台台式电脑,以快速响应量身定制的互联网订单;
- 沃尔玛让它的 6 万个供应商持续掌握其 300 亿美元年销售额中各个产品的变化情况;
- 贝纳通极大地修改了生产流程,以快速响应客户不断变化的需求,他们不再为圣诞节制作许多不同颜色的毛衣,而是全部做成白色,然后浸入一种彩色染料中,这取决于当年圣诞节流行什么颜色(在销售柜台获得信息);
- 大多数商业公司的采购管理前置时间是以分钟计算,过去军队需要 6 个月到一年的时间来处理一项申购,现在已经大大改善,缩短到美国中央司令部批准订单后的 14 天内。[264]
- 如表 4.5 所示,国防部物流供应链的响应时间(库存物品配送、装备维修和采购管理的时间)大大超过了世界级商业公司。

表 4.5　　　　　　　　　　国防部和商业供应链的响应时间

流程	国防部	商业公司		
配送 (库存物品)	21 天 (国防部平均)	1 天 (摩托罗拉公司)	3 天 (波音公司)	2 天 (卡特彼勒公司)
维修 (整个周期)	4～144 天 (国防部平均)	3 天 (康柏公司)	14 天 (波音电子公司)	14 天 (底特律柴油机公司)
维修 (站点时间)	8～35 天 (军队坦克或卡车)	1 天 (康柏公司)	10 天 (波音电子公司)	5 天 (底特律柴油机公司)
采购 (管理前置时间)	88 天 (国防后勤局)	4 天 (德州仪器公司)	0.5 天 (波特兰通用公司)	几分钟 (波音公司、卡特彼勒公司)

资料来源:数据取自 1996 年至 2006 年间国防科学委员会多个工作组的多项研究。

三、后勤取得的进展

多年来,国防部已经认识到需要对其后勤系统进行现代化改造。最后,在 2004 年,国防部建立了 6 个试点项目来测试基于绩效的后勤战略(包括订合同、规划、预算和财务流程)。[265] 也是在 2004 年,联合参谋长会议将以后勤为重点作为一项要求,并纳入了关键的感应技术参数。[266] 为了实现这一目标,国防部发布了一项指令,要求从 2005 年 1 月开始在整个部门内采用 RFID 技术。

除了国防部的这些整体举措,各个军种和机构也开始了自己的后勤现代化改造活动。例如,虽然花了两年时间才获批启动,但陆军的后勤批发信息系统用一个现代化的、由承包商操作的、商业现成的(COTS)系统(由计算机科学公司作为承包商)取代了旧的、由政府运营的、基于 Cobalt 的系统。以下为取得的成果:

- 性能得到了极大的提高,五年来,年均成本减少了一半(从 2 亿美元降至 1 亿美元);
- 确保所有 400 名政府工作人员在承包商处至少工作一年(目前的工资和福利至少保持不变)。
- 所有员工都将接受现代 C++软件的培训;
- 旧系统将被保留,直到转换完成;
- 一个多年期(五年)的合同是通过竞争获得的;
- 对员工的调查发现,他们非常满意;

另一个例子是,空军(佐治亚州华纳罗宾斯的维修站)通过竞争选择了汉密尔顿标准公司作为 C-130 叶片和轮毂发动机零部件的主要供应商:

- 发动机的大修时间减少了 50%;
- 零部件的可用性增加了 30%;
- 螺旋桨的装配周转时间减少了 20%,叶片减少了 16.7%;
- 平均材料支出比计划的要少 64%;
- 质量得到了极大的改善(在最初的五年内没有任何退货)。

海军航空系统司令部(NAVAIR)与卡特彼勒商业软件公司和霍尼韦尔管理公司在其辅助动力装置上建立了后勤公私合作关系:

- 每架航母舰载机的辅助动力装置的可靠性已经提高了 10 倍以上;
- 可靠性超过了规定的 25%以上;
- 在平均飞行小时数方面取得了巨大的改进;
- 任务意外取消之间的平均飞行时间有了显著增加,P-3 提高了 300%,F/A-18A/B/C/D 提高了 45%;
- 在阿富汗,该系统激增了 50%,以满足所有需求。

国防后勤局实施了一个完整的业务系统现代化项目和一个主要企业供应商计划。其主要医疗用品供应商在接到订单后时直接向医院供货，而不是向一个配送中心供货。以下是取得的成果：

- 订购周期从 110 天缩短到 8 天；
- 在最初的五年里，通过减少库存、持有成本和生产成本，节省了 7 亿美元以上。

尽管这些试点很出色，但仍有巨大的阻力抵制国防部改变传统的后勤工作方式，即从供应推动型（大量人员和物资）转变为基于现代信息技术的需求拉动型（感应）系统。此外，还存在问题，因为许多遗留系统没有与供应链相关的基本衡量标准（基于活动的成本计算或任务产出评估）。2007 年，一个高级外部审查小组（由在后勤管理学院开会的后勤专家组成）得出结论："目前的国防部项目和举措将无法在 2020 年之前实现以后勤为重点。"

四、跨入世界一流后勤系统的障碍

要改变一种文化一直很困难，在国防部至少有十个原因造成了阻力：

(1)目前的系统是有效的，并被认为是国防部的核心竞争力（"如果没有坏，为什么要改造？"）。这种论点没有认识到该系统过于昂贵（在资金和人员方面），而且可以用低得多的成本大幅提高性能（响应速度、可靠性和可用性）。

(2)政府文职人员（他们在政府的后勤人员中占有相当大的比例）和军方（他们认为自己对政府雇员的控制权超过企业人员）都有保护工作的强烈愿望。

(3)对保持现状有强烈的政治支持。一个政府维修站可能雇用了一个国会选区的 2 万名选民；导致立法要求 50% 的维修工作由政府工作人员在政府维修站完成[国会最大的单一核心党团（135 名成员）是"维修党团"]。国会通过了类似的立法，反对将所有不属于政府但目前由政府雇员完成的工作进行竞争性外包。尽管结果显示，无论谁赢了，都能平均节省 30% 的费用。

(4)在这一关键职能方面，承包商不受信任。人们担心战场上无法控制他们，而政府将被锁定为单一来源。

(5)由于担心在危机时期缺乏控制，因此多军种共享后勤数据存在阻力。

(6)反对使用仅能满足 90% 需求的商业现成的(COTS)后勤系统，并且不愿意改变传统的国防部流程，以适应基于 COTS 的现代化流程。

(7)一些人不信任及时交付("我想看看库存,我不相信及时交付能满足军事需要")。

这种反对意见没有认识到,对于军事应用来说,一些缓冲将被纳入系统,因为它对战争至关重要。

(8)由于网络战(这点,与其他所有问题一样,需要有明确的解决方案),许多人不相信信息系统的安全性。

(9)存在重大的财务问题和审计问题。如果周转资金池用于所有的日常开销,当一个项目结余很多时,那么这些经费就会被转移到另一个项目上。例如,在20世纪90年代末,有人谈到将阿帕奇直升机的后勤保障外包,以显著节约项目费和提高绩效,但人们的反应是,这将大大增加M-1 A-1坦克的成本,却无法提高其性能。坦克的日常开销将增加,以吸收直升机长期以来的固定开销。另外,在没有成本基准数据的情况下,要从商业案例的角度说服审计人员项目变化有其合理依据,这很困难。最后,要获得研发或采购的资金以降低运营和维护成本是很困难的(由于不同的时间段和不同的国会委员会)。其结果是,审计人员相信,在国会的抵制下,无法节省费用,所以不应该进行投资(而且也没有)。

(10)"过渡期会异常艰难。"在许多方面,这又回到了第一个论点:如果你知道这将是非常困难的,而且你知道你并不是真非做不可,那为什么还要费很大的劲去做呢(鉴于预期的阻力)?

部分原因是,在"9·11"事件后,由于国防部的预算迅速增加,因此大家认为没有必要去改变。人们可以简单地通过补充资金获得额外的钱,如果有足够的钱,就可以堆积足够的金属,并投入足够的人员,这样,后勤系统就可以发挥作用。随着资金减少,挑战就来了,人们意识到,通过做出必要的改变,他们可以节省资金,提高绩效。

现实情况是,上述十个问题中的每一个都必须有明确的解决方案,以实现国防部后勤系统所需的成功转型。要克服这种阻力,就需要进行大量的试点示范,对现代供应系统以及对可实现的巨大成果进行广泛的教育和培训,为政府和产业制定一套明确的适当措施和激励办法,需要各军种、机构和企业中所有关键的参与者进行大量的社会化工作。为了实现这一切,国防部的高级领导人(包括军事和文职)需要认识到这一需求,并积极带头支持这一愿景,并为其实施制定一个明确的战略。

五、实施后勤转型的愿景和战略

国防部后勤系统转型的愿景是基于三个关键点。首先,它基于一个综合的、灵活的、安全的、以数据为中心的端到端企业信息技术供应系统,具有实时的、准确的、全面的资产可视性。其次,它以产出为导向,以绩效为基础的后勤为标准,对实现(或超过)所需的任务产出的政府和企业人员都有奖励。最后,它实现了政府与企业人员和设施的最佳组合(基于成本和绩效),所有的项目都是通过竞争授予,或者有竞争的选择权,但只有在目前的被授标者没有达到他们在合同中承诺的成本和绩效目标(即持续的性能改进和成本降低)的情况下,才会行使选择权。

根据商业后勤系统的成果,只要上述的十个障碍明显减少,这一愿景就可以在较短的时间内实现。然而,实现这一转变的一个主要因素是,要克服以下五个不正确的观念,尽管现有的经验数据对其进行了驳斥,但这些观念依然存在。

(1)为了省钱,性能会变差。(这忽视了铁证如山的数据,即你可以用更低的成本获得更高的性能,就像计算机不断证实的那样。)

(2)使用合同雇员将比使用政府雇员花费更多。(这种错误的想法部分是基于承包商会增加费用的事实,部分是因为他们的小时费率往往较高。然而,这并没有认识到,竞争力带来了生产力的提高,因此可以使用更少的人,而当大部分成本降低时,少量的附加费用仍然不会妨碍总成本的显著降低。此外,如下文所述,美国国会预算局和其他机构已经表明,在一对一的基础上,使用承包商维修比军队自行维修要便宜90%。)[267]

(3)承诺的成本节约将无法实现。(尽管在事后对成本削减的分析中发现了大量数据与此相左,但人们还是相信这一点。)

(4)小企业将受到伤害。(这种错误的看法是基于这样的担心:由于各种合同的小部分内容被组合在一起以改变整个过程,大型企业将在授标中占主导地位。然而,大多数正在进行的大额授标有一个授标要求,例如,将总授标额的35%留给小企业,而实际结果表明,小企业在总金额中获得的份额比以前要大。)

(5)大量的政府雇员将被解雇。(这种想法是基于这样一个事实:如果你能节省30%的成本,那就一定会有明显的裁员。但实际数据表明,裁员人数很少,因为大多数政府工作人员要么在政府内部被吸收到其他岗位上,要么被中标的承包商以更高的薪水雇用。)

驳斥这五大观念的大量的经验数据[268]必须加以广泛应用(例如在国防部培训课程中)。

此外,还需要实施尽可能多的试点项目,以证明如何以较低的成本实现更高的性能。来自伊拉克和阿富汗的两个经验故事,举例说明了对后勤转型所采取的对立立场。第一个故事是关于伊拉克军队车辆的承包维修。[269]在这个案例中,45名承包商人员被安插到一个"先锋"汽车旅,一切行动听从营长指挥。根据美国政府问责局一份报告,结果他们"超过了陆军既定的90%战备完好率的目标。……从2003年10月到2005年9月,尽管里程数比预期的高800%,但战备完好率平均为96%。"而陆军方面表示,"承包商具有维护知识,""及时提供了关于状态和零部件的信息,""使士兵能够专心致志履行军事职能。"尽管如此,陆军还是决定从军事岗位上抽调出71名士兵,对他们进行"先锋"维护培训,并取代45名承包商人员。陆军的理由是"在不同的战斗情况下增加灵活性"(成本和战备完好率不是考虑因素)。显然,陆军的思维定式并没有因为承包商的卓越成果而改变。

第二个案例(倾向于更多地使用承包商)是,随着阿富汗扩军开始,将需要承包商提供大量支持。[270]2008年9月,国防部为阿富汗巴格拉姆空军基地及其周边地区的道路建设和扫雷工作以及空中监视数据提供发出了邀标书。国防部还宣布,希望承包商提供22架中型和重型直升机,以便在伊拉克和阿富汗运送乘客和货物。军队也宣布了一项合同,为4 600辆地面车辆(预计将在未来几个月内抵达)提供维护和安全存放,以保障阿富汗的国家警察。工程部队宣布了一项5 000万美元的合同,设计和建造一座可容纳1 000人的综合监狱。最后,国防部宣布,它正在寻求情报承包商来筛选被拘留者(以确定他们是否应作为敌方战斗人员被关押)和伊斯兰宗教专家,让后者为前者提供宗教服务,并在某些情况下充当翻译。在所有这些情况下使用承包商的好处是,当冲突结束后,合同就会终止。与政府雇员或军事人员不同的是,只有那些需要维持任务的少数人被保留下来。目的在于从阿富汗的军事行动中吸取许多经验教训,未来可以有效和高效地开展这些任务。

六、实现后勤转型的行动计划

实施国防部后勤系统转型愿景,需要一个七步战略:

(一)组织架构

每个点需要负责端到端的供应链绩效和成本。

(二)激励措施

整个系统(公有和私有)必须采用竞争选择权,而传统系统与新型系统、公共劳动力与私人劳动力应该采用基于绩效的后勤。

(三)人员

政府后勤的主要领导人需要接受现代化后勤(包括信息系统)方面的培训和实践。

(四)业务和财务规定

可见性和灵活性是至关重要的。

(五)基础设施

需要现代通信和完整的企业资源规划(ERP)系统。

(六)技术资金

研发和装备资金对于快速实施至关重要。

(七)专注于持续改进

转型是一个过程,而不是一个事件,因此,螺旋式发展是以越来越低的成本实现越来越高的性能的最具性价比、最快速的方法。

第一,一个巨大的文化变革几乎总是需要对组织进行重新调整,以符合新的方向。在20世纪60年代,在罗伯特·麦克纳马拉(Robert McNamara)部长的领导下,国防部的后勤状况发生了重大改变,终止了独立的服务供应系统(普通物品),并建立了当时的国防供应局,后来成为国防后勤局。随着1986年《戈德华特—尼克尔斯法案》(Goldwater-Nichols Act)的通过,国防部整合了美国大陆以外地区的交通运输管理机构(仍由各军种负责),并成立了新的交通运输司令部。现代化的供应链管理,正如在商业领域所实行的那样,是建立在所有后勤职能完全整合的基础上,而国防部的系统仍然是高度分离的。国防后勤局、各军种、交通运输司令部和作战指挥官都扮演着重要且往往是独立的角色。有很多人建议设立一个单独的国防部后勤管理机构。在国防部内部设立一个联合后勤司令部,可以使权责分明。[271] 为了有足够的权力来克服这种变革所引发的制度性阻力,联合后勤司令部必须得到国防部部长的全力支持,人员编制为四星级别(就像所有其他主要司令部一样)。它还需要各军种参谋长的全力支持,因为它将涉及各军种后勤业务的重大变化。以下是对该机构的几点建议：

● 新机构将负责全球端到端供应链的绩效和成本。

● 它将把目前的交通运输司令部、国防后勤局和各军种后勤部门作为组成机关。

● 联合战区司令部将保留对战区后勤运作的控制。

● 在武器系统方面，各个项目主管继续负责全生命周期后勤保障规划和配置控制。

● 对实施状况的监控将集中在基于业绩的后勤评估标准上。

● 一个一体化的后勤信息系统将是必不可少的。

● 指挥官应该任命一个由行业专家组成的外部咨询委员会，以协助提供实施指导（包括合理的评估标准）。

第二，后勤转型需要有适当的激励措施来实现文化变革。在这种情况下，激励措施必须着眼于以较低的成本提高性能。如果一家公司实现了这些目标，那它就应该得到更多的任务奖励，而不是被迫继续为之竞争。如果它不能持续提高性能和降低成本，那它就会面临后续任务的竞争。同样，如果一家公司提供了保证，而且系统的可靠性不断提高，那它的利润就会持续上升。这也是一种激励措施，可以在降低总成本的情况下提高性能，因为所需的维修工作和备件减少了。因此，在所有（传统和新型）的系统上使用基于绩效的后勤、保证或其他收益共享的激励措施，以推动可用性的提高，同时降低保障成本，这应该是一项重要的激励措施。另外一项激励措施是保留竞争选择权。此外，竞争可以采取各种形式，可以是政府最高效的单位与私营企业的竞标者之间的竞争，也可以是公私合作的团队之间的竞争，或是现行的私营企业与其他私营企业之间的竞争。最重要的一点是，无论是对政府、私营企业还是公私合作的团队，都不应该在单一来源的基础上进行竞争。在任何一种情况下，这将是对垄断行为的奖励，而垄断行为缺乏足够的激励措施（在这些条件下）来实现以更低成本获得更高性能的目标。幸运的是，这种以绩效为基础的后勤工作的好处已越来越被认可。到2008年，国防部已经开展了超过200项基于绩效的后勤工作。[272]他们已经证明物资可用性超过95%，商业化的、世界级的响应时间为2～4天（而国防部的平均时间为16天）。此外，据记载，他们的平均成本降低了11%（到2008年）。

第三，目前国防部的后勤系统属于过度劳动密集型。当乔治·布什总统计划向伊拉克增派21 500人的作战部队时(作为美国作战部队的增援),国防部表示,在部队延长部署期间,将需要多达28 000名额外士兵的部队来提供重要保障。[273]一个转型后的国防部后勤系统将更多地以信息为基础,而不是以劳动力为基础。此外,还有一个关键的问题是,这些工作是由政府雇员(文职人员或军事人员)还是由临时承包商雇员完成。问题不在于是否应该由公共部门还是私营企业雇用,而在于是否所有不属于政府的工作(诸如卡车驾驶、扳手转动和计算机软件编程等)都应进行竞争,以强调以最低成本获得最高性能。这些竞争可能由公共部门的组织赢得,因为该组织过去在这个领域有经验,也可能由公私合作的竞争性团队赢得(最大限度地利用各方优势),或者被一家富有经验的私营企业夺得。但是,要确保所有本质上不属于政府的工作都能通过竞争获得,就需要修改立法(改变要求公有企业和私营企业平均分配维修工作的规定)。即使是政府固有的工作,政府也面临着重大的人事问题,因为很大比例的文职人员快到达退休年龄了。将更多本质上不属于政府的工作交由私营企业完成,可能有助于缓解这一问题(即使出于政治原因,一些私营企业的活也是在政府维修站完成的)。为了解决供应中断和生命损失所带来的劳动力和风险问题,最近,战区后勤供应系统的很大一部分已经转为无人运输方式。例如,在阿富汗,卡曼航空兵团的无人驾驶K-MAX直升机被用来向偏远山区空运多达6 000磅的物资[274](仿效伐木业)。

第四,要实现后勤转型,需要在业务和财务规定方面有更大的可视性和灵活性。以下建议适用于这一步骤:

● 应采用基于任务的成本计算,以获得最大的管理透明度。

● 应建立应急合同、财务和管理措施,从而设立在预算、承包和周转资金方面的常备机构。

● 必须有交易后的审计和足够的可视性,以便能迅速提供这些服务。

● 必须有能力处理和批准在线工作订单。

● 应该扩大和深化"主供应商"的做法(单一买家与多个供应商竞争)。

● 承包商和政府之间必须有收益分享的规定,这样,当成本下降时,双方都能获得收益。

● 必须在整个过程中使用非专有的和开放的系统。

● 必须使用扩展的基于绩效的后勤,并对新旧系统进行跟踪。

第五,为实施这个基于信息的、以数据为中心的一体化的系统,并提供必要的实时和可审计的可视性,需要有一个广泛的基础设施。以下建议适用于这一步骤:

- 必须有足够的通信带宽来处理所有的射频识别。
- 该系统必须是无线的,并且能处理所有的电磁干扰问题。
- 该系统必须使用全球商业通信标准。
- 联合(多军种)供应和维护数据必须可用。
- 该系统必须与涉及任何特定事件的其他机构的后勤系统相连接(例如,发生国内危机时与国土安全部连接,实施远征行动时与国务院和美国国际开发署连接。)
- 该系统还必须是一体化的,以便它能将政府和行业数据库连接在一起(同时保护专有信息),并深入行业低层,以获得足够的零部件可见度信息。
- 该系统应使用商业化的、现成的企业资源规划系统,并确保它们是一体化的,并具有交互操作功能(但它们没必要是通用的)。
- 应该使用基于COTS的中间件标准。
- 该系统应重点关注安全和加密(隐私和专有信息也应得到充分保护,但主要重点放在数据的军事敏感性上)。
- 该系统应该能够提供远程保障(具有回传能力)。
- 该系统应该是用户友好型的,应该为用户提供广泛的培训。

第六,后勤转型的一个关键驱动力是技术,现代信息系统由于商业创新而迅速发展。虽说如此,由于国防部后勤系统有一些独特的要求,因此还是需要研发资金(最好是独立的单项)。其中一个关键问题是,要采用整体架构。它应该仅仅是各军种多种模式的协调性架构,还是应该有某种形式的自上而下的架构?如果是后者(这似乎更可取),那么应该使用什么模式?总的来说,工业界似乎正在大力发展基于门户的架构(与图4.8所示的模式类似),系统与各种用户和供应商(包括公共和私人维修设施、最初的主承包商,以及服务项目主管、产品经理和许多其他的用户)进行交互。该门户系统还必须允许各机构和国防部进行监测和数据汇总。商业世界使用门户系统,并将其建立在互联网和商业通信系统的基础上。国防部也可以用一些特殊用途的系统和充分的安全性进行补充(和测试)。

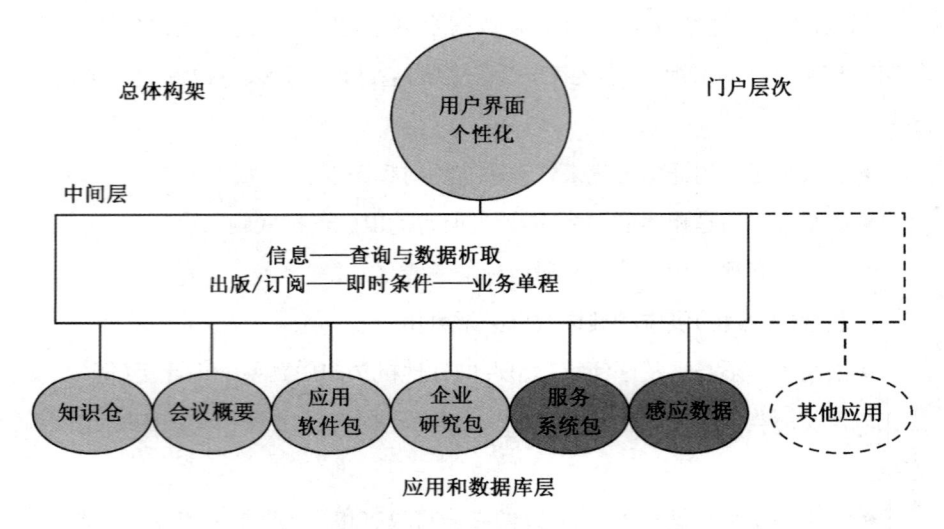

图 4.8 基于门户的架构

总的来说,门户系统提供了集成方法,允许快速的螺旋式发展。它有以下优点:

- 部署速度更快,因为它采用成熟的现成商业技术。
- 风险较低,因为它边发展边演示。
- 它是一个高度协作的系统。
- 它可以建立在当前的服务举措之上。
- 它可以纳入遗留的系统(如果需要的话)。
- 它认识到技术和需求将不断变化,只要标准保持不变,就可以适应这些变化。
- 它让用户直接参与其发展。
- 它认识到文化上反对直接的、巨大的变化的现实。
- 它为所有用户提供了高层次和详细的可视性,无论他们想要什么层次的可视性,而且它可以随时提供给公共用户和私人用户,基本上是实时的。

第七,但可能最重要的是,后勤转型需要长期重视持续的改进。以更低的成本获得更高的性能,需要不断地研究和实验(这就是为什么充足的研发资金是很重要的)。追踪一段时间的结果也很重要,以显示实际取得的成果。图 4.9 显示了海军 F-404 发动机的维修周期时间大幅减少。在两年半的时间里,周期时间从 83 天减少到了 3 天,这直接影响飞机的可用性以及必须采购的发动机和备件的数量。节省的费用是以维修的直接人工费来表示的,但更多的节省来自间接操作成本。最重要的是以更低的总成本获得更高的飞机可用性。

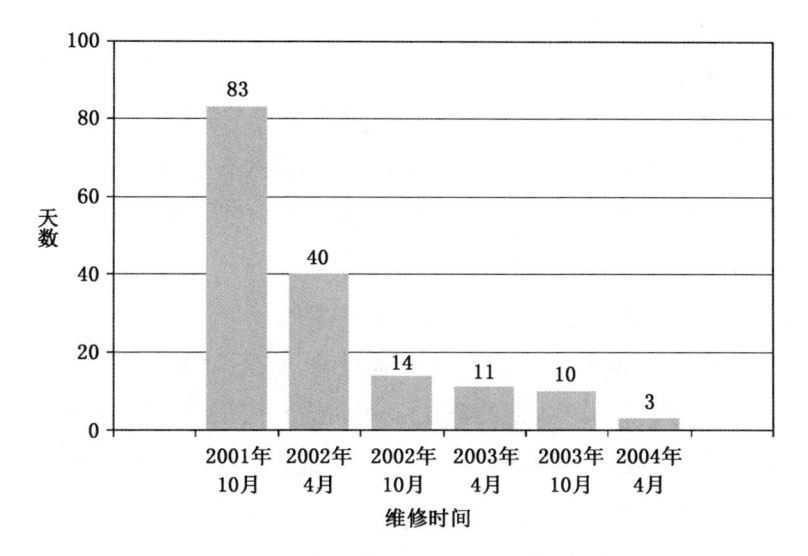

资料来源：David Pauling,"Sustained Material Readiness via Continuous Process Improvement," 2006, web page, accessed February 3, 2009, available at http://techcon.ncms.org/Symposium2006/presentations/2006％20Presentations/plenarySession/pauling％20ctma％20brief％20mar％2006.pdf.

图 4.9　持续改进：F-404 发动机维修的维修周期天数

通过不断了解其他人在你的业务领域所做的事情,你也可以取得显著的改进。在喷气式发动机维护方面,斯奈克玛服务公司(法国斯奈克玛公司和通用电气公司的合资企业)推出了一项名为"发动机维护"的计划,旨在避免因维修或更换零部件而拆除发动机。该公司拥有专业的专家团队,他们在现场进行维修,并拥有在翼机器维修的特殊工具。在一个案例中,据报告,一个客户支付的维修费仅为 5 000 美元,由于不用去维修站,因此不但节省了 60 万～80 万美元以及运送和修理发动机所需的额外时间,而且在这期间也不需要非常昂贵的第二台发动机。只要人们愿意观察和应用他人的经验,而不是抱着一种"非我所创"的态度,其他人的这种经验教训就可以证明是有价值的。

七、实现愿景

商业世界已经证明,在降低成本的情况下可以取得怎样的后勤成果。现在,国防部必须在后勤领域成为世界一流的参与者,因为它对其军事任务至关重要,以及它的成本非常高(在这个时代,国防预算可能不再继续逐年增长,而且补充资金可能会消失)。

为了实现这一转变,需要强有力的领导,从而使国防部供应链的现代化成为其首要任务,并为实现这一目标创造正确的激励措施。需要鼓励和资助示范工作,成功的案例需要被当作典范。最后,在上面讨论的一些财务问题上,需要进行立法和监管改革,特别是改革竞争性采购的运作方式,最重要的是,要取消"50%的工作必须在单一来源的基础上完成的"规定。

要想迅速而有效地进行后勤转型,就必须解决以下五个问题:

(1)国防部部长和各军种参谋长必须通过唯一的后勤司令部来实施管理和组织的一体化,并为其提供充足的资金,同时在整个国防部为其赢得支持。

(2)一份详细的过渡计划必须得到认可,并且随着时间的推移而发展(采用螺旋式发展),必须充分利用竞争带来的激励。为了确保该计划全面实施,必须对其进行持续监测,并在其发展过程中采取相应的措施。

(3)建立的信息技术架构必须随时间的推移而发展,并且必须以门户为基础,以商业现成的方式为基础,以安全和隐私为重点,可与企业资源规划系统交互操作,并且必须使用允许持续竞争的标准(即非专有标准)。

(4)持续评估的工具和指标必须包括成本和性能基准、对部队战备状态改进的重视度,以及政府业务基于任务的成本计算(以提供总成本的可视性,这可以与性能改进一起被追踪)。

(5)所有的教育和培训项目都需要落实愿景、战略以及从后勤转型中已取得的成果和预期的成果。

在整个后勤转型过程中,特别是在教育和培训领域,必须强调的一点是,国防部可以通过提高战备状态、机动性、灵活性、可靠性、反应能力、可依赖型和减少错误,极大地提高部队的整体效力,并以明显较低的成本实现。商业世界已经证明这是可以实现的,国防部必须最大限度地利用商业经验和技术。但是,后勤转型成功的关键是领导层采取行动,克服预期障碍和制度阻力。后勤现代化必须成为领导层真正的优先事项,才能取得成功。

注释：

[1] *The Government Contractor* 50, no. 16 (April 23, 2008): 1.

[2] Pierre Chao, "Structure and Dynamics of the U.S. Federal Professional Services Industrial Base, 1995–2005," Center for Strategic and International Studies, Report, May 2007, 19.

[3] Ibid., 21.

[4] Steven Hall, "Defense M & A Trends and Issues," Office of the Deputy Undersecretary of Defense (Industrial Policy), 2007, based on data provided by the Department of Defense Directorate for Information Operations and Reports Procurement Statistics.

[5] Tom Shoop, "Onward and Upward," *Government Executive*, August 15, 2007, 17.

[6] "Carrier Industry Mounts Budget Defense," *The Hill*, April 12, 2006.

[7] Tom Shoop, "Onward and Upward," *Government Executive*, August 15, 2007, 17.

[8] DoD director for information operations and reports procurement statistics.

[9] Anthony Velocci, "Lessons in Preparedness," *Aviation Week and Space Technology*, May 12, 2003, 47.

[10] Chris Cavas, "LCS: Over Budget, But Still a World-Beater," *Defense News*, March 18, 2008.

[11] "Pentagon Trims Armored Vehicles Due in '07 for Iraq," *Washington Post*, July 19, 2007; Committee on Armed Services, "Demand Improvement in Obtaining MRAP Vehicles," July 19, 2007.

[12] "Stockpile Report," Federal Preparedness Agency, 1976, 1.

[13] For a discussion of the abuses of the stockpile, see Walter Adams, "The Military Industrial Complex and the New Industrial State," *American Economic Review* 58 (May 1968): 655–661; also see Jack Anderson, *Washington Post*, December 14, 1976, B-13.

[14] "Federal Funding Accountability and Transparency Act—Reporting," *Federal Register*, March 21, 2007.

[15] Martin Bollinger, Booz Allen Hamilton, "Vertical Integration in the U.S. Defense Industry," Paper presented to the Defense Science Board, June 12, 2007.

[16] For an extensive discussion of the benefits of smaller size in achieving innovation and growth, see F. M. Scherer, *Innovation and Growth: Schumpeterian Perspectives* (Cambridge: MIT Press, 1984), especially 224 and 237. In addition, see J. M. Blair, *Economic Concentration: Structure Behavior and Public Policy* (New York: Harcourt, Brace, Jovanovich, 1975); J. Jewkes et al., *The Sources of Innovation* (New York: Norton, 1971), 71–85; D. Mueller, *The Rate and Direction of Inventive Activity* (Princeton: Princeton University Press, 1962), 323–346. For example, see Department of Commerce, "The Role of New Technical Enterprises in the U.S. Economy," 1976.

[17] National Academies, "Rising above the Gathering Storm: Energizing and Employing America for a Brighter Economic Future," October 2005, 15.

[18] Created by the Small Business Innovation Development Act of 1982 (Public Law 97–219).

[19] National Research Council of the National Academies, *An Assessment of the Small Business Innovation Research Program at the National Science Foundation* (Washington, DC: National Academies Press, 2007).

[20] GAO, "Contract Management: Protégé's Value DoD's Mentor-Protégé Program, but Annual Reporting to Congress Needs Improvement," January 31, 2007.

[21] Small Business Administration, "Small Businesses Garner $79.6 Billion in Federal Contracts in FY 2005: Another Record Year for Small Businesses," June 21, 2006.

[22] "Second Small Business Scorecard Finds Dollars Rise but Percentages Decrease in FY 2007," *Washington Post*, October 23, 2008.

[23] House Small Business Committee, "Manzullo: U.S. Small Businesses Secure Record Amount of Federal Prime Contracting Dollars," June 21, 2006.

[24] GAO, "Alaska Native Corporations: Increase Use of Special 8(a) Provisions Calls for Tailored Oversight," June 21, 2006.

[25] Griff Witte, "Alaska Native Firms Capitalize on No Bid Deals," *Washington Post*, April 12, 2006.

[26] *Government Executive*, June 23, 2009.

[27] Small Business Administration Office of Inspector General, "Participation in the 8(a) Program by Firms Owned by Native Alaskan Corporations," July 10, 2009.

[28] "DoD Issues Seven Rule Changes to DFARS," *Federal Register*, June 16, 2006.

[29] For example, refer to Defense Science Board, "Creating an Effective National Security Industrial Base for the Twenty-First Century," July 2008.

[30] "Northrop and Lockheed Go to Court," *New York Times*, February 24, 2001.

[31] Office of the Secretary of Defense, "Annual Industrial Capabilities Report to Congress," March 2008, 72.

[32] GAO, "Report to the Chairman, Subcommittee on National Security and Foreign Affairs, Committee on Oversight and Government Reform, House of Representatives"; "Department of Defense: A Department Wide Framework to Identify and Report Gaps in the Defense Supplier Base Is Needed," October 2008.

[33] For an example of an abuse, see Nathan Vardi, "The Spy in the Lab: U.S. Companies Need to Be Increasingly Careful about What They Tell Their Chinese Engineers," *Forbes Magazine*, July 21, 2008.

[34] Office of the Deputy Undersecretary of Defense for Industrial Policy, "Study on Impact of Foreign Sourcing of Systems," January 2004.

[35] Defense Science Board, "Final Report of the Defense Science Board Taskforce on Globalization and Security," Washington, DC, Office of the Undersecretary of Defense for Acquisition and Technology, 1999.

[36] Jack Spencer, "The Military Industrial Base in an Age of Globalization: Guiding Principles and Recommendations for Congress," Heritage Foundation, 2005.

[37] Kimberly Palmer "'Buy American' Compliance Tricky and Increasingly Global Economy," *National Journal*, November 22, 2006.

[38] Ibid.

[39] Capgemini, "Security and Offshore: Taking a Responsible Approach and Realizing the Benefits of Off shoring without Compromising Security," 2007.

[40] Ibid.

[41] "Booz Allen Weighs Splitting Operations," *Washington Post*, December 18, 2007.

[42] For a detailed discussion of this topic, see Jacques S. Gansler, *Defense Conversion* (Cambridge: MIT Press, 1995).

[43] Based on DoD reports to Congress and reported in "Creating an Effective National Security Industrial Base for the Twenty-First Century: An Action Plan to Address the Coming Crisis," Defense Science Board, July 2008, 25.

[44] P. Chao, J. Gertler, and S. Seifman, "What Shipbuilding Crisis? These Are Bountiful Days in U.S. Shipyards, but the Industry May Be Steaming into Rough Seas," *Armed Forces Journal*, April 2006.

[45] See "The Navy's Public/Private Competition Program" (parts A & B), Case study, Harvard Business School.

[46] "Military Repair Work Booms," *Wall Street Journal* October 23, 2006, B8.

[47] "Sir Janus: Sir Richard Evans, Chairman of BAE Systems, Is an Aerospace Boss Destined to Face Two Ways as His Company Grows outside Europe," *The Economist*, December 23, 2000, 106.

[48] Gordon Adams, Christopher Cornu, and Andrew James, "Between Cooperation and Competition: The Transatlantic Defense Market," Chaillot Paper 44, Institute for Security Studies of WEU, January 2001.

[49] Jacques Gansler, "Trade War," *Foreign Policy*, March 2009.

[50] A. Butler, R. Wall, and A. Nativi, "Early Intervention: Pentagon Eyes Ways to Encourage JSF Partners to Accelerate F-35 Buys," *Aviation Week and Space Technology*, April 2, 2007, 30.

[51] Bill Dane, "Fragmented Fighter Market: Euro Fighter Flexes Muscle as U.S. Eyes F-35, JSF Cuts," *Aviation Week and Space Technology*, January 15, 2007, 20.

[52] "British Merchant Has Passport to Pentagon," *New York Times*, Aug. 16, 2006, C9.

[53] Terrence R. Quay, "Globalization and Its Implications for the Defense Industrial Base," Army Strategic Study Institute, 22.

[54] D. Barrie and J. L. Anselmo, "Cashing Out: General Electric Begins a Push Back into Systems Arena as Smith's Group Throws in Its Aerospace Hand," *Aviation Week and Space Technology*, January 22, 2007, 27.

[55] "Europe Takes Offense as U.S. Buys Up Defense," *Financial Times*, July 10, 2003.

[56] Ellen McCarthy, "Foreign Firms a Mainstay of Pentagon Contracting," *Washington Post*, March 18, 2006.

[57] John Douglas, "Forty-First Annual Year End Review and Forecast Luncheon," Aerospace Industries Association, 2006.

[58] "U.S. Army Poised to Restart Transport Aircraft Contest," *Flight International*, December 20, 2005.

[59] "Euro Copter Wins First Major U.S. Military Contract," *Aviation Week*, July 16, 2006.

[60] "BAE Systems Wins First U.S. Missile Contract as Prime," *Flight International*, April 28, 2006.

[61] Merrill Lynch, "Thales Wins Large U.S. Order," June 19, 2007.

[62] Aerospace Daily and Defense Report, "Navy, Air Force Maneuver to Save JSF Alternate Engine," January 5, 2006.

[63] Walter Pincus, "Taking Defense's Hand out of State's Pocket," *Washington Post*, July 9, 2007.

[64] "Agency Announces Surcharge Increase for Foreign Military Sales," *Inside the Pentagon*, March 22, 2006.

[65] Derrick Johnson, "The $63 Billion Sham," *New York Times*, November 2006, as reported in the *Boston Globe*, August 1, 2007.

[66] Dana Hedgpeth, "Sales to Navy Help Lift General Dynamics Profit Sixteen Percent," *Washington Post*, October 23, 2008.

[67] "Arms Forced Stability: President Bush Re-Embraces the Middle East Strategy He Wants Repudiated," *Washington Post*, August 1, 2007, A16.

[68] Simeon Kerr, "Oil Rich States Step Up Market Presence," *Financial Times*, September 10, 2007, 4.

[69] Robin Wright, "House Members Say They Will Try to Block Arms Sales to Saudis," *Washington Post*, July 29, 2007.

[70] "Arms Dealers Fight It Out for Sales in Booming Asia," *Los Angeles Times*, February 27, 2006.

[71] David M. Walker, "Americans Imprudent and Unsustainable Fiscal Path: Fiscal Chal-

lenges Confronting DoD Will Necessitate Better Acquisition Outcomes," *Defense AT&L* (March–April 2006): 13.

[72] "Lawmaker Calls Pentagon's Buying System 'Terribly Broken,'" *The Hill*, April 6, 2006.

[73] Ibid.

[74] This list comes from a GAO analysis of space systems acquisition entitled "Improvements Needed in Space Systems Acquisitions and Keys to Achieving Them," April 7, 2006.

[75] As stated by Representative John Kline (R-Minn.) in "Lawmaker Calls Pentagon's Buying System 'Terribly Broken,'" *The Hill*, April 6, 2006.

[76] Monitor Group, "Defense Acquisition Performance Assessment," 2007.

[77] Daniel Terris, *Ethics at Work: Creating Virtue in an American Corporation* (Lebanon, NH: University Press of New England, Brandeis University, 2005).

[78] Some of the material in this section comes from an earlier book by the author, *The Defense Industry* (Cambridge: MIT Press, 1980), 72–74.

[79] Walter Adams, "The Military Industrial Complex and the New Industrial State." American Economic Review, LVIII no. 2, May 1968. 655–661.

[80] James. W. McKee, "Concentration in Military Procurement Markets: A Classification and Analysis of Contract Data," Report RM 6307-PR, RAND Corporation, Santa Monica, CA, 1970, 16.

[81] E. Raymond Corey, *Procurement Management: Strategy, Organization, and Decision-Making* (Boston: CBI, 1978.).

[82] One exception to this was a 2003 case involving the Boeing Company and senior air force procurement officer Darleen Druyun. Druyun was found guilty of inflating the amount of a large contract to her future employer and giving Boeing information about a competitor's bid before she left the air force. Both Druyun and Boeing's chief financial officer served time in prison. This is considered a rare instance of corruption in the highly transparent defense marketplace.

[83] For example, Adams, "The Military Industrial Complex and the New Industrial State," 10; or M. J. Peck and F. M. Scherer, *The Weapons Acquisition Process: An Economic Analysis* (Cambridge: Harvard University Press, 1962), 46.

[74] David Ignatius, "Duplicating Uncle Sam," *Wall Street Journal*, December 18, 1978, 1.

[85] Lt. Gen. Ross Thompson, Testimony before the Senate Armed Services Committee, January 24, 2008.

[86] Commission on Army Acquisition and Program Management in Expeditionary Operations, "Urgent Reform Required: Army Expeditionary Contracting,,," October 31, 2007; http://www.army.mil/docs/.

[87] The basis for this is the Armed Services Procurement Act of 1947, which established the Armed Services Procurement Regulations (ASPRs). In 1978, the ASPRs were changed to the Defense Acquisition Regulations (DARs) by DoD Directive 5000.35.

[88] Mark J. Green, ed., *The Monopoly Makers: Ralph Nader's Study Report on Regulation and Competition* (New York: Grossman, 1973), 8.

[89] Adams, "The Military Industrial Complex and the New Industrial State," 10.

[90] For a sophisticated presentation of this incorrect argument, see J. Kurth, Hearings before the Joint Commission on Defense Production, 95th Congress, September 29–30, 1977.

[91] Vice Admiral Steve Stanley, director for structure, resources, and assessment of the Joint Staff, "Defense Budget Overview," March 25, 2008.

[92] "Under PFI re: How Britain Is Managing to Fight Two Wars on a Peace-Time Budget," *The Economist*, January 13, 2007, 51.

[93] This recommendation has been made in testimony by John J. Hamre, former deputy secretary of defense and president of the Center for Strategic and International Studies; "Realities of Today: Demand a New Defense Acquisition Reform," *Aviation Week and Space Technology*, November 28, 2005, 74.

[94] For a thorough discussion of early systems engineering, see National Research Council of the National Academies, *Pre-Milestone A and Early-Phased Systems Engineering: A Retrospective Review and Benefits for Future Air Force Systems Acquisition* (Washington, DC: National Academies Press, 2007.

[95] Susan Irwin and Grace Jean, "Heavy Duty: Marines: MRAP Impedes Operations," *Inside the Beltway*, 2008,.

[96] Defense Science Board Taskforce on Integrating Commercial Systems into the DoD, Effectively and Efficiently, "Buying Commercial: Gaining the Cost/Schedule Benefits for Defense Systems," Office of the Under Secretary of Defense for Acquisition, Technology and Logistics, Washington D.C., February 2009.

[97] Sydney J. Freeman, Jr., "Time to Fix Military Procurement—Again," *NationalJournal.com*, April 25. 2009.

[98] John Paul Parker, "At the Age of Fifty, It's Time for DARPA to Rethink Its Future," *National Defense Magazine* (September 2009).

[99] Government Computer News, "Incoming Army CIO Discusses Agenda," August 23, 2007.

[100] Senator McCain's Remarks on Introducing S.32, Defense Acquisition Reform Act of 2007, September 22, 2007.

[101] Senator McCain, Remarks at Senate Armed Services Committee hearing on the Weapon Systems Acquisition Reform Act of 2009 (S. 454), March 3, 2009.

[102] Reuters, "Computer Sciences Corp. Wins U.S. Army Simulation and Training Contract," February 12, 2009; also Program Executive Office of Simulation, Training, and Instrumentation, Press Release, January 29, 2009.

[103] Michael Moiseyev, assistant director of the Bureau of Competition for the Federal Trade Commission, Letter to Douglas Larson, deputy general counsel of the Department of Defense entitled "Proposed Joint Venture between the Boeing Company and Lockheed Martin Corporation (United Launch Alliance)," File No. 051–0165, July 6, 2006.

[104] "Can Boeing and Lockheed Work Together?" *Wall Street Journal*, June 19, 2006.

[105] "Management Weakness," *Aviation Week and Space Technology*, September 25, 2006, 27.

[106] "Costly Fleet Update Falters," *Washington Post*, December 8, 2006.

[107] Renae Merle, "Government Short of Contracting Officers: Officials Struggle to Keep Pace with Rapidly Increasing Defense Spending," *Washington Post*, July 5, 2007.

[108] Eric Lipton, "A Twenty-four Billion Military Contract Had Become a Major Embarrassment," *Washington Post*, April 17, 2007.

[109] Angie C. Marek, "Deep Trouble for Deep Water," *U.S. News and World Report*, March 12, 2007, 27.

[110] "LM-NG Stripped of U.S. C.G. Lead Systems Integrator Role," *Aerospace Daily and Defense Report*, April 18, 2007.

[111] "Congress Eyes Lead System Integrators," *Defense News*, January 9, 2006.

[112] John Warner National Defense Authorization Act for Fiscal Year 2007, Public Law 109–364, sec. 807.

[113] For an excellent historical overview, see James F. Nagle, *A History of Government Contracting* (Washington, DC: George Washington University Press, 1999).

[114] M. Lovell and J. Graser, "An Overview of Acquisition Reform Cost Savings Estimates,"

in *Three U.S. Air Force Acquisition Reform Pilot Munitions Program Overviews* (chapter 4) (Santa Monica: RAND Corporation, 2003).

[115] Coopers and Lybrand, "The DoD Regulatory Cost Premium: A Quantitative Assessment," 1994.

[116] Department of Defense, Summary of Procurement Awards, October 2005–September 2006.

[117] Neal Fox, "Despite Problems, GSA Still Provides Unbeatable Service," *Federal Times*, March 24, 2006; also see David Hoexter, "Purchase Cards: Strengthening Controls and Maximizing Potential," Acquisition Solutions Advisory, December 2005.

[118] "Interior, Pentagon Faulted in Audits," *Washington Post*, December 25, 2006,.

[119] Department of Defense, Office of the Inspector General, "FY 2005 DoD Purchases Made through the Department of the Treasury," December 27, 2006.

[120] Robert O'Harrow and Scott Higham, "Interior, Pentagon Faulted in Audits: Effort to Speed Defense Contracts Wasted Millions," *Washington Post*, December 25, 2006.

[121] "Acquisition Advisory Panel Recommends More Competition, Transparency in Federal Government Purchasing," *Earthtimes*, December 21, 2006.

[122] Gundar J. King, "Army Flying Machine," Intercollegiate Case Clearinghouse, Soldiers Field, Boston, 1978.

[123] Peck and Scherer, *The Weapons Acquisition Process*.

[124] Subcommittee on Readiness and Management Support of the Senate Armed Services Committee, Hearings, January 31, 2007, 5.

[125] Steve Kelman, "History Matters," *Federal Computer Week*, July 30, 2007.

[126] The use of fixed-price developments has been frequently advocated by members of Congress and was a major initiative of the Obama administration (in spite of the historic data).

[127] Government Accountability Office, "DoD Wastes Billions of Dollars through Poorly Structured Incentives," April 5, 2006.

[128] Government Accountability Office, "Guidance on Award Fees Has Led to Better Practices but Is Not Consistently Applied," May 2009.

[129] Federal Procurement Data System: Analysis by CSIS Defense Industrial Initiatives Group, 2007.

[130] "Contracting in Perspective: DHS's EAGLE—Will It Fly?," *GovExec*, April 3, 2006.

[131] Richard L. Dunn, "Feature Comment: Other Transactions—Another Chance?," *Government Contractor* 15, no. 5 (February 6, 2008).

[132] Lt. Gen. James Stansbury, "Profit '76," DoD Publication, 1977.

[133] Grant Thornton, "Thirteenth Annual Government Contractor Industry Highlights Book," February 19, 2008; and "Working for the Government Is Risky Business, Contractors Say," *Federal Times*, February 20, 2008.

[134] Charles R. Babcock, "Big Rewards for Defense Firms: Extra Fees Paid Regardless of Performance, GAO Finds," *Washington Post*, April 17, 2006, D-1.

[135] "Boeing Seeks Payment for Failed Job," *Wall Street Journal*, February 21, 2006, 6.

[136] "Multi-Year Raptor Procurement Deal Nearly Complete," *Aerospace Daily and Defense Report*, May 4, 2007.

[137] "Boeing Presses for a New Contract for Super Hornets," *The Hill*, March 19, 2008.

[138] "Bell-Boeing Receives $10.4 Billion Osprey Contract," March 28, 2008, as reported in the *Aero-News Network*, March 29, 2008,.

[139] GAO, "Defense Acquisitions: DoD's Practices and Processes for Multi-Year Procure-

ment Should Be Improved," February 7, 2008.

[140] Kim Hart and Renae Merle, "As Military Contracts Grow, So Do Protests," *Washington Post*, February 27, 2007.

[141] Richard Lardner, "Do Defense Contractors Protest Too Much?," *Associated Press*, May 24, 2008.

[142] "Aerospace Daily and Defense Report," *Aviation Week and Space Technology*, November 12, 2008, 1.

[143] "Contract Award Protests Charging Conflict of Interests on the Rise," *GovExec*, March 21, 2008.

[144] "Array of Evaluation Errors Prompts COFC to Set Aside Multiple Awards," Court of Claims Decisions, March 12, 2008.

[145] Andrea Shalal-Esa, "Analysis—Losing U.S. Defense Firms More Likely to Protest," *Roeders News*, June 26, 2007.

[146] Testimony before Congress, January 24, 2008.

[147] Defense Acquisition Performance Assessment Project, "Defense Acquisition Performance Assessment Report," January 2006, Washington, DC, 25.

[148] Commission on Army Acquisition and Program Management in Expeditionary Operations, "Urgent Reform Required: Army Expeditionary Contracting,".

[149] "Defense IG Seeks Thirty-three Percent Increase in Staffing," *Federal Times*, May 28, 2008.

[150] "Status Report on Acquisition Legislation," National Defense Industrial Association, June 5, 2007.

[151] Steven Pearlstein, "What Smartphone Makers Can Teach Legislators," *Washington Post*, June 11, 2008, D-01.

[152] "'Buy American' Disputes Stalls Delivery of 1,000 Military Trucks," *Government Executive*, September 28, 2007.

[153] Dana Hedgpeth, "A Foreign Air Raid? Congress, Union Leaders Chafe at European Firms Winning Bid to Build Air Force Tankers," *Washington Post*, March 4, 2008.

[154] Jeffrey Birnbaum, "Big Lobbying Spenders of 2007; K Street Hits Another Record," *Washington Post*, April 15, 2008, A-13.

[155] Jen Dimascio, "Defense Donations Help Fuel Big-Money Campaigns," *Defense Daily*, November 8, 2006, 6.

[156] "Long-Term Defense Plans Conflict," *CQ Today*, May 2, 2007.

[157] "Mirtha Rules Out Adding DDG-51 Destroyers to Shipbuilding Budget," *Inside the Navy*, April 30, 2007.

[158] Craig Mellow, "Directors to Lobbyists: Stop Picking Our Pockets," *Corporate Board Member*, November–December 2007.

[159] Robert O'Harrow, "Earmark Spending Makes a Comeback: Congress Pledged to Curbs in 2007," *Washington Post*, June 3, 2008, A-1.

[160] "Defense Appropriations Act Directs Earmarks to Largest Contractors," *Government Executive*, November 28, 2007.

[161] "President Bush Signs H.R. 2764 into Law," White House, December 26, 2007.

[162] "Republicans Ask Homeland Security to Report on Reports," *Federal Times*, May 30, 2007.

[163] Richard F. Kaufman, *The War Profiteers* (New York: Anchor Books, 1972).

[164] See *New York Times*, November 8, 1987; *Washington Post*, March 22, 1985; *U.S. News and World Report*, November 16, 1987; *Washington Post*, May 12, 1985, June 2, 1984, November 27, 1985. (all about the "spare parts scandal").

[165] Packard Commission Survey of Public Opinion on Defense Procurement, 1986.

[166] David M. Walker, comptroller general of the United States, "An Accountability Update from Washington," Atlanta, GA, October 1, 2007.

[167] *Final Report of the President's Private-Sector Commission on Government Management (The Grace Commission)* (Washington, DC: Government Printing Office, March 1985), book 2, p. ES-9.

[168] F. Hyatt and R. Atkinson, "To Pentagon, Oversight Has Become Overkill," *Washington Post*, July 4, 1985.

[169] P. Earley, "Sherick Seeks to Plug Pentagon Dike," *Washington Post*, November 26, 1984,.

[170] Brian Grow et al., "Dangerous Fakes: How Counterfeit, Defective Computer Components from China are Getting into U.S. Warplanes and Ships," *Business Week*, October 2, 2008.

[171] "Manufacturer in $2 Million Accord with the U.S. on Deficient Kevlar in Military Helmets," *New York Times*, February 6, 2008.

[172] "Employee of Aerospace Metals Company Ordered to Pay $213,402 in Restitution in Aerospace Parts Fraud Case," Department of Transportation, Office of the Inspector General, June 20, 2007.

[173] Tony Capaccio, "Pentagon Paid $998,798 to Ship Two Nineteen-Cent Washers," *Blumberg.com*, November 30, 2007; also see "Creative Billing: If Your Scam Is Brazen Enough, You Can Still Hoodwink the Pentagon—for a While," *The Economist*, August 25, 2007, 31.

[174] "KBR Pays Eight Million to Settle Overcharging Claims," *Federal Times*, November 29, 2006.

[175] R. Atkinson and F. Hyatt, "The Arms Makers Ethics," *Washington Post*, September 15, 1985.

[176] "Pentagon Fraud Unit Marches Slowly," *Washington Post*, February 10, 1987.

[177] Robin Wright, "U.S. Military Technology Being Exported Illegally Is a Growing Concern," *Washington Post*, October 14, 2007.

[178] Major General Dewey Low, at an Air Force Association Meeting on January 14, 1985 (this meeting was videotaped and used to educate air force personnel on the spare parts issue.).

[179] H. Kurtz, "Meese Unveils Plan to Fight Defense Fraud," *Washington Post*, September 17, 1985.

[180] R. Marcus, "The Case against General Dynamics Tripped over Two Little Words," *Washington Post*, July 30, 1987.

[181] "Government Procurement Reforms: The Need to Consider Long-Term Effects," *Program Manager* (November–December 1987): 14.

[182] J. Barry, "In Bureaucratic Splendor," *Business Month* (January 1988): 59.

[183] "GSA Contract Specialists Could Get Temporary Duty at Pentagon," *Federal Times*, July 25, 2007; House Committee on Appropriations, "Summary: 2008 Defense Appropriations," July 25, 2007.

[184] "U.S. European Defense Firms Push for Voluntary Ethics Code," *Wall Street Journal*, July 17, 2006, A-4.

[185] "Former Tamimi Global Executive Admits Paying Kickbacks for Military Subcontracts in Kuwait," *U.S. News Wire*, June 23, 2006.

[186] "Firm Charged with Bribing Military Contracting Officer in Iraq," *Federal Times*, January 29, 2008.

[187] "Five Individuals Arrested, Two Contracting Companies Charged in Bribery, Conspiracy Related to Department of Defense Contracts in Afghanistan," Department of Justice release,, August 27, 2008.

[188] Federal News Radio, "Iraq Contractor Fraud Said to Be Limited," June 19, 2007, lso see "Hearing On: War Profiteering and Other Contractor Crimes Committed Overseas," House Committee on the Judiciary, June 19, 2007.

[189] Special Inspector General for Iraq Reconstruction, "Interim Report on Iraq Reconstruction Contract Terminations," April 28, 2008.

[190] "U.S. Wasted Millions in Iraq Aid, Investigators Say," *New York Times*, January 31, 2007.

[191] Jacques S. Gansler, *Affording Defense* (Cambridge: MIT Press, 1991), 196–197, based on "Defense Audit Uncovers 'Questionable' Purchases," *Washington Post*, July 19, 1985.

[192] E. Luttwak, *The Art of War* (New York: Simon and Schuster, 1984), 265.

[193] Norman Augustine, Paper presented at the Armed Forces Communications and Electronics Association National Conference, Washington, DC, June 22, 1988.

[194] In the case of the Reagan buildup, it was the Packard Commission (named after the chair, David Packard), and in the case of Iraq buildup, it was the Gansler Commission (also named after the chair of the Commission).

[195] David Bond, "Washington Outlook: Abject Lesson," *Aviation Week and Space Technology*, April 2, 2007.

[196] Deputy Secretary of Defense, "DoD in Context: Work of the Enterprise," data as of 2005 (unless otherwise specified).

[197] "Features: Oversight and Out," *Government Executive*, June 1, 2008.

[198] Ibid.

[199] Christopher Dorobek, "Editorial: Running Scared," *Federal Computer Week*, March 12, 2007.

[200] "Attracting and Retaining the Right Talent for the Federal 1102 Contracting Workforce," Procurement Round Table, April 2006 (modified by the author).

[201] Donald Winter, secretary of the navy, Paper presented at the Sea and Aerospace Exposition, Washington, DC, April 3, 2007.

[202] David M. Walker, comptroller general of the United States), testimony before the Senate Subcommittee on Readiness and Management Support of the Committee on Armed Services, "Defense Business Transformation: Sustaining Progress Requires Continuity of Leadership and an Integrated Approach," February 7, 2008.

[203] Bureau of the Census, Foreign Trade Division, 2006 (seasonally adjusted).

[204] Aerospace Industries Association, June 14, 2007.

[205] GAO, "Sixth Annual Assessment of Selected Weapons Programs," March 31, 2008.

[206] President's Blue Ribbon Commission on Defense Management, "A Quest for Excellence," Government Printing Office, June 1986.

[207] Michael Ruane and Joe Stephens, "Capitol Visitors Center Début Again Delayed," *Washington Post*, March 9, 2007; "The Capitol Visitors Center, *Washington Post*, November 7, 2008.

[208] David Lerman, "Navy's Price Tag Hits $11.7 Billion for New Carrier," *Daily Press*, February 4, 2003.

[209] Based on Congressional Budget Office Estimates from the fiscal year 2008 Defense Department budget.

[210] Ibid.; for submarine costs, also see the Senate Armed Services Committee National Defense Authorization Bill for fiscal 2008.

[211] Secretary Robert Gates, Speech to navy League Sea-Air Space Exposition, National Harbor, Maryland, May 3, 2010.

[212] "USS San Antonio Has Drained off an Ocean of Money," *San Antonio Express-News*, December 22, 2005.

[213] "Stealth Bomber Crashes on Guam; Two Pilots Safe," *Washington Post*, February 23, 2008, 2.

[214] Dana Hedgpeth, "GAO Analyst Says Cost Overruns, Delays Continue to Plague F-35 Program," *Washington Post*, March 12, 2010 (GAO estimates unit cost of the F-35 at $112 million).

[215] "Bad F-35 Message to Allies," *Aviation Week and Space Technology*, October 15, 2007, 8.

[216] T. Lindeman, S. Hamblin, and J. White, "The Price of Protection," *Washington Post*, November 13, 2007, A-17.

[217] Department of Defense, selected acquisition reports, 2000 to 2007 (second quarter) as reported to Congress.

[218] For example, refer to J. S. Gansler, *Affording Defense* (Cambridge: MIT Press, 1989), 174–175; N. R. Augustine, *Augustine's Laws* (New York: Penguin 1986); or a set of data from the Defense Material Organization of Australia—Mark V. Arena, Irv Blickstein, Clifford Grammich, and Obaid Younossi, *Why Has the Cost of Navy Ships Risen? A Macroscopic Examination of the Trends in U.S. Naval Ship Costs over the Past Several Decades* (Santa Monica: RAND National Defense Research Institute, 2006); Mark V. Arena, Irv Blickstein, Clifford Grammich, andObaid Younossi, *Why Has the Cost of Fixed-Wing Aircraft Risen? A Macroscopic Examination of the Trends in U.S. Aircraft Costs over the Past Several Decades* (Santa Monica: RAND National Defense Research Institute, 2008.

[219] Augustine, *Augustine's Laws*.

[220] "Defense Buying Costs Doubled since 9/11 with Few New Weapons Added," *Inside the Pentagon*, August 17, 2006, 1.

[221] "Cost Rises for Presidential Helicopter," *Washington Post*, March 5, 2008.

[222] "In Death of Spy Satellite Program, Lofty Plans and Unrealistic Bids," *New York Times*, November 11, 2007.

[223] "Pentagon Struggles with Cost Overruns and Delays," Produce, *New York Times*, July 11, 2006.

[224] Ibid.

[225] August Cole, "Pentagon to Review Lockheed Fighter," *Wall Street Journal*, March 26, 2008.

[226] Government Accountability Office, "Defense Acquisitions: Assessment of Selected Weapon Programs," March 2008.

[227] Jeffrey A. Drezner, Jeanne M. Jarvaise, Ron Huss, Daniel M. Norton, and Paul G. Hough, *An Analysis of Weapon System Cost Growth* (Santa Monica: RAND Corporation, 1993). An analysis by the RAND Corporation indicated that "no single factor explains a large portion of the observed variance in cost growth outcomes" and that "little improvement has occurred over time."

[228] Dan Czelusniak, Briefing before the Defense Science Board, June 12, 1998.

[229] Government Accountability Office, "Defense Acquisitions: Assessments of Selected Weapons Programs," March 2007.

[230] "Air Force, DoD Move to Bolster B-2 Mission Capable Rates," *Inside the Air Force*, May 26, 2006.

[231] R. Jeffrey Smith, "Obama Vows a Veto in Dispute over F-22s," *Washington Post*, July 14, 2009, A-2.

[232] Renae Merle, "Marines Seek Fuse on Vehicle: General Dynamics Design Has Problems," *Washington Post*, February 17, 2007.

[233] John J. Hamre, president of Center for Strategic and International Studies and former deputy secretary of defense, testimony before to the Senate Armed Services Committee, April 30, 2009.

[234] Pete Adolph, "Developmental Tests and Evaluation, Defense Science Board Taskforce Study," March 12, 2008, .

[235] "Acquisition Oversight of the U.S. Navy's Littoral Combat System," House Arms Services Committee, February 8, 2007.

[236] Pete Adolph, "Developmental Tests and Evaluation, Defense Science Board Taskforce Study," March 12, 2008.

[237] David Napier, "2005 Year End Review and 2006 Forecast: An Analysis," Aerospace Industries Association, Washington, DC, 2006.

[238] Merrill Lynch, Report, January 3, 2007.

[239] Based on a JSA analysis of Standard & Poor's and the defense industry's Returns on equity, 1975 to 1999.

[240] Based on FactSet, S & P Compustat, U.S. Energy Information Administration data, company reports, and Center for Strategic and International Studies analyses.

[241] Robert Trice, information about Fortune, Yahoo! Financials, and company reports for 2005 as presented to the Defense Science Board, December 11, 2006.

[242] Douglas, "Forty-First Annual Year End Review and Forecast Luncheon."

[243] Dan Baum, "Nation Builders for Hire," *New York Times*, June 22, 2003.

[244] As stated at Naval Postgraduate School, Spring Conference, Monterey, CA, May 16, 2007.

[245] Renae Merle, "Armaments and Investments: Stock in Niche Defense Firms Soars in Wartime," *Washington Post*, July 15, 2007.

[246] "Who Got What in a Slowing Economy?" *Washington Post*, July 28, 2008.

[247] Gary Weiss, "Are You Paying for Corporate Fat Cats?," *Parade Magazine*, April 13, 2008.

[248] *Forbes Magazine*, June 25, 2008.

[249] Weiss, "Are You Paying for Corporate Fat Cats?," 24.

[250] Lou Kratz, vice president, Lockheed Martin, "Defining the Future of DoD Logistics," March 4, 2008.

[251] From Air Force Logistics Management Agency, *Quotes for the Air Force Logistician* 1 (2006): 18.

[252] Allen Cullison and Peter Wonacott, "Taliban Is Seizing, Destroying More NATO Supplies," *Wall Street Journal*, August 12, 2008.

[253] L. V. Snyder and Z. J. Shen, "Managing Disruptions to Supply Chains," *The Bridge* (2006).

[254] David A. Fulghum, "Cyberwar Is Official," *Aviation Week and Space Technology*, September 14, 2000, 54–55.

[255] "Air Force, DoD Move to Bolster B-2 Mission Capable Rate," *Inside the Air Force*, May 23, 2006.

[256] Government Accountability Office, "Defense Logistics: Efforts to Improve Distribution in Supply Support for Joint Military Operations Could Benefit from a Coordinated Management Approach," July 11, 2007.

[257] Gene Rector, "Air Force, Robbins Dispute Findings in GAO Document," *Macon Telegraph*, May 24, 2007.

[258] Vice Admiral Walter Massenburg, U.S. Navy (Ret.), former commander, Naval Air

Systems Command, Paper presented to the Defense Science Board, in Washington, D.C., June 13, 2007.

[259] Government Accountability Office, "DoD's High-Risk Areas: Progress Made Implementing Supply Chain Management Recommendations, but Full Extent of Improvement Unknown," January 17, 2007.

[260] Government Accountability Office, "Defense Logistics: Efforts to Improve Distribution and Supply Support for Joint Military Operations Could Benefit from a Coordinated Management Approach," June 2007.

[261] Ibid.

[262] William M. Solis, Government Accountability Office, "Defense Logistics: Preliminary Observations on the Effectiveness of Logistics Activities during Operation Iraqi Freedom," House Government Affairs Committee, December 18, 2003, 4.

[263] Sources include U.S. Department of Defense, "Fiscal Year 2009 Budget Requests Briefing to Aerospace Industries Association," March 3, 2008; President's Budget Fiscal Year 2008 (average fleet-wide age); U.S. Air Force headquarters; Robert Trice, senior vice president, Lockheed Martin, Briefing to the Defense Science Board, December 11, 2006 (data from Air Force Association, Association of the United States Army, and Navy League).

[264] Claudia Deutsch, "UPS Obsession with Efficiency Spreads beyond Boxes," *International Herald Tribune*, July 7–8, 2007.

[265] Department of Defense, Management Initiative Decision No. 917, October 20, 2004.

[266] "DoD Logistics Transformation Strategy," December 10, 2004.

[267] Congressional Budget Office "Logistics Support for Deployd Military Forces," October, 2005.

[268] Jacques S. Gansler, "Moving toward Market-Based Government: The Changing Role of Government as a Provider," IBM Endowment for the Business of Government," Washington, DC, June 2003.

[269] Government Accountability Office, "Defense Logistics: Stryker Vehicle Support," September 5, 2006.

[270] "Defense Contracts Foretell Military Build Up in Afghanistan," *Washington Post*, September 14, 2008.

[271] The creation of a LOGCOM was recommended by the 1995 Commission on Roles and Missions, numerous past Defense Science Board reports, and the Center for Strategic and International Studies report "Beyond Goldwater-Nichol's Report." For example, see Defense Science Board, *Transformation: A Progress Assessment* (vol. 2) (Washington, DC: Office of the Undersecretary of Defense for Acquisition Technology and Logistics, April 2006), 30.

[272] Aerospace Industries Association, Draft Report on U.S. Defense Modernization, August 20, 2008, 32.

[273] "Support Needs Could Double 'Surge' Forces," *Boston Globe*, February 2, 2007.

[274] "Pentagon Pushes Non-Human Warfare in Afghanistan," *AIA Daily Lead*, March 24, 2009.

第五章 劳动力：企业、政府和大学

  为了使美国拥有最强大的国家安全态势，也为了使作战人员拥有最好的装备及装备保障，他们需要一支有能力和有经验的采购人员队伍，政府和企业都是如此。政府采购人员包括军事采购人员、文职职业采购人员，以及政府任命的高级官员。企业采购人员包括来自大型国防企业和中小型企业的人员，这些企业通常同时为军事客户和商业客户服务。这支劳动力队伍通常是按领域划分的，如制造、软件或服务。图 5.1 显示了从 1965 年到 2005 年与国防有关的就业总数。该图显示，企业劳动力队伍波动大，在越南战争时期（20 世纪 60 年代末）、冷战结束后的里根扩军时期（20 世纪 80 年代末），以及伊拉克战争和阿富汗战争时期（2001 年 9 月 11 日之后），企业劳动力都在大幅增加。国防工业就业人数的变化从 200 万左右的低点到 400 万左右的高点，这些巨大的变化发生在较短的时间内。图 5.1 还显示，自 20 世纪 70 年代以来，在国防预算增长时期，军队军人和政府文职人员的数量都没有增加；相反，预算的增加体现在国防企业的员工数量上，他们往往从事许多历来由政府完成但本质上不属于政府的工作。这种周期性就业是通过灵活的外包形式来实现的（如图 5.1 所示）。如果是通过内包，那么即使处于低谷时期，也要支付政府工作人员工资。

  在图 5.1 中所示的四十年间，特别是自 20 世纪 90 年代的信息革命以来，与国防有关的工作性质已经发生了巨大变化。例如，在 1990 年，37% 的劳动力受雇于(广义的)航空航天工业,但到了2000年,这一比例下降到28%,而到2006年,进一步下降到16%。[1]劳动力结构的变化有两个主要原因:(1) 服务业已经成为国防工业正在履行的一大主要职能(到2007年,超过60%的国防部采购是服务类的);(2)由于武器系统成本高且日益复杂,其种类和数量都越来越少,从而导致蓝领制造业的工作机会大幅减少。也许武器采购过程中最重要的一个因素是要求政府拥有精明的买家,首先是政府的职业采购专家。冷战结束后,国防采购预算急剧下降,国防部的采购人员也相应地大幅减少。在20世纪90年代中期,随着采购预算趋于平缓并开始增加,国防部1996财年的授权法案要求,到2000财年结束前,国防部将其采购人员进一步减少25%。然而,随着采购预算开始增长(以弥补国防部在冷战后经历的采购淡季)并在"9·11"事件后急剧上升,而采购人员继续减少,导致需要完成的工作和可用人手之间出现了巨大的差距。由于增加的工作有相当大的部分是在复杂的服务合同领域(而不是传统的装备采购,采购人员曾接受过这方面的培训),这个问题就更加复杂了。更糟糕的是,这些工作大部分跟远征行动有关,而且是在极度危险的条件下(在伊拉克和阿富汗),需要正在作战的军人和作为志愿者的政府文职人员一起来完成。在战区,政府合同官的缺编数很大,而在岗人员中,只有35%获得了他们所从事的岗位的证书。那里没有人可以独立完成定价或合同结清。[2] 2008年,由于远征行动领域存在令人质疑的承包行为,有90起欺诈案件被起诉,考虑到政府合同官人手短缺,这并不令人惊讶。采购人员队伍存在明显缺陷,而伊拉克和阿富汗的远征行动中出现的问题加剧了这一现象,此后,陆军部部长(这些行动的执行长官)和国防部部长成立了一个委员会(以委员会主席的名字命名,称为"甘斯勒委员会"),为避免今后出现此类情况提出建议,随后,他们采纳了该委员会的建议,启动了一系列行动来纠正日后的问题。

  根据该委员会的建议[3],纠正行动必须从政府采购人员的顶层开始。因为这些合同行为发生在战区,所以身着军装的高层人员应该发挥监督作用。然而,在冷战结束后,当军事人员显著减少时,陆军选择保留作战部门的将官职位,并大幅削减合同领域的职位。在1990年,陆军有5名具有合同管理背景的将官,而到2007年,所有这些职位都被取消了。这也阻碍了年轻军官进入合同领域,因为已经不再有他们可以向往的将官职位了。此外,在1990年,国防合同管理局(负责授标后的合同管理)有4个将官(联合)职位,到2007年这些职位也都被取消了。国防合同管理局的总人数从1990年的25 000人减少到2000年的13 000人,到2007年又减少到10 000人,这是20世纪最后十年国防部文职采购人员削减的典型情况,也就是说,减少了50%以上。[4]

当预算在"9·11"事件之后开始飙升时,政府的采购队伍人数继续下降(包括军事人员和文职人员)。例如,从1995年到2006年,陆军的采购资金增加了382%,采购次数增加了359%,而采购人员则减少了53%。[5]

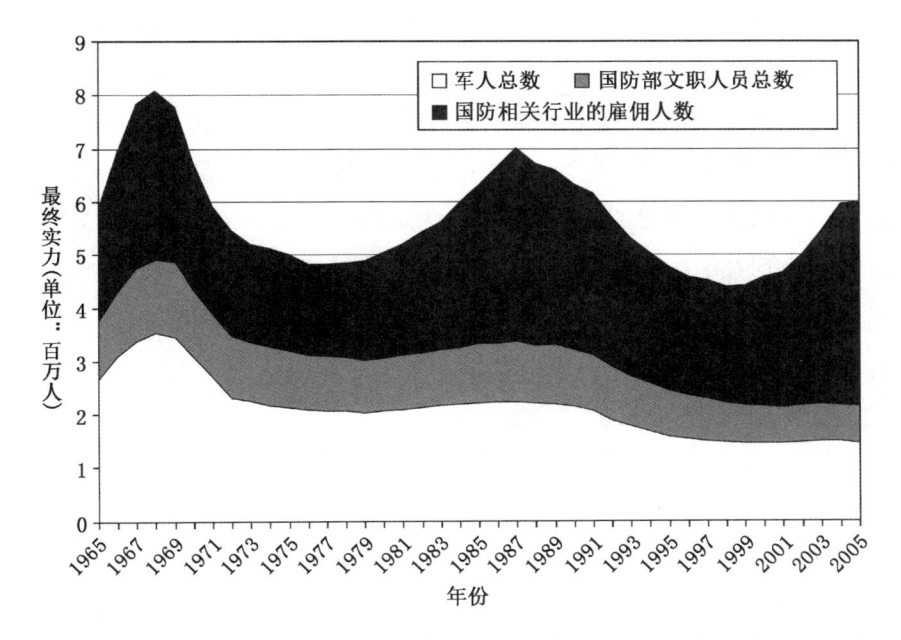

资料来源:Office of the Undersecretary of Defense (Comptroller), "National Defense Budget Estimates for FY 2006," April 2005.

图5.1 国防领域的总雇佣人数

从本质上讲,恶性循环正在发生。在后冷战时期,服役军人人数削减,但由于美国在伊拉克和阿富汗开战,当时又急需军人服役,因此,非战斗性的军事工作被转移到了政府文职人员身上。但政府文职人员队伍也被大幅削减,因此,对于所有不被认定为"本质上属于政府"的职位(例如,不属于决策或政府承诺层面),其保障性职能被外包给了私营单位(见图5.1的右侧——从1998年到2005年)。到2007年,超过190 000名承包商在战区工作(占战区总兵力的一半以上),但监督合同行为和检查结果实施的政府人员数量不足。所幸的是,到2008年,国防部和国会开始认识到这些需求,并开始采取行动予以纠正。陆军被授权增加5

名将官监督合同行为[6]，并创建了一个新的陆军合同司令部[7]，并且国会向国防部提供了资金和额外职位，让其开始雇用和培训更多的采购人员。但是，如此规模和如此性质的变化需要努力和时间，特别是在国防部的领导力和优先权方面。

第一节 政府采购人员队伍

在政府采购人员队伍的顶层是高级政治任命官员，诸如负责采购、技术和后勤的国防部副部长、各军种对应的助理部长，以及国防研究和工程主管等职位。这些由参议院审核的职位应该由国防采购经验丰富的人士担任。由于这些被任命者要接受广泛的财务和安全背景调查(以满足行政和立法要求)，并要经过完整的参议院审核程序，因此，政府高层职位的任命时间越来越长。图5.2显示，最近几届政府花了八个多月的时间来完成最高的500个职位的任命。

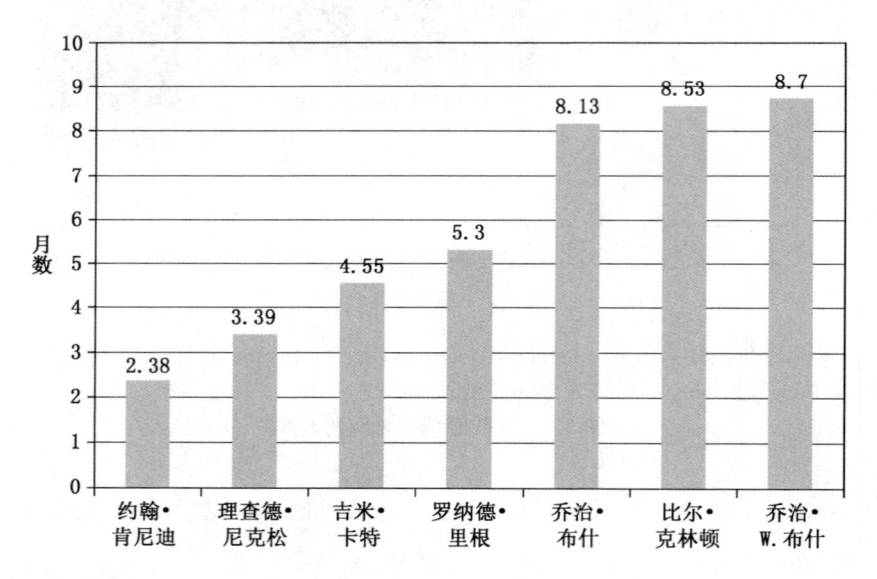

资料来源：Brookings Institution, "Staffing a New Administration: A Guide to Personnel Appointments in a Presidential Transition," Presidential Appointee Initiative, 2000.

图5.2　1961—2009年历届总统政府时期前500高层职位的到岗时间

由于这些人在这些高级职位上平均只待两年半，部门里面的许多终身制人员把他们称为"临时雇员"，如果他们不同意自己的政策，就干脆等着他们离开。此外，要为这些职位找到合适的人选是很困难的，因为他们必须大幅减薪(假设他们原来是企业高管),而且还要同意离职后的限制,而这些限制已经变得越来越苛刻。如果政府要想拥有精明的买家(为了使数千亿美元采购资源的效率和效益实现最大化,必须得这样做),那它就必须解决引进和留住处于采购金字塔顶端的具有相关经验的高级人才的问题。

在政府采购人员队伍的第二个层次是高级军官。这些职位的数量已经大大减少,而且往往由没有或很少有采购经验的人担任。正如那些怀疑论者所言,这是将作战军官留在高级职位上的一种方式,直到能为他们找到合适的作战岗位。采购将官职位缺失的情况必须予以纠正,这样才能鼓励年轻官员在采购领域走职业道路。

政府中的大多数采购职位是由政府的终身制文职人员担任的。许多趋势很明显。首先,联邦政府已经大幅削减了采购人员。就国防部而言,从1990年到2000年,采购人员减少了约65%,且在"9·11"事件之后未增加。但随着预算资金(尤其是国防部)迅速增长,剩下的采购人员的工作量大大增加。图5.3清楚地显示了这一点。

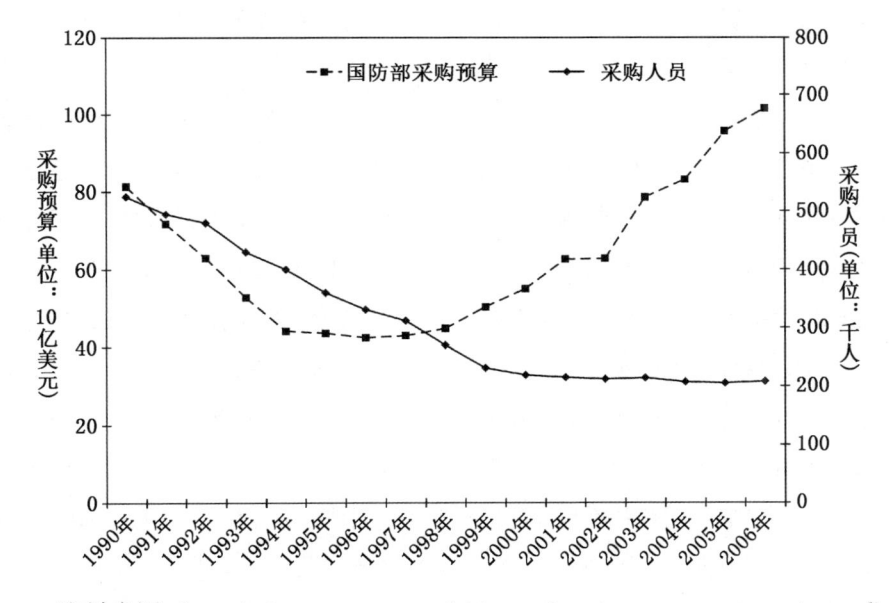

资料来源:Commission on army acquisition and program management in expditionary operations, "Urgent Reform Required: Army Expeditionary Contracting" (Washington, D.C., U.S. Government Printing Office, October 2007).

图5.3 国防部采购人员因采购预算增加而减少

尽管2008年国防部决定增加采购人员的数量,但整个联邦政府(以及工业界)对具有相关经验的人员的竞争变得非常激烈。对于国防部来说,最大的需求是雇用那些愿意到战区去从事合同和采购管理的人。签约奖金激励、广泛的实习计划和其他福利被用于各联邦机构(以及与工业界)之间为争夺这些关键人才而进行的竞争。

采购人员的第二个主要趋势是,整个政府的劳动力(包括采购领域的劳动力)正在老化。后冷战时期的裁员主要是减少了年轻的劳动力(遵循"后进先出"的规则),从而提高了劳动力的平均年龄。此外,由于在第二次世界大战后婴儿潮时期出生的一代人被大量雇用,到20世纪末,许多国防部的文职人员已经五十多岁了,到2005年,国防部采购人员中的124 400名文职人员有一半以上有资格在五年内退休[8],而政府的退休福利正变得非常有吸引力。事实上,到2006年,美国国防部75%的采购人员都在1964年之前出生。[9]劳动力的老龄化、吸引并留住具有必要的教育和经验的新人的困难,以及中层监管人员的缺乏,这些因素结合在一起,构成了一个重大问题。而且,由于老龄化的劳动力往往不具备现代的、基于计算机的技能,无法与国防部的21世纪的需求相匹配,因此这个问题变得更加复杂。

这些政府劳动力的问题导致了越来越多的政府关键需求被外包给私营单位。在某些情况下(例如,战区的武装保安人员或支持政府合同或项目管理活动的私人承包商),这已经引起国会对这些职能是否本质上属于政府这一问题的极大关注。但是,由于缺乏经验丰富的政府人员来履行这些职能,因此政府只能将这些职位交给承包商,而随着即将到来的退休潮,除非采取重大的纠正措施,否则这个问题预计会进一步恶化。众多研究表明,政府没有采取足够的措施来解决这个悬而未决的危机,例如,缩短通常需要长达五个月的冗长的招聘过程[10],以及采取其他措施,使其在这些关键人员方面比私营单位更具竞争力。[11]婴儿潮劳动力的老龄化问题并不是国防部独有的,但国防部还有一个问题,那就是必须雇用能够获得安全许可的人(因此必须是美国公民),以及需要有高科技背景的人(他们中的许多人恰好不是美国公民)。到2007年,国防部和国土安全部的采购部门人手不足,只有8 300名合同官[12],而且许多在职人员将在短期内退休。

最终,许多以前由政府工作人员完成的工作被外包,这成为一种普遍的做法。如果是竞争性的,这将会带来好处(在绩效、成本和灵活性方面),但这往往会导致"混合劳动力",即承包商和政府工作人员并存,从事类似的工作。例如,在2007年,在陆军合同局的卓越合同中心,承包商占合同专家(即精通合同的人)的42%。[13]只要承包商不是在做固有的政府工作,而且他们或他们的公司没有利益冲突,这种安排就没有违法、低效或无效之处,在许多情况下,这种安排比以前的情况要有效得多。然而,这种混合劳动力却给政府工作人员带来了许多操作(甚至是士气)上的问题(例如,围绕管理权限和薪酬差异问题)。因此,外包的做法开始受到行政和立法部门的监督,并且需要对角色、责任和潜在的利益冲突领域进行更明确的界定。尽管如此,这项工作还得做,而承包商拥有所需的技能,所以这种做法一直在继续,直到政府的工作人员能够增加,并且有更多的专业公司(没有利益冲突)被建立起来。

由于政府引进年轻雇员以取代即将退休的雇员,以及能够提供指导的中层管理人员的数量减少(由于冷战后的招聘冻结),如果政府要成为一个聪明的买家,就必须对这些新雇员进行广泛的培训和教育。在较新的领域(如远征合同、复杂系统采购以及复杂服务采购和管理的困难领域)以及采购过程中使用的现代技术和工具方面(如基于绩效的采购、战略规划、合同纠纷的有效解决、独立定价、需求撰写和合同结清)必须开展此类培训。此外,由于国防部的文职采购人员可能会越来越多地被要求自愿前往战区参加远征行动,以保障战区许多私营部门人员的合同签订和管理工作,为了让这些人自愿将自己的生命置于危险之中,政府将不得不为他们提供更大的激励措施(如更多的奖励性工资、更多的人寿保险和其他更多的福利)。在伊拉克和阿富汗的战争中,军人和私营承包商得到了许多这样的好处,但政府文职人员并没有。纠正这一差异是陆军和国防部委员会(如上所述)的主要建议之一,该委员会研究了伊拉克和阿富汗的合同问题。最后,需要认真考虑的解决政府采购人员问题的一个方法是,加强具有专业技能的人员从工业界到政府的临时轮换,同时避免利益冲突。事实证明,在以前的需求时代,这种方案在引进技术工人方面是有效的。国会最近已经开始扩大这类规定,例如,允许国防部高级研究项目局轮流从工业界雇用20名具有特殊科学技能的人员,但与政府的需求相比,这只是一个非常小的数字,而且这样的项目必须大大扩展,以涵盖许多机构和技能,从而满足政府在未来几年的需求。[14]

由于在一定程度上认识到需要一个"采购人员发展基金"来招募、培训和留住国防部的采购人员,国会(在2008财年《国防授权法案》第852节)提供了一些必要的发展资源,盖茨部长承诺为国防部雇用2万名新的采购人员。但这不能简单地被视作对各军种的配额挑战。有经验的人需要被雇用,而新人在进入决策层岗位之前必须接受足够的培训,而且需要雇用和培训这些人来填补政府固有职能的职位,而不是拧扳手或其他辅助性的角色。

第二节　国防工业从业人员队伍

正如本书开头所指出的,国防工业(历史上被称为"兵工厂")提供武器系统和服务,而军队作战人员依靠这些武器系统和服务在战争中发挥重要作用。这个行业的基本要素是人——从首席执行官到初级职位。这些人必须以可承受的价格提供最高质量、最高性能的武器和服务。这是一个高科技产业:它生产制导导弹、舰艇、飞机、坦克,并提供复杂的后勤、分析和工程软件服务。与它的商业同类产品不同的是,这是一个受政治、广泛的监管和单一买家的独特特征影响的行业。国防工业的首席执行官和高级管理人员不但需要了解国防部的流程和文化,而且需要理解业务的高科技性。这些首席执行官往往有工程和项目管理背景,但最近的重点已经转向财务方面。他们一只眼睛盯着华尔街,另一只眼睛盯着兼并和收购,并获得了数百万美元的工资和与公司股票价值挂钩的股权。

国防工业人员的基本面貌发生了更大的转变。在过去,这是一个以蓝领为主的制造业。它以技术为基础,工程师从事重要的设计和原型工作,但绝大部分资金用于装备的制造和维护。然而,由于装备变得越来越复杂和昂贵,制造的系统越来越少,大量的合同资金被转移到专业服务上(这在整个合同授予中占主导地位)。正如马克·罗纳德(Mark Ronald)(当时一家大型国防企业的首席执行官和主席)所言:"我们劳动力的性质已经发生了巨大的变化。……这是一个蓝领行业,但现在几乎完全是白领阶层。……我们产品的性质已经改变。……我们公司从飞机制造公司起家,然后走到一起,而今天飞机只占我们业务的7%。……我们生产电子产品和软件……这也是其他大型航空航天公司的特点。"[15]今天,一支高技能的员工队伍从事初步设计工作、原型建模、系统工程、分散系统架构和实施、广泛的软件开发和重要的专业服务。在许多情况下,它所做的工作并不属于政府的范畴,但以前是由政府雇员完成的。

该行业的劳动力正遭受着政府劳动力所面临的许多同样的问题。由于在后冷战时期国防开支的大幅削减,国防工业在20世纪90年代很少进行招聘,并且由于政府和私营企业都在同一时间建立了自己的员工队伍,因此,两者都面临着劳动力老化的问题。随着这些员工开始退休,以及"9·11"事件后国防预算需求增加,政府和快速增长的高科技商业领域对这些人员的竞争非常激烈,并导致不得不支付越来越高的工资。例如,国防领域急需基于计算机的模拟人员和建模人员,而华尔街和好莱坞都在支付高薪来吸引这些人。自1995年以来,国防预算开始增加,大型国防企业进行整合,航空航天业(广义上包括电子产品和软件)的研发科学家和工程师的工资出现爆炸性增长,从每年刚过17万美元到每年超过37万美元。[16]商业界可以自由雇用非美国公民,因此,国防企业得为那些已经拥有安全许可的美国公民提供特别奖励。承包商为拥有安全许可或在开始工作时获得安全许可的人员提供签约和激励奖以及更高的工资。在2006年,签约奖从3 900美元到11 400美元不等,而安全许可的增长幅度从机密级的3%到最高机密、测谎审查的23%。[17]许多国防企业还为自己的员工提供赏金,每推荐一名新员工并被公司录用,公司就会支付高达1万美元的推荐费。

到了21世纪第一个十年的中期,美国开始意识到其劳动力无法跟上全球竞争中不断增长的科技需求,也许最好的例证就是美国国家科学院2005年的一份报告——《崛起于风暴之上:为更光明的经济未来激发美国的活力和创造就业》(Rising above the Gathering Storm: Energizing and Employing America for a Brighter Economic Future)。[18]

但是,航空航天和国防工业的问题可能更严重。这里列出了八个导致危机的因素:

- 冷战后就业率下降

冷战结束后,随着政府采购量的减少和国防工业的整合,出现了大规模的裁员,同时还冻结了招聘。到2005年,只有751 300个航空航天工作岗位,从1989年130万以上航空航天雇员的高峰期下降了40%。[19]失业的有许多是年轻员工,因此,其失业比例严重失调。裁员扩展到了工程师和科学家,从1986年到2003年,他们从144 800人下降到32 500人。[20]

- 退休

到2008年,30%的航空航天业员工有资格退休[21],而且这个问题将急剧恶化,因为一大群婴儿潮一代(他们是裁员后留下的员工)将继续达到退休年龄。劳工部估计,从2007年开始,在整个美国经济行业中,婴儿潮一代将以每日7 918人的速度退休。[22]

● 转向高科技劳动力

随着工作性质从批量生产低技术含量的装备转变为少量生产工程和软件含量高的系统,劳动力的性质也相应地发生了变化。对科学家和工程师加入劳动力队伍的需求显著增长。此外,蓝领工人需要更高的技术技能,这导致许多制造业岗位招不到人(主要是因为申请者缺乏必要的阅读技能和数学技能来填补这些职位)。[23]

● 美国科技人员数量不足

美国经济竞争力和国家安全的一个主要的长期问题是,美国的学生不愿意进入科技领域。举例来说,从1997年到2007年,美国大学授予美国公民的工程博士学位的数量下降了23%;从1987年到2007年,在学士学位层面,工程师、数学家、物理科学家和地球科学家的人数下降了近40%;而在1956年,物理学学士学位的授予数量几乎是2006年的两倍。[24]即使在计算机科学领域,大学计算机科学课程的选课率在2000年至2004年间也下降了60%,比1987年的峰值低了70%。[25]这些都是商业世界和未来网络战争世界所需要的信息安全领域的人才。

● 来自不断增长的高科技商业领域的竞争

在20世纪的大部分时间里,许多美国顶尖的科学家和工程师选择进入国防领域,因为它代表了技术的领先优势。但随着商业高科技领域的爆炸性增长(无论是在美国还是在全球),它对顶尖学生的需求也迅速增长(尽管这些领域的美国学生毕业人数在下降)。这些学生中的许多人被商业领域的创新工作所吸引。还有人期待这是一个长期增长的行业,不像国防工业,它一直被认为是一个高度周期性的行业,因此长期就业的风险较大。

● 工业和政府在研发方面的投资减少

正如预计的那样,在冷战后的低迷时期,国防部大幅减少了研发投资,特别是长期研究的投资。在这一时期,国防工业也发生了同样的事情,华尔街和公司管理层对短期研究的重视,同样导致了企业赞助的研发资金减少。然后,国防部的预算在"9·11"事件之后急剧上升,资金被投入短期的、战时的需求中,而研究工作再次受到影响。由于这种需求的减少持续了相当长的时间,本来可以成为科学家或工程师的年轻人选择追随金钱的脚步,从事金融或法律方面的工作。正如诺曼·奥古斯丁(Norman Augustine)所言,"2001年,美国工业界在侵权诉讼和相关费用上的花费超过了研发费用"[26]。

● 有限的项目经验

随着新启动的国防武器采购项目的减少,每个业内人士可以参与的各种项目的数量也急剧下降(见表3.1,从20世纪50年代到21世纪前十年新启动的军用飞机项目)。工程师曾经通过参与许多不同项目获得经验,但最近他们不得不在一个项目上花费二十年甚至更长时间。这既缺乏心理上的成就感,在经验获取上更是大大受限。与商业领域的爆炸性增长和新产品的快速更替相比,这种对单一项目的长期固守往往阻碍人们进入国防领域。

● 对航空航天和国防缺乏兴趣

由于上述许多原因,国防领域完全失去了它在阿波罗计划和冷战时期的吸引力。今天,科学和工程专业的毕业生在他们认为能提供理想就业的行业榜单中把国防业排在了靠后的位置,即使没有放在最后。[27]贝恩公司在15所顶级工程学院进行的研究发现,只有7%的学生希望从事航空航天和国防事业,[28]同时对500名美国航空航天工作者的调查发现,80%的人不会建议他们的孩子从事航空航天业,原因在于工作地点不稳定。[29]

以上八个因素的综合影响正在造成国防工业的就业危机。招聘和留住员工是目前国防领域的企业的首要任务。据上述贝恩公司的研究报告预测,在未来几年内,美国国防工程师可能会出现数万人短缺的局面。如果目前的趋势保持不变,那么在2010年即将退休的5.7万至6.8万名工程师中,该行业将只能替换大约一半的人数。这是所有大型国防企业的一个主要问题。例如,2006年,在洛克希德·马丁公司的员工中,每3人就有1人年龄超过50岁,而该公司每年要招聘1.4万人。到2009年,该公司预计需要约4.4万名新员工,然而,美国教育部的数据显示,美国的大学每年只培养出6.2万名工程学士学位的毕业生(比视觉和表演艺术的毕业生少)。[30]根据贝恩公司的调查,到2010年,可能会有4.1万到8.7万名国防工程师的潜在短缺(取决于需求)。[31]对美国未来的国家安全和(因为商业领域也需要这些人)未来美国的经济竞争力而言,这是一个重大问题。国防工业将需要寻求大学来帮助解决这个问题。

第三节 大学毕业生

科学和工程教育的情况同样令人担忧,特别是在研究生教育层面。例如,在2005年,美国的大学颁发了4.1万个工程硕士和博士学位,而其中一半以上是由其他国家的公民获得。[32]随着越来越少的美国公民对这一领域感兴趣,以及越来越多的外国学生进入这一领域,这一比例在显著增加。更麻烦的是,2001年在美国大学担任博士后职位的学者中,有57%出生于外国。[33]这种外国出生的学者在美国研究生教育项目中占主导地位的现象延伸到了种类繁多的领域。例如,在电气工程领域,2007年有70%的博士学位由非美国公民获得。[34]同样,在信息技术领域,在美国大学的研究生教育项目中,外国学生比美国学生多。尽管美国科学和工程博士的数量从1996年到2001年有所下降,但现在亚洲和欧洲每年毕业的人数都分别超过美国5 000人以上。[35]这种美国籍研究生的短缺(国防工业需要美国籍研究生)与美国本科生的短缺相呼应,因为他们根本就不选择科学和工程项目。在其他国家,追求科学和工程职业道路的本科生远远多于美国学生。

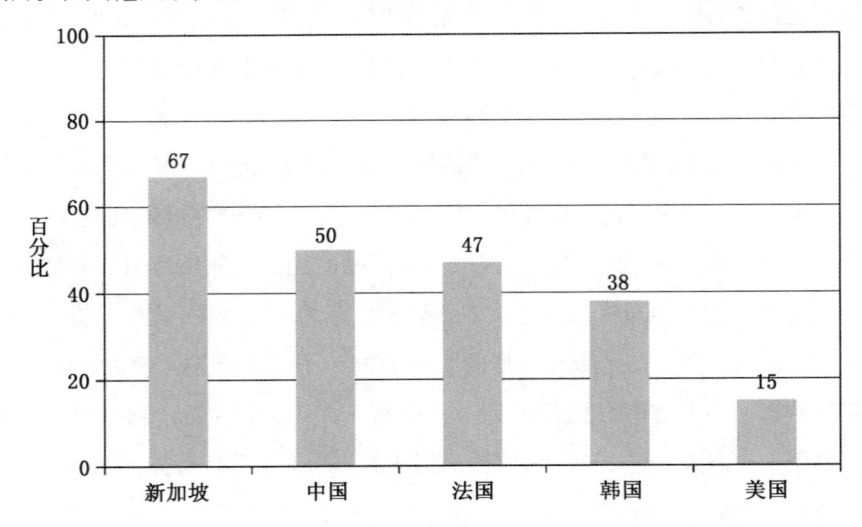

资料来源：Kenneth Cohen, "National Math and Science Initiative," November 2007, Briefing to the Committee on Science, Engineering and Public Policy, National Academies, September 4, 2008).

图5.4　2004年5个国家的自然科学与工程的本科学位授予数

因此，美国大学面临着一个两难的境地：其无法引起美国学生对科学和工程的兴趣，只能继续吸引外国学生。但其也在追求一个新的方向，即在国外建立美国大学。例如，在卡塔尔，卡内基梅隆大学有一个校区，康奈尔大学有一所医学院，得克萨斯A&M大学有一所工程学院，乔治城大学有一所计算机学院。密歇根州立大学和罗切斯特理工学院在迪拜设有中心。纽约大学正在阿拉伯联合酋长国建设校区，在新加坡也有一个校区；佐治亚理工学院在法国、新加坡、意大利、南非和美国都有学位项目，并正计划在印度再建一个。随着这一趋势的持续，美国的校园将吸引更少的外国科学和工程学生、教师和学者，而且由于过去这些人中的许多人在他们的大学关系结束后都留在了美国，他们将无法再被美国企业（特别是商业领域）雇用。尤其令人震惊的是，美国1/3的诺贝尔奖获得者不是出生在美国，而硅谷高科技公司的大部分创始人是在美国出生的。目前的趋势对美国未来的竞争力和安全影响很大，但美国的政策往往不鼓励外国科学和工程学者及学生来美国做进一步的研究和学习。例如，如果他们持学生签证或临时工作签证来到这里，他们必须事先同意在学习或临时工作结束后返回自己的国家（这一政策违背了美国的利益）。自2001年9月11日以来，美国加强了对外国学者和学生的签证审批程序（因为担心他们是恐怖分子或间谍），这是另一项违背美国利益的政策。[36]

对于非国防领域而言，外国学生和学者在美国的存在是一个极大的好处。事实上，目前科学家和工程师队伍中，有1/3是在美国以外出生的。[37]但是，"9·11"事件后的移民管制导致至2004年国际学生的申请数量下降了32%，所以这一长期趋势很明显。[38]

同样麻烦的是，为了获得所需的劳动力，美国的商业公司正在将其研发中心转移到海外。博思·艾伦·汉密尔顿咨询公司和欧洲工商管理学院的一项调查发现，在1975年至2005年间，位于国外的研发基地的比例（对于那些拥有美国公司总部的公司）从45%上升到66%。该调查还发现，在未来三年计划的新研发基地中，77%将位于中国或印度。中国和印度都即将超过西欧，成为美国公司最重要的国外研发地。因此，到2007年底，中国和印度占美国公司"全球研发人员的31%"，比2004年的19%有所增加。调查发现，"建立一个新的国外研发基地的最常见原因是能获得合格的员工"[39]。

如果美国要保持其在国家安全和经济竞争力方面的技术领先地位，它必须承认这些长期趋势。美国出生的科学家和工程师(尤其是研究生级别的)供不应求,而商业技术公司则争相雇用合格的外国人,特别是那些在美国大学接受教育的人。此外,那些留在美国的人通常会创办自己的公司。在截至 2005 年的十年间,外国出生的企业家在美国创办了 1/4 的新的美国工程和技术公司。[40]

2001 年,美国为高技术人员发放了 20 万个 H1-B 签证。然而,到 2004 年,美国已将这一允许的限额降至 85 000 个 H-1B 工作签证(65 000 个给有学士学位的外国人,另有 20 000 个给美国研究生院的外国校友)。在 2008 年,有 163 000 人申请这些签证,申请量如此之大,以至于美国公民及移民服务局在 5 天后就停止接受申请。如果申请程序开放的时间更长一些,人数还会大大增加。这些人并不能取代失业的蓝领工人,而且在美国,担任这些职位的美国公民人数不足。增加 H-1B 工作签证的数量符合美国的利益,总比迫使这些高素质的科学家和工程师转移到其他国家并与美国竞争要好得多。此外,应允许这些人中有相当数量的人在国防工业中就职。大约 3% 的美国军人不是美国公民[41],而在服役后,他们可以立即获得公民身份。[42] 同样,应允许一些非美国公民在国防企业中从事不涉密的工作,然后获得公民身份。也应该承认,大多数和美国作对的著名间谍都在这里出生,并且一辈子都生活在这里。

另一项所需的变革是,减少从获得签证到被雇用之间的排期。今天,即使一家公司从一个拥有美国大学高级学位的 H-1B 签证申请人那里得到了就业许可,它也必须等待一年以上才能雇用这个人。[43] 此外,对获得绿卡的限制,特别是对来自中国等国家的专业人员,导致他们需要等待很多年才能获得居留身份。例如,一名来自印度或中国的科学家必须在 2001 年提出申请才有资格在 2006 年获得绿卡。[44] 然而,根据一项统计,自 20 世纪 80 年代以来,有 3 000 家科技公司(占总数的 30% 以上)是由具有印度血统或中国血统的企业家在硅谷创办的。[45] 拥有一名或多名移民创始人的公司包括英特尔、谷歌、雅虎、太阳微系统和易趣。2006 年对美国私营的、由风险投资支持的初创公司的调查估计,47% 的公司有移民创始人。该研究还发现,在接受调查的移民创始人中,有 2/3 的人认为,目前的美国移民政策抑制了外国出生的未来企业家创办美国公司的能力。[46] 当然,看起来美国在维持一个更加开放、合法的移民系统方面具有重大利益。[47] "曼哈顿工程"是第二次世界大战时期进行的、制造第一颗原子弹的秘密项目,它为让非美国公民在国家安全领域工作的潜在好处提供了一个有趣的视角。参与该项目的美国公民很少。大多数参与者来自当时美国的敌人——德国或意大利。事实上,恩里科·费米(Enrico Fermi)直到原子弹投下后才获得美国公民身份。

一段时间以来,不允许外国技术人才进入美国的问题已经被意识到。2006年,比尔·盖茨警告说,缺乏技术人才签证和居留证(绿卡)正威胁着美国的竞争力,"因为其他国家从美国雇主无法雇用或留住的国际人才中受益"。然而,微软想出了一个办法。它有四个大型研究中心,而只有一个是在美国。其他的在印度的班加罗尔、中国的北京和英国的剑桥。[48]而国防企业没有这个权力(尽管如果这些趋势继续下去,其可能也被迫这样做)。

增加 H-1B 签证的数量并不意味着外国居民可以抢占美国人的工作。科学和技术领域的许多岗位需要加以填补。2008 年的一项研究指出,仅在标普指数涵盖的 500 家顶级公司中,就有超过 14 万个技术职位空缺。美国主要的科技公司在 2008 年平均有超过 470 个技术职位的空缺,而国防企业则平均有超过 1 265 个技术职位的空缺。这些都是需要至少有科技领域的本科学位的工作。2008 年 1 月有职位空缺的国防企业包括诺斯罗普·格鲁曼公司(3 925 个)、洛克希德·马丁公司(3 901)和雷神公司(1 694)。[49]由于劳动力老龄化以及缺乏进入科学和工程领域的美国学生,这个问题预计将日趋显著。事实上,据劳工统计局估计,"在 2006 年和 2016 年间,雇主将不得不填补超过 100 万个新的高科技工作岗位"[50]。在谈到为美国带来新的技术人才以及为那些想留在这里的外国高科技人才颁发的工作绿卡的数量时,托马斯·弗里德曼(Thomas L. Friedman)说:"给他们所有他们想要的! 因为我们没有培养出足够的工程师,我们的公司不仅现在需要他们,而且随着时间的推移,他们会创办更多的公司,并创造出比他们可能取代的更多的好工作。硅谷就是活生生的证据,重要的是创新发源地,它仍将提供最好的工作。"[51]

注释：

[1] Office of the Undersecretary of Defense (Comptroller), "National Defense Budget Estimates for 2006," April 2005. Statistics from the Aerospace Industry Association are available at http:\\www.aia-aerospace.org\stats\aero_stats\stat12.pdf.

[2] Commission on Army Acquisition and Program Management in Expeditionary Operations, *Urgent Reform Required: Army Expeditionary Contracting* (Washington, DC: U.S. Government Printing Office, October 2007).

[3] Ibid.

[4] Acquisition 2005 Taskforce, "Shaping the Civilian Acquisition Workforce of the Future," October 2000.

[5] Based on data supplied by the Army Materiel Command to the Commission (and found in the report listed at note 2 above).

[6] Richard Lardner, "Army Adding Five Generals to Oversee Purchasing, Contractors," *Boston Globe*, July 3, 2008, A-11.

[7] Elise Castelli, "Army Shaping Civilian Role in New Contracting Command," *Federal Times*, March 17, 2008, 6.

[8] "The Future Acquisition and Technology Workforce," Office of the Undersecretary of Defense for Acquisition, Technology, and Logistics, April 7, 2000, 2–3.

[9] "AT&L Human Capital Strategic Plan," version 3.0, 2007.

[10] Bernard Rostker, "A Call to Revitalize the Federal Civil Service," RAND Corporation Report, August 2008.

[11] "Graduating to Public Service," *Washington Post*, November 14, 2007; see also "Federal Agencies Called Unprepared for Future Wave of Retirements," *Government Executive*, November 13, 2007.

[12] "Government Must Hire 193,000 by 2009," *Federal Times*, July 3, 2007.

[13] Matthew Weigelt, "Debate Over Contractors Continues: Lawmakers Foresee No Easy Solutions to Concerns about Acquisition Outsourcing," *Federal Computer Week*, April 7, 2008.

[14] For discussions of such exchange programs, see Cynthia Yee, "Developing Leaders: Industry-Exchange Pays Off," *Federal Times*, January 23, 2006, 21; Sally Ann Harper, "Trading Expertise: GAO's Public-Private Exchange Brings Fresh Ideas," *Federal Times*, January 30, 2006, 21.

[15] Pierre Chao, "The Future of the U.S. Defense Industrial Base: National Security Implications of a Globalized World," Paper presented at the Industrial College of the Armed Forces, June 2, 2005.

[16] Michael T. Brewer, "An Aerospace Business Case for Transatlantic Corporation," Paper presented at the Industrial College of the Armed Forces on June 2, 2005.

[17] "Contractors Use Signing Bonuses, Higher Salaries to Lure Employees with Security Clearances," *Federal Times*, October 18, 2006.

[18] *Rising above the Gathering Storm: Energizing and Employing America for a Brighter Economic Future* (Washington, DC: National Academies Press, 2005).

[19] Aerospace Industry's Association Employment Facts, January 6, 2006.

[20] Ibid.

[21] Susan Pollack, "Human Capital Strategy and the Future of Nation's Space Industry Workforce," Industrial College of the Armed Forces, June 2, 2005.

[22] "We Risk Mediocrity: Raytheon CEO Says Workforce Challenge Requires New Mindset, Focus," *Aviation Week and Space Technology*, February 5, 2007, 47.

[23] Thomas Sheeran, "Manufacturing Jobs Go Unfilled," *Examiner.com*, May 26–27, 2007, 53.

[24] Norman R. Augustine, *Is America Falling Off of the Flat Earth?* (Washington, DC: National Academies Press, 2007).

[25] CRA Taulbee Survey, March 2006.

[26] Norman Augustine, "U.S. Science and Technology Is on a Losing Path," *Aviation Week and Space Technology*, October 31, 2005, 70.

[27] "Aerospace Needs Multi-Pronged Effort to Maintain Workforce for Future Growth"(Editorial) *Aviation Week and Space Technology*, May 3, 2004, 74.

[28] Joseph Anselmo, "Vanishing Act," *Aviation Week and Space Technology*, February 5, 2007, 45.

[29] Aerospace Industries Association Employment Facts, January 6, 2006.

[30] Robert J. Stevens, CEO Lockheed Martin, "Social Engineering," *Wall Street Journal*, April 19, 2006, A-12.

[31] Anselmo, "Vanishing Act," *Aviation Week and Space Technology*, 45.

[32] Ibid.

[33] Task Force on the Future of American Innovation, "The Knowledge Economy: Is the United States Losing Its Competitive Edge?," February 16, 2005, 4.

[34] Engineering Workforce Commission, "2006 Engineering and Technology Degrees," American Association of Engineering Societies, 2007.

[35] National Science Foundation, "National Science and Engineering Indicators," 2004.

[36] For a full discussion of this issue of foreign students and foreign scholars, refer to National Research Council of the National Academies, *Science and Security in a Post-9/11 World: A Report Based on Regional Discussions between the Science and Security Communities* (Washington, DC: National Academies Press, 2007).

[37] National Innovation Initiative Report, "Innovate America," December 2004, 19.

[38] Ibid.

[39] "Innovation: Is Global the Way Forward?," *Boozallen.com Media File*, 2006.

[40] "A Recipe for Weakness: By Limiting Visas for Skilled Foreign Professionals, the United States Only Harms Itself," *Washington Post*, June 4, 2008, A-18.

[41] "The 'Green Card Brigade': How to Become an American via Iraq," *The Economist*, January 20, 2007, 34.

[42] Ernesto Londono, "Warriors of the U.S. Becomes Its Citizens, Too: In Baghdad, 159 Troops Take the Oath in Largest Overseas Naturalization Ceremony," *Washington Post*, April 13, 2008.

[43] Competeamerica.org, 2007.

[44] State Department Visa Bulletin, May 2006.

[45] Taskforce on the Future of American Innovation, "Measuring the Moment: Innovation and National Security in Economic Competitiveness," November 2006.

[46] National Venture Capital Association (NVCA), "Immigrants Have Founded One in Four of Public Venture Backed Companies in the U.S. since 1990, Finds First-Ever Study," November 15, 2006.

[47] For a detailed discussion, see Stuart Anderson and Michaela Platzer, "American Made: The Impact of Immigrant Entrepreneurs and Professionals on U.S. Competitiveness," National Venture Capital Association, Arlington, VA, 2006, 41.

[48] "Brains and Borders: America Is Damaging Itself by Making It Too Difficult for Talented People to Enter the Country," *The Economist*, May 6, 2006.

[49] CNP Tech Web, "U.S. Tech Companies Add Five Workers for Each H-1B Visa They Seek," March 10, 2008.

[50] Adrienne Lewis, "Giving Visas to Skilled Workers Bolsters Economy," *USA Today*, March 25, 2008, 10-A.

[51] Thomas L. Friedman, "Laughing and Crying," *New York Times*, May 23, 2007.

第六章　研发的关键性

　　第二次世界大战后和冷战期间,美国的国家安全战略是以技术优势为基础。1977年至1981年的国防部部长哈罗德·布朗(Harold Brown)和这一时期的国防部副部长威廉·佩里决定通过技术投资而不是扩军来抵消苏联的军事数量优势,因为国防部的劳动力成本随着征兵的结束而大大增加。[1]

　　这一政策并没有被普遍接受(尤其军队中许多人更倾向于军事现状),但在1991年的海湾战争中,它的有效性得到了证明,当时,在此之前开发的技术显然发挥了作用,帮助美国军队取得了快速的胜利。在2006年的黎巴嫩战争中,真主党(总部设在黎巴嫩的一个准军事组织)的战斗人员对以色列北部城镇进行了攻击。在长达34天的时间里,该组织在以色列北部和黎巴嫩南部与以色列国防军(中东地区最强大的军队)作战,使用技术来配合其非正规战术,并认识到其不能以常规部队直接与以色列对抗。[2]伊拉克的叛乱分子通过使用技术(如安全通信、互联网和路边炸弹),并结合小规模部队和商业技术,极其有效地抵抗了实力远超他们的美国及其盟国的强大联军。最终,掌握了核武器或生物武器的小规模部队,即使其军事力量小,也可以极大地影响未来的安全态势。

　　因此,美国及其盟国必须发展先进技术,预测先进技术(军事和商业)在未来将如何使用,以及谁将使用这些技术,并针对这些技术提高技术和/或作战反制能力。例如,正如2008年俄罗斯在其军队进入格鲁吉亚时所展示的那样,网络战是一种可以用来对付对手的重要手段。美国的研究必须对网络防御给予极大的关注。总的来说,随着技术在全球范围内迅速传播,美国需要保持领先地位(进攻和防御)以维护其未来的安全。

庆幸的是,自第二次世界大战结束以来,研发投资的重要性已被广泛认可,从那时起,研发投资就有了大幅的增长(图6.1)。

资料来源:National defense budget estimates for fiscal year 2006, Office of the Under Secretary of Defense (Comptroller), April 2005.

图6.1 1947—2006年的研发开支(根据通胀已做调整)

只有在经济健康的情况下,才有可能对国防研发进行大量投资。在经济受限的时期,长期投资(如研发,特别是基础研究)通常被推迟,以便为近期的需求提供资金。

不仅国防开支需要一个健康的经济,而且在国防和非国防方面的研发投资也与经济存在协同关系,这是一种双向增强的关系。过去,美国经济从国防开支的衍生品中获得的利益超过国防工业从私人研发中获得的好处。但最近,国防从商业研发支出(特别是在信息技术领域)中获得了相当大的好处。由于越来越多的美国国家研发支出是在商业领域,国防部需要充分利用这些投资,而不是被监管或立法限制所阻碍。

从国防技术到商业领域产生了许多衍生品：

- 商用飞机

莱特兄弟的早期飞机之一是由军队资助的研发项目。波音707在很大程度上借鉴了波音公司的军用加油机(KC-135)，该机是为了给战略轰炸机提供空中加油而开发的。从1945年到1982年，军事研发资金占到了商业飞机工业研发总投资的74%，而从1985年到2000年，其从未少于该行业年度研发投资的70%。[3]

- 喷气式发动机

商用飞机发动机技术得益于军事采购和军事保障的研发，包括1925年的普惠公司的大黄蜂发动机、20世纪80年代的高旁路涡轮增压风机，以及今天在现代飞机上使用的大型喷气式发动机。

- 半导体

国防部早期的采购和持续的研发努力在这一行业的发展中发挥了重要作用，因为国防部开始高度依赖电子技术以获得技术优势。

- 计算机

1945年推出的、被公认为第一台电子数字计算机的ENIAC，是由美国陆军资助的[4]，自那时起，国防部一直是计算机行业加速发展的主要赞助商。

- 软件

随着美国国防部对先进计算机使用的爆炸性增长，以及目前对集成电子系统和分散系统的严重依赖，先进软件的开发变得越来越重要。例如，在联合攻击战斗机上，超过50%的开发成本用于软件开发。[5]

- 互联网

1974年，高级研究项目局，即现在的国防高级研究项目局，建立了高级研究项目局网络(ARPANET)。ARPANET是被作为一个开放的、非专有的标准体系给予资助的，最终形成了目前全球互联网的架构。通过允许(实际上鼓励)小公司参与其开发，高级研究项目局可以利用小公司的创新能力。

- 全球定位系统

1972年由美国国防部发起，作为飞机、船舶、导弹和车辆的三维导航系统，全球定位系统现在由国防部资助并免费提供给全世界的商业用户。此外，GPS卫星上的核钟现在被用作国际银行系统的时间标准。

- 通信卫星

由于全球通信所需,美国国防部在开发通信卫星方面发挥了重要作用,现在全世界都在使用这些卫星(包括军事上和商业上)。

● 核能

核电工业的大部分发展资金来源于国防部,其始于核武器工作,特别是船舶的核电站。

● 干冻食品

在如何为部队提供食品方面,已经做了大量的研发工作,其重点是新鲜食品包装、长时间的室温保存以及快速加热(包括通过包装)。

● 标准化的船载集装箱

标准化的船载集装箱的开发,是为了军队出征海外时,可以快速包装和运输大量装备。这个过程很快就彻底改变了商业航运业。

这个清单还可以继续下去,而国防部也推出了类似的流程现代化步骤清单,包括项目管理、进度控制技术、现代制造(始于军队资助的可互换的步枪零件)和制造技术项目。上述清单表明,国防研发对美国经济的发展和领导地位产生了巨大影响。尽管这些来自国防研发的衍生品非常有价值,但国家对国防研发的大量投资是以国家安全为目的,经济利益只是次要考虑。然而,它们的价值有助于维系国会对大型国防研发投资的支持。事实上,在20世纪50年代的大部分时间里,与国防有关的研发支出占联邦研发总支出的80%以上,并且从1949年到2005年,很少低于联邦研发支出的50%。[6]尽管在20世纪70年代中期之前,美国联邦支出一直主导着全国的研发工作,但自20世纪90年代以来,商业研发一直占主导地位,在21世纪,几乎占全国研发总支出的70%(图6.2)。

因此,国防部必须在国内和全球范围内利用这种商业研发的优势。这意味着要消除目前阻碍商业公司承接国防部研发项目以及阻碍国防部使用商业产品(尽管它们的性能更高、成本更低)的许多立法和监管障碍。

在过去半个世纪的大部分时间里,工业界(主要是国防工业)已经完成了国防部资助的60%至70%的研发工作,政府实验室完成了大约20%至30%,而美国大学完成了3%至5%(主要是基础研究)。[7]

由于国防部坚持其技术优势的目标,而这需要大量的研发投资,因此其在纳米技术和网络安全方面的工作将继续在商业领域产生巨大的溢出效应。例如,据估计,到2020年,15%的工业和100%的电子工业都将基于纳米技术。[8]但随

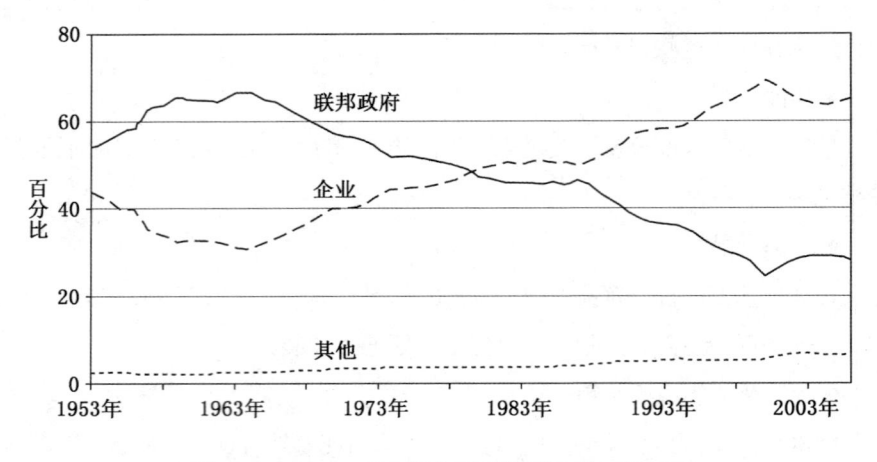

图 6.2　1953—2007 年全国研发资助领域的开支

着商业世界变得更加以技术为导向(特别是在电子和信息技术方面),国防部将越来越多地利用世界范围内的商业技术(称为"溢入")。例如,随着商业系统越来越需要网络安全(例如,在银行和医院),以及医疗研究(政府研发投资的第二大领域)的持续,预计国防部在网络防御和生物防御领域(诸如能有效防止可能被用作大规模杀伤性武器的生物工程病原体的宽带疫苗)均能受益。

强大的美国经济与国家安全支出之间,以及溢出到商业领域的国防研发投资与影响国防和国家经济增长的商业领域的研发投资之间存在相互关系。在国防和美国经济之间、在国防研发和美国经济之间,以及在国防和国家安全之间,它们提供了一个综合的相互关系和强大的协同作用。21 世纪的大多数社会问题(如能源、环境、健康以及影响就业和贸易的经济)以及国内外的安全问题,都将取决于国家继续成功开展研发活动的能力。

在整个 20 世纪下半叶和进入 21 世纪后,现代技术的两个主要特点是变化速度(快速部署)和全球化(在军事领域,特别是在商业领域)。这种变化速度的明显例子是在电子领域。如图 6.3 所示(用对数曲线绘制,因为变化太大,无法用线性曲线),1900 年,1 000 美元可以买到每秒几个机械计算量;接着在机电时代、真空管时代、分立晶体管时代、集成电路时代提高了计算量;而现在,在纳米技术时代,每秒可有数十亿次计算。

即使微芯片的处理能力继续每 18 个月翻一番(遵循摩尔定律),所有这些计算能力的成本已经骤降。1978 年,英特尔 8086 的成本为每个晶体管 1.2 美分,每

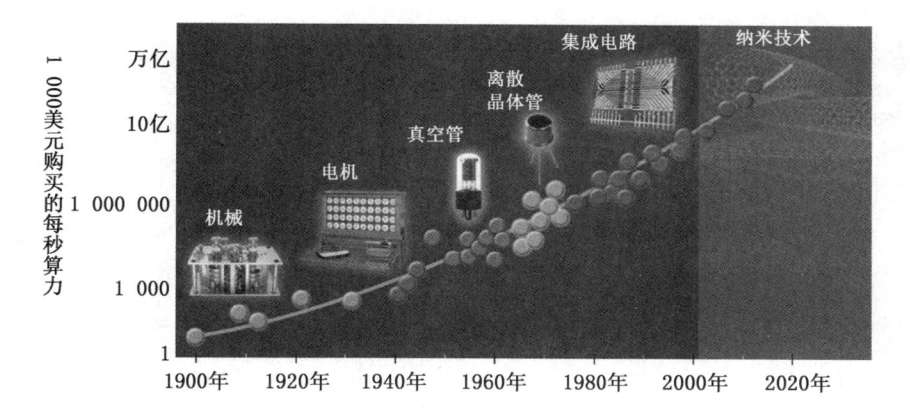

资料来源：Dave McQueeney and Gary Ambrose, "Use of COTS in DoD: An IT Industry Perspective," Defense Science Board Discussion, June 2008.

图 6.3　1900—2020 年技术的突飞猛进

百万条指令每秒(MIPS)480 美元。到 1985 年，英特尔 386 的成本为每个晶体管 0.11 美分，MIPS 的成本为 50 美元。十年后，奔腾处理器的推广价达到了每个晶体管 0.02 美分和每百万条指令每秒 4 美元。而且，价格预计将继续下跌。[9]

在全球化方面，技术正在世界范围内迅速传播，并被对手和盟友应用。国际上也越来越认识到，为了保持领先，必须进行基础研究，并迅速通过开发和部署周期推进——这点很重要。例如，2005 年中国颁布的战略文件指出，"基础研究已经成为综合国力国际竞争的一部分"[10]。

通过持续的研究和从研究到示范、系统开发及部署的快速转换来保持领先，需要在国防采购的前端投入大量的资源。然而，在战时或被认为有军事需要的时期，人们倾向于将资金从研究转移到采购现有系统和增加人员上。在国家经济疲软的时期，这种转移甚至变得更加明显。因此，我们面临的挑战不仅是要让人们理解保持研究领先的必要性，而且要在采购前端提供足够的资源，因为这一阶段所需的资金要比后期少得多。

图 6.4 显示了 2006 财年研发周期的各个阶段及其资金水平。从图中可以看出，预算活动 1(BA1)，即基础研究(通常由大学完成)，规模很小。2006 财年的 BA1 为 13.2 亿美元，而研究、开发、测试和评估的总申请额为 693.6 亿美元，仅占美国当年国家安全总支出的 10%。在第二年的预算中，国会通过了一项 2 500 亿美元的农业补贴法案(超过国防部研发和评估预算总额的 3.5 倍)。[11]

自第二次世界大战以来,开发支出很少低于国防部研发总支出的80%。而基础研究在国防部研发总支出中的比例明显低于5%。[12]然而,正如乔治·布什总统所指出的,"正是研究将使美国保持在尖端地位"[13]。

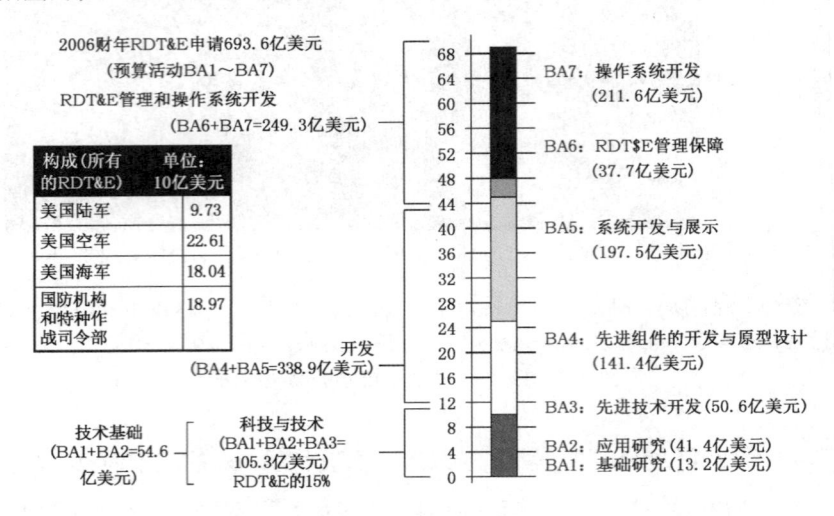

图 6.4 2006 财年研发、测试和评估的预算申请

最后,国防部在科学技术方面的投资需要正确看待。如图 6.4 所示,2006 财年,国防部在科技方面的支出为 105.3 亿美元。这与所有其他联邦政府部门(如国家科学基金会和能源部)的支出总额相当,但与美国的商业领域或国际科技投资相比,则显得微不足道(图 6.5)。

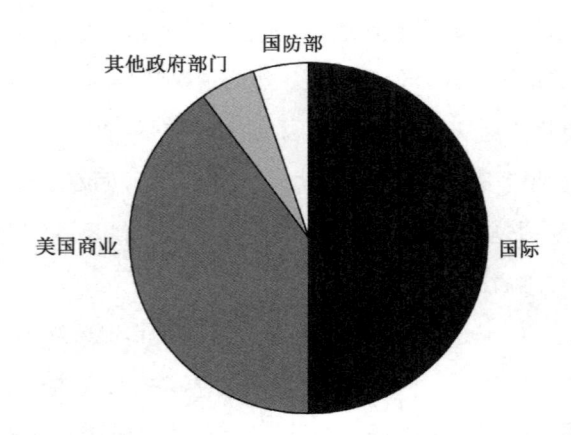

资料来源:National Science Foundation,"International Science and Technology Trends,"Science and Technology Pocket Data Book 2000.

图 6.5 2000 年科技投资

第一节　提高国防部研发投资效益

为了成功实现其使命,国防部有三个技术领先战略目标:由于它是一个垄断性的买家,所以它必须刺激创新;由于其他国家和个别组织(如恐怖组织)正试图获得优势,所以它必须专注于避免奇袭;而且它需要保持领先。

为了实现这些目标,国防部有四种基本工具可以使用(除了花费研发资金):利用竞争性的市场运作,以较低的成本实现不断提高的性能;与其他组织(如工业界、大学和盟友)合作;进行大量的实验、测试和评估;利用其第一购买者的市场力量来刺激其需要的技术领域,但这些技术在商业领域也具有相当大的价值。

一、国防部研发的三个目标

(一)刺激创新

商业市场上有许多具有不同偏好和要求的买家,与之不同的是,国防市场基本上只有一个买家,即美国国防部,以及每个关键领域的少数供应商。在这个独特的市场中,如果政府想实现某种目标(这里指的是技术优势),它就必须扮演一个积极的角色。关于政府研发的这一论点是由范尼瓦尔·布什(Vannevar Bush)在其1945年的开创性报告《科学无疆》(Science: The Endless Frontier)中阐述的。[14]理查德·纳尔逊(Richard Nelson)和肯尼思·阿罗(Kenneth Arrow)分别在1959年和1962年阐述了政府资助研发的经济理由。[15]从本质上讲,由政府支付军事研发费用的论点是很简单的。政府决定它想买什么,而公司不能花费数十亿美元进行研究,以确定其设计是不是政府可能想要购买的东西。失败的风险太高了,公司不可能投资于这个独特而专门化的市场。国防企业经常提及诺斯罗普航空公司董事长汤姆·琼斯(Tom Jones)的决定,他将公司的资金投入到建造先进的喷气式战斗机(F-5)上,但空军最终决定这不是它想要的飞机。琼斯的大量资金基本上被浪费了。为了说服工业界开发最先进的武器系统,国防部发布招标,并将基于成本的合同授予中标的承包商,让其开发高风险的项目。

尽管这种市场失败的理由仍然是国防部投资研发活动的核心,但这种方法导致了以下问题:

● 官僚机构并不以挑选"赢家"而闻名。其倾向于采用低风险、历史性的方法。

● 以政治为基础的组织往往以短期为导向。其倾向于修改目前的技术,而不是开拓新的方向。

● 许多国防部任务的创新方法需要多军种(甚至多机构)的合作,这在大型官僚机构中是难以实现的。

● 技术在许多领域(如信息系统和电子技术)发展迅速,但政府的采购周期相对于现代技术周期来说是非常长的。

● 政府往往首先从内部寻找创新(因为它有大约 100 个国防部实验室),而且就像许多大型企业的员工一样,国防部员工最喜欢开展渐进式的改进,而不是建议和研究颠覆性的新方向。

这些问题都必须通过国防部的政策和程序来解决。相关工作始于 20 世纪 70 年代末,当时联邦政府认识到日本正在成为汽车、钢铁、计算机和电子产品方面的主要经济竞争对手。

1979 年,卡特总统公布了总统的工业创新倡议,这是由乔丹·巴鲁克(Jordan Baruch)(当时负责科学和技术的商务助理部长)领导的为期 18 个月的国内政策审查的结果,共涉及约 500 名私营企业和来自 28 个联邦机构的 250 名代表。[16] 这项倡议包括 9 项关键建议:(1)通过扩大国家技术信息服务,加强向工业界转让技术信息;(2)通过在大学建立由国家科学基金会和工业界共同资助的技术中心来增加技术知识;(3)改进专利制度;(4)澄清联邦反托拉斯政策,明确基础研究方面的合作并不违反反托拉斯法;(5)通过增加国家科学基金会的小企业创新研究项目并将其扩大到其他政府机构,促进小型创新企业的发展;(6)将联邦采购转向性能规格而不是设计规格,建立创新机制;(7)通过鼓励创新免责,改善监管体系;(8)通过加强再培训计划,促进劳工和管理层适应创新;(9)通过消除创新的立法障碍和行政障碍,保持支持创新的氛围。

一系列举措催生了显著刺激美国创新的一系列立法。1980 年的《史蒂文森－怀德勒技术创新法案》(Stevenson-Wydler Technology Innovation Act)授权商务部和国家科学基金会在大学建立工业技术中心,以促进与工业界的合作研究,协助小企业和初创企业,并开发课程。同年,国会通过了《拜度法案》(Bayh-Dole Act),开启了建立统一的联邦专利政策的进程。这些法律(经过一些修改)

一直保留着,并极大地刺激了美国的创新能力,特别是私营企业对联邦资助的研究结果的应用、大学与产业界在研究方面的合作,以及政府资助的大学的研究项目对经济的刺激。此外,大学从联邦资助的发明许可中获得了数十亿美元的专利费,并且有超过1000家公司在联邦资助的专利基础上成功创业。根据2002年《经济学人》杂志的一篇题为"创新金鹅——《拜度法案》"的文章,该法案已经催生了2 000家新公司、26万个新的工作岗位,以及为美国经济每年带来了400亿美元的增量"[17]。另一项关键立法是1984年的《国家合作研究法》(National Cooperative Research Act),该法颠覆了联合研究的反垄断案件(无论是基础研究还是应用研究)的举证责任。大公司开始与许多小型高科技企业合作,因此,它们不再需要仅仅依靠自己的本土技术。从本质上讲,该法案使企业首先可以共同开展研究,然后共同进行生产,从而加快了变革的速度。1986年,《国家技术转让法》(National Technology Transfer Act)获批,以增加商业创意从政府实验室到私营企业的流动。它建立了合作研发协议,为政府实验室和外部各方提供了一种合法的合作方式,而不必受《联邦采购条例》的宏观监管框架的约束。相反,有了合作研发协议,各机构可以迅速达成协议并立即开始合作。该法案还包括允许联邦资助的发明者分享其发明的收益。

也许最重要的立法变化是1982年颁布的《小企业创新发展法》(Small Business Innovation Development Act),该法案将小企业创新发展项目从国家科学基金会的一项实验(每年预算约500万美元)转变为联邦政府资助小型高科技企业的最大资金来源。它现在每年向11个机构发放超过20亿美元的资助(国防部是迄今为止最大的,资助水平每年约10亿美元)。由于目前国家60%至80%的新创造的就业岗位和大部分的创新能力来自中小型公司(雇员少于500人),因此,小企业创新发展项目对国家的技术领先地位和经济增长都是至关重要的。[18]正如琼·拜伦(Jon Baron)(他在国会和国防部都工作过)在国会的证词中所说:"在一些情况下,小企业创新发展项目催生了一些突破性的技术,这些技术改变了其领域并对美国经济做出了重大贡献。"[19]

小企业创新发展项目要求每个相关机构为小企业留出一个项目,以从事联邦研发工作,并以商业化为具体目标,即向商业界或政府销售,以满足其任务需要。法律规定,所有外部资助的研发预算的2.5%应留作此用途。在2007财年,该项目从国防部获得了约12亿美元的资金(有12个国防部机构参与)。这些国防部机构就其目前的需求进行了多次招标,并进行了同行评审(在政府内部),在提交的许多想法中进行选择。这是一个三阶段的项目:第一阶段,每项资助10万美元,进行为期6个月的可行性研究;第二阶段,每项资助约75万美元,用于为期两年的研究工作;第三阶段,过渡到其他资金来源,实现商业化。通常情况下,大多数公司的雇员不足25人,约有1/3的企业是第一次获得第一阶段的资助。由于基本的邀标书是围绕国防部的任务需求来写的,因此第三阶段的工作通常最初由国防部的项目办公室资助。但通常由于国防部的支持,风险投资基金很快就会加入进来,从而提供额外的资源(利用小企业创新发展项目及其政府同行审查进行把关,以确定项目是否具有广泛的商业应用价值)。这是一个对小企业有吸引力的项目,因为它是早期阶段研发资金的最大来源,而且没有任何附加条件(公司保留数据的权利达五年之久)。此外,公司不需要放弃其股权就可以开始工作(就像风险资本那样)。但从政府的角度来看,这也是一个有吸引力的项目,因为它既是一种尝试高风险研发的安全方式,也是一种接触小公司的方式,而这些小公司往往最具成本效益和创新能力,因为它们的灵活性大得多。最后,有一个类似的预留项目被称为"小企业技术转让研究项目"(目标是挖掘商业化的潜力),但其促进了小企业和美国研究机构(特别是大学)之间的合作研发。其占外部资助的研发预算的0.3%。尽管该项目的总资金比小企业创新发展项目小得多,但它对大学研究人员很有吸引力,而且它与工业界建立了早期的直接联系,以便随后将大学的创意商业化。

尽管政府资助的研发是创新的一个重要来源,但其他技术手段也能使研究人员利用所有可能的激励措施和机会。首先,鉴于所有好的创意都不是来自政府的假设,产业界受到的激励是将其一部分合同授予费用于独立研发(完全由合同支付)。例如,一家国防企业(无论大小)可能会留出其销售额的5%作为独立研发资金,由其科学家和工程师在内部竞标研究项目,这些项目可以为公司带来国防部感兴趣的未来的新产品。这些项目通常是一些最令人兴奋的项目,而且受到科学家和工程师们的大力追捧。由于独立研发是任何公司在下一代产品上保持领先的方法,因此它是内部管理的关注点,并在每家公司内部受到高度控制。许多先进的国防产品都是这种行业主导的独立研发活动的结果。

国防企业的独立研发有点像商业公司用自身的资源在研发方面的投资。政府在与该公司签订的主要合同中,将独立研发纳入(国防企业的)可允许的管理费用。此外，尽管政府拥有其直接资助的研究的数据权利，但在独立研发下完成的成果属于公司，因此，政府不能将其转让给该公司的竞争对手。同时向私营单位和公有单位销售产品的公司发现，如果公司允许其最有创造力的科学家和工程师去探索可能给公司带来重大利益的领域，而不明确界定其工作任务，他们就能获益。例如，谷歌公司允许其工程师将20%的工作时间用于自己的项目，只要对公司有帮助。[20]

除了政府的指导工作，刺激创新的第二种方法是试图向风险资本家学习。如果一种产品可以是双重用途的(即有大量的商业应用，但在设计上要满足军事要求)，那么国防部就可以受益于商业领域的低成本和持续的产品改进。由此产生了一系列由政府赞助的风险资本投资行动。第一家风险投资机构由中央情报局于1999年建立。In-Q-Tel是一家私营的、独立的、非营利性的公司，依照中央情报局和其他情报界官员的要求，在他们感兴趣的领域(如信息系统、电力系统和虚拟现实)开展工作。In-Q-Tel公司将中情局的资金投入这些领域的初创企业中，这样它就可以影响产品的发展。2007年，其投资总额约为6 000万美元。在通常情况下，In-Q-Tel公司对每家初创公司投资300万到350万美元，并且提供了30万美元的少量拨款，用来加快尚未进行商业开发的创意的发展。该公司的目标是，使这些公司在商业上行得通且经济上有盈利，并寻求第三方资本来补充自己的投资。如果它所投资的公司获得成功，那它就能在股权增值的基础上实现自负盈亏。例如，该公司指出，它最初在2003年2月投资了一个卫星成像项目(被称为"锁眼")，该项目发展成为谷歌地球。这个理念涉及私营企业与政府之间的合作投资，因此陆军成立了一个名为"On-point Technology"的私营公司(军队每年的投资额约为2 000万美元)。美国国家航空航天局(NASA)也成立了一个类似的风险投资机构，名为"红色星球"(现为星盘风投)，其投资额约为7 500万美元。

第三种刺激创新的手段由美国国防高级研究项目局于2005年推出。该局为第一个在科学或工程领域实现高难度突破(某个特定政府机构希望实现的突破)的公司或个人提供了一个重要奖项。美国国防高级研究项目局的首次该项实验被称为"大挑战"，是为陆军开发全地形机器人车辆的一次有奖竞赛。2008年，该局举办了自动驾驶车辆"城市挑战赛"，冠军获得200万美元，第二和第三名获得150万美元。这种有奖竞赛是一种古老的方法，曾经被英国政府采用，它为能够解决18世纪最重要和最臭名昭著的技术难题的人士提供了巨额奖金,该项技术难题是船上的导航员如何在海上确定船只的经度位置。[21]根据联邦采购政策办公室前主任史蒂夫·凯尔曼(Steve Kelman)所言,比赛重新受到青睐有两个原因。第一,比起拨款或合同,这些比赛更多地以业绩为依据,因为它们奖励的是结果而不仅仅是努力;第二,奖金通常会刺激更多的投资来寻求解决方案,因为许多参与者(而不是像拨款或合同那样只有一个赢家)为解决问题付出了努力。一些机构正开始使用这种手段,一些企业也在这样做,将其问题放在互联网上,并向能解决该问题的人提供奖金。

因为有充分的证据表明,科学和工程组织在某个地理区域内集聚,往往会增加创新机会[22],许多州甚至世界上的许多国家都在创建研究园区。他们为公司提供了大量的激励措施(如税收优惠、孵化空间使用和成本分担),以开创此类园区并参与其中。一些国家(如印度、中国和新加坡)正在花费数十亿美元来建立庞大的研究与科学园区和创新中心,而在美国,各地区和各州正在相互竞争,以建立这样的科学园区和高科技公司集群(最好是在与大学研究和高科技人力资源库相关联的地区)。通过将这些研究园区设在大学附近,就会产生一种复合效应,既能获得劳动力资源,又能获得大学教授的创意,这些教授可能想创办小公司,而不必搬离该地区。在联邦资助的基础研究总额中,有很大一部分是给大学的,而国防部则是某些技术领域的主要资助者。2001年,由大学承担的计算机科学基础研究和工程研究中,国防部赞助的资金分别超过35%和30%。[23]

(二)避免奇袭

正如国防高级研究项目局原局长乔治·海尔迈耶(George Heilmeier)所指出的[24],"奇袭者与被奇袭者之间的真正区别通常不是对一项新技术的唯一所有权。……相反,关键的区别在于识别或意识到该技术的影响,以及是否果断加以利用"。例如,当苏联发射人造地球卫星时,美国也有这样的技术,但陆军、海军、空军和海军陆战队则专注于以其传统方式使用技术。为了应对和克服这种体制上的惰性,国防部高级研究项目局于1958年成立,以"确保美国在应用最先进的技术提高军事能力方面保持领先地位,并防止潜在对手的技术奇袭"。它的任务是开展那些"不是由各军种完成的,但可能以意想不到的方式具有重要军事用途的工作"。它没有内部实验室,而是将其所有的研究工作外包给企业和大学,每年资助额度约30亿美元。为了鼓励原创,国防高级研究项目局并没有给投标人提出的具体解决方案设限,而是发布广域公告(BAA),以获得研发建议,这些建议具有广泛的通用性,但适用于它所确定的问题。它还使用"其他交易授权"来吸引那些不习惯与政府做生意但可能有适用于军事挑战的创意的商业公司。国防高级研究项目局的重要之处(以及它在帮助国防部避免奇袭方面取得成功的原因)在于,它寻找和雇用最好的人,并在他们做什么和如何做方面给予灵活性。其目标是创造颠覆性的产品,让潜在的对手措手不及,并应对潜在对手可能采用的奇袭。其工作范围从原始研发到系统集成,并以高度竞争的方式完成这一切。为了避免奇袭,它不指望将其研发活动建立在明确的用户需求基础之上,因为很少有人会想到要求他们以前没有见过的东西。

由于苏联人造卫星的意外事件,除了建立国防高级研究项目局之外,美国国防部还建立了一个外部咨询委员会(国防科学委员会),这样它就可以请其机构以外的人从事可能出现奇袭的领域(以及对付它们的方法)的研究工作,并预测国防部可以开发的令潜在对手措手不及的领域。因此,半个多世纪以来,国防科学委员会一直在为国防部的新方向提供建议,这些建议因其非传统的观点而被证明具有重要价值。

奇袭的重要性并不新鲜。16世纪,尼科洛·马基雅维利(Niccolò Machiavelli)在《战争的艺术》(*The Art of War*)中写道:"出其不意是胜利的最基本因素。……意外的新事物会突然改变军队。"[25] 今天,鉴于技术和工业的全球化,以及科学和技术的日益商业化,技术奇袭的可能性从未如此巨大。但是,同样,即使技术的存在带来了变革,对全新创意(特别是如果它们颠覆了现有文化、组织或实践)的体制阻力将继续存在。有一个著名的例子,由于船体在海浪中来回或上下翻滚时进行射击是个更大的挑战,所以海军拒绝稳定其船只上的枪支,即使该技术已经存在,而且在稳定的情况下,枪支的效力要大上几个数量级。[26] 在其1890年的经典著作《1660—1783年海上实力对历史的影响》(*The Influence of Sea Power upon History, 1660 to 1783*)中,海军上将阿尔弗雷德·塞耶尔·马汉(Alfred Thayer Mahan)描述了军方的这种抵触情绪。在谈到对变革的抵制时,他指出,即使存在技术手段,"战术的改变也必须克服保守阶层的惰性,但这是一个极大的人性弱点。……历史表明,希望军事家们都费力去改变战术是徒劳无益的,但做出改变的人则能带着巨大的优势上战场——这本身就是一个价值不菲的教训"[27]。另一个不承认某些事情可以做因而在事情发生时深感震惊的著名例子是，1903年10月9日发表在《纽约时报》上的一篇文章指出："通过数学家和机械师的共同持续努力，可能在一百万到一千万年内进化出真正的飞行器。"而在同一天，奥维尔·莱特(Orville Wright)在他的日记中写道，"我们今天开始组装"第一架飞机，此后不久，他和他的兄弟威尔伯(Wilbur)在北卡罗来纳州的基蒂霍克进行了短途试飞。

对于发生在商业领域但可能影响军事领域并需要政府做出重大回应的意外事件，国防部也需要保持警惕。在20世纪70年代末，日本人在半导体和计算机内存领域取得了巨大的进展(这将影响军事电子技术能力)。因此，在卡特总统的"国内产业创新政策审查"背景下，美国制定了一个优化创新能力的路线图，以应对日本的产业政策。说服国会采取此类行动的必要性花费了一些时间，其最终反应无疑是基于对失去整体电子产业领导地位的恐惧，而美国的经济增长在很大程度上依赖于此。半导体制造技术战略联盟(Sematech)倡议是公私联合行动(由产业界和大学人员组成的竞争前联合体)，政府和产业界均摊每年2亿美元的投资。其结果是，美国的半导体和计算机产业成功地恢复了在这个快速增长的世界电子产品市场中的重要地位——在以网络为中心的军事行动时代，这对军方同样重要。今天，人们越来越关注中国对科技的高度重视，包括人员、研究园区、电子装备的开发和生产，所有这些都具有相当重要的军事价值。

(三)保持领先

第二次世界大战后以及整个冷战期间，通过在研发方面的大量投资，美国能够保持在技术上领先于其他国家的状态。无论是在规模还是占比上，美国在技术方面的投资都远远超过所有欧洲国家的总和。在21世纪仍然需要这些大规模的投资，但另外两个相互关联的考虑因素对国防部保持技术优势至关重要，即全球化和高科技商业化。

正如美国国家科学院在2007年所指出的："尽管许多人认为美国将永远是世界科技的领导者，但情况可能不会继续如此，因为世界各地都有伟大的思想和创意。我们忘记了科学和技术方面的领先优势可能会突然丧失，而且一旦丧失就很难恢复，即使真的能够恢复的话。"[28]正如战略和国际研究中心的一项独立研究指出，"全球化的最重要影响是技术领导地位的平衡"[29]。高技能劳动力国际流动增加以及技术知识的传播，使许多国家能够在催生尖端研究和创新方面与美国竞争。举例来说，2007年3月1日的《伦敦时报》宣布，"1原子厚的材料

'将彻底改变世界':它是有史以来最薄的材料,可以彻底改变计算机和医学"。它描述了一种碳层,该碳层被制造成一个1原子厚的薄膜,这也是对物理定律的挑战。它需要20万层才能达到人类头发的厚度。这种材料是由英国曼彻斯特大学的科学家与德国的马克斯·普朗克研究所联合研究出来的。它的主要应用预计将极大地提高计算机的计算速度,以及研究新药物。[30] 图6.6显示,全世界的研发工作在美国和欧洲以外的国家增长更快,这对国家安全和经济竞争力会产生长期影响。

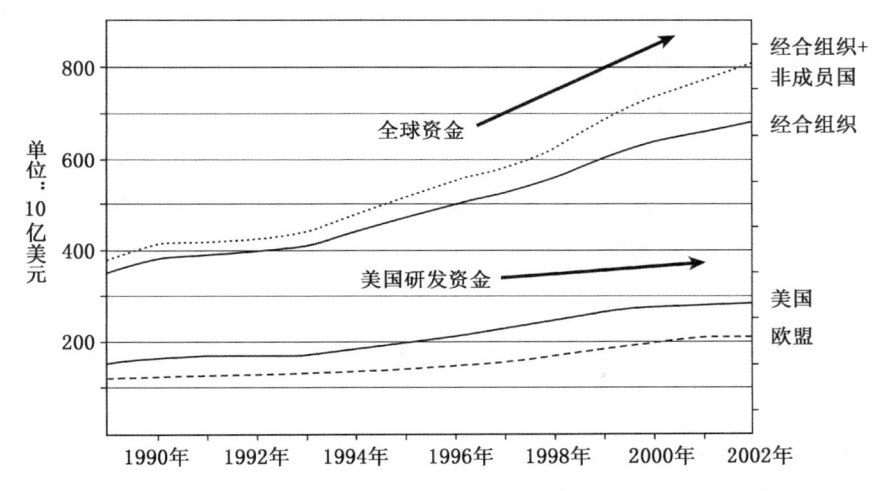

资料来源:National Science Foundation, S & E Indicators 2006; OECD, Main Science and Technology Indicators database, November 2004.
当前的价格按照购买力平价转换,1998年以后的欧盟数据包括10个新成员。

图6.6 1990—2002年全球研发开支估算

除技术和产业的全球化之外,研发支出也从国防部和政府的资金转移到商业领域的研发基金。如图6.2所示,联邦政府在1966年资助了美国所有研发活动的70%,而在2000年只赞助了约25%,其余的来自美国企业的研发基金。此外,这种转变发生在对国防部最关键的领域。在信息技术、电信硬件和软件以及生物技术等领域,国防部现在都扮演着小角色,但它们对国防部来说是至关重要的。美国产业界主导的研发投资活动大大超过了国防部,而且大多数实力企业甚至不参与国防部的研发活动。[31] 2006年,美国的非联邦研发资金总额为2 460亿美元,而国防部的研发资金为370亿美元。美国公司的许多最大的研发投资是由没有国防部研发合同的公司进行的,如英特尔公司(52亿美元)、福特汽车公司(80亿美元)、思科系统公司(50亿美元)、安进公司(23亿美元)和辉瑞公司(75亿美元)。一些最大的工业研发投资也来自接受极少量国防部资金的公司。微软公司的内部研发资金为96亿美元,而它只收到了190万美元的国防部研发资金;IBM的内部研发资金为52亿美元,而从国防部获得的资金为1 270万美元;通用汽车公司的内部研发资金为67亿美元,而国防部资助了30万美元;杜邦公司的内部研发资金为13亿美元,而国防部的研发资金为360万美元。很明显,国防部没有充分利用美国的大型商业研发投资。

把这两个宏观趋势放在一起,很明显,国防部需要在追踪和获取商业研发和国际研发方面做得更好。"非我所创"综合征是一大原因。这种态度在国防部实验室、国防部买方群体和国防工业中都很明显。国防工业应该成为商业技术或外国技术的主要转让载体,但其工程师和高管们更愿意使用他们自己的产品。因此,他们不愿意使用商业或外国的设计或技术,因为这些设计或技术不是在他们自己的工厂里用自己的设计制造的。

除了这些国防工业对使用商业技术和外国技术存在障碍之外,还有政府在这两方面设置的障碍。就商业技术而言,2008年的一项研究[32]确定了国防部为替政府进行研发的商业公司设置的五大障碍:

- 技术数据的权利

当政府支付研发费用时,它认为它有权拥有数据权利(但商业公司认为这些数据是其皇冠上的宝石)。

- 成本披露

公司认为其成本是竞争信息,因此对其来说是专有的,但政府坚持要求完全公开,因为它不信任这些公司。

- 完全遵守成本核算标准

政府希望对所有的成本(包括间接费用)进行全面核算,并希望按照政府独特的会计惯例进行核算。一家商业公司要承担政府的业务,它就必须建立一个单独的、完全独特的会计系统(这既昂贵又烦琐)。

- 商业秘密

政府希望能够把一家公司的图纸给另一家公司,这样两者就可以竞争制造该部件。然而,商业公司并不想公布这些信息,因为这些信息具有很强的竞争性,可以建立起其差异化优势。

- 出口管制

商业公司的目标是全球市场(而不仅仅是国内市场),其担心,如果公司开发的产品(由国防部资助,甚至由公司自己出资)被用于武器生产,那么该产品未来在全球市场的任何销售都将受到美国出口管制。这就抑制了国外的商业销售(同时也带来了相当大的额外开支)。

- 《联邦采购条例》条款延伸至较低层级

一个系统的子系统或部件层面涉及许多商业元素和外国元素,而商业公司希望以商业的方式开展这一业务。然而,根据国防部的《联邦采购条例》合同,国防主承包商必须将《联邦采购条例》的所有条款和条件延伸至供应商。与政府做生意时需要遵循政府特有的条款、条件和具体规定,商业供应商觉得很难接受由此造成的负担和费用,并且也没有在这方面做好准备。

如果政府要利用商业公司的大量研发投资(正如潜在的对手已经在做的那样),那它就需要消除这些障碍,并学会以更为商业化的方式与这些非传统的、通常是较低层次的供应商打交道。第四章中讨论的"其他交易授权"试图解决其中的一些问题,但《联邦采购条例》的"向下延伸"规定限制了主承包商对其商业分包商使用"其他交易授权"。

国防部在与全球高科技供应商打交道时也面临着巨大的障碍。正如国防部的一个独立审查小组所写,"国防部在与其他全球研究机构开展业务时存在无数障碍"[33]。这些障碍包括与国内商业公司有关的问题(包括知识产权、专有数据和成本问题)以及与外国技术和生产有关的问题,包括《国际武器贩运条例》(International Traffic in Arms Regulations,简称 ITAR)、《出口管制条例》(Export Administration Regulations,简称 EAR)、《购买美国货法》,以及安全问题。这些障碍在许多研究中都有详细说明。[34]如果国防部想利用来自世界各地的商业和军事先进技术,那它就得修改《国际武器贩运条例》和其他出口管制措施。正如2007年商务部的一个出口指导委员会所指出的,"委员会得出的主要结论是,现有的……出口监管措施不再有效地服务于其预期目的,应该用一种能更好地反映当今国家安全需求和全球经济的现实情况的措施来替代。科学和技术的深刻发展、大量信息的自由传播、世界人口的流动性、其他国家的经济负担,以及对美国安全所造成的威胁的性质的变化,已经使制度过时了"[35]。

二、国防部研发的四个基本工具

(一)利用竞争力量

许多作者指出,国防市场并非以正常的商业方式运作,特别是在研发阶段。商业公司开发新产品并将其投入市场以供潜在用户评估。然而,在国防企业中,激烈的竞争发生在研发阶段的初期,此时,多家国防企业向国防部提交纸质标书,接着政府选择获胜者,并提供资金来开发,随后便部署产品。这个极其昂贵且耗时的过程往往会提高产品的成本,因为它们是在单一来源的基础上开发和投入生产的。由于需求不断变化,技术也随着产品的发展而不断进步(而国防部通常希望在其产品中包括这些进展),在全面生产之前,这个开发过程通常需要10~20年。然而,正如第七章中的数据所显示的那样,在整个过程中保持竞争才最为有效。虽然看起来国防部要为在整个研发及后续的生产和保障阶段保持竞争付出双倍费用,但持续的竞争会带来更高的性能以及金钱和时间的整体(净)节约。尽管如此,这种模式——竞争性的原型合同授予、所有关键子系统的竞争,以及现有系统与下一代系统之间的竞争,往往在军方内部受到抵制,因为它需要在今年进行一些额外的投资,以便在未来几年节省大量的费用。其理由通常是"今年我们承担不了竞争来源"。随着时间的推移,美国经济中对竞争的强烈偏好应用于国防部时,促成了美国在其军事装备上的领导地位。相比之下,欧洲各国声称它们的规模不足以维持多个来源,而转向每个国家内部的"首选来源",这种欧洲模式导致每个国家的国防工业都是由国家单独采购和全额资助的。

正如克雷·克里斯琴(Clay Christiansen)所述,最有效的竞争形式是颠覆性竞争。[36]约瑟夫·熊彼特(Joseph Schumpeter)将其描述为创造性的颠覆:"新的商品、新的技术、新的供应来源、新的组织类型……它具有决定性的质量成本优势……它不断地从内部革新经济结构,不断地摧毁旧的经济结构,不断地创造新的经济结构。"[37]这种颠覆性的竞争是对任何现有文化的挑战。比如,遥控飞行器是对载人飞机的一种颠覆性技术,而小型个人电脑是对IBM公司大型计算机的颠覆性技术。这样的变革通常会受到强烈的抵制,以至于必须建立在单独的组织中,并自上而下推动,否则就会缺乏足够的资源并且无法在竞争中得到证明。如果这些颠覆性的创意来自另一个国家的高科技发展,那它们就更不可能

第六章
研发的关键性

被接受,除非能成功地证明它们的效果完胜。美国越是能在其所有项目中采用竞争(而不仅仅是在研发初期的初始竞拍阶段),并向外国和商业来源开放这种竞争,它就越有可能在未来保持其技术优势。

(二)与其他组织合作

在冷战期间,苏联对其国防人员进行了严格的安全控制。彼此之间往往不能交流信息,这极大地抑制了新创意的发展。[38] 今天,随着技术在世界各地的广泛传播,要使新的创意迅速发展,分享和开放是必不可少的。互联网的出现和其他关键软件的发展改变了人们当今时代的工作方式,从而大大促进了在某一特定领域从事研究的人们之间的这种协同作用。

但是,有关国家的政策的开放性将决定是否能实现这些好处。就美国而言,这种合作首先是在各军种之间进行共享,这样就可以从联合作战中获得最大的利益。然后,它延伸到情报界(首先在情报界内部进行合作,然后与国防部紧密合作)。最后,它延伸到多国研发,美国与它的盟友分享其领先技术的研发,而在世界各地一起合作的军队则可以从多国研发活动中获得最大利益。双方还可以从这种多国研发活动中获得巨大的经济(以及军事)利益,因为它避免了重复劳动,而且双方都能从规模经济中获益。但最重要的是创意共享,它可以最大限度地提高因分享研发成果而产生的创新。

在产品和流程层面共享很重要,但在研究人员个人层面很关键。随着技术迅速传播到许多国家,美国能从这种世界性的研究中获益的最佳方式是通过共享。例如,量子计算是一个在计算速度和密码学方面具有巨大潜在利益的领域,许多国家(包括加拿大、法国、意大利、荷兰和澳大利亚)是这一领域的领导者,而美国也是其中之一。美国的研究人员必须与这些世界领先的研究人员合作,以推动这一领域的发展。事实上,在今天一些国防部授予的量子计算领域的合同中,分包合同给了瑞士、日本和其他国家。

基于认识到这种全球共享的重要性,里根总统颁布了《国家安全决策指令189号》(后来由小布什政府时期的国家安全委员会主任康多莉扎·赖斯重新修订),该指令指出"基础研究应是开放的"(在发布和外国参与方面)。这一点在美国尤其重要,因为在美国的大学里有许多外国出生的本科生、研究生、博士后和教师,这些人中的许多人在美国的研究中发挥着主导作用。纳米系统公司的执行主席拉里·博克(Larry Bock)在国会作证时说:"美国在纳米技术研究方面远远领先于其他国家,但美国的绝大多数研究人员是外国公民,大部分来自亚洲。"[39]同样,从1987年到2007年,美国的博士后科学家和工程师中,临时居民的比例从37%增加到59%。[40]

尽管国家政策(如《国家安全决策指令189号》所阐述的)明确倾向于开放,即从共享和协同中获得军事利益和经济利益,但国防部和其他政府机构的实际做法并没有遵循这一政策。2008年,一项由国会授权的国家研究院的课题探讨了在美国大学的外国学生和学者及其从事的研究的开放性问题。一份题为"'9·11'事件后世界科学与安全"[41]的报告发现,许多政府机构没有执行这一政策。相反,安全被当作不共享基础研究信息的理由。国防部部长罗伯特·盖茨率先向国防部重申了开放此类基础研究的重要性。[42]恐怖分子甚至是潜在的敌对国家可能从这种共享中获益的风险,大大低于只使用美国公民开展这种基础研发和不能与来自其他国家的研究人员分摊研究工作从而推动研究更迅速地向前发展的风险(或损失)。这种简单的成本和效益分析在许多地方仍然受到广泛抵制,因为他们担心未来的潜在敌人可能会利用这些信息。美国面临的挑战是如何保持领先,在今天的世界上,这不能通过孤立的基础研究来实现。

(三)实验、测试和评估

许多科学和工程工作的一个主要缺点是,在实验室里待的时间太长,并将其应用集中在单一目标上。克服这种拖延的方法是强调实验的重要性,特别是由潜在的用户而不是原设计者进行的实验。新颖的创意可以从这种实验中产生,它包括两个方向:通过修改技术(促进性能的显著提高)和通过以完全不同的方式使用现有技术,即通过非传统的应用获得优势。目前已经启动一些项目以满足这些需求。例如,国防部的先进技术示范显示了新技术的价值。先进概念技术演示将新技术应用于不同的概念,以非传统的方式展示其价值。这个有价值的项目已经获得了大量的资金。它的基础是来自作战指挥官的任务需求,国防部部长办公室负责提出基于新的或现有的技术可以测试的新概念,以满足这些作战指挥官的需求。最后,一个具体项目(也由国防部部长办公室负责)被用来测试外国军事产品和商业产品,以评估它们对美国国防部需求的潜在应用价值。虽然这些项目是与各军种一起进行的,但由国防部部长办公室直接管理,这使其具有高度的可视性和客观独立性。

同样,若干年前,新武器系统的测试和评估被要求必须在开发团体之外进行。在开发测试达到满意效果后,需要进行作战测试和评估。使用方确定这些新产品的价值,并就如何进一步改进这些产品以增强战斗力提出建议。如果测试结果不是"通过或不通过",而是报告被测试的新系统的能力和缺陷,那么这些作战测试和评估才最有价值。

每个人都认为这种实验测试和评估是有价值的,但其往往资金不足或时间过长,这对从国防研发的巨额开支中获得最大利益来说是极为短视的。这方面的极端情况是对"红方"的使用不够充分,即让人们努力攻破这些新概念,以便在项目早期就能突出其弱点。同样,这在新武器系统的开发中也是很有价值的,但通常也会受到很大的抵制,因为其目的是发现缺陷,而大多数项目开发人员并不急于让这些缺陷在早期曝光。然而,在研发项目的早期,"红方"使用越多,从长远来看,就越能成功。

(四)利用首席买家的市场影响力

大多数研发项目(在商业领域和军事领域)的一个主要问题是,在创意被证明有效后,如何使系统初步投入使用。这通常被称为"死亡之谷"。国防部采购资金量巨大,所以国防部可以利用其购买力来启动项目。作为首席买家,它可以为新技术的早期版本下大订单,例如来自商业或军事领域的具有双重用途的产品(例如,以前的半导体或通信卫星,以及未来的量子计算机和纳米技术)。只要安全和出口管制的限制不是太严格,商业领域就可以改善该产品的性能并降低其成本,从而为军队带来好处。这种以军方为首席买家的概念,如果实施得当,就可以极大地刺激军事利益和经济利益。

第二节 趋势和未来需求

遗憾的是,美国,特别是国防部,似乎已经忽略科学技术对其长远未来的总体重要性。

在这一领域,世界正在迅速变化,但国防部并没有调整其政策、做法或预算来适应这些关键的变化。为了近期的发展和生产,国防部对长期研究的资金投入明显不足,没有关注未来的科学和技术队伍,也不承认商业的和外国的科学和技术对美国未来的安全和经济竞争力的重要性。

引用2001年哈特·鲁德曼委员会的说法:"未来二十五年,相比我们可以想象的任何潜在的常规战争,我们的研究和教育体系的不足对美国的安全和经济竞争力构成的威胁更大。……仅次于在美国城市引爆大规模杀伤性武器,我们能想到的最危险的事情莫过于不能为了公共利益正确地管理科学、技术和教育。"[43]

考虑一下最近的趋势:

● 国防部的长期研究经费已经明显减少。在20世纪80年代初,基础研究占国防部科技经费总额的近20%,但最近这一比例已降至12%。[44]

● 在近三十年内,国防部用于科学和技术的研究、开发、测试和评估资金的总体比例已经从20%下降到13%[45](在政府和企业支出的占比)。

● 在总统的国防部预算申请中,基础研究已经从1994财年的15.5亿美元的高峰下降到2006财年的13.2亿美元(均为2006财年不变美元)。[46]在2008财年的预算报告中,联邦政府对基础和应用研究的总体资助按实际价值计算连续第四年下降。[47]

● 与20世纪80年代中期相比,国防企业的独立研发资金下降了50%,而且国防工业的重点已经从创新转向重大开发项目的保障。[48]

● 自2000财年以来,国会对国防部科技拨款的定向资助已经急剧增加。在2008财年的拨款中,国会指定了22亿美元的特定承担人的科技项目(即"定向资助")。[49]为了满足国会的定性资助要求(尽管科技拨款总额确实由于这些专款而大大增加了),国防部对特定任务提出的科技资金的许多要求没有被纳入,这些定向资助没有经过同行的评审,也不是以业绩为基础,竞争性授予,或由机构赞助。各军种的科技款项中约40%是定向资助。[50]

● 虽然需要重大的创新,但现在的趋势是将风险最小化。大多数研究似乎是针对现有技术和应用的低风险、渐进式研究,而不是针对所需的颠覆性技术。普遍的感觉似乎是,华盛顿官僚机构中的"零缺陷"政治文化正在将风险降到最低,消极鼓励重大创新。美国国家科学院的一项重要研究建议建立一个相当于国防高级研究项目局的能源机构——ARPA-E,该建议遭到了能源部国家实验室的强烈抵制,并没有得到国会的首肯。[51]许多分析和独立研究表明,国防部有一些重大的颠覆性需求目前没有得到满足。这包括实时、双向的语言翻译设备(伊拉克和阿富汗急需);信息安全(因为对手越来越了解通信系统);网络防御(正如俄罗斯人在进入格鲁吉亚时展现的那样,网络攻击现在已经加入动能攻击);先进的电源(重量轻、寿命长)以及无线电源(用于移动设备的自动充电);微型机器人(用于空中、陆地和水下);生物防御(随着生物技术在世界范围内的传播,可用于不良用途);不依赖石油的系统,以节省后勤和成本,并降低依赖性;受生物启发的认知架构(用于模仿人脑功能的软件);以及更多的颠覆性需求,这些需求的定义尚不明确,但有可能由其他国家开发,如果不是由美国开发的话。

● 主要国防武器系统的开发在国防研发总预算中占有压倒性份额。诸如空军的先进战斗机和陆军的未来战斗系统等主要开发项目,在国防部的研发预算中所占的份额越来越大,以许多关键技术领域所需的大量小型研发项目为代价。由于这些大型项目都是面向近期的,因此长期研究受到影响。国防部正在吃掉它的玉米种子。

● 自从后冷战时代发生的国防工业纵向一体化以来,主承包商越来越多地将大部分子系统和组件的制造放在内部,这就大大减少了通常在低级别的国防工业(如电子产品和传感器)中具有竞争力和创新性的公司的研发活动。

当主承包商在较低层级向外拓展研发时,他们总是把《联邦采购条例》中的所有国防特有的要求传递给对方,并往往要求小公司在固定价格的基础上进行研究(即使主承包商的合同基于成本)。这些做法极大地限制了低层研究的数量,并经常将许多有创意(较低层级)的商业公司、军民两用公司及外国商业公司排除在竞争之外。在现实中,在零部件或组件层面上的创新(如电子管、晶体管、集成电路和纳米技术)往往能创造出突破性的成果,使新的军事技术得以实现。

● 最大的需求之一是对能够降低武器系统成本和服务成本(同时保持或提高性能)的研发的需求,这在很大程度上被忽视了。作为一种设计要求(包括产品和工艺)的成本尚未获得其相应的研发资源,研发侧重制造技术。同样被忽视的是对智能机器的研究(它能思考并快速生产出符合精确规格的零部件,而不会出现计划外的延误或工作周期延长);通过先进制造技术实现小批量高效生产的工艺技术;以及其他制造技术研究成果。甚至国防高级研究项目局过去也有制造技术和低成本武器系统的项目,但这些项目都被放弃了,重点被放在各军种提出的实现更高性能的近期目标上。幸运的是,这些项目在2010年又被恢复了。

● 未来研究的关键因素(除了较低的成本目标)是进行流程变革,从而能够更迅速地实现新的创意。对手正在从全球商业市场上获得更多的现代技术,并以意想不到的方式使用这些技术(如创新的爆炸装置或"路边炸弹"),而美国必须有能力在这些新技术和应用出现在战场上时做出快速反应。

● 国防领域合格的科技人员日益短缺。在全国范围内,对美国科学家和工程师的需求是非常迫切的,在国防领域更是如此,因为国防领域需要美国公民。如果美国要实现其理想的 21 世纪国家安全和经济竞争力的态势,政府和工业界就需要解决这个问题。

第三节　研发小结

应该从一个不同的视角来看待科技对美国未来的重要性,无论是在经济上还是在未来的安全方面,因为这两者都需要一个强大的技术领导地位。美国不能拒绝潜在的对手或竞争者获得今天的大部分科学和技术。美国的政策必须是仅仅保持领先地位。要做到这一点,就需要四项具体的行动。[52]第一,美国需要产生一批能创造新知识的杰出科学家和工程师。全世界都有优秀的学生和学者,可以对他们加以利用。第二,必须投入足够的资金来支持这些科学家和工程师的研究,这些资金必须用于短期应用和长期的颠覆性变革。第三,需要那些充分了解物理学基本定律,但又能不受限制地开展富有想象力和创造性的思维活动,将新发现的科学知识转化为新的产品和服务(具有更高的性能,但成本更低)的工程师。第四,必须创造一个非常有利于创新的环境,特别是颠覆性的创新,这样,通过充分激励和支持创新,就可以克服反对变革的体制和文化偏见。这最后一个目标需要风险资本、健全的专利政策、建设性的税收政策和合理的责任法。它还需要对美国的出口和进口管制进行重大修订,并建立一种在全球范围内工作的开放文化。这四项行动的结合可以使美国在技术上保持领先地位,并加强对其经济和安全的综合影响。

注释:

[1] Paul Bracken, "Technological Innovation in National Security," Foreign Policy Research Institute, Philadelphia, June 2008.
[2] Ibid.
[3] National Science Board 2003, National Science Foundation, 2004.
[4] David Mowery, "Military R&D and Innovation," University of California, Berkeley, 2007.

[5] William Greenwalt, deputy undersecretary of defense, Jane's Conference, Washington, DC, May 1, 2007.

[6] David Mowery, *Military R&D and Innovation* (Berkeley: University of California Press, 2007).

[7] Ibid.

[8] Mihail Roco, National Nanotechnology Institute, in a presentation to the National Research Council, Washington, DC, February 5, 2008.

[9] Based on research by Charles Wessner, National Research Council, as communicated to the author, July 6, 2009.

[10] Quoted by the New China News Agency, February 9, 2009, and included in National Research Council, *Innovation Policies for the Twenty-First Century: Report of a Symposium* (Washington, DC: National Academies Press, 2007), 35.

[11] Craig Barrett, "Flagging Economy Needs Science Investments," *San Francisco Chronicle*, January 20, 2008, G-5.

[12] Mowery, *Military R&D and Innovation*, 12.

[13] Norman Augustine, *Is America Falling Off the Flat Earth?* (Washington, DC: National Academies Press, 2008), 54.

[14] Vannevar Bush, *Science: The Endless Frontier* (Washington, DC: U.S. Government Printing Office, 1945).

[15] As highlighted by David Mowery in *Military R&D and Innovation*, in reference to Richard Nelson's "The Simple Economics of Basic Research," *Journal of Political Economy* (1959), and Kenneth Arrow, "Economic Welfare and the Allocation of Resources for R&D," in R. R. Nelson, ed., *The Rate and Direction of Inventive Activity* (Princeton: Princeton University Press, 1962).

[16] This discussion can be found in James Turner, *The Next Innovation Revolution: Laying the Ground Work for the United States* (Cambridge: MIT Press, 2006).

[17] Ibid., 127.

[18] National Research Council, *The Small Business Innovation Research Program: An Assessment of the SBIR Program at the Department of Defense* (Washington, DC: National Academies Press, 2009).

[19] Jon Baron, Statement before the Subcommittee on Technology and Innovation, House Committee on Science and Technology, Hearing on the SBIR Program Re-authorization, April 26, 2007.

[20] "The Rise and Fall of Corporate R&D: Out of the Dusty Labs," *The Economist*, March 3, 2007, 76.

[21] Dava Sobel, *Longitude: The True Story of a Lone Genius Who Solved the Greatest Scientific Problem of His Time* (New York: Walker, 1995).

[22] Michael E. Porter, "Clusters and the New Economics of Competition," *Harvard Business Review* (November–December 1998).

[23] Mowery, *Military R&D and Innovation*, 19.

[24] George Heilmeier, "Guarding against Technological Surprise," *Air University Review* (September–October 1976).

[25] Niccolò Machiavelli, *The Art of War* (1520).

[26] Elting Morison, *Men, Machines, and Modern Times* (Cambridge: MIT Press, 1995).

[27] Admiral Alfred Thayer Mahan, *The Influence of Sea Power upon History, 1660–1783* (Boston: Little, Brown, 1890).

[28] As reported in National Science Board, "Research and Development Essential Foun-

dation for U.S. Competitiveness in a Global Economy," National Science Foundation, 2008, 3.

[29] Center for Strategic and International Studies, "Globalization, Technological Leadership and Risks to the U.S.," June 2004,.

[30] "One-Atom Thick Material Will Revolutionize the World," *London Times*, March 1, 2007.

[31] The material in the following discussion comes from a presentation about integrated dual-use commercial companies by Bob Spreng to the Defense Science Board and titled "R&D Contracting by Non-Traditional Defense Contractors in 2008."

[32] Ibid.

[33] Independent Review Group, "Strategic Initiatives for Innovation and Transition," Phase One Report, done in support of the Office of the Assistant Deputy Undersecretary of Defense for Innovation and Technology Transition, February 2, 2008.

[34] For example, the Defense Science Board Taskforce on the Technology Capabilities of Non-DoD Providers, 2000; Defense Science Board Report on Globalization and Security, 1999; and Defense Science Board Summer Study on Twenty-First Century Technology Vectors, 2007.

[35] Deemed Export Advisory Committee, "The Deemed Export Rule in the Era of Globalization," Report submitted to the Secretary of Commerce, December 20, 2007.

[36] Clayton Christensen, *The Innovator's Dilemma: When New Technologies Cause Great Firms to Fail* (Boston: Harvard Business School Press, 1997).

[37] Joseph A. Schumpeter, *Capitalism, Socialism, and Democracy* (3rd ed.) (New York: Harper and Brothers, 1950), 83–84, as described in G. R. Simonson, "Missiles and Creative Destruction in the American Aircraft Industry, 1956–1961," *Business History Review* (Harvard College) 38, no. 3 (Autumn, 1964): 302.

[38] Arthur Alexander, "Weapons Acquisition in the Soviet Union, U.S., and France," RAND Report P-4989, RAND Corporation, Santa Monica, 1973.

[39] "Advisors to Examine Export Controls on Nanotechnology," *The Expert Practitioner* (Gilston-Kalin Communications, Rockville, MD), 18, no. 11 (November 2004).

[40] Augustine, *Is America Falling Off the Flat Earth?*, 54.

[41] National Research Council of the National Academies, "Science and Security in a Post-9/11 World: A Report Based on Regional Discussions between the Science and Security Communities," National Academies Press, October 18, 2007.

[42] John J. Young Jr., Undersecretary of defense for acquisition, technology, and logistics, "Memorandum to Secretaries of the Military Departments; Chairman, Joint Chiefs of Staff; and Directors of Defense Agencies," June 26, 2008.

[43] U.S. Commission on National Security (known as the Hart-Rudman Commission after the cochairs), "Roadmap for National Security: Imperative for Change," Washington, DC, 2001.

[44] Association of American Universities, "Department of Defense Research," 2008.

[45] Augustine, *Is America Falling Off the Flat Earth?*, 58.

[46] Al Shaffer, Office of the Director of Defense Research and Engineering, "Fiscal Year 2007 President's Budget Request for Science and Technology," Briefing to the Defense Science Board, 2008.

[47] American Association for the Advancement of Science, "Congress Wraps Up Another Disappointing Year for Federal R&D Funding," January 7, 2008.

[48] Center for Strategic and International Studies, "Globalization, Technological Leadership and Risks to the U.S.," June 2004.

[49] American Association for the Advancement of Science, "Congress Wraps Another Disappointing Year for Federal R&D Funding."

[50] David Ignatius, "The Ideas Engine Needs a Tune-up," *Washington Post*, June 3, 2007.

[51] National Academy of Sciences, National Academy of Engineering, and Institute of Medicine of the National Academies, *Rising above the Gathering Storm: Energizing and Employing America for a Brighter Economic Future* (Washington, DC: National Academies Press, 2007).

[52] Augustine, *Is America Falling Off the Flat Earth?*, 67.

第七章 国防采购竞争

竞争是国防部采购战略中最重要的方面(包括货物和服务),因为它是一种激励创新的方式,能以更低的成本获得更高的性能。由于单一(垄断)来源缺乏这种激励机制,因此其往往通过提高成本和提高生产与过去相同的商品和服务来实现利润最大化。在商业领域,商品的销售数量随着价格的下降而显著增加(这就是价格弹性);相反,在国防领域,购买数量通常由军队结构决定(假设预算允许),在这种情况下,企业很少有动力去寻找降低成本的方法。

竞争是美国经济的驱动力,只要竞争存在,企业就会继续提高质量,进行创新以提高性能,降低成本,改进产品设计和流程,并专注于满足不断变化的客户需求。然而,正如表7.1所指出的,商业市场与国防市场之间存在巨大差异,国防市场是高度管制的,只有一个买家要求最先进的性能。

表 7.1　　　　　　　　　　商业市场和国防市场

维度	商业市场	国防市场
产品	迅速应用的成熟技术	缓慢应用的尖端技术
市场结构	许多买家和多个生产商	一个买家;小批量购买大宗商品
需求	竞争性;对价格和质量敏感	单一性;很少对价格敏感;受最大性能驱动
供给	竞争性;根据需求进行调整	寡头垄断;大量产能过剩

续表

维度	商业市场	国防市场
进入和退出	市场进出自如	大量的进入和退出障碍(如独特的要求、对两个供应商成本较高的看法、特殊会计准则、国会)
价格	受制于市场竞争	以成本为基础并受到监管
产量	受制于市场竞争	由政府决定
风险	由企业承担	企业和政府共同承担
利润	受市场竞争制约	由政府监管
竞争	生产方面	通常研发方面

尽管国会已经认识到竞争的好处,并颁布了《合同竞争法》,但国防部仍有相当大比例的经费是在单一来源的基础上授予的。通常的做法是,在一个项目开始时就进行初步竞争,然后中标者成为开发、生产和后续保障项目的单一来源供应商,多年来都是如此。问题是,从项目开始到几十年后完成,由于技术进步、发展性问题、威胁的变化、可靠性和性能不足等原因,可能会出现成千上万的变化。由于所有这些变化都是由唯一的供应商在垄断的基础上进行报价的,因此项目在其生命周期内往往会有显著的成本增长。

关键的区别在于一次性竞争和持续竞争。后者被用于商业领域,那里有多个卖家和买家,但在国防领域传统上不是这样的,尽管大量的数据表明,持续竞争(或至少是竞争机会)在提高性能和降低国防产品和服务的成本方面具有明显的优势。如何进行竞争确实很重要,对初始竞争的要求并不意味着国防部已经从持续竞争中获得所有潜在好处。例如,在高科技产品上选择低价竞标者是一种来源选择的错误方式。举行"价值最优化"竞争,即在性能和成本之间进行权衡,会产生各种参数的最佳组合。同样,在一个团队中拥有两个供应商并不代表竞争,它只是代表一个垄断团队。

竞争的形式有很多。它也可以在采购的不同阶段实现,对不同的采购物品或服务应采取不同的方式。此外,保持竞争机会(只要它是一个可靠的机会)是对现有供应商的有效激励。竞争可以是正式或非正式的竞争。例如,国防高级研究项目局就曾邀请知名、有资质的公司(或邀请其他可能参与的公司)进行简短的讨论,以了解公司将如何解决这个问题,其将指派哪些研究人员来解决这个问题,以及在该领域公司有哪些经验。在讨论的基础上,国防高级研究项目局随后将竞争限制在两到三家公司,然后这些公司进入原型阶段,这一重要步骤发生在纸质标书提交之后和硬件展示(特别是在先进技术方面)之前。这种"产品竞争"可以与基于预期的"任务表现"结果的竞争形成对比,后者没有具体说明要购买的是什么产品。在"全面公开竞争"与"有限竞争"之间也有区别。实证研究[由一个政府采购委员会进行,并由弗雷德里克·舍尔(Frederic Scherer)报告][1]表明,在有限的竞争中(他们认为自己有很大的机会获胜),比在与许多人的竞争中(所有的人都有同等机会获胜),竞标者需要在创新方面做出更大的努力。事实上,由于撰写标书的成本高昂,除非认为自己有很大的胜算,否则公司不会参与投标。

总务管理局采购计划表上列出的、定义明确的商品,可以按照之前协商好的价格购买,或者采购商可以向所有潜在的供应商招标,然后简单地"拆开信封"(这个过程只适用于产品在性能上完全可以互换的情况)。

除了这些不同的竞争形式外,对于研发、生产项目或保障服务活动,也可能需要不同的竞争方式。最后,在许多复杂的高科技系统中,必须在高风险、高成本的子系统层面上保持竞争,而不仅仅是在主承包商层面。例如,在一架飞机或一枚导弹上,最终的装配和测试在总成本和风险中只占很小的部分,而传感器、制导系统和推进系统往往占总成本的70%到80%,具有高风险、高性能特点。

在商业领域,竞争性评估的一个主要考虑因素是每个供应商过去的业绩:产品是否有效,是否按时交付,服务是否令人满意,产品在其生命周期内是否可靠,公司是否对机构的需求做出了回应,以及公司是否兑现了对成本的承诺。这些问题的答案将有助于政府采购人员做下一步的来源选择,甚至可以说服他们多付一点钱,这样可以从一个更可靠的供应商那里获得更好的产品。

数据显然一边倒地支持竞争的好处,即有利于以更低的成本获得更高的性能(由于产品和工艺的创新)。尽管有这些实证数据和《合同竞争法》的法律要求,然而,在许多国防项目上开展全方位竞争仍然存在巨大阻力。一些采购经理不想为第二个供应商支付小额的前期费用(尽管竞争会带来巨大的长期成本节约),而目前的生产商总是施加巨大的政治压力(包括通过国会)来避免引入竞争者。本章研究了五个案例的数据——研发、生产、武器保障和维护、服务以及公共部门与私营领域之间的竞争(对于本质上不属于政府的工作)。

第一节 研发竞争

武器系统一般是以嵌入在系统关键要素中的技术为基础。在一架飞机上，系统的关键要素包括空气动力学设计、隐身特性、推进系统、雷达、航空电子和通信系统、火控系统和武器。虽然每个要素都经过不同承包商的单独研发，但在提交飞机本身的标书时，每两三个参与投标的主承包商组成供应商团队（每个关键子系统一个），并提交数千页的标书，描述技术特点、承诺的性能、交付进度、管理计划，以及详细的成本分析。然后，政府成立一个大型评估小组。在空军加油机的竞标中，150名政府雇员评估了两份标书。[2]基于这个书面竞争，来源选择小组对大量的材料进行评估和评分，然后选出一个赢家。挑选完成后，所有后续的开发和变更（变更很频繁）都是在单一来源的环境下进行的。例如，在濒海战舰上，每周有75次变更。[3]另一种方法（这也是国防部的基本政策）是至少选择两个竞标者（取决于产品及其复杂性和成本），并让两者同时建造有竞争力的原型。这种方法已被用于多个项目（如F-16和F-35战斗机），并且已被证明是一个成功的模式。首先，它对两家生产商都产生了巨大激励，让其去实现标书承诺，并成为大型生产后续项目的唯一赢家（假设在单一来源的基础上进行）。其次，它大大提高了成功概率，即这两家公司中至少有一家会达到预期效果。有时，最初的可行性合同是给三家公司的，同时挑选两家公司进行原型的全面开发，从而保持竞争。国防高级项目研究局使用这种模式来开发下一代的超级计算机。它最初资助IBM、CRAY和Sun Microsystems，然后授予CRAY和IBM大约2.5亿美元的竞争性合同来开发下一代超级计算机。[4]这两家公司获得了大约四年的时间在这种竞争环境下进行原型开发。如果其中一家失败了，那还有一家可供选择，但如果两家都成功了，那么未来的客户就有更多的选择（取决于成本和性能），而不必向唯一的生产商支付垄断价格。

由于项目的研发阶段与生产和保障阶段相比成本较低，因此在主承包商层面和关键子系统层面具有巨大的优势来维持竞争性原型的开发。竞争的一个明显的缺点是，必须为两家公司（而不是一家）提供资金，这意味着在资源有限的环境中，其他一些项目将不得不推迟。另外，技术进步和成本降低（特别是当单位生产成本是原型设计的考虑因素之一）方面的好处超过了第二个原型的额外成本(通过研发竞争所节省的生产和保障费用)。尽管往往有一种倾向,一旦两个竞争原型中的一个似乎领先了,就立即进行早期的下一步选择,以节省资金,这种诱惑必须加以抵制,以便在生产阶段获得竞争的全部好处。

第二节 生产竞争

生产竞争可以采取多种形式。如果建立了有竞争力的原型,那就可以进行下一步的选择,以产生一个单一的赢家,或者进行竞争,在第一轮和随后的几轮中,每个竞标者都将获得生产份额。如果这是一场赢家通吃的竞争,那么两个竞标者都会认为这是一场必须取得胜利的竞争,并对自己的投标抱有极大的乐观态度(因为中标者将获得数十亿美元的授标费,而落标者基本上会被淘汰出局几十年)。两个竞标者也意识到,在成本、进度甚至性能方面,双方实际上做得多差并不重要,因为客户必须拥有该产品以满足任务需求,并且会继续购买并资助其进行改进或维修。但其必须赢得最初的竞争,所以其投标必须非常有吸引力(就提出的成本、进度和性能而言)。结果往往导致国防武器系统的成本增长和进度延误(在选定赢家之后)。

在另一种模式中,两个开发商都被宣布为赢家,并被授予一定的业务份额(份额随其标书和上一轮的表现而变化),结果是两个供应商不断提高性能并降低成本。即使没有生产出具有竞争力的原型,政府仍然可以通过两种方式从持续的生产竞争中获益。它可以从单一来源获得图纸(因为政府支付了研发费用,所以它拥有图纸),并竞争性地选择第二来源,让其"按图索骥"。过去,子系统和武器系统都是这样做的,它是引入竞争的一种有效方式。这种方法的一个缺点是它不能在一个特定领域保持两个工程设计团队,因为第二来源的赢家通常是一个专注于低成本生产的纯制造企业。由于先进武器系统创新的关键在于两家公司存在设计竞争,所以另一种(也是更青睐的)模式(在没有建造两个原型的情况下)是为两个产品引入不同的竞争,这两个产品可以各自满足相同的军事需求,但在设计上则不同。如果是一个子系统,那么目标是实现标准化的接口(就像航空公司在导航设备和其他子系统上的做法是,通过标准化的界面来实现形式、形状和功能),或者仅仅是拥有两种分别满足任务需求并不断竞争业务份额的产品。这就是"引擎大战"(当两个不同的发动机生产商为争夺空军的发动机份额而竞争)。

保持一个有竞争力的第二来源需要一些成本,包括第二来源的质量认证费用、任何非经常性的工程或工具费用、政府在管理两个来源时的负担(尽管市场力量带来的成本降低对管理两个供应商有很大的帮助),以及有可能必须在后勤上现场保障两个不同的系统(尽管承包商的保证在这方面有很大帮助)。但连续的生产竞争可以带来几个潜在的好处。它激励公司在设计和生产过程中实现创新(产生更好的性能、更高的可靠性,以及从两个供应商那里获得明显的成本降低);由于其竞争性质,它使企业将其顶尖人才分配到这个项目中来(有大量证据表明,一旦一家公司成为单一来源生产商,它就会将其顶尖人才转移到下一场竞争);并且它促成两家公司参与该业务,而不是一家,这使得未来的竞争成为可能,同时也提供了在两个设施中激增产量的可能性(如果需要的话)。[5]

竞争带来的潜在好处(性能和成本)与学习曲线理论之间可能存在矛盾,后者认为,通过竞争将生产采购分开,可以使每个生产商建造更少的系统,从而无法在不断下降的学习曲线上取得尽可能大的进展。但是,学习曲线的理论来自商业领域,在该领域,几乎所有的产品都存在持续的竞争,因此它的基础是竞争的存在。在国防模式中,当竞争不存在时,企业就会有不正当的动机来增加成本(实证数据似乎证实了其做法)。在没有竞争的情况下,实际的学习曲线要么是平缓的,要么是上升的(而不是下降的)。

考虑一下这方面的实证数据。首先,表 7.2 显示了 1964 年至 1979 年进行的一系列历史研究,这些研究比较了引入生产竞争的项目与没有引入竞争的项目实现的净节约。

表 7.2　　1964—1979 年生产竞争研究中观察到的节约情况

研究组织	年份	系统数量	观察到的净节约(百分比)
弗雷德里克·舍尔	1964	—	25%
罗伯特·麦克纳马拉	1965	—	25%
兰德公司	1968	—	25%
战争纪念研究所	1969	20	32%
陆军电子司令部	1972	17	50%
后勤管理学院	1973	—	15%~50%

续表

研究组织	年份	系统数量	观察到的净节约（百分比）
联合经济委员会	1973	20	52%
国防分析研究所	1974	1	22%
爱瑞克公司	1976	13	47%
陆军采购研究组织	1978	11	12%
国防分析研究所	1979	31	31%
施耐德电气公司	1979	45	30%

资料来源：Defense Science Board, "International Armaments Cooperation in an Era of Coalition Security", August 1996.

这些数据基于主合同和分包合同,包括第二来源的成本,来计算净节约。表7.2显示,开展连续生产竞争的预计净节约率从12%的低点到52%的高点,平均约为30%。

表7.3显示了一些关于竞争性飞机生产采购与单一来源飞机生产采购的实际结果的综合信息。

尽管这不是飞机类型方面的一对一的比较,但表7.3显示,从1971年到2000年,商用飞机一直处于竞争状态,而军用飞机则是在单一来源的环境中生产。在商用飞机案例中,所有项目的成本都下降了2%~27%。在项目的生命周期中,总体平均下降了16%。

相比之下,国防部采购的飞机项目的实际成本(不是基线预测)显示,大多数项目的成本增长在25%~104%(其中有两个项目的成本显示了非常小幅的下降),以及总体平均增长了46%。表7.4中的数据显示了生产竞争如何影响七个导弹项目,其中竞争是在第一个来源开始生产后引入的。

在所有这些案例中,第二个来源开始时的学习曲线比最初的生产者更陡峭。如图7.1所示,在所有这些案例中,在引进第二个来源之前,第一个来源的学习曲线基本上是平缓的,竞争的存在使两个来源都立即通过工艺或设计的改变降低了成本,而且在竞争持续期间,两家供应商一起沿着更陡峭的学习曲线发展。

最后一个案例,即"战斧"导弹项目,显示了实际发生的情况,如图7.2所示。

表 7.3　1971 年至 2000 年有生产竞争和无生产竞争的飞机项目成本增长情况

飞　机	净成本增长(百分比)
A. 有竞争的商用飞机	
B737-400	0.76
B757-200er	0.80
A310-300	0.98
A320	0.92
A330-300	0.86
DC10-30	0.83
MD-11	0.73
平均	0.84
B. 非竞争性生产的国防部飞机	
A-6E/F	0.96
B-1B	0.98
C-17	1.70
EF-111A	1.62
F/A-18 A-D	1.54
F-14A	1.25
F-15A-D	1.47
F-16A-D	1.29
JSTARS	2.04
T-45	1.74
平均	1.459

资料来源:竞争性商用飞机的数据来自"Historical Lease Rates/Values 1971—2000," http://www.aircraft-values.co.uk; data for noncompetitive commercial aircraft from John Birkler et al.,"Assessing Competitive Strategies for the Joint Strike Fighter," RAND Corporation, Santa Monica, 2001.

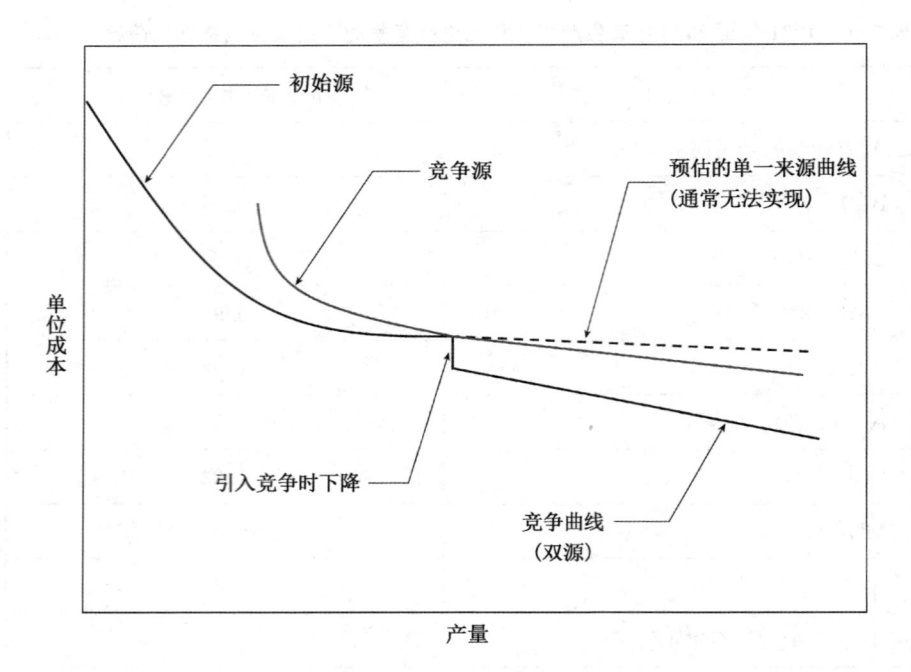

资料来源：Defense Science Board, "International Armaments Cooperation in an Era of Coalition Security," August 1996.

图 7.1　生产阶段竞争效应

表 7.4　　　　　　　　　生产竞争对七个导弹项目的影响

导弹项目	成本改进率（百分比）		
	第一来源	第二来源	百分比差异
AIM-7F	0.87	0.84	3.00
斗牛士	0.82	0.80	2.00
牵引车	0.98	0.89	9.00
AIM-9L	0.90	0.83	7.00
AIM-9M	0.94	0.85	9.00
地狱之火	0.94	0.92	2.00
战斧	0.79	0.71	8.00

资料来源：Defense Science Board, "International Armaments Cooperation in an Era of Coalition Security," August 1996.

在这种情况下，政府希望将实现更高的导弹可靠性的责任转移给承包商，但通用动力公司/康维尔公司（主承包商）不愿意为麦克唐纳·道格拉斯公司巡航导弹的制导系统提供担保。因此,政府决定引入竞争(通过强迫交换技术),并通过竞争获得导弹的双重来源(以改进武器的可靠性)。第二个来源的进入成本很低,而且由于每年的生产量很大,通用动力公司在自己的研究中已经预测到一个相对平坦的学习曲线,因此政府的风险很低。如图 7.2 所示,实际结果是两个来源的成本都有明显的下降。系统的可靠性从大约 80% 提高到 97%,这归功于竞争压力迫使两家公司改变设计和生产流程。事后,政府和承包商都认为生产竞争的引入促进了巨大的成本节约和性能改进。

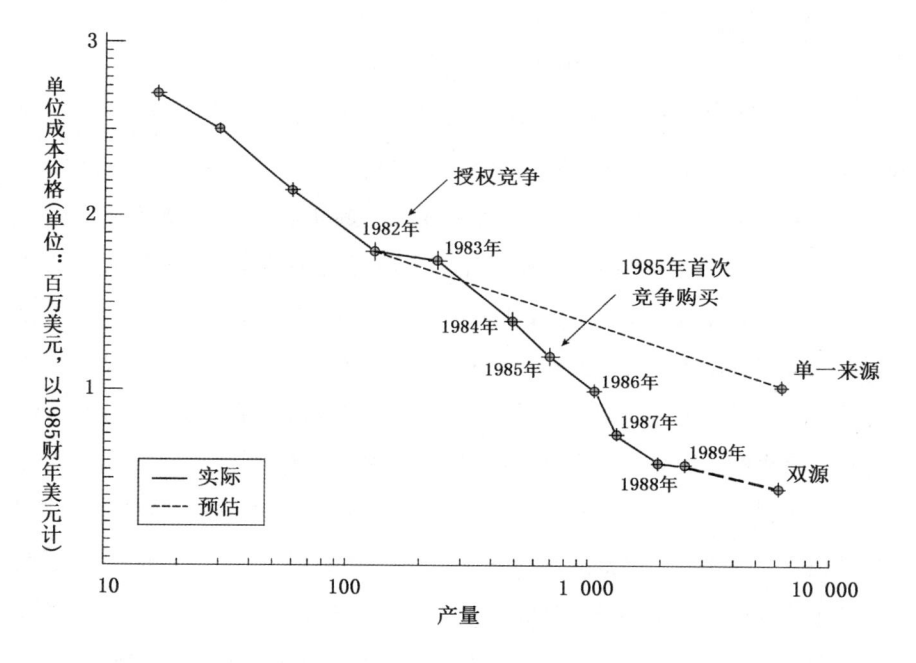

资料来源:John Birkler,"Dual-Source Procurement in the Tomahawk Program," RAND Corporation, 1990; John Birkler et al., "Assessing Competitive Strategies for the Joint Strike Fighter," RAND Corporation, 2001.

图 7.2　1982—1990 年"战斧"导弹的竞争历程

第二个来源有一些启动成本,往往是生产计划成本的 1%～6%("战斧"是 2%),但在每一个被分析的项目中(有很多),第二个来源(如果它是一个高质量的生产商)的学习曲线总是比第一来源明显陡峭。因此,在很短的时间内,第二个来源的成本已经降到低于第一个来源的水平。于是第一个来源就会降低其成本(在图中显示为实体曲线的下移),两个生产者都沿着更陡峭的学习曲线[6],并实现了表 7.2 中所示的节约。例如,Shrike 反雷达导弹系统在单一来源采购时,每个售价为19 500美元。经过竞争,第一个生产商的价格降至4 480美元(降低了77%),第二个来源的价格降至3 850美元。[7]当这种采购策略被用于武器系统的关键子系统时,也发现了类似的结果。例如,HARM导弹系统的计算机的单价从260 000美元降至52 000美元。[8]

这些生产竞争项目当中,最著名的一个项目是所谓的"引擎大战"。在这个案例中,F-15和F-16战斗机的单一供应商被发现对政府的要求没有做出回应,而且生产的发动机的可靠性比预期的低。幸运的是,有第二种发动机作为备选(它也有成熟的技术,尽管设计不同),而且只要政府愿意接受两种不同的飞机设计(可以通过让不同的中队使用不同的发动机来解决),启动成本也很低。因此,政府决定采用含保修的固定价格合同来引入竞争(其中保修是对提高可靠性的激励)。[9]结果是可靠性得到了显著的改善。飞行1 000小时后的发动机维修率是竞争前的一半,而预定的返修时间也从900个周期增加到4 000个周期。空军还发现承包商的回应及时性提高了,投资增加了,以提高工作效率,提升制造能力,降低成本,并做出其他改变,以提高质量。空军还发现,与原来的单一来源承包商的保修费用相比,通过含保修的竞争,节省了大量费用(5 300万美元)。较低层级现在有多个供应商,并在工业基地扩大的基础上提高了操作的灵活性,从而在很大程度上免受任何生产中断的冲击。最后,空军估计,在飞机二十年的生命周期内,它节省了30亿到40亿美元的净收入。[10]总的来说,这两种新的发动机被证明比原来单一来源的发动机性能更好、更耐用、更易维修,而且更便宜。

竞争好处的另一个例子是"麻雀"Ⅲ型防空导弹系统,该系统在生产过程中采用了双重来源,以提高其可靠性,因为第一个来源在这个领域有问题。结果是可靠性大幅提高和成本显著降低。

这些在国防采购中持续竞争的好处多年来一直被认可。1964年,弗雷德里克·舍尔发布的研究结果表明,在第二次世界大战期间,当有双重来源(成本可视性)时,轰炸机生产的学习曲线比单一来源时要陡峭得多。[11]到了20世纪70年代末,诸如海军的双重来源采购FFG-7巡逻护卫舰等项目,已知其学习曲线比任何其他正在建造的舰艇(单一来源)要陡峭得多。然而,大家仍然很不情愿在开发或生产中引入竞争性双重来源的概念。他们认为,数量不够大,或者已经存在充分的合同激励机制,可以确保单一的生产商达成预期的结果。启动成本和获得初始投资资金的难度,也是大家一直不愿意引入双重来源的原因。事实上,有时国会支持各军种(或最初的生产者)抵制引进第二个来源。[12]

最后,在1984年,国会通过了《合同竞争法》。[13]它要求在每个军种设立一个"竞争倡导小组",并由一名将官负责。它还认识到,对于大多数国防采购来说,使用密封投标是不合适的,而在质量和价格之间取得平衡的谈判竞争("最优价值"竞争)是一种可接受的竞争形式。它规定了一套有限的条件,在这些条件下,单一来源的授予是合适的。然而,意想不到的是,该法案极大地激起了(对政府决策的)抗议。抗议急剧增加,一直持续到现在。

这里需要讨论一下两个竞争反对论。第一个论点声称,激励费可以用来管理武器系统的总成本,而不需要支付第二个承包商的额外费用。这里的部分问题是,一般一个项目只获得其总成本5%~8%的激励费,因为即使是固定价格合同,固定价格的水平也是由上一年的成本决定的,而激励费也由此估算。因此,总价格的主要部分是92%~95%的基本成本,于是出现一种反向激励,试图将其最大化,然后简单地增加5%或8%。如果承包商大幅提高基本成本,即使其激励费比例略低,他也会获得更多利益。另外,实证结果显示(如上所述),承包商超支其成本并延迟交货时,其实际收到的授标费往往很高。国防部需要更有效地使用其授标费(作为达到成本、进度和性能目标的奖励),但与竞争的整体利益相比,这些费用并没有产生足够的驱动力。例如,在《合同竞争法》出台后,竞争数量明显增加,分析显示,普拉特·惠特尼公司将其监督人员减少了10%,波音公司说它将管理费用削减了25%,而通用动力公司说它的目标是削减40%的管理费用。[14]甚至竞争的威胁似乎也能降低价格。例如,当海军部部长雷曼说他可能会购买F-14战斗机,而不是价格大幅提高的F-18战斗机时,后者的价格急剧下降。[15]

通常被用来反对建立第二个来源的第二个论点是,由于生产量减少,第一个来源的效率将不得不缩减。如果最初的生产线被缩减到一定程度(即由单一来源完成所有生产),并且初始来源的高额管理费和低效率被允许继续存在,那这个论点就有一定的可信度。在这些情况下,成本将上升,因为这些庞大的管理费必须由较小的生产量分摊。然而,如果初始产量的依据是分开采购,如果两家公司在每次竞标后都会根据其生产规模调整其管理费用,以及如果每家公司的投标都是基于经济生产率的高效运行,那就有可能在较小的数量上获得效率。例如,当海军决定把洛克希德·马丁公司的"三叉戟"D-5战略导弹系统[16]的生产规模从每年 60 枚缩减到 12 枚时,这些大型精密战略导弹系统的单位成本下降了。图 7.3 说明了生产效率曲线的这种变化。

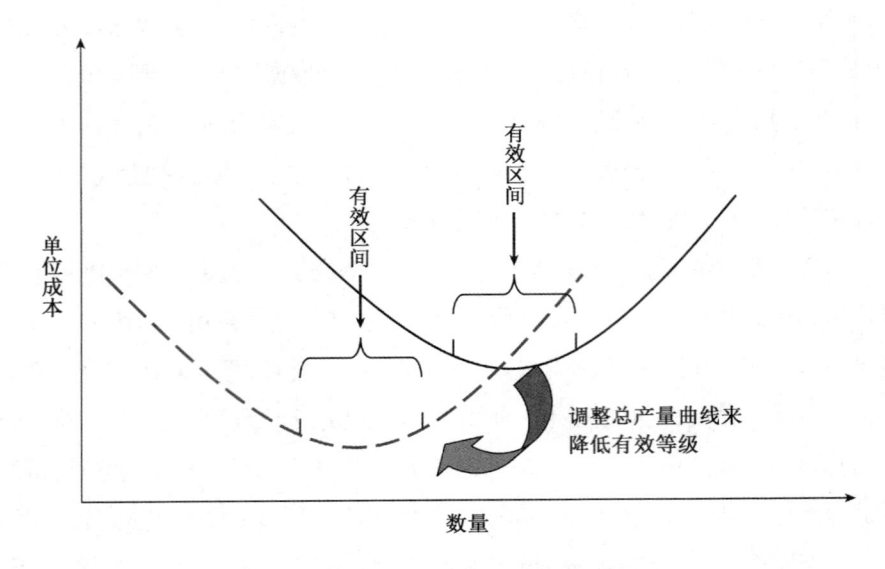

图 7.3　按照较小产量调整生产效率曲线

海军 DDG51 驱逐舰的竞争进一步说明了这一点。在这个案例中,每年建造的舰艇非常少,有些年份建造一到两艘,而其他年份则建造四到五艘。尽管生产数量少,但造船成本在一段时间内保持相当稳定(按不变美元计算)。[17]

鉴于大量的实证数据表明,从生产竞赛中可以节省大量的净成本(只要数量合理),预计竞争将成为常态。然而,2007 年的一些案例更能代表国防部的做法。也许其中最著名的是空军加油机项目的竞争。空军表示,该项目是其首要任务,因为它的加油机队伍已经老化,而且对需要空中加油的远程、长距离飞行的需求越来越大。因此空军需要新的加油机,并且第一批购买的 100 架加油机(今后将购买更多的加油机来替换老化的 600 架加油机)的预算约为 200 亿美元。空军将在两种商用飞机(波音飞机或空中客车)之间开展"赢家通吃"的竞争,后者由诺思罗普·格鲁曼公司管理并在亚拉巴马州制造,这些飞机可以为这项任务进行改装。最初,空军打算从波音公司租赁飞机,但这种做法被国会制止了。然后,它打算从波音公司独家购买这些飞机,但一个政治丑闻(如上所述)导致这个单一来源的合同被放弃了,转而采用"赢家通吃"的竞争方式。这两种商用飞机都使用了大量的美国和外国的子系统,都已经有世界范围内的后勤保障,而且都是正在生产的系统,学习曲线表现出色。因此,任何一个系统的启动成本都会相对较小,尽管空客系统从法国转移到亚拉巴马州进行最终组装会有一些启动成本。如果联邦快递或 UPS 做出这样的选择,那它就会保持对前一百架飞机以及未来更多数量的飞机的竞争。它将有一个竞争性的、双重来源的采购战略(而不是单一来源的合同授予)。然而,空军在其招标书中没有包括传统的条款,即"政府保留挑选一个或多个投标人的权利"。相反,它表示,这将是一个"赢家通吃"的竞争[18],赢家将获得前一百份订单和所有后续订单。如果比较单一来源与双重来源的学习曲线结果(见表 7.3),就最初的 100 架飞机而言,竞争性的双源采购(相对于全部授予唯一的供应商)将显示潜在的数十亿美元的净节约。由于空军技术和/或任务要求的变化,单一来源的成本无疑会在最初的投标基础上有所增加。在双重来源的情况下,降低成本可能是两家公司的主要关注点,因为公司知道,其将再次竞争更大的后续采购项目。此外,如果保修被用于生命周期保障,那就会促进可靠性的提高,并使空军在可用性和维护成本的减少方面获得显著的好处。

广泛竞争开始后,当宣布诺斯罗普·格鲁曼公司的标书获胜时,国会成员反对"购买外国设计",而政府问责局则支持波音公司对采购过程细节的抗议。整个项目被进一步推迟,因此,空军的这一"紧急需求"被推迟了至少两年时间。2009 年初,为了节约成本,奥巴马新政府最初提出将加油机项目再推迟五年,但随后决定继续进行另一场"赢家通吃"的竞争。诺斯罗普·格鲁曼公司认为,新的招标书偏向于波音公司,因此选择了"不投标"。[19]如果国防部选择以竞争方式双源采购该飞机,并且得到国会同意(基于大量关于竞争的好处的实证数据,以及每家公司都将在美国制造飞机的事实),那就会促成大量的节约、更及时的交付,以及高质量的、经过验证的飞机,从而能够满足国家的需求,但同时也会有一些在美国建立第二条生产线的前期费用。

作为第二个例子,考虑一下历史上最大的项目——F-35 联合攻击战斗机的喷气发动机,这是一个多国项目,需要为这种飞机的三个型号制造数千台喷气式发动机,这些飞机将在全世界范围内由十一个国家使用。这种选择类似于上文所述的"引擎大战"。空军参谋长迈克尔·莫斯利(Michael Moseley)将军表示,他支持竞争选择发动机的理念[20],同时国防部的一项独立成本分析显示,根据历史趋势(包括引擎大战),双源竞争采购这些发动机将节约大量开支。美国政府问责局关于替代性发动机的独立研究指出,在 F-135 发动机项目的剩余时间内,2 443 台发动机及其维护可能需要花费 534 亿美元。研究还指出,即使第二台发动机有 36 亿到 45 亿美元的额外投资,"考虑到这些因素的某些假设,如果竞争能够产生大约 10.3%～12.3% 的节约,那么持有替代性发动机的额外成本就可以被收回了。……根据空军的实际数据,从过去的发动机项目,包括 F-16 战斗机,可以合理地预计至少节省这么多。此外,竞争还可以带来一些非财务方面的好处,包括更好的性能、更高的可靠性和承包商更好的回应"[21]。空军选择不支付第二来源发动机的启动费用,但国会年复一年地投入资金以保持竞争性项目继续进行。时任军事委员会主席的参议员约翰·华纳(John Warner)指出,如果没有竞争,单一来源的合同授予将创造"一个 1 000 亿美元的垄断"。一些人认为,这种情况其实仅仅是海军和空军(该飞机的联合买家)把用于第二来源发动机的资金从其预算中扣除,并指望国会来增加资金。[22]

最后再用两个例子来说明国防部不愿意抓住双源竞争采购的好处(相对于单一来源或分配给实质上是单一来源的双重来源),当许多士兵被路边炸弹炸死或炸伤时,在伊拉克和阿富汗的军队于是需要装甲车。为了满足对装甲车的迫切需求,采用了两种方法。第一种是快速建造 15 274 辆防雷、防伏击的车辆,供陆军和海军陆战队使用。国防部部长罗伯特·盖茨宣布这是五角大楼最优先的项目,而国防部也宣布将向三个不同的公司授予单一来源的合同。[23]然而,随着这些车辆变得越来越重、越来越贵(每辆超过 150 万美元),海军陆战队减少了其订单[24],但这三份单一来源合同继续得到了国会的全力支持。此外,国防部监察长的一项研究发现,装甲车和装甲套件的单一来源合同总金额为 22 亿美元,并强烈建议对未来的装甲车合同进行竞争。[25]然而,当陆军和海军战队决定为"悍马"的替代品招标购买 14.5 万辆车(估计每辆成本为 20 万至 25 万美元)时,两者再次决定对联合轻型战术车的原型进行"赢家通吃"的竞争。[26]两者可以通过竞争性的双源采购来获得原型车或全部产量。由于路边炸弹在未来可能会扩散,这个项目如果成功,可能会有一个巨大的全球市场和一个重要的执法市场。

2007 年和 2008 年的这些例子表明了各军种继续抵制接受关于竞争性双源生产项目的好处的实证数据,因为他们相信"这次我们会管理得更好,而成本不会遵循历史趋势"。

第三节 国防保障和维护的竞争

国防部在采购领域最大的单一支出类别是后勤保障和装备维护。在2007年,这部分费用为1 720亿美元,而且由于装备老化并继续使用,保障(包括备件)和维护费用继续增长。因此,这个领域似乎值得考虑一下竞争的潜在好处。然而,这一领域的传统做法是,要么由最初的装备制造商提供保障和维护,要么由政府自己负责(这被认为是"有机"的)。不管是哪种情况,这些基本上是单一来源合同授予,占国防部整体采购资金的最大一部分。

竞争性授予的基于绩效的后勤服务合同对部队战备的潜在好处见表7.5。

表7.5 通过竞争获得的基于绩效的后勤合同(PBL):可用性和响应时间比较

海军项目	材料可用性(百分比)		后勤响应时间(天)	
	合同授予前	合同授予后	合同授予前	合同授予后
F-14 LANTIRN	73%	90%	56.9	5
H-60航空电子设备	71%	85%	52.7	8
F/A-18仓库管理系统	65%	98%	42.6	2(美国本土) 7(美国境外)
轮胎	81%	98%	28.9	2(美国本土) 4(美国境外)
APU	65%	90%	35	6.5

资料来源:Data for material availability from Paul Klevan, NAVICP, UID Program Manager Workshop Briefing, May 5, 2005; data for logistics response time from Lou Kratz, OSD, Status Report, NDIA Logistics conference Briefing, March 2, 2004.

注:CONUS指的是美国48个毗连州;OCONUS指的是美国毗连州以外的地区。

这里,标有"合同授予前"的栏目显示了在这些海军项目上获得的实际单一来源业绩,而标有"合同授予后"的栏目则显示了在竞争中胜出的承包商可以实现巨大的改进,该承包商可以为装备提供最佳的可用性和响应时间。这些性能结果的实现成本比单一来源低。从表7.5中可以看出,在竞争环境中,后勤响应时间大约好了一个数量级,这对军事能力有很大的影响。从本质上讲,这种结果通过带保修的固定价格得以确保,或者建立在中标者承诺的基础之上。在这种情况下,过去的业绩可以作为后续合同授予的标准之一。在很多时候,可以将竞争环境下提供的保修的费用与单一来源环境下提供的保修的费用进行比较(在"引擎大战"中,单一来源的保修成本大大超过了竞争环境中的成本)。

此外,后勤领域的竞争经常在承包商(提供基于绩效的后勤服务)和政府(提供有组织的后勤服务)之间进行。只要他们在合同授予后被评估(绩效和实际成本方面),谁赢得竞争并不重要,因为他们都实现了明显改善的结果。如上所述,国会强烈希望国防部的维修工作由政府(单一来源)在政府维修站完成,因为它们往往是某一国会选区甚至是某一州的最大雇主。要在后勤和维修领域实现竞争所带来的业绩和成本效益,需要政府在克服国会的阻力方面发挥相当大的领导作用(甚至允许公共部门和私人单位开展竞争;公共部门经常赢得竞争,并能节省大量的成本)。

第四节 服务竞争

由于目前国防部60%或更多的采购属于服务类,而且服务类的进入和退出壁垒往往比大型军事装备合同低得多,因此预计这一领域会有更多的竞争,而且会愈演愈烈。然而,这一领域存在一些风险。首先,服务有时被视为一种商品(因为"任何人都可以做"),因此合同被授予出价最低的投标人(而不是基于"最优价值")。在若干年前的一个案例中,海军以最低的时薪雇用工程顾问,并让他们从全国各地赶来获取最低时薪。但是,所有的工程师都是不一样的,这种服务不是一种商品,所以合理的评估必须以最优价值为基础。然而,国会(在公共部门工会的压力下)规定,政府工作人员目前所做的工作必须根据最低投标价,而不是最优价值。最优价值投标承认业界的时薪包括管理费,而政府的时薪不包括管理费。当公共部门和私营单位之间的一些竞争被私营单位赢得时(由于生产力的提高),国会通过法律来阻止这些竞争。

服务合同的另一个缺陷与社会经济立法有关。例如,法律允许阿拉斯加土著公司可以获得单一来源的合同(任何级别,不需要竞争)。政府问责局报告指出,"通过竞争性招标,私人安保服务合同的成本比'无竞标'合同低25%左右"[27]。因此,军队没有与该公司续签两份价值1亿美元的为全国各地许多军事基地提供安保服务的合同,这引起了国会的关注。

另外，一个同样不理想的结果是竞争太多。正如麦克·舍尔(Mike Scherer)指出的，"过多的竞争会阻碍而不是刺激积极的努力"[28]。让少数高素质的公司进行有效的竞争，与简单地将一个广泛的服务合同的所有任务都抛给许多中标者是不同的。越来越多的做法是，允许几乎所有在某一服务领域的都投标并让有记录的投标者进入中标者名单，这样，每次出现服务合同下设的任务时，所有这些中标者都可以对每项任务进行投标。例如，海军的海港多次授标合同——这是一份不定期交付、数量不固定的合同——有超过2 000个中标承包商被列入资格预审名单，可以竞争诸如建模、模拟、培训和分析支持、系统设计文件、技术数据支持、软件工程和编程以及网络保障等服务任务。[29]海军可以根据为期两年的基础期和最多八年的选择期的合同，每年发出高达53亿美元的订单。在第一阶段有许多中标者进入名单，然后对每个出现的任务重新进行竞争，这种方法可能看起来是公平的，但远非有效(无论从政府还是从行业的角度)，因为公司只有在其有相当大的机会在竞争中获胜时，才会派出最好的人员并做出最大的努力。当只有两三家公司投标时，竞争的有效性要远远高于几百家甚至几十家公司。遗憾的是，在不定期交付、数量不固定的合同上出现了许多赢家，使得政府的第一轮工作变得容易很多，因为大多数是赢家(而且很少有抗议)。但从长远来看，朝这个方向发展并不符合政府的最佳利益。赢家的数量应该保持在一个相对较小的范围内，这样政府就可以从更有效的竞争中受益，而这种竞争是在合同框架下出现更多订单时发生的。

服务合同中最困难的一个方面是确定绩效的衡量标准，即确定草是否被合理地割掉了，或者一项复杂的工程是否设计得好。但衡量服务质量和比较这些服务成本是国防有效采购的重要组成部分。现在来看一个服务竞争的案例。美国航空航天局的传统方法是，用其自身的雇员来维护台式电脑资产，它没有办法跟踪成本，没有比较的标准，也没有跟踪服务质量。当它决定将其台式电脑维护项目(美国航空航天局的台式机外包项目)通过竞争外包时，它将提供和管理美国航空航天局大部分台式电脑、服务器和内部通信资产的责任转移给了私营单位。美国航空航天局的既定目标是，削减台式电脑成本，提高服务质量，在整个航空航天局实现不可操作性和标准化，并让其信息技术员工聚焦于其核心任务。在审查了中标承包商的结果后发现，服务水平已经超过基本要求(服务交付率为98%，可用性为98%，客户满意度为90%~95%)，每个中心的硬件和软件都是标准化的,而且不可操作性和安全性都有很大的提高。虽然没有成本比较,但信息技术的成本现在可以分摊给一个固定价格的合同,而且美国航空航天局对质量和成本都很满意。

第五节 公共部门与私营企业之间的竞争

美国的经济政策是,政府不应该与私营企业竞争,只应该履行政府固有的职能。然而,几十年来,政府已经在许多不属于其固有职能的领域建立了权限。2001年,当政府试图在联邦一级确定所有本质上不属于政府却由政府雇员承担的工作时,发现有849 389个职位可供公共部门与私营企业竞争。[30]长期以来,人们认识到,鉴于这两个领域的岗位要求和报酬之间的许多差异,必须很好地界定公共部门与私营企业之间的竞争规则。在20世纪70年代,管理和预算局发布了"A-76号函",其中确定了如何做到这一点,并且各种行政机构也试图将这种类型的竞争强化或淡化成一种理想的管理举措。例如,当乔治·布什上任时,他把增加这类竞争的数量作为其最重要的五大管理举措之一。

公共与私人竞争不同于外包(将公共部门的工作交给私营企业,而不允许公共部门竞标),它也不同于私有化(政府设施、装备和人员被私有化)。这两种方式都可以在单一来源的基础上或(最好是)以竞争的方式进行。但这些方法对政府工作人员来说是不公平的,他们应该有机会竞标他们已经做了很多年的工作(在单一来源的基础上)。公共部门与私营企业之间的竞争当然也不同于内包,内包指的是把工作从私营企业转移到公共部门(通常是应政府工作人员的要求,并得到国会支持,最近还得到了奥巴马政府的支持)。内包是完全非竞争性的,并且从竞争环境转向单一来源环境。

如表7.6所示,从1978年到1994年,依据管理和预算局"A-76号函",公共部门与私营部门之间开展了超过2 000场竞争,涉及的职能范围很广,并且很多政府文职岗位也拿出来竞聘(每次竞争的职位从数百到数千)。

表7.6显示,谁赢得竞争并不重要。平均而言,节省了30%以上,而整个国防部每年平均节省约15亿美元。

表 7.6　　　　　　　1978—1994 年根据管理和预算局"A-76 号函"
　　　　　　　　　　进行的公共部门与私营企业之间的竞争结果

	已完成的竞争	年平均节约（百万美元）	节约百分比
陆军	510	470	27%
空军	733	560	36%
海军陆战队	39	23	34%
海军	806	411	30%
国防机构	50	13	28%
总计	2 138	1 478	31%

资料来源：Office of The Undersecretary of Defense for Acquisition, Technology, and Logistics, "Defense Reform Initiative Report," November 1997.

在冷战结束后，随着国防部预算的急剧下降和努力节约开支，A-76 的竞争者数量增加。如表 7.7 所示，从 1994 年到 2003 年共举行了 1 000 场以上的竞争，涉及 65 000 个以上的文职职位。

当政府人员竞争他们已经做了很长时间的工作，并被要求创建最有效的组织时，他们建议以更高的质量做同样的工作，并大幅减少人员。如表 7.7 所示，当他们赢得竞争时，他们将以比过去少 44% 的人员来完成服务任务。在这期间，承包商赢得了 56% 的竞争，无论谁赢得了竞争，总的来说，平均劳动力减少了 38%。

表 7.7　　　　　　　1994—2003 年国防部竞争性采购结果

赢家	赢得竞争次数	文职职位竞争（不包括直接转换）	最高效组织全职雇员（不包括直接转换）	从文职到最高效组织全职雇员的百分比下降
内部	525 (44%)	41 791	23 253	44%
承包商	667 (56%)	23 364	16 848	28%
总数	1 192	65 157	40 101	38%

资料来源：Jacques S. Gansler and William Lucyshyn, "Competitive Sourcing: What Happens to Federal Employees?," October 2004.

随着竞争数量的增加，政府在没有竞争情况下的标的数（政府最初的职位数量）与政府认为在实现其最高效组织时可以采取的削减措施之间存在一致性，在 1997 年至 2001 年间，政府认为可以减少 30% 以上的职位（如图 7.4 所示）。随着竞争职位数量的增加，以及政府开始提高其在这些项目上的竞争能力，竞争结果就更具戏剧性了。

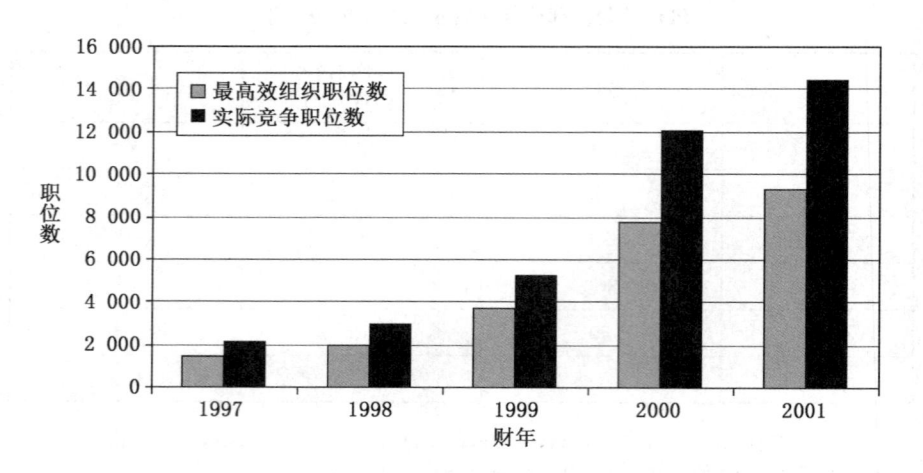

资料来源：基于国防部商业活动管理信息系统的人力资源数据。
图 7.4　1997—2001 年财年政府劳动力新旧职位数比较(根据管理和预算局"A-76 号函")

例如，当美国国税局在 2004 年进行两次竞争时，政府都赢了。第一次是地区配送中心的竞标，一共有 400 个职位，中标的最高效组织仅需 160 个职位(减少 60%)；第二次是国税局"校园中心"的运作和保障，有 278 个职位参与竞争，最高效组织的标的数是同样的工作 60 个职位(减少 78%)。[31]

正如所预料的那样，在每一次竞争之后，人们都对承诺的结果是否能实现表现了极大的担忧。海军分析中心对 16 项已完成的活动进行了研究，以确定是否实现了节约。[32]研究发现，假如预期的节约(无论是政府还是私营部门竞标时的承诺)平均为 35%，则实际实现的节约(在调整了这些项目执行过程中发生的范围和数量变化后)平均为 34%。在这十六个案例中，只有一个案例出现了成本增加，而观察到的已实现的整体节约(与发生的成本和数量变化无关)仍然平均节省了 24%。即使范围或数量增加，整个项目仍有节余。值得注意的是，这些竞争中的很大一部分是由公共部门的最高效组织赢得。在 2006 财年，公共部门赢得了 87% 的份额，在 2007 财年，公共部门赢得了 73% 的份额。[33]

由于很大一部分竞争流向了公共部门，因此私营部门的投标人质疑其是否应该继续投标。正如专业服务委员会主席斯坦·索洛维(Stan Solloway)在 2007 年所言："A-76 竞标已经穷途末路了。愿意参加的人(私营部门)已经很少了。"[34]政府工作人员也质疑是否需要进行大规模的裁员，以便从目前的员工队伍大幅缩减到最高效组织所需的劳动力规模。对实际裁员的详细分析是通过对整个政府的人事数据库进行研究,并发现尽管节省了大量资金,但实际上只有5%的工人(平均)被解雇了。[35] 在一项关于私有化对东欧和俄罗斯的就业和工资影响的研究中也发现了类似的结果,该研究调查了超过3万家最初为国有的制造业企业,结果发现"没有因为私有化而减少工作岗位,也从未出现工资大幅削减"[36]。许多工人要么找到了其他的政府工作,要么自愿离开去中标的私营公司中担任更高薪的职位。另外,许多工人有资格享受政府的退休待遇,并利用了这一点。

鉴于这些统计数字,令人惊讶的是,竞争遇到了很多阻力(特别是来自政府工会和国会的阻力),同时与可获得的非固有的政府职位的数量相比,实际竞争的职位很少。在2007财年,整个联邦政府只进行了132次竞争(涉及4 164个相当于全职的职位),约占整个联邦政府竞争职位的1.5%(因为不属于政府固有的职能)。[37] 尽管如此,管理和预算局估计,从2003年到2007年举行的竞争所带来的累计节约预计将超过72亿美元,而开展竞争的成本为2.4亿美元,因此,花在竞赛上的每一美元都有30∶1的回报。[38]

尽管竞争有巨大的节约潜力,并且证明可以获得同等或更好的绩效,但很少开展竞争,因为政府工会强烈反对任何此类竞争,并能够说服国会抵制它们。同样,在许多国会选区,政府雇员是主要的或至少是重要的选民群体。例如,在2006财年,国会通过了《公法109～115》(Public Law 109-115),其中规定政府在任何涉及十个以上工作岗位的竞争中政府投标人必须有10%或1 000万美元的成本优势;即使该机构能够证明在考虑到成本和质量因素的情况下,外部承包商提供了最优价值。[39] 在2008财年,《国防授权法》(第325款)禁止管理和预算局"指示或要求国防部部长或各军事部门的部长依据管理和预算局'A-76号函'开展公私竞争"[40]。最后,在2008财年《综合拨款法》(Consolidated Appropriations Act)(《公法110～161》)和2009财年众议院版本的《国防授权法》(H. R. 5658)中,有一项规定是暂停国防部所有A-76竞争,为期三年。美国政府雇员联合会的一位说客甚至指出,国会正在考虑将内包作为一项强制规定[41],而奥巴马政府也将这一想法作为其早期举措之一,尽管许多独立研究(例如,由国会预算办公室、总问责署等进行的研究)[42]表明工作(本质上不是政府的)"内包"的成本更高,例如装备维护、后勤保障和安全服务比使用竞争性选择的承包商要贵

90%左右。

国会对竞争发出了模糊信号,通过了一些要求竞争的法律,然而如果涉及公共部门的员工,则又有其他一些法律禁止竞争。[43]印第安纳波利斯市前市长斯蒂芬·戈德史密斯(Steven Goldsmith)在州一级试验了私营部门与公共部门之间的竞争,并指出在州一级可能比在联邦一级更容易获益,"因为华盛顿似乎对公私竞争的创新很敏感"[44]。通过在以前是由公共部门独家完成的工作中引入竞争,许多州和地方政府都从提高绩效和降低成本中获益。表 7.8 呈现的是五个城市通过竞争获得公共交通合同的一个案例。与被取代的非竞争性公共服务的成本相比,服务水平提高了 26% 到 300% 不等,节省的费用从 20% 到 60% 不等。

表 7.8　　　　1979—1996 年五个城市公共交通的竞争性采购情况

城市	年份	绩效提升
丹佛	1988—1995	服务水平提高了 26%
圣地亚哥	1979—1996	服务水平提高了 47%
印第安纳波利斯	1994—1996	服务水平提高了 38%
拉斯维加斯	1993—1994	服务水平提高了 243%
洛杉矶	1980—1996	服务可靠性提高了 300%;投诉减少 75%

资料来源:E. S. Savas,Privatization and Public Partnerships (New York:Chatham House,2000)。

还有许多其他的例子说明了这种节约。[45]

人们逐渐认识到,有些利益可以通过公共部门的员工实现,有些则由私营部门的员工实现。在一些管理预算局"A-76 号函"框架下的竞争中,公共部门和私营部门合作投标,与其他合作团体或私营部门展开竞争。在一次由公共部门赢得的飞机维修工作的竞争中,主承包商是政府维修站,但它把 70% 的工作分包给了私营部门。在陆军工程兵团的一次竞争中,政府与洛克希德·马丁公司合作,中标后需要约 520 名政府雇员和 350 名合同雇员的劳动力队伍。之前的基准线是大约 1 300 名联邦雇员和 1 500 名合同雇员。劳动力的大幅减少是通过各种变化实现的,如将工程兵部队移到一个地方,并合并许多后勤工作。这种安排使政府能够保持其核心竞争力,并导致了零裁员,因为政府工作人员在工程兵团内找到了其他工作。[46]这种公私合作关系很重要,但必须以竞争的方式进行,以获得在降低成本的同时提高绩效的好处。如果以单一来源的方式进行,则只是创造了一个不同的垄断形式。

第六节 国防采购竞争小结

绝大多数数据显示,在国防部采购中,运行良好的竞争的结果是性能提高和成本降低。当竞争存在时,它会给政府带来最大的杠杆作用,政府与供应商之间的权力关系也会发生巨大变化。即使是只有两个实体之间的竞争,它也可以很激烈并能带来充分的利益。但当职能由单一来源(无论是在公共或私营部门)执行时,所有的竞争好处都会丧失,创新和低成本的激励措施也会被取消。

国防部采购中的竞争与商业领域的采购有很大的不同,因为供应商的数量有限,而且买方是单一的。实际上,这是一场寡头供应商与垄断买家之间的权力斗争。但是,只要至少有两个被认为是可行的竞争者,政府就可以在增加创新、提高性能和质量,以及净成本节约方面获益。这种组合代表了政府的最优价值,应该积极予以推行。这种竞争模式是美国国防工业与国外同行的主要区别之一,后者的主导模式是单一的国内优先来源。

注释:

[1] "Report of the Government Commission on Government Procurement," December 1972; Frederic M. Scherer, *The Weapons Acquisition Process: Economic Incentives* (Cambridge: Harvard University Press, 1964), 48.
[2] "Air Force Carefully Evaluating KC-X Proposals," *Air Force Link*, May 7, 2007.
[3] Senator John McCain, Testimony before the Senate Armed Services Committee, March 3, 2009.
[4] "IBM, CRAY Win Pentagon Funds to Develop Next Super Computers," *Wall Street Journal*, November 22, 2006, B-2.
[5] James Richardson and James Roumasset, "Sole-Sourcing, Parallel-Sourcing: Mechanism for Supplier Performance," *Managerial and Decision Economics* (January 1995).
[6] For detailed examples and historical data, see Lou Kratz and Jacques Gansler, "Effective Competition during Weapon System Acquisition," National Contract Management Association, 1987.
[7] Fred Hiatt and Rick Atkinson, Years of 'Requirements Creep' send 'Silver' Bullet off its Mark *Washington Post*, May 19, 1985. p. A1 .
[8] Ibid.
[9] Robert W. Drewes, *The Air Force and the Great Engine War* (Washington, DC: National Defense University Press, 1987); David M. Kennedy, *The Great Engine War* (Cambridge: Kennedy School of Government, Harvard University, 1985); Frank Camm, *The Development*

of the F100-PW-220 and F110-GE-100 Engines: A Case Study of Risk Assessment and Risk Management (Santa Monica: RAND Corporation, 1993).

[10] R. Ropelewski, "USAF Negotiating Contracts for F-100, F-110 Improvements," *Aviation Week and Space Technology*, May 20, 1985, 18; see also "Great Engine War," Cambridge Case Clearinghouse.

[11] Scherer, *The Weapon Acquisition Process*.

[12] Jacques S. Gansler, "Defense Spending: How About Some Real Competition?," *Washington Post*, April 4, 1982.

[13] Public Law 98–92.

[14] E. White, "Defense Industry Slims Down to Survive," *Wall Street Journal*, September 30, 1987.

[15] John F. Lehman, "Command at the Seas," Naval Institute Press, 2001, Annapolis, MD.

[16] The Trident D-5 is a three-stage, solid propellant, inertially guided missile that has a range of more than four thousand nautical miles and is armed with multiple, independently targeted reentry vehicles.

[17] John Schank et al., "Acquisition and Competition Strategy Options for the DD(X)," RAND Corporation, Santa Monica, 2006.

[18] Department of Defense, Office of the Inspector General, "Report on the Air Force KC-X Aerial Refueling Tanker Aircraft Program," May 30, 2007.

[19] Tony Capaccio, "Administration Trims Supplemental Procurement, Eyes Big Weapons," *Defense News*, March 3, 2009.

[20] "Air Force Now Supports Alternate Engine Program for F-35," *Government Executive*, March 11, 2008.

[21] Michael Sullivan, director of acquisition and sourcing management at the Government Accountability Office, Testimony before the Subcommittee on Air and Land Forces of the Committee on Armed Services of the House of Representatives, "Defense Acquisitions: Analysis of Costs for the Joint Strike Fighter Engine Program," March 22, 2007.

[22] "Navy, Air Force Maneuver to Save JSF Alternate Engine," *Aerospace Daily and Defense Report*, January 5, 2006.

[23] Department of Defense, "Defense Department Contracts for 2,400 More MRAP Vehicles," October 19, 2007.

[24] "Orders for Armored Vehicles to Be Cut," *Federal News Radio*, November 30, 2007.

[25] Department of Defense, Office of Inspector General, "Procurement Policy for Armored Vehicles," July 18, 2007.

[26] "HUMVEE Replacement Program to Begin Next Month," *GovExec*, January 18, 2008.

[27] "Army Ends Deals with Native Contractors," *Anchorage Daily News*, April 22, 2006.

[28] Scherer, *The Weapons Acquisition Process*, 49.

[29] "Navy adds 556 contractors to Sea Port-e program, Washington Technology, July 19, 2010.

[30] Many areas were defined by agencies as not included in the Federal Activities Inventory Reform (FAIR) Act, including military positions in jobs that were not inherently governmental. Thus, this excludes 320,000 DoD jobs that were being done by the military but were eligible for competitive sourcing (as of January 26, 2004). And this increased to 339,142 in FY09 (according to a Defense Business Board report "Reducing Overhead and Improving Business Operations," July 22, 2010.

[31] Jacques S. Gansler and William. Lucyshyn, "Implementing Alternative Sourcing Strategies: Four Case Studies," IBM Center for the Business of Government, Washington, DC, October 2004.

[32] Center for Naval Analysis, "Long-Run Costs and Performance Effects of Competitive Sourcing," Washington, DC, February 2001.

[33] "Report on Competitive Sourcing Results, FY 2007," Office of Management and Budget, Washington, DC, May 2, 2008.

[34] "Are They A-76 Winners or Second-Class Feds?," *Federal Computer Week*, August 20, 2007.

[35] Gansler and Lucyshyn, "Competitive Sourcing: What Happens to Federal Employees?"

[36] J. D. Brown, J. S. Earle, and A. Telegdy, "Does Privatization Hurt Workers? Evidence from Comparative Analysis of Enterprise Data," Upjohn Institute for Employment Research, January 2008.

[37] "Report on Competitive Sourcing Results, Fiscal Year 2007," Office of Management and Budget, Washington, DC, May 2, 2008.

[39] Ibid.

[39] "Competitive Sourcing under Section 842(a) of Public Law 109-115," Office of Management and Budget, April 25, 2006.

[40] "DoD IG Interim Report to Congress on Section 325 of the National Defense Authorization Act for Fiscal Year 2008," Department of Defense, April 22, 2008.

[41] "Think Tank Calls Competitive Sourcing a Winning Tool for Taxpayers," *GovExec*, August 8, 2008.

[42] Cost Comparison Studies for "in-sourcing":

- Congressional Budget Office: "Logistics Support for Deployed Military Forces," October 2005; "over a 20 year period, using army military units would cost roughly 90% more than using contractors."
- General Accountability Office: "Warfighter Support: A Cost Comparison of Using State Department Employees vs. Contractors for Security Services in Iraq," March 4, 2010; "using State Department employees to provide state security for the Embassy in Bagdad would cost approximately $858 million for 1 year; versus $78 M charged by contractor" (over 90 percent more for State Department employees); "For three out of four tasks comparisons, costs using State Department employees would be greater than using contractors; and, for that one lower cost case, when training costs for State Department were included, the costs were comparable."
- Congressional Research Service: "Department of Defense Contractors in Iraq and Afganistan: Background Analysis," December 14, 2009; "Using contractors can save DoD money"; "Hiring contractors only as needed can be cheaper in the long run than maintaining a permanent in-house capability"—also describes other advantages of contractors (versus in-house) in terms of available skills; rapid response; and so on.
- Congressional Budget Office: "Contractor's Support of U.S. Operations in Iraq," August 2008; "Comparable costs (over a 1 year period) for Blackwater Private Security Contractor Personnel and Army Personnel (but can get rid of contractor personnel when conflict ends)."

[43] "Congress' Mixed Messages on Competition," *Washington Technology*, June 16, 2008.

[44] Steven Goldsmith, "What's Left for Government to Do?," *The American*, January 1, 2008, Available at: http://www.american.com/archive/2008/january-february-magazine-contents/what2019s-laft-for-government-to-do (accessed on August 30, 2010).

[45] E. S. Savas, *Privatization and Public Partnerships* (New York: Chatham House, 2000).

[46] Stephen Barr, "A Challenge to ESPRIT at Army Corps," *Washington Post*, April 26, 2007, D-4.

第八章 其他国家的国防工业战略

美国的21世纪安全(在军事和工业方面)需要一个全球战略。在未来,几乎所有影响美国的安全情景都将涉及其他国家,而科技和工业本身也将是全球性的。此外,通过观察其他国家的国防工业已经尝试过的其他工业模式的优缺点,我们可以学到很多东西。

美国本身无法对抗全球恐怖主义、武器扩散和地区不稳定。它也不能仅仅依靠其传统盟友(如欧洲、日本和澳大利亚),而必须与俄罗斯和中国等国家建立强有力的联盟(他们在这方面同样脆弱),以应对这些问题。

世界上几乎所有其他国家的国防工业战略实现途径都比美国更有计划性。尽管美国政府是唯一的买家,其国防工业几乎是完全管制的,但国防工业应该是自由放任的。其他国家,无论是资本主义国家还是社会主义国家,都承认政府在其安全产业中发挥的主导作用。它们可能有不同程度的所有权和政府对该产业的管理权,但都承认现存的非自由市场条件。有几个国家鼓励内部竞争,但大多数国家认为,国防工业主要是与其他国家(国外销售)竞争。其他国家则(具体地)参与其国防工业的结构、行为和绩效的规划,包括其研究和开发、生产能力和融资。它们将国防工业视为一种有价值的国家资源,并且大多数国家制定了财政激励措施,以吸引高科技国防企业(特别是来自美国的公司)到其国家。

例如,美国的研发税收抵免约为3%,但新加坡约为24%。[1]同样,外国的总体税收政策也是一块磁铁,将美国的国防生产力吸引到海外。美国的企业所得税税率为35%,但爱尔兰的税率为12.5%,以色列为10%并且有两年的免税期,而中国有五年的免税期并且在接下来的五年里采用正常税率的一半。[2]当这种激励措施与高质量、低成本的科学家和工程师供给(在美国雇1名合格工程师的成本,在印度可以雇11名合格的工程师)结合在一起时[3],美国企业认为,将其大部分研发工作转移到海外是非常有吸引力的。当这项工作具有双重用途时,它就会给所在国带来军事上和经济上的好处。这也有利于美国的安全。如果对每个国家的安全考虑和对第三国转让(产品或技术)的适当控制给予适当的关注,如果美国在该技术领域仍然保持国内生产能力,那么离岸设计和制造的装备就可以用于联合的、多国的军事行动。

从历史上看,产业结构在很大程度上被认为是制造业提供的工作机会,对于这些工作来说,劳动力所在的地理位置是主要驱动力。今天,很大一部分的工作是在服务领域,在印度、中国、爱尔兰、澳大利亚、新加坡或巴西,劳动力只需"点击鼠标"就能获得。世界各地的公司都在利用全球化的劳动力,这对发展一个国家的国防工业战略来说,既是机遇也是挑战。问题是:从军事和经济的角度来看,通过在国家安全领域的工业合作和共享,国家是获得更多利益还是承担更多风险?

鉴于先进技术(在商业和军事领域)的重要性,大多数国家正越来越多地将研究以及科学和工程教育视为对其经济和军事发展必不可少的领域。但是,从政府在国防研发与其他目标的支出来看,各国差异巨大。例如,在2003年至2004年的政府研发总支出中,美国的国防支出占52%,英国57%用于国防,法国43%用于国防。然而,日本将47%用于能源,德国将38%用于工业生产力。同样,任务导向的政府研发支出也有很大差异。美国在非任务导向的通用研发上只支出6%,但德国和法国为28%,日本为24%,英国为17%。[4]

在这里,统计方法上的差异(把研发支出归为国防预算还是其他政府支出类别)中的很大一部分可以归结为美国国防部的预算规模。例如,如表8.1所示(对于21世纪的所谓大国),美国的国防预算大大超过了俄罗斯、中国和印度,即使它们加在一起也是如此。

欧洲有超过30万名国防工业雇员,但其所有国家的国防预算加起来也只有美国国防预算的一半,而且美国的国防研发投资几乎是欧洲的四倍。然而,美国和欧洲在基础研究和科学与工程教育方面的趋势截然不同。美国在这些方面的兴趣迅速下降,而其他国家的兴趣则迅速增加,这影响到美国的长期国家安全和经济竞争力,必须将其作为21世纪国家战略的一部分加以解决。

表8.1　　　　2004年印度、中国、俄罗斯和美国的军事开支

国家	人口（百万）	人均国内生产总值（美元）	现役军队规模	国防支出估算（十亿美元）	国防支出的国内生产总值占比
印度	1 110	691	1 325 000	19.6	2.6%
中国	1 300	1 462	2 255 000	62.5	3.3%
俄罗斯	144	4 043	1 212 700	25.1	4.3%
美国	294	39 796	1 433 600	465.0	4.0%

注:到2011财年,美国国防部的拨款总额(包括用于伊拉克战争和阿富汗战争的补充资金)为7 250亿美元。

资料来源:S. J. Flanagan and J. A. Schear, *Strategic Challenges*: *America's Global Security Agenda* (Washington, DC: Potomac Books, 2008), 188.

尽管美国未来的国家安全战略和国防工业战略都必须在全球化的基础上进行构思,但这里关于欧洲、俄罗斯、中国、日本、印度、以色列、非洲和中东的讨论是区域性的,并且探讨了国防工业战略所采取的实施途径,以及这些途径与美国所期望的21世纪国防工业战略之间的关系。

第一节　欧　洲

基于几个世纪的战争,欧洲的历史趋势是每个国家内部的自我防御。即使欧盟在商业世界中积极地发展共同市场,《欧盟宪章》(European Union Charter)第296条允许各国政府在国防采购中避开非官方的竞争者。[5]由于对自给自足需求抱有这种信念,每个国家的国内市场规模较小,而且国防预算有限,因此每个国家都同时向两个方向发展。欧洲国家认为,第一,其可以只使用首选来源(在国防工业的任何特定领域只有一两家公司);第二,其需要将本国工业和政府的大部分注意力放在对外军售上,以建立足够的规模,使其国防生产具有足够的效率,并收回研发投资。尽管这些国家基本上有各自的垄断供应商(或一些领域有两个寡头供应商),但它们仍然被驱使采用低成本的设计,以使自己的国家既能负担得起这些系统,又能吸引外国买家。例如,在法国,达索公司基本上是唯

一的战斗机制造商,但它生产的低成本、高性能的军用飞机是世界上最成功的飞机之一。[6]达索公司的组织有许多美国飞机公司所不具备的理想特征,包括小型设计团队、持续强调对现有设计的渐进式改进、最少的文书工作、最大限度的分包、因国内和国际原因而持续强调低成本设计,以及与政府的密切合作关系。在德国、英国、意大利、瑞典和挪威的首选来源中也可以找到类似的特征。在每一个单一来源供应商的案例中(在主系统和关键子系统层面),政府的参与主要限于宏观层面,而在微观层面则采取不干涉政策(公司的日常运作)。联邦政府在支持对外军售方面也提供了大量的帮助。2006年,欧洲75%的航空航天和国防销售是出口,尽管对其他欧洲国家的销售量很大,但到目前为止,大部分是向欧盟以外的国家出口的。[7]

到了20纪末,欧洲国家认识到,由于国防预算相对小(欧盟四巨头中的每一个国家的国防预算都至少比美国少一个数量级)[8],其无法在全球安全领域发挥作用。此外,由于每个国家低效重复使用其他国家的优先来源,也就无法实现任何竞争或规模经济的好处。1996年,法国、德国、意大利和英国成立了一个名为联合军备合作组织的四国军备机构,以提高合作项目的效率;2004年,欧洲防务局成立,并向所有欧盟成员国开放。其任务是发展危机管理方面的防御能力,促进欧洲军备合作,加强欧洲国防工业和技术基础,并创建一个有竞争力的欧洲国防装备市场。[9]

这里所说的竞争主要是指与美国国防工业在全球军火市场上的竞争,而不是欧共体内部的竞争。当其他欧盟组织开始资助欧洲范围内的项目时,其排除了美国的参与。例如,欧洲研究理事会指出,"资金向任何在欧盟的科学家(任何国籍)开放"。而在美国,国家卫生研究院向美国以外的研究人员提供了188项资助,有些资助金额接近100万美元。[10]另一个例子是,欧洲航天局决定建立一个与美国全球定位系统(GPS)相竞争的系统,并表示担心"美国可能会关闭GPS系统,而欧洲将失去这方面的能力"。然而,大多数人认为,这70亿美元的投资主要是为了让欧洲人可以拥有自己的项目。自1983年向民用开放以来,美国从未关闭过GPS信号,而且所有的国际银行系统的交易都是基于GPS系统的原子钟,因此,关闭它将从根本上关闭国际银行系统。此外,全世界的商业航空运输系统也越来越依赖GPS,所以它极不可能被关闭。美国军方也愿意与它的盟国分享其军用GPS信号,美国政府愿意提供有关该系统连续性的总统声明,这将是一项国家承诺。因为美国政府正在为全世界的用户免费提供卫星、地面站和GPS系统的运作,所以很难想象欧洲航天局是如何认为其竞争项目(称为伽利略项目)将由商业用户支付。然而,它还是开展了该项目。[11]

欧洲也得到了中国、印度、巴西和其他国家的财政支持,这些国家希望有一个替代美国系统的系统,并以此作为加强其与欧盟关系的方式。问题是:在国家安全领域进行竞争或者合作,是否符合美国和欧盟的利益?

在后冷战时代,随着美国国防工业经历了巨大的并购浪潮,欧洲的航空航天和国防工业也合并为四家主要的公司,包括BAE系统公司(总部在伦敦)、泰利斯公司(总部在巴黎)、欧洲宇航防务集团(法国和德国的双头公司),以及芬梅卡尼卡公司(总部在罗马)。这四家公司的业务遍及整个欧盟,而且由于认识到研发的好处和美国市场的巨大规模,它们已经在美国进行了广泛的收购,并基本上在全世界范围内开展业务。然而,到2003年,其平均规模约为美国大型公司平均规模的一半。[12]在许多情况下,它们也从几乎完全由政府所有转为主要由私人所有,但政府仍然拥有"黄金份额",并在这些大公司的运作中拥有重要的发言权。这些公司越来越多地开始合作(以及与其他欧洲公司合作)。此外,与美国一样,横向兼并和纵向兼并在整个欧盟和跨大西洋的范围内继续进行。这种情况在供应链下游的分包合同和关键系统的低层(例如,法国的斯奈克玛公司和萨基姆公司合并为赛峰集团)尤为明显。[13]

这些合作继续在欧洲范围内创造出更大的单一来源供应商。正如法国国防部部长米歇尔·艾略特-玛丽(Michele Alliot-Marie)在重申她支持卫星制造商欧洲宇航防务集团下设的阿斯特里姆公司和阿尔卡特公司下设的阿莱尼亚公司的合并时所言[14],其理由是基于这样的论点——全球竞争性的优势超过拥有单一供应商的劣势。世界上的全球武器出口销售是由俄罗斯和美国领导的,而这种欧洲国防工业的合并使其与这两个出口大国处于同一级别。在这个意义上,欧洲的整合可以说是成功的。

在美国、俄罗斯和欧盟之间的武器出口竞争中,一个非常令人担忧的问题是,对于哪些项目需要管控以及向哪些国家出口,很难达成一致。例如,美国拒绝向中国出口重要的军事装备,但对俄罗斯则基本上没有施加任何限制。许多欧洲国家以《欧盟行为准则》(EU Code of Conduct)中的一项条款为依据,将军事装备的转让交由各成员国自行决定。管控方面的一个大漏洞是,许多装备(如电子产品、直升机、运输机和空间系统)都是双重用途的。由于中国的年度国防预算估计为世界第三,因此它是一个极具吸引力的市场。许多欧洲国家对出售完整的武器系统望而却步,但整体的武器禁运更多的是违反而不是遵守。例如,在1993年至2002年间,法国向中国出售了超过1.2亿美元的国防产品,英国向中国出售了泰利斯公司的"空中霸王"(一种机载预警雷达系统),以及用于中国JH-7战斗轰炸机的航空发动机。萨里卫星技术有限公司在中国的微型卫星开发方面开展了合作(中国承认该技术将被用于反卫星武器),德国和法国的船用柴油机为中国新的潜艇和水面战斗舰提供动力,德国的奔驰公司在中国共同生产船用柴油机,为中国新的宋氏A级潜艇提供动力,法国设计的船用柴油机为中国新的、非常隐蔽的054级护卫舰提供动力。

欧洲各国的政府都控制着出口,如果没有明确的欧盟指导方针和适当的惩罚措施,纳米控制就会是无效的。在此,为实现适当的、跨国的控制(与美国和其他国家一起),必须运用欧盟日益增长的力量(从政治和经济角度),来维护世界和平与安全。

随着欧洲国防工业越来越重视跨大西洋关系,以及诸如英国航空航天系统公司、欧洲宇航防务集团、芬梅卡尼卡公司和泰利斯公司对美国的业务进行了重大投资,但这些公司各自国家的政府仍然主要关注其个别公司的出口市场,而对跨大西洋工业战略合作的关注则少得多。由于美国企业专注于美国政府市场(出口是次要考虑),而国防部采购的主要目标是技术领先优势,因此美国国防投资与欧洲国防投资的最大区别是研发。2004年,美国国防研发支出总额为675亿美元(其中大部分流向大型国防主承包商),而欧盟四巨头的国防研发支出总额为119亿美元。[15]

这种差异(除非美国与欧洲盟友分享其技术)将确保美国在所有关键的未来军事技术方面仍然遥遥领先。在多国联合作战环境下,这大大限制了美国的军事目标,当这些国家单独作战或共同作战时,肯定也会限制欧洲的军事能力。这并不体现在欧洲科技方面的质量或数量上。事实上,欧盟和美国在这些领域的人员数量基本相同。到2007年,欧盟在科学研究方面已经超过美国。[16]欧盟国家在非军事研究方面花费了相当大的数额。欧盟所缺乏的是一个让企业家茁壮成长的生态系统,而这一点正在慢慢发展[17](围绕政府、产业、大学和风险资本的伙伴而建)。此外,由于许多新的创意来自小公司或商业公司,并适用于国防,欧盟将不得不打破这些公司进入国防领域的壁垒(大型的、优选的国防供应商抵制新公司进入,并且往往抵制技术或装备的更新)。

美国在20世纪90年代转向网络化的军事力量,并从主要以欧洲为中心转向世界各地远征行动中的快速移动和反应。欧洲在这两个转变上进展缓慢(抵制"军事事务革命"和对远征作战的重视)。因此,最初在科索沃战争期间,随后在阿富汗战争和伊拉克战争时期,欧洲在智能弹药、全天候和昼夜能力、加油、空运系统,以及与情报、监视和侦察系统相结合的现代指挥和控制系统方面开始出现差距。[18]

欧洲需要确定它是否将继续只关注内部整合其国防结构,还是转而寻求新的跨大西洋联盟。在欧洲内部,它一直在朝着整个欧洲大陆的新武器系统整合方向发展。例如,新的欧洲无人驾驶飞行器(被称为"神经元")有许多合作伙伴。一个由达索公司和IBM公司共同研发的软件工具正在设计该飞行器;整个项目管理和设计由达索公司负责;泰勒斯公司负责初级数据和中级数据连接;法国的RRTM公司负责发动机;萨博公司是项目管理和设计的合作伙伴;沃尔沃公司负责排气系统;阿莱尼亚公司是项目管理和设计伙伴,负责电力系统和大气数据系统;伽利略航空公司负责光电传感器和目标分类算法;欧洲宇航防务集团天文学高级研究中心负责地面控制站、机翼和数据链管理;瑞士的RUAG公司正在进行空气动力学测试和武器装载和释放系统的工作;希腊的HAI公司负责后机身、排气管、风道尾翼和集成式工作台硬件。[19]另一个例子是,挪威的F-310护卫舰正在西班牙进行最终组装,采用西班牙的舰体、意大利的火炮、法国的电子光学系统、挪威的导航雷达系统、挪威的反潜战控制系统、英国的敌我识别系统、丹麦的电子对抗系统,以及美国的AEGIS武器系统和垂直发射系统。

这两个项目都是合作行为的例子(后者也代表了一种跨大西洋的合作)。虽然当每个参与国都选择了最优价值的系统时,真正的合作可以带来显著的成本节约和性能提高,但实际的合作往往与这种理想的情况有很大的偏差。它们往往更多的是基于政治、公平和议价方面的标准(如公正的回报,即一个国家的企业在某一特定项目中获得的合同比例应体现该国在该项目上的投资额)。这导致了开发和生产方面的低效,因为每个伙伴国都倾向于要求分享该项目所涉及的高科技和拥有(通常)单独的国家终端装配线。

批评者还关注过度的官僚主义、共识管理、所有伙伴国的平等投票权和决策过度拖延带来的交易成本,这往往会体现在大量时间延误和产品成本增长上。为了满足每个伙伴国的不同需求(包括不同的预算环境),需要在操作要求和交付进度方面达成妥协,这也是造成低效的原因。[20]据英国国家审计署的一项研究估计,合作项目的总开发成本比类似的国家项目高140%至200%,具体数字取决于合作伙伴的数量。[21]随后一项关于生产成本的研究发现,合作项目实现的规模经济只有国家项目的一半,而且合作可能导致平均十一个月的延迟。[22]

这并不意味着国家之间应该避免合作,但需要改进决策和项目管理的方法来实现潜在的好处。到2007年,欧洲仍有20家海军造船厂和23家独立的船厂[23],这表明在提高效率和效益方面存在巨大的政治阻力。在工业方面,这一点更容易看出。例如,在导弹领域,MBDA财团是由英国航空航天系统公司(37.5%)、欧洲宇航防务集团(37.5%)和芬梅卡尼卡公司(25%)组成的。在没有政治干预的情况下,这些公司可以以最低的成本制定出最优价值的解决方案,以获得最大化的性能。但是,将政治排除在这些问题之外仍然是一个挑战,而且,尽管这符合工业界和军方的最佳利益,但要实现跨大西洋的最优价值运作,就更加困难了。

欧洲还不是一个单一的实体。它的主要参与者(英国、法国、德国和意大利)有历史上的差异(即使是在上面讨论的广泛的相似性中)。美国将不得不解决北约的未来角色问题以及北约和美国相对欧盟的关系,而且不得不发展其双边关系(政治、军事、工业)。

一、英国

2005年12月,英国国防部颁布了一份意义深远的文件,即《国防工业战略》(Defense Industrial Strategy)。[24]在许多方面,这是从20世纪到21世纪的思维转变。例如,它指出,联合攻击战斗机将是其最后一架人工驾驶的战斗机,它将在2006年推出一种无人驾驶的战斗飞行器(技术示范机)。航天工业的重点将转向通过维护、升级和新武器的整合对现有系统实现终身保障。同样,对于陆地车辆,该文件指出,"对于先进战车,没有硬性规定要求在英国制造所有的部件。然而,英国必须拥有维修和大修先进战车的能力"。这份文件的目的是在未来的几十年里构建英国国防工业和政府与美国及欧洲公司的关系。该战略的目标是保持英国航空航天系统公司"国家冠军"的称号。[25]该公司的首席执行官迈克·

特纳(Mike Turner)认为,外国竞争已经威胁到了英国航空航天系统公司的存在,他说,在《国防工业战略》发布之前,"我们公司在英国的未来已经遭到了质疑"。他进一步指出,《国防工业战略》确立了公司"作为陆上、空中和海上的首选合作伙伴的新地位"[26]。实质上,这保证了英国武器系统采购预算总额的很大一部分将由该公司获得。

这种做法代表了英国武器系统采购政策的巨大转变。在近二十年里,英国一直强调国际竞争对实现国防部预期利益的重要性(以最低的成本获得最大的性能),但新的《国防工业战略》则将重点放在了维持本土国防工业的重要性上,即使它的成本会大大增加。[27] BAE系统公司成为空中、陆地和海上武器采购的首选合作伙伴[28],而《国防工业战略》认为,通过 BAE 系统公司合作或竞争,国防部可以获得同样的利益,这一假设与历史数据不符,在英国和美国都遭到了许多人的质疑。例如,前国防采购部部长博尔索肯(Bortsoken)的列文(Levene)勋爵对议会国防委员会说,他对"合作交易可以和竞争一样有效的观点根本难以认同"[29]。尽管如此,《国防工业战略》保证,一家公司将获得武器系统的"从头到尾"的合同,从而确保该武器系统的研发、生产和长期保障的单一来源业务。

在《国防工业战略》中,国防部承认,"英国公司通常仍在寻求在更大和更有利的美国市场上获得一定份额。英国公司继续在美国投资,仅在2004年就进行了近40次独立的、约20亿英镑的美国[公司]收购。如BAE系统公司、劳斯莱斯公司、史密斯集团、VT集团和奎奈蒂克公司等英国公司已经收购了美国公司,以克服高准入门槛,确保逐步进入美国市场。……这迫使英国公司在董事会上做出艰难的决定,即在哪里建立企业和投资"[30]。这显然是英国从国际竞争转向国内单一来源担保的理由,以确保公司至少会将总部留在英国,即使有更大份额的业务来自海外。通过宣称合作可以实现与竞争相同的利益,国防部合理地决定在国防装备的大多数关键领域转为"国家冠军"模式,这种模式在大多数其他欧洲国家已经成为常态,但此前在英国一直受到抵制。

由于在1991年至2006年间,英国在研究和技术方面的投资下降了50%(按实际价值计算)[31],而且《国防工业战略》几乎没有关注此类研究,所以,次年英国国防部发布了一份名为《国防技术战略》(Defense Technology Strategy)的文件。该文件指出了研究对国防部的重要性,并承认国防部进行研究的方式发生了变化。1991年,国防研究局(DRA)吸纳了皇家飞机研究基地、海军研究基地、皇家武器研发基地,以及皇家信号和雷达基地。1995年,国防评估和研究局(DERA)将国防研究局与国防测试和评估组织、化学和生物防御基地以及国防分析中心合并。最后,在2001年,国防评估和研究局被拆分为两个组织:奎奈蒂克公司(一个私人研发组织)和国防科学与技术实验室(DSTL)——该实验室仍然是一个政府研究基地,但在重组时只占国防评估和研究局工作人员的1/3多一点。[32]基本上,这些转变使国防部原先国有的2/3的研究活动私有化。由于奎奈蒂克公司是英国研究的首选来源,因此人们希望私有化能鼓励该公司在世界其他地方也寻找研究成果。奎奈蒂克公司在美国的收购活动已经变得非常积极,因为美国的研究预算要比英国多出一个数量级。

英国国防研究的另一个与许多其他国家迥然不同的方面是,英国的研究经费主要不是基于自上而下确定的优先任务需求,而是基于一个广泛的技术项目——该项目由英国贸易部管理,并对部分研发资金进行招标(每年两次)。[33]研究资金的另一个来源是英国的国家科学、技术和艺术捐赠基金(NESTA),这是一个7亿美元的捐赠基金,其收入用于投资。然而,与美国的许多项目相比,该基金的收入很少,如每年用于小企业创新研究项目(SBIR)的资金超过20亿美元(其中几乎有一半是国防部的),每年用于国家科学基金会项目(NSF)的资金为68亿美元,以及每年用于国防高级研究项目局的资金为30亿美元。如果英国要保持其在许多研究和技术领域的历史领先地位,就需要大幅增加在这一领域的投资,而且,最有可能的是,调整其管理这些资源的方式,以使国防部在保持其技术优势方面获得最大利益。2008年,国防部在这个方向上迈出了第一步,成立了一个全球侦察组织,以寻找可以应用的全球技术(认识到技术越来越全球化,不会只来自英国)。

21世纪初,英国国防事业的最后一个重大变化是对私人融资计划(PFIs)的关注。在过去,英国在大型民用资本项目(如公路、监狱和医院)融资中使用这种方法,在这些项目中,承包商将建造设施并提供服务,同时保证在一段时间内给予回报。国防部发现,随着美元的短缺和对军事装备需求的增加,在PFI交易中国家不必在一开始就投入所有的资本成本,而是可以在合同期内分期付款(与租赁而不是购买汽车的方式差不多)。在2007年初,英国国防部将数百亿美元的未来资金投入空中加油合同,包括私人提供空中加油机,为喷气式战斗机和轰炸机在前往前线的途中加油,以及(在另一份合同中)由私人承包商接管其士兵、飞行员和水手的大部分训练工作(包括训练战斗机飞行员)。[34]虽然这在最初看起来很有吸引力,但随着越来越多的业务通过PFI途径完成,以及越来越多的国防装备的年度支出被预先承诺,21世纪安全所需的灵活性被大大削弱——因为需求的不确定性越来越大。

为21世纪安全行动而转变国家安全战略及其相应的国防工业结构,也许对英国来说,最棘手的问题是如何平衡西方和东方。它面临着困境,既要向西看(保持与美国在情报、技术和政治/军事关系等诸多领域的独特共享的历史性"特殊关系"),又要向东看(支持欧盟的倡议,因为它是欧盟的一个重要成员,它宣布自己的目标是加强欧盟以更有效地与美国竞争)。未来几年,美国和英国都需要解决这些技术共享和其他活动的问题。[35]

二、法国

认识到21世纪国家安全环境的巨大变化(特别是需要一个更全面的视角),2008年6月,法国总统发布了《法国国防和国家安全白皮书》(French White Paper on Defense and National Security)[36]。该白皮书指出:

> 自1994年发表上一份白皮书以来,特别是在全球化的影响下,世界发生了深刻的变化。信息交流急剧加速,商品和服务贸易增加,以及个人快速流动,都以积极和消极的方式改变了我们的经济、社会和政治环境。国际格局已经改变,并将继续演变。世界并不一定更加危险,但它变得更加不稳定,更加不可预见。新的危机,特别是从中东到巴基斯坦的新危机,已经凸显并且变得更加相互关联。圣战主义激发的恐怖主义直接瞄准了更容易受到直接伤害的法国和欧洲。当我们展望2025年的全球前景时,法国和欧洲将处于新的军事强国研发的弹道导弹的射程之内;新的风险已经出现,无论是蓄意的网络攻击还是非蓄意的,如生物圈恶化导致与健康有关的危机或环境危机扩大。本白皮书旨在提出未来十五年的战略评估,并为起草新的国防和安全政策提出相关后果。

该白皮书继续指出,法国必须"创造一种动力并重组欧洲国防工业":

> 工业必须是欧洲的。各个欧洲国家不能再在国家层面上掌握每一项技术和能力。法国必须保留其主权领域,重点维持国家战略和政治

自主所需的能力：核威慑、弹道导弹、核动力攻击潜艇（SSNs），且优先事项为网络安全。至于它可能希望获得的其他技术和能力，法国认为，欧共体内部必须享有特权：战斗机、无人机、巡航导弹、卫星、电子元件等；尽管采购政策必须包括在世界市场上的采购。

关于国防领域的电子元件，该白皮书指出：

> 法国和欧洲的国防电子技术和产业基地已经支离破碎。为了与在这一领域实施本国法规的国家（美国及其ITAR法规）建立更平衡的关系，法国将支持一种有利于欧洲工业基地创建的欧洲方法。其目的是防止出现严重依赖的情况，因为这日益限制我们自由出口的能力。

与过去一样，法国将继续强调出口对其国防工业的重要性。历史上，法国通过支付武器系统开发成本的80%，并假定剩余部分通过产品出口支付，以此鼓励出口。这种措施也鼓励企业生产在世界市场上具有竞争力的产品，并阻止法国公司将美国的子系统和组件纳入其武器系统，因为美国对第三方销售实施ITAR限制，由此限制了法国人向美国认为不合适的许多国家出售产品。尽管法国企业在很大程度上可以向任何潜在的买家自由销售，但是，例如，当法国向伊朗出售国防装备时，美国表示反对。法国人也一直是印度和巴基斯坦的潜水艇的强大供应商。[37]而且，在2010年，法国政府开始积极向俄罗斯出售"米斯特拉尔号"动力投射战舰，这是北约国家首次向俄罗斯出售此类大型武器系统。[38]然而，法国在这方面的政策与英国类似，强调国内生产的重要性（即使是在一个相对小的市场），并要求有一个重要的武器出口市场来有效地生产军事装备（通过实现合理的产量）。2007年，尼古拉·萨科齐（Nicholas Sarkozy）总统表示，工业政策将是其政府的一个主要目标，而法国国防工业在制定这一政策时有很大的发言权。[39]

最后，法国认识到研发对其军事态势的重要性，并将其政府总体研发预算的约50%用于国防。此外，它还认识到了研究机构集群的协同作用[40]，到2007年，它已经建立了三个研究集群，包括在普罗旺斯的一个由欧洲直升机公司、泰利斯公司、阿莱尼亚航天公司、达索航空公司和国防研究机构（法国航空航天研究院）领导的航空航天集群。它收到了分配给集群计划的超过6.85亿美元的公共资金。此外，据说这些集群中的每家公司都会提供大量的额外资金。[41]

三、德国

正如其许多欧洲军事伙伴和美国军事伙伴所做的那样,德国在一段时间内抵制向网络中心战的转变。然而,它在2007年把"欧洲鹰"项目交给欧洲宇航防务集团和诺斯罗普·格鲁曼公司的联合团队——这是一个信号,表明联邦德国国防军正在进行自我转型,并为21世纪的网络中心战积聚能力。在研发密集型产品的整体世界市场上,德国仅次于美国[42],并且其一直在强调技术进步。然而,它正面临着两个重要的未来问题——对俄罗斯燃料的日益依赖和劳动力的萎缩。正如许多其他国家正在做的那样,德国正在重新评估其国防和国家安全前景。

上面关于法国的许多评论(采取更全面的国家安全视角并认识到全球化在安全方面的重要性)同样适用于德国。

从历史上看,德国一直遵循欧洲模式,在国防技术的每个关键领域都有国内的首选来源,并且在许多领域有强大的代表性。欧洲宇航防务集团(部分由德国拥有,但在荷兰注册)是其迄今为止最大的公司,但德国在关键领域也有许多重要的参与者(如精密玻璃领域的ZEISS),并且在许多欧洲财团中也有重要的参与者。德国的趋势是在欧洲和国际上增加合作企业。

四、意大利

意大利的芬梅卡尼卡公司是欧洲第四大国防公司(仅次于BAE系统公司、欧洲宇航防务集团和泰利斯公司)。该公司已将自己从一个子系统供应商转变为主要承包商和系统集成商(更强调研发和技术)。[43]它已经积极地从一个意大利的欧洲公司转变为一个主要的国际航空航天和国防企业。这是通过重大出口(例如,将C-27J战术货机出售给美国和加拿大)以及全球范围内的重大收购来实现的,因此,它在各种市场上都有重要的一席之地(例如,在2008年,它收购了美国的DRS公司)。此外,在美国,意大利的阿莱尼亚北美公司一直在美国庞大的国防工业市场上进行重要的收购活动。总的来说,意大利在航空和航天市场、直升机市场以及国防电子产品和系统市场上是一个强大的国际参与者,而且它在一些较低层次的产品上仍然是世界级供应商(如复合空间和航空结构、传感器和各种国防电子子系统)。最后,意大利已经大大扩展了与其他外国公司的联合活动,并且在这一领域也取得了成功。比如,欧洲导弹集团(MBDA)是欧洲第一大导弹公司和世界第二大导弹公司,它整合了BAE系统公司、欧洲宇航防务公司和芬梅卡尼卡公司,所有这些公司都拥有平等的管理权。芬梅卡尼卡公司的一个广为人知的成功故事是,其阿古斯塔·韦斯特兰子公司(与洛克希德·马丁公司一起)赢得了美国总统的直升机项目。芬梅卡尼卡公司使意大利在世界版图上成为主要的国防工业供应商,并继续扩大其在全球的份额。

五、其他欧洲国家

挪威、瑞典、丹麦、芬兰、荷兰、比利时、西班牙、葡萄牙和希腊的其他欧洲防务公司在欧洲和其他地方发挥着重要的作用(包括团队和直接供应商)。但BAE系统公司、欧洲宇航防务集团、泰利斯公司、芬梅卡尼卡公司、劳斯莱斯公司、赛峰集团、达索公司、萨博公司、DCN和QinetiQ公司等大型军工企业正在为欧洲和全球的国防工业部门确定方向。

第二节 俄罗斯

21世纪初,俄罗斯最突出的两个特点是其不断增长的经济实力和军事实力。俄罗斯经济的蓬勃发展得益于其价格高昂的石油、天然气和其他出口商品(如海绵钛),以及俄罗斯政府制定的谨慎的金融政策。俄罗斯国内生产总值(GDP)的增长与原油价格之间有很强的关联性。从1999年到2005年,俄罗斯国内生产总值从约2 000亿美元增长到8 000亿美元,原油价格从每桶20美元上升到55美元。[44]俄罗斯宣布的国防预算从20世纪90年代末的每年70亿美元增长到2008年的约400亿美元,预计到2011年将继续增长到580亿美元以上。[45]

在苏联时代,该国的国防预算占GDP的1/3,但在苏联解体后,预算同样下降了。然而,在普京总统的领导下,国家的财富增长了,国内的国防开支增加了,对外军售重新得到重视。2006年6月,俄罗斯宣布了2007年至2015年的新的军火计划,并计划花费2 000亿美元重新武装俄罗斯的军队。[46]其所传达的信息是,钱不是问题,石油和天然气财富将用于国防领域,部分是为了刺激经济,部分是为了维持军事优势。2007年,克里姆林宫提出了一项新的工业政策,将国家所有权与外国技术和外国投资者相结合,旨在振兴其重工业。[47]这一战略的一项主要内容是,将关键行业的各种要素合并为单一的公司。这与苏联模式截然不同,例如,在苏联模式下,多家公司设计不同的飞机,并为哪种飞机投入生产进行竞争。从某种意义上说,俄罗斯人正在从接近美国的竞争模式转向欧洲的单一来源模式。2006年11月,俄罗斯联合飞机公司(OAK是其俄语缩写)成立了。该公司整合了商业和军事领域的几家设计和制造公司(如米格公司、图波列夫公司、伊尔库特公司、伊留申公司、苏霍伊公司和雅科夫列夫公司)。[48]其他公司在导弹领域被合并到新的战术导弹公司。[49]正如苏霍伊公司总经理和OAK公司第一副主席米哈伊尔·波戈相(Mikhail Pogosyan)所言:"我们需要联合我们所有的资源,以便在世界市场上取得成功。"其意图是将对外军售作为国防部门的刺激因素并且是通过增加数量来实现更高效率的一种机制。这种对外销售也会产生政治影响。OAK公司90%的股份为国家所有,而其他大型军工企业基本上在俄罗斯政府的控制之下,即使有少数外部所有者(以米格公司为例,它与欧洲宇航防务集团有合作关系,米格公司负责A-320的货运转换)。

出口是这些新合并的俄罗斯军工企业的一个主要关注点。例如,在2006年,米格公司只有10%的工作服务于俄罗斯空军(在25亿美元的订单中)。米格公司正在向阿尔及利亚出口米格-29战斗机,向印度出口米格-33战斗机,并为斯洛伐克升级米格-29战斗机,使其机队达到北约标准。[50]

如果莫斯科计划在共同的安全问题上与北约合作,包括反恐、大规模杀伤性武器的反扩散、导弹防御和航空航天管理等[51],那么升级到北约的标准就很重要。由于俄罗斯和中国是未来的主要军事强国,两者可以帮助国际社会为实现世界和平所做的努力,因此所有国家(特别是美国)都需要在这些领域与俄罗斯建立合作关系。2010年,法国在这个方向上有所行动(如上所述),当时它和俄罗斯谈判,向其提供一艘大型军舰("米斯特拉尔号")以及后续在俄罗斯建造下一代产品。俄罗斯的公认目标是舰载电子设备领域的技术转让。

在苏联时代,莫斯科强调了低成本武器系统对国内消费和出口的重要性,而且它知道必须有激励措施(特别是在共产主义环境下),以产生创新和降低成本。因此,它根据可以实现的节约提供货币奖励(通常每年高达10 000美元,为期三年)。这鼓励了为降低成本而进行的创新[52],并通过设计方法以低成本实现了高性能。例如,1976年的一项研究对性能相似的美国和苏联的喷气式发动机进行了比较，发现苏联发动机的成本是美国同类发动机的 1/3 到 1/2，即使苏联的发动机是由美国人在美国工厂用美国材料制造的情况下，也是如此。[53] 苏联发动机成本低得多的原因是设计上的差异、维修理念上的差异和规格上的差异。

苏联的米格-25 飞机就是一个高性能、低成本系统设计的例子：

它不需要先进的电子技术、奇特的材料、精确的制造技术或复杂的结构。同样，它使用不锈钢和铝作为主要的飞机材料，而不是像美国那样使用合成材料。除了航空动力学上的关键区域外，铆接头未经打磨，焊接据说粗糙但到位。较大的发动机被用来克服阻力方面的缺陷。虽然雷达是基于已经过时的美国标准的技术，却是有史以来飞机上最强大的设备，因此它不容易受到干扰。米格-25 的整体性能被美国航空分析家描述为："在维护和保养的便利性方面无与伦比""一件标准化的杰作""历史上最具成本效益的一大军事投资。"[54]

这些设计实践已经根植于苏维埃制度的文化中，并延续到俄罗斯 21 世纪的制造工艺中，对出口市场和大量的国内采购来说都极具吸引力。例如，总理弗拉基米尔·普京（Vladimir Putin）声称，目前正在进行原型测试的下一代隐形战斗机苏霍伊 T-50 的售价是美国 F-22 战斗机的 1/3，并将在世界市场上销售。[55] 俄罗斯向七十多个国家出口武器[56]，包括中国、伊朗、委内瑞拉、印度、阿尔及利亚、阿拉伯联合酋长国、阿根廷、约旦、也门和马来西亚。2008 年，俄罗斯的全球销售额超过 80 亿美元[57]，在对外军售方面仅次于美国。21 世纪初，这些出口迅速增加。2009 年 5 月，俄罗斯武器出口垄断企业（俄罗斯国防出口公司）表示，其所有武器出口订单为 350 亿美元，而联邦军事合作局第一副局长亚历山大·福明（Alexander Fomin）称，俄罗斯国防工业实际上已经"达到了它的上限"，无法再承接任何合同。[58]

俄罗斯的国防出口产品包括战斗机、轰炸机、反潜机、柴油潜艇、海军防空系统、短程地对空导弹系统、反潜与反舰导弹、军用和民用直升机、防空系统，甚至是生产设备，如在委内瑞拉生产 AK-101 和 AK-104 卡拉什尼科夫枪的设备。当俄罗斯向委内瑞拉提供 10 亿美元的贷款用于购买俄罗斯生产枪支的设备[59] 以及战斗机、直升机、装甲车和其他装备时，当俄罗斯的轰炸机和军舰到委内瑞拉进行训练和联合演习时，对美国就会有重大的政治后果，特别是考虑到委内瑞拉总统乌戈·查韦斯（Hugo Chávez）的好战和反美态度。在俄罗斯宣布与印度尼西亚[60]达成 10 亿美元的武器交易或向阿尔及利亚、伊朗或中国（俄罗斯最大的市场之一)出售大量武器时,美国和世界各国也对地区稳定产生了极大的担忧。正如哥斯达黎加总统奥斯卡·阿里亚斯(Oscar Arias)(诺贝尔和平奖获得者)在2006年谈到俄罗斯向委内瑞拉出售武器时所说:"一场新的军备竞赛已经在拉丁美洲展开。"利用其石油资金,委内瑞拉在喷气式战斗机、护卫舰、潜艇和坦克上花费了数十亿美元,而查韦斯总统则表示,需要这些装备来保护他的人民免遭美国入侵他的国家。[61]南美的其他国家也觉得有必要反击在委内瑞拉的这种数十亿美元的军备扩张。例如,阿根廷开始与俄罗斯进行武器谈判,俄罗斯提出用阿根廷的牛肉(俄罗斯是最大的进口国)来换取军用直升机和装甲巡逻艇。[62]

也许最令人惊讶的是,俄罗斯国防部副部长(负责武器采购)弗拉基米尔·波波夫金(Vladimir Popovkin)在2010年宣布,俄罗斯打算从西方购买先进的武器,包括无人驾驶飞机等,法国的"米斯特拉尔"首当其冲。[63]他曾在2008年宣布,俄罗斯正广泛使用外国电子元件制造军用卫星,在2010年,他宣布,俄罗斯在泰利斯公司的许可下,为其坦克装配法国夜视电视摄像机。[64]

然而,俄罗斯人一直领先于西方的一个领域是成本效益高的直升机领域。作为向阿富汗、伊拉克和巴基斯坦的军队提供装备的部分工作,美国一直在为其购买俄罗斯直升机,例如,到2010年,美国在米-17上的花费超过了8亿美元。[65]

俄罗斯的国防工业已经从冷战后的低迷状态中恢复。它正在为其超过100万名常备军和2 000万名预备役军人制造最先进的军事装备。正如它在2008年进攻格鲁吉亚时证明的那样,它愿意发挥其军事优势,而且它也认识到现代技术的重要性(它在将坦克开进格鲁吉亚之前成功地使用了网络战)。此外,俄罗斯正在对其所有的洲际弹道导弹进行现代化改造,正如普京总统所说的那样,使导弹防御系统"无能为力"[66],这有点像艾森豪威尔总统在美国的做法,当时美国军队被认为在战术上不足以对抗苏联军队[67]。最后,俄罗斯宣布了扩军计划,包括为期七年的重新装备计划和建立太平洋舰队的计划(旨在补充其更传统的、西进的军事力量军队)。

第三节 中 国

后冷战时期,世界安全的焦点发生了从欧洲转向亚洲的巨大变化。中国作为未来潜在的竞争对手,其经济增长速度快,人口众多,有可能成为 21 世纪的大国之一,这一点已经引起了人们越来越多的关注。对许多人来说,这是保持美国强大的国家安全态势的理由(在 2001 年 9 月 11 日的恐怖袭击之前)。对其他人来说(包括作者在内),他们担心的是,这种行动会间接地把重点放在视中国为敌人,而不是与中国(以及俄罗斯、欧洲和其他国家)建立必要的伙伴关系,以致力于防核扩散、控制恐怖主义、解决能源需求、全球污染和健康等方面的共同需求。中国是一个未来的经济竞争对手,这一事实未必导致军事冲突,但需要美国和其他国家采取积极行动来确保这一和平结果。

中国有明显的竞争优势:[68]

● 与世界其他国家相比(约 20% 多),中国的储蓄率和投资率非常高(约 40%)。

● 善于利用全球知识,接触中国侨民,以及在中国境内允许大量的外国投资和设施。

● 越来越多的关键研发工作被集中部署,以提高竞争力并使其具有双重用途,从而使其对经济竞争力和国家安全都具有价值。

● 庞大且不断增长的制造基地,先进的出口型物流和很少的出口限制(与美国的出口管制形成对比)。

● 继续大力投资于教育和培训,以建立一支庞大的、世界级的中国科技队伍,重点放在研发方面。

● 农村地区具有大量的过剩劳动力(约 1.5 亿至 2 亿人),将继续保持劳动力成本低下。

● 政府有强烈的国家使命感,指导并重视关键技术的方向和资金(政治干预少得多)。

中国的长期经济和安全计划强调科技。这个国家的文化一直有一个长期目标——几十年甚至几个世纪(相对于华尔街对季度收益的关注)。国家对科技的重视与这种长期目标是一致的。到 2007 年,中国已经成为世界上最大的信息技术产品出口国,超过了美国,而美国正在成为这些产品的净进口国。[69] 2006 年,在高等数学和高等物理的排名测试中,美国的排名几乎垫底,拥有科学和工程学位的 24 岁人群的比例在所有国家中排名第 20 位。相比之下,据估计,几年内约有世界上 90% 的科学家和工程师将生活在亚洲。[70]佐治亚理工大学的一项研究考察了"基于技术竞争力的高科技指标",它使用了指向未来竞争力的四个核心指标,包括国家定位、社会经济基础设施、技术基础设施和生产能力,结果发现从1996年到2007年,中国的增长速度几乎是美国的四倍,并在这一技术排名中取代了美国(德国和日本分列第二和第四)。[71]中国政府制定的政策促成了这种急速上升(在十年多一点的时间里)。1996年,中国在世界科学投资中排名第十四位,但到了2007年,中国在世界排名第二。[72]

正如美国总统科学和技术顾问委员会所指出的那样[73],"中国的整体科学和技术生态系统正在迅速发展。这都是明确的政策的一部分(见2005年7月中国国务院的战略文件),该文件指出:"基础研究已经成为综合国力国际竞争的一部分。"[74] 2006年2月9日,中国政府重申了大幅提高研发资金的必要性,并列出了16项将获得政府和民营企业更多支持的关键技术,包括计算机软件、电信、核能和由军队管理的太空计划。[75]

在2007年10月,由中国科学院组织的"2050年重点领域科技规划"高级别研讨会强调了研究对中国未来的重要意义。

美国海军研究办公室的一份报告探究了中国的科技投资,指出了中国的投资与美国的投资之间存在的差异:"中国强调支撑国防和商业需求的硬科学。美国强调的研究领域侧重医学、心理学和社会问题。"[76]例如,在2005年,中国发表了100篇关于导弹的文章,而美国发表了24篇。中国还发表了100篇关于入侵检测的文章,而美国发表了23篇。医学研究和微生物学的比例基本相反,美国占优势。该报告进一步指出:"中国在纳米技术和能源材料等关键的未来军事技术方面的研究文章数量急剧增加,并在这些领域处于领先地位。"

此外,中国一直在密切保持对网络中心战的重视,并明白信息流对先进的指挥、控制、通信、计算、情报、监视和侦察(C4ISR)系统的重要性,并且正在努力发展其所谓的"综合信息电子战"能力。[77]

除了在科技方面进行大量的和不断增加的投资,中国还强调科技工作者的重要性。在中国,52%的大学学位授予科技领域。在1999年至2003年间,中国的工程专业毕业生人数翻了一番,但在美国则一直停滞不前,在某些情况下,如计算机科学和计算机工程[78],美国的理科毕业生数量明显下降。[79]中国也资助学生到美国和其他国家攻读高级学位,但以前这些学生大多留在美国(利用研究和经济机会),而中国则一直在吸引科学家回国,给予他们高工资、建立重要实验室的机会,以及很大的工作自由度。[80]到 2008 年,超过 27.5 万名科学家回到了中国。他们被称为"海龟",拥有理工科博士学位。在隶属于政府研究机构的中国科学院,81%的成员是回国人员。

目前跨国公司都在中国投入巨资,吸引其的因素包括中国在研发方面的大量投资、对发展科技劳动力的重视、巨大的国内市场,以及在世界出口市场上占有越来越大份额的能力。许多企业在北京和上海设立了研究中心,还有一些企业正在建立与研究中心相关的生产业务(赌注是未来的创新和低成本的出口将来自中国)。[81]2007 年,英特尔公司(世界上最大的半导体制造商)提议在中国建立一个价值 25 亿美元的芯片工厂,并获得批准,该厂服务于中国对个人电脑和移动电话中使用的芯片的蓬勃发展的需求,并可能出口下一代 25 纳米芯片技术(这些芯片非常小,3 000 万个芯片可以放在一个针头上)。

中国还表示希望进入飞机领域。据波音公司估计,在未来二十年里,中国将在飞机上花费约 2 800 亿美元,并将成为世界第二大飞机市场(仅次于美国)。2005 年,波音公司在上海建立了一个飞机维护和检修基地(这是中国境内第一个由外国控制的设施)。它的初始投资超过 1 亿美元,并持有 50%的股份(与上海航空公司和上海机场管理局一起)。[82]作为回应,大型商用飞机的另一主要供应商空客公司表示,它将在天津建立一个装配厂,并且中国宣布了一项 100 亿美元的交易,购买 150 架空客 A-320 飞机。然后波音公司回应说,它正在从中国购买越来越多的零部件出口到美国的组装厂,它在中国已经有 6 亿美元的供应合同,而且在世界各地服役的 1.2 万架波音飞机中,大约有 34%的飞机使用了中国制造的零部件。

然而,中国急于建立自己的飞机工业,特别是制造大型飞机。[83]除了波音和空客的大型飞机设施外,中国的国有企业——中国航空工业集团公司也在进入商用飞机市场,推出了应对短途航线的小型飞机。目前,该公司主要是一个国防承包商。[84]

历史上,中国的军用飞机一直依赖俄罗斯。中国在 1991 年首次同意购买俄罗斯的"侧卫"军用飞机(Flanker),随后在 1996 年签订了特许生产合同。这为中国工业界获得第四代战斗机制造知识提供了载体。然而,中国的 J-11A 战斗机仍然使用俄罗斯的发动机、雷达和武器装备。

中国的军工企业最初的重点是武器的数量,但现在则越来越注重其制造的系统的质量。[85]这些工厂除了开发战斗机的关键元件外，还制造卫星制导和雷达制导的精确武器系统和无人驾驶平台。它们正在摆脱对俄罗斯系统的严重依赖，其 FC-1 轻型战斗机是由中国和巴基斯坦联合开发的。在关键技术领域，中国正在利用两家中国公司之间的竞争激励机制，例如，洛阳的激光制导精确炸弹正在与对手中国航天科技集团公司的卫星制导武器进行竞争。由于中国想要保护其东海岸的海上通道和水域，因此它也集中精力建造潜艇和船舶。

最后，由于中国认识到太空对未来商业和军事应用的重要性，它一直在把人送上太空，建立独立的地球观测和导航系统。出于失去其在太空中的主导地位的担忧，美国对中国实施与空间有关的出口管制。正如中国国家航天局副局长罗格所说："除了美国，我们与世界其他国家有广泛的空间合作。"[86]他接着描述了与欧洲航天局和巴西的联合卫星开发项目。2007 年 1 月，中国用一枚小型弹道导弹发射的动能杀伤装置器攻击了自己的一颗卫星(5 平方英尺的气象卫星)，这意味着重大的军事潜力。[87]虽然这不是一个技术上的挑战(非机动卫星的路径是可以预测的)，但它仍被认为显示了中国的军事技术能力。

近年来，中国制定了一项政策，决定使其国防工业尽可能具有双重用途。这使其国防投资有利于国民经济(用于国内商业高科技产品和出口)，反过来又降低了其国防产品的成本(因为军民两用工厂的产量较高)。本书认为，美国的政策应该朝着民用和军用工业一体化的方向发展。

2004 年，兰德公司发布了一份 332 页的报告，题为"中国国防工业的新方向"(A New Direction for China's Defense Industry)[88]，该报告认为中国的部分国防工业可能比以前预计的更为先进，并指出，中国的导弹制造业表现良好，海军的造船业也从商业领域的快速发展中受益(因为中国是世界第三大商用船制造国)。中国还生产了涡轮风扇，并成功地形成了一个"数字三角"——在蓬勃发展的商业信息技术公司、国家研发机构和军工企业之间。最后，报告发现，中国已不再生产 20 世纪 50 年代设计的苏联武器的仿制品，但这些仿制品在全球范围内变得具有竞争力。其性能更强的武器系统的扩散(包括在东南亚和拉丁美洲等"灰色"市场)可能会严重影响美国未来的军事计划和对外军售的潜力。

在未来的世界里，华盛顿和北京有望在解决世界和平、能源、环境和恐怖主义的问题上建立良好的伙伴关系，但中国仍将继续增强其军事能力，这与中国在 21 世纪作为全球经济大国的角色相一致。

中国在2004年12月的《国防白皮书》中描述了其一项计划,目标是使其军队摆脱被认为的落后状态。该计划用"具有中国特色的军事革命"来描述军队的现代化建设途径。[89]这涉及"信息化"[在美国被称为指挥、控制、通信、计算机、情报、监视和侦察(C4ISR)],并强调卫星和机载传感器、无人机、信息战和战略核威慑(通过维持一支洲际弹道导弹和潜射弹道导弹部队)。在一定程度上基于对美国军事理论和武器采购的研究,中国正在朝多个方面发展其军事能力,通过利用弱点来对抗美国的实力,如利用反空间、反航母、反空袭和信息战。[90]这并不意味着中国正在为与美国的战争做准备,但由于小布什政府时期出台的文件似乎将美国的国防重点放在将中国视作一个同行竞争者,因此中国也会采取防御措施,这又使得美国采取反制措施。在政治和军方对军方的层面上,美国应努力稳定该区域,在21世纪避免军备竞赛或新的冷战。[91]

中国的重点之一会是对抗对手的信息系统并利用信息战的优势。他们在这方面进行了广泛的演习。据中国媒体报道,有一次演习涉及8 000人以上,包括陆军、空军、电子战部队、炮兵部队和特种作战部队。"为期12天的演习,旨在通过将中国军队暴露在最恶劣的电磁环境中来根除其存在的任何问题。"这是现代军事行动中不可或缺的元素。[92]

中国与上海合作组织(2001年6月成立的区域安全组织,包括中国、伊朗、哈萨克斯坦、吉尔吉斯斯坦、俄罗斯、塔吉克斯坦和乌兹别克斯坦)的成员国一起开展了数次多边军事演习,诸如巴基斯坦、印度、白俄罗斯和美国等一直在寻求观察员的身份。[93]

第四节　其他国家和地区：日本、印度、以色列、澳大利亚、中东和非洲

尽管在21世纪初,军事领域的主要大国将是美国、欧洲国家、俄罗斯和中国,但在国防工业还有其他的重要参与者。

一、日本

从第二次世界大战结束到20世纪80年代,日本基本上依赖美国对其战略态势的保障,因此,其国防开支只占国民生产总值的1%不到。但一些事件已经

让日本开始重新评估进一步发展其国防工业的必要性,其不断加剧的担忧来自周边国家军事力量的扩大、2006年10月9日朝鲜试射了一枚飞越日本的导弹、朝鲜的核潜力,以及美国安全保障的可靠性。在确定这一行动的方向时,该国选择了在民用领域取得成功的日本模式,即使用基于政府的、非正式的、指示性的规划。日本对可能的需求进行了预估,并使用双重用途模式,将工作分配给几个大型的私营企业。例如,在2005年,三菱重工(日本最大的国防企业)的国防业务收入超过20亿美元,但每一家大公司的国防收益只占总业务收入的极小比例:三菱重工为9%;川崎重工为10%;三菱电机为3%;资本经纪公司为2%。[94] 最初,日本的大部分军事研发来自美国,但随着日本通过强大的内部科技项目发展了本土能力,它开始在这一领域发挥相应的作用。例如,由于日本关注针对周边国家的导弹防御,到2000年,该国积极参与了美国的反导弹防御技术工作。日本宪法将该国的军事活动限制在自卫范围内,但以对其他问题的担忧为理由[95],已经促使日本重新评估其国家安全态势。

2006年,日本将其国防机构升级为一个全职部委。时任日本内阁部长安倍晋三认为:"赋予国防机构与其他国家一样的部级地位,并对任何情况做出适当的反应,是必要的,也是自然的。"[96]日本还继续升级其军队,这些军队被称为自卫队,但这些活动应该主要限于非战斗任务(因为日本的宪法放弃了使用武器来解决国际争端)。

日本的工业模式显然是双重用途的。引用三菱电机的阿比先生的话,"没有'民用'或'军用'技术。所有的高科技都是'两用'技术"[97]。这种两用方法适用于重工业以及日本在商业系统中一直处于领先地位但也适用于军事的其他领域。例如,美国需要日本的技术,如液晶显示器、精密陶瓷、复合材料、语音识别技术、机器人、计算机辅助设计、人工智能和超级计算机,所有这些技术都是由日本各公司开发的,属于两用技术范畴。[98]

在20世纪末和21世纪初,日本是一个科技强国。1995年,日本建立了一个新的能源和工业技术发展组织,并制定了《1995年科技基本法》,从而为改善经济发展、社会福利和环境可持续性提供了一个框架。2001年,日本成立了科技政策委员会(CSTP),该委员会由首相担任主席,成员包括六位内阁部长、五位学者和两位行业代表,后者为日本科技制订了宏伟计划(包括日本为期五年的《科技基本规划》)。该委员会为第一个五年规划预留了2 120亿美元,并持续增加这些预算。这个精心设计的规划集中在几个关键领域:纳米技术和材料、信息技术、生命科学、环境和航空航天技术。其他研究关注较少的领域包括燃料电池、机器人和计算研究。[99]其目标是将大学作为合作者与工业和政府联系起来。由于日本拥有优秀的大学,而且66％的毕业生从事科技领域的工作,因此他们将在许多年内继续保持主要的技术领先者的地位。例如,从2002年6月到2004年11月,日本的地球模拟器(一台为预测地球及其大气层行为而设计的超级计算机)的速度在世界上是最快的,而在基于美国专利授权数量的排名中,前十名的公司中有五家是日本公司。[100]

越来越多的日本国防工业已经要求允许其出口更多的装备,以保持其竞争优势并获得出口收入。例如,日本经济团体联合会(日本国防工业协会)已经寻求对军事技术的三项非出口条例进行修订。[101]这些技术大多具有明显的双重用途,因此在最终用途方面也很模糊(尽管它显然适用于军事用途,因此它要受到出口管制)。现实中的确存在一些两用设备不当出口(通过第三国)的案例,所以这个领域在未来需要获得多国的极大关注。同样,随着日本在以复合材料为基础的航空结构方面发挥着重要的作用(随着航空工业摆脱铝结构),这也成为双重用途问题的一个重要领域。三家最大的日本制造商(三菱、川崎和富士)占波音787飞机产量的35％[102],三者专注于关键的大型复合材料零部件,如翼盒、外翼和机身部分。由于很多这类两用技术同样适用于军用飞机,因此再次引起了对出口管制的担忧。

日本最大的问题是,它对发展自身核能力的需求(作为对中国和朝鲜核威胁的威慑)是否会迫使它朝这个方向发展。据估计,日本可以在三至五年内制造出核武器原型,成本约为17亿至25亿美元。[103]尽管核威慑是一种防御性举措,但只有当对手认为它将被使用时,它才具有可信度。因此,它将受到消极的日本民众的抵制,而且,根据日本的宪法,它受官方禁止。美国需要维持其未来给日本提供核保护伞的可信度,而到了2008年,这种可信度正在失去效力,当时发生了一系列事件,促使重新评估核威慑对美国的国家安全战略和(就核保护伞而言)对其盟国的重要性。[104]

二、印 度

印度的经济正在蓬勃发展,尽管在国防方面的投资相对较小(2006年约为

220亿美元),但2005年的一项全球市场调查表明,"印度的航空航天和国防工业正在成为亚太地区航空航天和国防工业的主要参与者"[105]。印度拥有一系列重要的优势,包括大量有能力的、训练有素的科学家和工程师(特别是在化学和软件领域),世界一流的研究机构(如印度理工研究院和印度管理研究院),一个充满活力的企业家阶层(利用200个以上的国家实验室和研究机构、1 300个工业研发单位,以及超过300所拥有强大的人才培养能力的大学),与海内外市场保持强大纽带作用的印度侨民,众多能说英语的人口——这些都使印度成为能够吸引跨国公司进行研发的地方。印度在劳动力资本方面具有巨大的成本优势(11名高素质的工程师的成本相当于1名美国工程师的成本),同时其金融市场相对成熟(优于许多其他发展中国家)。[106]这些优势促使微软、高通、SAP、谷歌、通用电气和IBM等公司在印度建立了研发中心。例如,在2007年,IBM公司宣布在印度投资60亿美元进行研发。[107]

美国和印度之间的这些产业联系由于政府与政府之间的交往而得到了加强。例如,2005年,两国签署了一项双边协议,其中讨论了两用技术的民用方面的合作、一个为期十年的美印国防关系框架(包括一个国防采购和生产的联合小组)、两国科技捐赠基金、农业知识联合创新项目(有一个1亿美元的研究基金)、双边能源对话(重点是民用核能合作),以及美印民用空间合作工作组。[108]

在国防工业方面,印度有自己的结构。印度斯坦航空公司是印度最大的国防企业,2005年,其90%以上的总收入来自国防领域。然而,印度国防装备主要是进口的,最初从俄罗斯进口,最近又从以色列进口(包括与以色列联合开发的装备,如先进的巴拉克-2导弹)。到2006年,印度已经成为以色列军事装备的最大买家之一[109],其中包括向以色列航空工业公司(IAI)提供11亿美元的合同,用于印度空军的费尔康机载预警和控制系统,以及来自以色列航空工业公司的高空无人机和中空无人机。以色列还在升级印度空军的俄罗斯米格-21、米格-27和米格-29飞机,并提供了许多其他装备。印度同时也在大力发展与中国的跨境投资和合资企业项目,包括一些由新加坡充当中间人的印中经济合作企业项目。[110]

由于印度对知识型产业(如信息技术和医药)的高度重视以及其强大的、不断增长的经济,因此,为实现21世纪全球和平与稳定,在建立多国合作关系方面,印度可以成为一个主要角色。它将需要克服一个主要劣势(就其不断增长的经济而言），即它的官僚主义包袱大大减慢并经常阻碍其许多经济活动。从这种过于繁重的官僚结构过渡到一个快速反应和积极主动的结构，对印度来说是至关重要的，并且很多经验也可以为美国所借鉴。

三、以色列

以色列是一个小国，由于其历史和不友好的邻国，它一直专注于国防。它将大约8%的国内生产总值用于国防（所有发达国家中最高的比例，即使是这个比例，也是低于1991年的15%），并实行强制兵役制（男性在中学毕业后服役三年，女性服役两年）。最初，以色列依靠法国提供国防装备，但在1967年以色列和三个周边国家之间的"六日战"之后，法国停止了所有的武器运输，以色列人汲取了依赖造成的痛苦教训。他们发誓，从那刻起，他们的国防部门将是自给自足的，此后他们形成了令人印象深刻的军事装备开发和生产能力。到2005年，在美国和欧洲以外的十大顶级国防企业中，有三家属于以色列，包括以色列航空工业公司、埃尔比特系统公司和拉斐尔军备发展公司。政府拥有这三家公司的大部分股份，而且这些公司在国防领域的业务中都占有很大的份额（分别为67%、93%和100%）。[111]以色列军工业雇用的人数超过了57 000人，除三大公司外，它还有一个由150家公司组成的蓬勃发展的私营领域的产业，这些公司的产品，特别是在军事电子领域，在国际市场上非常成功。[112]这些公司设计和生产坦克、军用飞机、导弹、舰艇、枪支和战争电子设备，与世界上其他任何国家都不相上下。在一个小市场，各种类型的关键装备通常只有一两个供应商。但这些公司通过不断地与世界范围内的替代来源进行竞争，对价格、高性能和质量依然保持敏感态势。在许多情况下，这些公司是由政府和私营部门共同拥有的，而且国防部、商务部与私营部门之间有着紧密的联系，包括政府对维护国防工业的明确责任。此外，许多国防企业的高管都是前军事领导人。

以色列是一个在危机时期需要强大防御的国家，但在没有外部财政支持或出口的情况下，以色列没有足够的资源来支付这些费用。在20世纪70年代中期，美国试图通过对国防部门的财政援助来帮助以色列，每年提供20亿美元以上用于购买军事装备。但美国国会并没有允许以色列利用这笔钱来建立其国防工业，而是要求将其用于运往以色列的美国军事装备上面，这迫使以色列更加努力地寻求武器出口，以建立一个自给自足的国内国防工业。

以色列是美国的一个强大盟友,在世界的一个危险地区开展活动,并拥有一群高技能的劳动力,能够生产技术先进和高质量的军事装备。因此,美国需要继续与以色列在军事和国防工业领域以及在政治领域紧密合作,以确保在21世纪有一个稳定与和平的中东地区。

从工业基础的角度来看,以色列的经验表明,如果规模、管理和规划得当的,则一个自给自足的、先进的国防研发和生产工业可以在一个非常小的市场上得到维持。但它必须与其他国家合作,特别是在出口管制制度和跨国防扩散政策方面。

四、澳大利亚、中东和非洲

今天,大多数国家都在关注自身的安全,澳大利亚、新加坡、韩国和南非都有重要的国防工业,并从本国和本地区的角度进行了认真的规划。例如,2007年,澳大利亚发布了《国防工业战略》,该战略指出作为一个小国,它不可能自给自足,但有几个领域需要本国具备能力。这些领域包括装备维护、控制软件的能力(以满足澳大利亚的任务需求),以及自己装备的加密能力。其他所有系统可以购买或与盟国联合开发。

此外,随着石油资金涌入阿布扎比、阿拉伯联合酋长国和海湾合作委员会的其他国家,这些国家已经购买了大量的外国装备。[113] 但其中一些国家也希望发展自己的能力。例如,迪拜航空航天公司(一个致力于打造全球航空航天制造和服务公司的组织)聘请罗伯特·约翰逊(Robert Johnson)为首席执行官,此前他曾担任霍尼韦尔航空航天公司的董事长兼首席执行官,然后又担任价值110亿美元的霍尼韦尔航空航天业务的董事会主席。

注释:
[1] B. Anthony Billings, "Are U.S. Tax Incentives for Corporate R&D Likely to Motivate American Firms to Perform Research Abroad?," *Tax Executive* (July–August 2003): 291-315. These rates simulate three-year averages (1998-2000) for twenty U.S. multinationals, including IBM and Intel.

[2] From Semi-Conductor Industry Association, "Keeping U.S. Leadership in Semi-Conductor Technology," September 2008.

[3] Norman Augustine, "U.S. Science and Technology Is on a Losing Path," *Aviation Week and Space Technology*, October 31, 2005.

[4] David C. Mowery, *Military R&D and Innovation* (Berkeley: University of California, 2007), figs. 1–2.

[5] Robert Wall, "Opening Doors," *Aviation Week and Space Technology*, December 10, 2007, 36.

[6] Edgar E. Ulsamer, "The Designers of Dassault: Men Who Take One Step at a Time," *Air Force Magazine* (August 1970): 32.

[7] Robert Trice, "Globalization in the Defense Industrial Base," Briefing to the Defense Science Board, December 11, 2006, chart 21 (其中数据来自公司年报).

[8] For example, in 2003, the U.S. defense budget was $455.3 billion, and at comparable prices and exchange rates, the United Kingdom's budget was $47.4 billion, the French $46.2 billion, the German $33.9 billion, and the Italian $27.8 billion (based on SIPRI data from 2005).

[9] Keith Hartley, "Defense Industrial Policy in a Military Alliance," *Journal of Peace Research* 43, no. 4 (2006): 473–489.

[10] Steven Pincock, "Could U.S. Scientists Get E.U. Funding?," *The Scientist: Magazine of Life Sciences* (April 19, 2007).

[11] "Problems Run Rampant for Galileo Project: Rival to GPS System Faces Cost Overruns, Bickering Partners," *Wall Street Journal*, January 10, 2007.

[12] Hartley, "Defense Industrial Policy in a Military Alliance," 477.

[13] "Forecast 2007—Aerospace Industry Mergers: Mergers May Be off the Agenda for the Big Players, But There Are Stirrings Further Down the Supply Chain," *Flight International*, January 2, 2007.

[14] Michael A. Taverna, "Togetherness; Germany Leads Looming Land and Naval Consolidation in Europe," *Aviation Week and Space Technology*, May 15, 2006, 32.

[15] Hartley, "Defense Industrial Policy in a Military Alliance," 478.

[16] As presented at the Bio-Science Research Building opening celebration at the University of Maryland's College of Chemical and Life Sciences, September 18, 2007.

[17] Victoria Shannon, "A 'Third Way' on Fostering Research," *International Herald Tribune*, March 15, 2007.

[18] Richard Kugler and Hans Binnendijk, *Seeing the Elephant* (Washington, DC: National Defense University Press, 2007), 224.

[19] "Neutron Industrial Work Share," *Aviation Week and Space Technology*, January 8, 2007, 23.

[20] Hartley, "Defense Industrial Policy in a Military Alliance," 486. Also refer to T. Sandler and K. Hartley, *The Political Economy of NATO* (Cambridge: Cambridge University Press, 1999), 144–151.

[21] National Audit Office, "Maximizing the Benefits of Defense Equipment Cooperation," London, March 2001.

[22] National Audit Office, "Major Projects Report, 2004," London, 2004.

[23] Terence Guay, "Globalization and Its Implications for the Defense Industrial Base," Strategic Studies Institute, U.S. Army War College, February 2007, 13.

[24] Secretary of State for Defense by Command of Her Majesty, "Defense Industrial Strategy (Defense White Paper)," December 2005.

[25] "British Defense Industrial Strategy Secures BAE Systems as U.K. Champion," *Aviation Week and Space Technology*, December 17, 2005.

[26] "Foreign Rivals Threaten Weapons Base," *Financial Times*, March 1, 2006.

[27] James Boxell, "After the Battle of Britain: How BAE Can Call Itself Champion," *Financial Times*, June 23, 2006, 11.

[28] Guay, "Globalization and Its Implications for the Defense Industrial Base," 64.

[29] "Foreign Rivals Threaten Weapons Base," *Financial Times*, March 1, 2006.

[30] "The Defense Industrial Strategy," 26.

[31] "MOD to Unveil Wish-List for Technological Development," *Financial Times*, October 17, 2006.

[32] Mowery, *Military R&D and Innovation*, 13.

[33] "U.K. Plan for Slicing R&D Funding Pie Is Poorly Conceived," *Aviation Week and Space Technology*, July 11, 2005, 66.

[34] "Defense Spending Under PFI: How Britain Is Managing to Fight Two Wars on a Peace-Time Budget," *The Economist*, January 13, 2007, 51.

[35] Pierre Chao and Robin Niblett, "Trusted Partners: Sharing Technology within the U.S.-U.K. Security Relationship," Center for Strategic and International Studies, May 26, 2006.

[36] President of the Republic, "The French White Paper on Defense and National Security," Paris, June 2008.

[37] Pierre Tran, "Pakistan Seeks Three Subs from France: New Design Would Free DCN a Spanish Partnership," *Defense News*, February 27, 2006.

[38] Jamestown Foundation, "Mistral Debate Unavoidable in NATO," *Eurasia Daily Monitor* 7, no. 70, April 12, 2010.

[39] Michael Taverna, "Role Play: With French Defense White Paper Looming, Industry Produces a Wish List of Its Own," *Aviation Week and Space Technology*, June 16, 2007, 39.

[40] Michael Porter, "Cluster and the New Economics of Competitions," *Harvard Business Review* (November–December 1998).

[41] "More French Research Clusters," *Aviation Week and Space Technology*, July 16, 2007.

[42] National Research Council of the National Academies, *Innovation Policies for the Twenty-First Century: Report of a Symposium* (Washington, DC: National Academies Press, 2007), 69.

[43] "Finmeccanica Has Global Goals: A Strategy to Become a Key Player in the World's Two Biggest Defense Markets—and Has Put Its Money Where Its Mouth Is," *Flight International*, November 8, 2005.

[44] James Schear, "Defusing Conflicts in Unstable Regions," in *Strategic Challenges: America's Global Security Agenda* (Washington, DC: National Defense University Press, 2007), 170 (and the source for their data was the International Monetary Fund's 2006 *BP Statistical Review*).

[45] "Russian Defense Budget to Jump," *Washington Post*, September 20, 2008.

[46] V. Ginodman and A. Rotkin, "The Spector of the Soviet Army: Military Reforms in Russia Are Still Following the Soviet Pattern," Moscow, June 20, 2006; also see Peter Finn, "Russia, Indonesia Set One Billion Arms Deal: Moscow Seen Trying to Boost Clout in Asia," *Washington Post*, June 7, 2007.

[47] Andrew Osborn, "Russia Returns to Commercial Airline Market: Consolidation Key to Wider Strategy," *Washington Post*, June 26, 2007.

[48] Ibid. Also see Alexey Komarov, "Russia's Roadmap: Aircraft Makers Target a Boost in Annual Production Rate," *Aviation Week and Space Technology*, March 12, 2007.

[49] "Russia," *Aviation Week and Space Technology*, August 13, 2007, 24.

[50] A. Komarov and D. Barrie, "Room for Expansion: MiG Targets Profit Growth through a New Military, Commercial Work," *Aviation Week and Space Technology*, May 15, 2006, 38.

[51] Steven J. Flanagan, "Securing America's Future: Progress in Perils," in *Strategic Challenges: America's Global Security Agenda* (Washington, DC: National University Press, 2007), 331.

[52] F. M. Scherer, *Industrial Market Structure and Economic Performance* (Chicago: Rand McNally, 1970), 398.

[53] Internal DoD Memorandum, "Unclassified Summary of a Classified Study on Aircraft Engine Costs and Design," enclosure to S-5463-DE-4, released January 14, 1977.

[54] A. J. Alexander, "The Process of Soviet Weapons Acquisition," Paper presented to the Europeans Study Commission, Paris, April 15–16, 1977, 4.

[55] David Fulghum and Douglas Barrie, "Ministerial Review; Putin Observes Flight Tests of Next-Generation Multirole Fighter," *Aviation Week and Space Technology*, June 28, 2010, 34.

[56] "Russia Intensifies Efforts to Rebuild Its Military Machine," *Christian Science Monitor*, February 12, 2007.

[57] RIA Novosti, "Russian Arms Exports Break Record," March 8, 2007.

[58] Sergey Safronov, "Russia Diversifying Arms Exports," *RIA Novosti*, May 28, 2009.

[59] Phillip Pan, "Venezuela, Russia in $1 Billion Accord: Loan to Fund Arms Purchases; Two Leaders Also Consider Forming Gas Cartel," *Washington Post*, September 27, 2008, A-12.

[60] Finn, "Russia, Indonesia Set a $1Billion Arms Deal."

[61] "Latin American Defense Mins Eye Venezuela Arms Build-Up," *Wall Street Journal*, October 1, 2006.

[62] Kelley Hearn, "Russia Negotiating Arms Sales to Buenos Aires," *Washington Times*, August 9, 2006, 11.

[63] Jamestown Foundation, "Mistral Case Presages Russian Shopping Spree for Western Military Technology," *Eurasia Daily Monitor* 7, no. 71, April 13, 2010.

[64] Jamestown Foundation, "Rearmament Declared the Main Issue in Russian Military Reform," *Eurasia Daily Monitor* 7, no. 122, June 22, 2010.

[65] Nathan Hodge, "On Pentagon Wish List: Russian Copters," *Wall Street Journal*, July 8, 2010.

[66] "Russia Intensifies Effort to Rebuild Its Military Machine," *Christian Science Monitor*, February 12, 2007.

[67] Martin Sieff, "Tupolev Tu-95 M & S Bear-H Nuclear Bomber," UPI, Washington, DC, October 2, 2008.

[68] Carl Dahlman, J.-E. Aubert, "China and the Knowledge Economy: In the Twenty-First Century," Washington, DC, World Bank, 2001, as quoted in National Research Council, *Innovation Policies for the Twenty-First Century: Report of a Symposium*, 11.

[69] Senator Kay Bailey Hutchison, "Science Policy Matters," *Issues in Science and Technology* (Fall 2007): 5.

[70] National Research Council, *Rising Above the Gathering Storm* (Washington, DC: National Academies Press, 2006).

[71] A. L. Porter, N. C. Newman, X.-Y. Jin, D. M. Johnson, and J. D. Roessner, "High Tech Indicators: Technology-Based Competitiveness of Thirty-Three Nations, 2007 Report," Technology Policy and Assessment Center, Georgia Institute of Technology, Augusta, Georgia, January 22, 2008.

[72] Conference on Grand Challenges in Twenty-First Century Bioscience, University of Maryland, September 18, 2007.

[73] President's Council of Advisors on Science and Technology, "Leadership Under Challenge: Information Technology R&D in a Competitive World," August 2007, 14.

[74] New China News Agency, February 9, 2006,.

[75] "Chinese to Develop Sciences, Technology," *Washington Post*, February 10, 2006, A-16.

[76] Ronald Kostoff, Office of Naval Research, et al., "The Structure and Infrastructure of Chinese Science and Technology," 2006, and reported in "O & R Report Highlights China's Investment in Military Science Research," *Inside the Navy*, April 3, 2006, .

[77] Jacob Kipp, "Promoting the New Look for the Russian Armed Forces," *Eurasia Daily Monitor* 7, no. 113, June 11, 2010.

[78] President's Council of Advisors on Science and Technology, "Leadership under Challenge: Information Technology R&D in a Competitive World," August 2007, 18 (the portion of first-year college students listing computer science as their probable major has declined from almost 4 percent in 2000 to 1 percent in 2006, which is the lowest rate for computer science since 1977).

[79] Robert J. Stevens, "Social Engineering," *Wall Street Journal*, April 19, 2006, A-12.

[80] Ariana E. Cha, "Opportunities in China Lure Scientists Home," *Washington Post*, February 20, 2008.

[81] James Reynolds, "China's Drive to Promote Invention," *BBC News*, Beijing, July 24, 2007.

[82] "Boeing Set to Establish Base in Shanghai," *Asia Pulse Business Wire*, December 21, 2005.

[83] Wayne Arnold, "Where the Appetite for Aircraft Is Big," *New York Times*, November 28, 2006, C-1.

[84] "China's Air Ambitions Face Obstacles: Beijing Hopes to Tap Lucrative Market Dominated by Boeing and Airbus," *Wall Street Journal*, March 20, 2007, A-12.

[85] "Chinese J-11B Presages Quiet Military Revolution," *Aviation Week and Space Technology*, November 5, 2006.

[86] "China Lays Out Its Space Ambitions before a U.S. Audience," *Asian Wall Street Journal*, April 7, 2006, 9.

[87] Craig Covault, "Space Control: Chinese Anti-Satellite Weapon Test Will Intensify Funding and Global Policy Debate on the Military Uses of Space," *Aviation Week and Space Technology*, January 22, 2007, 24.

[88] Evan Medeiros, Roger Cliff, Keith Crane, and James Mulvenon, *New Directions for China's Defense Industry* (Santa Monica, CA: RAND Corporation, 2005).

[89] Ashton Carter and William Perry, "China on the March," *National Interests* (March–April 2007): 16–22.

[90] Ibid., 18.

[91] Ibid., 22.

[92] United Press International, "Fighting an Asymmetrical Chinese War Machine," November 20, 2006.

[93] Ibid.

[94] Terrence Quay, "Globalization and Its Implications for the Defense Industrial Base," Strategic Studies Institute, U.S. Army, February 2007, 16.

[95] Report of the Secretary of Defense Task Force on DoD Nuclear Weapons Management, "Phase II: Review of the DoD Nuclear Mission," December 2008.

[96] International Herald Tribune, "Japan Moves to Upgrade Defense Unit," June 10, 2006.

[97] "Militech Power," *Asahi Shimbun*, 1989, as quoted in a seminar on "Security Trade Control: Toward Regional Framework in Asia and Japan's Role," University of Tokyo, November 2007.

[98] U.S. Department of Defense, "Electronics," July 29, 1985.

[99] National Research Council, *Innovation Policies for the Twenty-First Century*, 22–23.

[100] President's Council of Advisors on Science and Technology, "Leadership Under Challenge: Information Technology R&D in a Competitive World," August 2007.

[101] "Japan Should Maintain Weapons Export Bar," *Mainichi Shimbun*, July 20, 2004.

[102] Merrill Lynch, "Aerospace Update: Inside the Japanese Suppliers," February 15, 2007.

[103] Agence France-Presse, December 25, 2006.

[104] Report of the Secretary of Defense Task Force on DoD Nuclear Weapons Management, "Phase II: Review of the DoD Nuclear Mission," December 2008.

[105] Frost and Sullivan, "Country Industry Forecast: The Indian Aerospace and Defense Industry," November 22, 2005.

[106] National Research Council, *Innovation Policies for the Twenty-First Century*, 15.

[107] Saritha Rai, "India Becoming a Crucial Cog in Machine at IBM," *New York Times*, June 5, 2006.

[108] National Research Council, *India's Changing Innovation System: Achievements, Challenges, and Opportunities for Cooperation* (Washington, DC: National Academies Press, 2007), 7.

[109] Neelam Matthews, "Middle Man Muddle," *Aviation Week and Space Technology*, October 23, 2006, 27.

[110] Ambassador Devare, former Indian external affairs secretary, Paper presented at the University of Maryland, January 29, 2007.

[111] Guay, "Globalization and Its Implications for the Defense Industrial Base."

[112] "U.S. Provides Israel with 9 Billion £, Array of High-Tech Weapons," *London Daily Telegraph*, July 28, 2006.

[113] Joris Janssen Lok, "Mature Market: Changing Threat Perception Leads to Rush for Defense of Capabilities," *Aviation Week and Space Technology*, March 12, 2007, 54.

第九章 美国国家安全产业的转型

第一节 变革的必要性

根据有关文化变革的文献,实现变革的首要条件是接受变革的必要性。2001年9月11日美国本土遭到恐怖袭击,人们开始普遍认识到美国国家安全态势需要变革。当时,时任国防部部长唐纳德·拉姆斯菲尔德呼吁对国防部进行全面改革,但由于制度上对变革普遍抵制,关注点转移到伊拉克战争和阿富汗战争,以及可用的国防资金大量增加,所需的变革被推迟。

然而,在2007年2月陆军军事学院的一次演讲中,大卫·沃克(美国总审计长兼总问责署署长)警告称:"'维持现状'不是一种选择。国家面临着庞大且不断增长的结构性赤字,主要是因为已知的人口趋势(推动社会保障成本)和不断上升的医疗成本(医疗保险和医疗补助)。总问责署的模拟显示,在2040年平衡预算可能需要采取一些行动,大手笔的行动如削减60%的联邦总支出,或将联邦税提高到今天的两倍。……联邦政府正处在一个'燃烧的平台'上,维持现状的做法是不可接受的。"[1]一场大规模的财政危机即将到来,而国防部(作为最大的可支配资金支出者和一个没有表现出控制其成本的能力的组织)需要进行重

第九章
美国国家安全产业的转型

大的全面改革。在2008年始于华尔街并蔓延至全世界的巨大的全球经济危机之前,沃克就对即将到来的大规模财政危机(由不断上升的医疗保险、社会保障以及伊拉克战争和阿富汗战争的成本上升所驱动)发出了警告。这场危机使以前的经济问题变得更加复杂,因为它增加了数万亿美元的债务以用于企业救助和经济刺激,这进一步限制了国防部的可支配资金。

到2009年初,国防部部长罗伯特·盖茨提出了一个解决方案——"为新时代重新规划五角大楼"[2]。在《外交事务》的一篇文章中,他指出,国防部必须准备好使用更有限的资源来应对未来广泛的潜在冲突,包括恐怖主义、远征行动、地区冲突、未来的同行竞争者和核威慑。要实现他所说的"平衡战略",就需要对部队、正在使用的装备、采购队伍和做法,以及支持采购的工业基地进行重大调整。

至此,一长串负面的国防部趋势已经被确认为是迫切需要关注的:

● 尽管世界正日益全球化,但国防部(和国会)的趋势是向孤立主义转变。美国没有利用全球化(例如,通过修订出口管制、减少进口限制以及减少对外国学生和学者的限制),反倒一直在失去其经济竞争力和国家安全优势,特别是通过越来越多的保护主义立法(如过时的《购买美国货法》)。由于政治和灵活性的原因,国会和国务院都不愿意对《国际武器贩运条例》、其他出口管制和《购买美国货法》进行必要的修改。

然而,人们越来越认识到变革的必要性。2010年,参议员帕蒂·穆雷(Patty Murray)指出:"美国的国家安全和采购政策代表了一些影响美国航空航天业竞争力的最繁重的限制。"而且,在同一次会议上,国家安全顾问詹姆斯·琼斯(James Jones)将军宣布,为了21世纪的国家安全利益,政府打算进行"全面改革,使美国的出口管制现代化"。[3]

● 美国并没有强调需要保持领先地位和维持其历史上的技术优势的战略态势(通过"颠覆性"的研发),而是一直在将其研发转向短期和渐进式的发展。

● 国防部(和美国其他部门)越来越依赖先进的信息系统,而其15 000个计算机网络却不断受到攻击。事实上,国防部的系统每天被未经授权的用户探测600万次以上![4]此外,国防部所依赖的民用基础设施(如电力、银行、医院等)也同样脆弱,从而使"网络安全"成为国防部和国家的重要需求。

● 在未来国防部预算大幅削减的情况下,不断增加的武器成本和延迟交付的武器一直限制着购买足够数量的武器的能力,从而大大削弱了整体的国家安全态势。

● 2005年,只有15%的美国军人从事的工作被归类为战斗岗位(包括参谋长联席会议主席和其他高级军官)(表9.1)。这是一个糟糕的"本末倒置"的比例(或者用行业术语来说,就是直接劳动力与间接劳动力的比例)。

表9.1　　　　　　　　　　国防部劳动力的分布

职业	文职人员人数(千人) 1996年	文职人员人数(千人) 2005年	军事人员人数(千人) 1996年	军事人员人数(千人) 2005年	共计(千人) 1996年	共计(千人) 2005年	百分比 1996年	百分比 2005年
维修和工程	233	198	445	402	678	600	27%	29%
行政管理	262	270	119	207	382	476	16%	23%
战斗力	12	8	324	296	336	304	14%	15%
服务、供应和采购(后勤)	132	92	152	127	283	218	12%	11%
健康和医疗	28	28	131	112	159	140	6%	7%
技术类	114	76	91	50	205	128	8%	6%
通信和情报	6	7	137	118	143	125	6%	6%
其他和未知	50	8	180	60	229	69	9%	3%
共计	874	687	1 599	1 370	2 472	2 057	100%	100%

资料来源:Defense Science Board,"Summer Study," 2006.

此外,在伊拉克和阿富汗的长期战争使处于战斗环境中的军队过度疲惫,增加了对签约奖金的需求,并削弱了美国的整体防御态势。

● 由于伊拉克和阿富汗的长期战争以及大部分装备的老化,维护和升级装备的费用迅速增加。再加上不断增加的燃料成本,运营和维护的总成本迅速上升,限制了用于国防部其他关键需求的资金。

● 国防部预算中用于医疗保障的份额一直在迅速增加,美国经济的其他领域也是如此(通用汽车公司在医疗保障方面的支出超过了钢铁方面的支出,而星巴克在医疗保障方面的支出比在咖啡方面的支出还要多)。[5]到2008年,国防部的医疗费用总额(包括家属和退伍军人的费用)每年达到930亿美元,而且还在增长。

● 战斗指挥官们越来越多地抱怨对他们的紧急需求反应缓慢。例如,花了好几年时间才解决陆军的人员车辆抵御路边炸弹的装甲需求,在这一过程中,士兵们不得不冒着生命和残疾的危险。

- 政府和工业界的劳动力老龄化带来了越来越多的长期问题,目前的技能组合差异也是如此。
- 由于缺乏资金和对变革的抵制,国防部的供应链系统仍然停留在20世纪的模式上。在商业领域,世界一流的物流业务利用信息技术来提供所需的迅速、有效和高效的后勤保障。
- 国防部和国务院越来越认识到缺乏综合运用"硬实力"和"软实力"(在伊拉克和阿富汗以及世界各地)的方法。
- 尽管大家普遍认识到许多21世纪的装备和场景需要改变,但各军种一直不愿意改变其基础设施、装备、反应能力和预算分配。例如,尽管到2010年,国防部的库存中已有12 000个地面机器人[6],但基础设施(军事行动、组织、培训、预算等)仍然主要集中于20世纪的装备和场景。
- 规划政策尚未调整到足以体现这样一个情况:尽管在伊拉克和阿富汗的合同人员的人数已经超过军队,但在未来的远征行动中,总兵力的50%以上将是合同人员。
- 涵盖庞大的在战区工作的政府文职志愿者队伍的政策亟须修订。需要解决的领域包括人寿保险、长期医疗保险和加班工资。
- 尽管竞争会产生巨大的好处,即以较低的成本提高性能,但由于前期费用(以及需要在其他地方使用"今年的钱"),即使是竞争性原型的资金也受到了强烈的抵制。
- 国防工业并不灵活,而且创新能力越来越差,对变革的抵制也越来越大(特别是当它通过大规模合并取得了更大的政治权力时)。
- 通过加强垂直整合(产品和服务),国防工业大大减少了低层次的竞争,并造成了明显的利益冲突。
- 国会和总问责署都指出,国防部缺乏现代的、综合的、全景的信息系统。它有超过4 000种不同的业务系统(用于采购、财务、后勤和人事),这些系统并不具有交互操作性。这与世界一流的商业运作是截然不同的,后者的全景信息系统为快速有效的决策提供了管理和监督的可视性。
- 跨国商业公司在试图与国防部做生意时遇到了巨大的障碍,这大大降低了国防部先进产品和技术的可用性。

- 与我们的盟友分享的产品在获得出口许可的过程中出现了长时间的延误。例如,到 2006 年,每年的申请量约为 8 万份,而国务院甚至需要等待两个月才能将拟议的技术援助申请送交五角大楼开始审议程序。[7]

- 国防部的大多数采购是劳动密集型服务(包括海外稳定行动、安全、培训、后勤、基地运作和重建),但是国防部的采购条例和流程是为购买产品而设计的,而购买尖端服务比购买产品要复杂得多。

- 主承包商一直在经历着越来越多的利益冲突,因为他们被迫在自己的产品和竞争对手的产品之间做出选择(制造或购买)。这是由两个因素造成的:一是向网络中心战的转变(以分散系统为重点),二是能客观地进行这些分散系统架构和工程设计的独立承包商的数量几乎总体减少。

- 由于世界对美国的看法越来越负面,因此需要对软实力进行更大的投资,但大家一直不愿意向国务院提供这类国家安全资金。[8]

- 国会继续通过立法,禁止公共机构和私营企业之间的竞争性采购。这种抵制忽视了公共部门与私营部门之间的竞争所带来的巨大成本节约(平均超过30%,最近甚至更多)和绩效的提高,双方竞争的是政府目前正在做的、本质上并不属于政府的工作。[9]

- 由于政府采购人员短缺,承包商正在从事许多本应由政府履行的职能(那些本质上属于政府的职能),这一问题引起越来越多的担忧。2007 年,美国海军部部长唐纳德·温特指出:"'首席系统集成商'[即对分散系统进行关键决策的组织]应该是海军,而不是承包商。"[10]海军作战部部长麦克·马伦(Mike Mullen)上将也有同感,他说:"我们已经把我们的很多监督能力从海军中剥离出来,交给了承包商。……钟摆摆得太远了,我们必须把它摆回来。"[11]

- 根据一个研究伊拉克合同欺诈原因的委员会的说法[12],冷战结束后,整个国防部的预算大幅削减,而在"9·11"事件后预算急剧增加时,政府该有的采购人员却没有增加,这造成了采购人员的严重短缺。

- 最后,也是最关键的一点,参谋长联席会议主席指出,国防部在 21 世纪面临的未来潜在作战环境的特点是"不确定性、复杂性、快速变化和持续冲突"。[13]当然,这对国家的安全,以及对其军事和工业保障基础而言,都是一个具有挑战性的时期。

总之,世界正在发生巨大的变化,但国防部及其国会的监督委员会并未能对这些变化做出反应。正如杰克·韦尔奇(Jack Welch)(通用电气公司前首席执行官)所说:"当组织外部的变化速度大大超过组织内部的变化速度时,末日就来临了。"或者正如查尔斯·达尔文在多年前指出的那样:"生存下来的不是最强壮的物种,也不是最聪明的物种,而是那些对变化反应最灵敏的物种。"

鉴于越来越多的担忧,国防部要求国防科学委员会调查美国国防工业基础在21世纪可能转型的必要性。该委员会的报告认为,不仅国防工业必须转型,而且这样的变革要等到国防部内部也有重大的改革时才能实现。[14]该报告对21世纪的国防需求提出了四个关键结论:

● 国防部对于广泛的国防采购业务的政策、流程和管理阻碍了向有效、灵活和负担得起的整体联合军事力量的过渡。

● 美国政府的政策、实践和方法并没有促进创新的、可负担的和快速采购的武器、系统和服务的开发、部署和保障。

● 国防部的采购人员缺乏许多所需的技能,如系统工程、生物技术和先进的信息技术,大量的工作人员已经接近退休年龄,并且已经进行了大量的劳动力削减,所有这些都严重阻碍了军事装备的开发、生产、保障和监督。

● 政府采购政策和行业趋势(如进一步的横向合并和纵向合并)不会产生所需的有竞争力的、反应迅速的、高效创新的国家安全工业基础。

国防科学委员会的结论是,国防部(包括其基础设施、装备和采购人员)和国防工业(购买什么、如何购买、谁来购买、从谁那里购买等方面)都需要全面转型,以满足美国在21世纪的国家安全需求,特别是在国防资源减少的情况下。该委员会还发现,"美国目前有一个合并的20世纪的国防工业,而不是它在未来所需要的和转型的21世纪的国家安全工业基地"。

随着人口趋势的变化和持续的经济危机,很明显,保罗·肯尼迪在其《大国兴衰:1500—2000年的经济变化和军事冲突》中的预测是正确的[15],即国家需要财富来获得军事力量,也需要军事力量来获取和保护财富。如果一个国家将其资源过多地用于军事目的,而不是用于创造财富,从长远来看,这就会削弱国家实力。然而,即使是在2008年到2009年的金融危机期间,许多军工企业也要求政府"保护"国防工业基地。与此相反,在早期的国防缩减时期,汤姆·琼斯(Tom Jones)(诺斯罗普·格鲁曼公司的前总裁)说:"国防工业没有存在的自然权利。"[16]

与其保护20世纪的国防工业基地,政府和工业界更需要做的是将其转变为一个21世纪的工业基地,它可以通过以可承受的价格提供所需的军事装备来证明其存在的合理性。这需要进行全面的转型,包括基础设施、装备、劳动力和整个国防工业。

第二节 理想的产业结构

在描述政府政策和实践中需要进行的变革之前(其中许多在前几章中已经描述或至少提及),我们首先必须勾勒出21世纪国防工业基础的前景。当美国从一个成熟的20世纪国防工业结构转变为21世纪的新结构时,必须满足某些要求:

(1)产业结构必须在现有资源范围内满足21世纪中期国家安全的广泛需求。

(2)为了保持美国历史上技术领先的防御态势,新结构必须在技术上是先进的(并且在迅速变化的软件、硬件、系统和服务领域保持先进性)。

(3)新结构必须是高度创新的(在架构、产品、流程和应用方面),并且必须重视改变游戏规则的人,并形成这些颠覆性方法的原型示范。[17]

(4)要利用商业领域在全球范围内迅速发展的技术进步,工业结构必须消除目前存在的阻碍民用和军用一体化以及国防领域全球化的障碍(同时仍然承认需要保护一些关键领域)。

(5)为了负担得起未来潜在的安全场景(包括国内和全球)所需的设备,工业结构需要大幅降低装备的单位成本。例如,目前船舶和飞机的单件成本是令人望而却步的。通过产品设计和工艺设计来降低成本,必须成为未来所有武器系统和分散系统的硬性军事"要求",这样才能达到未来所需的装备数量。

(6)为了实现创新和低成本,同时提高每个武器系统的性能,工业结构需要在所有层面上具有高度竞争力。每个关键领域必须有至少两家公司,但其总部不一定都必须在国内。

(7)为了应对未来国家安全环境的巨大不确定性,产业结构必须灵活、反应迅速。它必须跟上对手的变化,并认识到对手可以在全球技术市场上迅速获得技术,并在使用中进行创新。

(8)最后,产业结构必须具有足够的弹性,以应对当今环境(包括物理和网络攻击、自然灾害、火灾、罢工,以及不断变化的地缘政治环境)中存在的各种漏洞。

实现这八个理想特征,将极大地改变目前的国防工业结构,而这种独特市场的转变(每个领域都有一个垄断的买方和几个寡头垄断的供应商)是政府的责任。该产业将对其客户的需求及其方式做出回应,要做到这一点,它就必须有某种发展愿景,并监测其实现的进展。

第三节 国防部未来的业务实践

遗憾的是,没有"速效良方"可以实现所需的国防部文化变革。解决这个问题必须从四个方面入手:

一、国防部购买什么装备和服务

这是需求过程,也是最重要的组成部分,因为购买错误的装备或服务是毫无意义的。必须有人决定什么装备最有效,以及21世纪安全所需的装备数量。

二、如何获得这些系统

必须以最低的成本和最短的时间来实现最大的性能。

三、谁来购买和管理所购货物和服务的开发、生产和保障

政府必须确保采购人员具备必要的技能和经验来管理这些复杂的采购。

四、向谁采购货物和服务

这就是国防工业基础。为了实现转型,使其具备所需的21世纪的特征,政府需要改变前三个领域。这样供应商才能回应其客户所做的改变。

第四节 实现转型

必须记住,没有什么比建立一个新的系统更难以计划、更难以成功和更难以

管理的了。对于创新者,那些从保留旧制度中获益的人充满了敌意,而那些在新制度下可能做得很好的人只是冷淡的捍卫者。

——尼科洛·马基雅维里,《君主论》(*The Prince*,1513)

对政府进行改革是很困难的。然而,国防工业的转型意味着改变政府的工作方式。国防部需要采取九个相互关联的行动来改变其商业模式和产业基础,而这些广泛行动中的每一项都需要次级行动来实现。

行动1:聚焦以网络为中心的分散系统

国防部必须将可用的总资源(资金和高层人员)从平台转移到复杂的系统,以聚焦以网络为中心的分散系统。这是一个显著的前景变化,它将影响整个国防部的预算、需求、采购、组织和管理过程。政府需要在所有主要领域有一个系统架构管理师(或系统工程管理师),并且必须对分散系统的设计和发展提供有经验的政府项目管理和系统工程监督。

这种政府监督架构必须尽早建立(在标书阶段),以便产业界充分了解。这方面的一个关键因素是使用独立的系统结构/工程公司,它们将与政府一起优化每个分散系统。它们必须接受硬件和软件合同豁免条款,以避免任何潜在的利益冲突(它们自己的系统或整体架构中的子系统的选择方面)。

在测试任何新装备时,交互操作性将是一个关键的性能参数,它需要在分散系统的基础上进行测试。由于交互操作性主要不是一个技术问题(它是一个管理问题),因此植入承包商文化的唯一方法是,让其认识到,系统如果不符合交互操作性要求,就无法通过操作测试。

随着系统不断升级,为了确保它不会受到敌方(可能以不对称的方式使用全球技术)的任何非法入侵,有必要建立小型"红队"(由政府和产业界人员组成),独立尝试以非传统的方式对抗该系统。

最后,由于这种新的文化和对以网络为中心的系统的聚焦与国防部和国会目前的预算和项目实施方法(以平台为导向)不相符,因此有必要转向任务能力组合管理,将重点放在特定的任务领域,如战斗空间意识和联合指挥与控制。这是国防部在其2003年2月的《国防工业基础转型:路线图》中倡导的方向。[18]然而,要使其有效,还需要其他变革,如从平台到网络中心的全面综合转型。

行动2:实现更低的成本、更快的交货时间和更好的性能

实现更低的成本、更快的交货时间和更好的性能,是从"付出更多、得到更多"的旧模式中实现一种范式转变。商业计算机领域已经表明,如果现代产品和工艺技术被应用于这一目标,那就能以越来越低的成本获得越来越高的性能。我们可以同时拥有性能的优越性和经济性。

要实现这一目标,首先要对武器系统的需求过程进行必要的改变。成本和进度必须成为系统分析工作的一部分,而系统分析工作的前提是要有一套完整的需求(来自联合需求监督委员会)。这样,固定的单位成本和明确的采购时限就与所需的军事性能同等重要,这是对承包商的整体设计挑战。这种技术在过去的项目中得到了有效的应用,如联合直接攻击弹药(如上所述,该项目要求"用成本低于40 000美元的武器击中目标"),但它很少被尝试,甚至更少被持续应用。然而,它是可以实现的。联合直接攻击弹药可以非常精确地击中目标,每枚价格约为17 000美元。

了解一个系统所需性能的方法之一是进行广泛的实验,并对原型进行持续的用户反馈。这种实验将产生第一个系统"模块"开发所需的硬性要求。在最初的原型阶段之后,所有的武器系统都应采用螺旋式发展,每个模块(立项、系统开发和初始作战能力)的周期为五年(或更短)。从第一个开始,系统的每一个模块都可以只使用经过充分验证的技术,但同时为后续模块提供研发资金。一旦新的技术得到验证,它就可以分阶段进入下一个模块。如果实施得当,则这种螺旋式发展将使更高性能的装备更快地投入使用,这样做将(平均)节省大约30%的费用,而且风险低得多。

最后,一些系统(特别是在战时)必须对作战指挥官在战场上遇到的情况做出快速反应。这需要在几周或几个月内做出反应,而不是几年。目前,这是通过各种特设组织来完成的,当紧急情况需要新装备时,例如为伊拉克战场的高机动性多用途轮式车提供装甲时,这些组织就会被拼凑起来。但这些特设组织没有制度可循,偏离采购标准的做法需要不断获得批准。为了满足这一需求(在21世纪的安全环境中这一需求可能会增加),2006年国防科学委员会夏季研究报告[19]建议,建立一个快速实地组织,并为其提供足够的资金(着手合并现有的特设组织及其30亿美元的年度资金)。

行动3:通过资助创新引擎保持领先地位

在过去的六十年里,国防部的国家安全战略一直是保持技术优势。尽管自

2001年9月11日以来,国防部的预算大幅增加,但用于研究的资金则在减少。此外,随着全球范围内技术的快速变化,如果只聚焦渐进式的变革,那么对任何组织带来的后果都不堪设想。相反,必须将一些资源投入颠覆性技术中,这些技术将改变未来军事行动的方式。用于这方面的资源必须包括对非传统技术和应用的研究和分析,而且必须提供足够的资源来制作原型和展示这些新的创意,以便它们能够获得接受。因此,基础研究的预算必须增加,而且国防研究和工程主任办公室需要拨出相当数量的资金(也许是研究、开发、测试和评估预算总额的6%——每年约40亿美元)用于颠覆性系统演示(除了已经提供给国防高级研究项目局用于此类非传统研发的资金)。

国防部应该为公司发起的独立研发重新设立一项单独的管理补助费,以此作为对这一做法的补充,并鼓励国防企业继续创新。之前的这种做法已经变味,因为国会立法允许独立研发费用与投标费用混在一起,这促使公司投入所有资源以努力在下一次竞标中获胜(通过精心设计的标书),而忽略了长期的独立研发工作。回到研发与投标相互独立的状态,并让政府了解公司在独立研发方面所做的努力,应该会刺激企业把重心放在保持领先上。

此外,国会和行政部门必须考虑对总规模、单项奖励金额和国防部小企业奖励的期限设置更高的上限,尤其是要通过小企业创新研究项目。[20]国防部科学和技术项目中的小企业可以为创新做出贡献,应该鼓励小企业将产品成本和生产定位纳入其工作中。

最后,美国并没有充分利用非美国国籍的科学家和工程师的优势。在美国所有的诺贝尔奖中,1/3由原来不是美国籍的人获得,而硅谷的形成主要依靠原来非美国籍的人。在恩里科·费米(Enrico Fermi)为原子弹的研发做出贡献时,他并不是美国公民。目前美国顶尖大学的科学和技术专业的研究生一半以上是非美国公民。随着签证限制和其他限制(如"视同出口管制")不断增加,在国防领域工作的非美国公民的数量正在减少。基础研究应向所有人开放,并可完全公开,这是一项国家政策(正如罗纳德·里根在《国家安全决策第189号令》里所说的那样),但该政策并没有在实践中得到落实,如果国防部要从这些科学家和工程师那里获得好处,就应该这样做。

行动4:开展更多的最优价值竞争

实证数据充分表明,在垄断环境中,几乎没有激励措施来实现更低的成本或更高的性能(不增加成本)。因此,国防部需要更多地利用最优价值竞争——这种竞争不是基于最低成本或最高性能,而是基于这些变量的组合。

在主系统和关键子系统层面,这种竞争的首要目标必须是实现创新,而次要目标必须是节约成本。没必要为了让每一个国防领域都拥有一个有竞争力的产业,而一直让两家公司同时进行生产。但是,在所有关键领域至少需要两个设计团队,而且每个团队都必须在资助下开展原型设计,以便解决技术可行性、可负担性、可生产性和可保障性。如果数量足够多,那么进行持续的生产竞争就是有意义的。F-15和F-16的发动机的"引擎大战"就是如此,持续的生产竞争产生了更高的性能和可靠性,同时大大降低了成本。

除了竞争性原型开发阶段应该一直采用竞争,其他时候竞争不应该是一个硬性要求。相反,只要目前的生产商不断提高性能和降低成本,就应对其进行奖励,使其继续履行合同。但是,必须始终有一个可靠的替代方案,而维持这种替代品的廉价方式(并鼓励持续创新)是资助第二来源来开发下一代的、成本更低、性能更高的原型(在系统或子系统层面)。

即使对于复杂的战斗机(根据兰德公司的研究)[21],这种替代来源也只需要1 000~2 000名工程和技术管理人员(每年的成本为1亿~2.5亿美元)从事下一代装备的工作。关键子系统领域所需的人员将大大减少。由于在数十亿美元的项目上保持竞争性的选择,因此替代来源的费用肯定能回本。

最后,由于国防采购使用的绝大多数规定和惯例历来是为购买物品而制定的,而如今国防部超过60%的采购是为了服务,因此国防部需要制定并充分利用新的规定和惯例,将重点放在最有价值的竞争性采购上(特别是专业服务和战地承包商提供的服务)。

行动5:理解并实现全球化的好处

由于地缘政治的原因(也许比军事原因更重要),未来的军事行动很可能在联盟环境下开展,因此,各国必须学会分享技术并共同训练,以便为此类事件做好准备。这一领域的需求是为了国家主权和军事优势,而不是为了自治(自给自足)。从外国购买或与其一起开发系统不一定意味着依赖性,每个国家都必须采取必要的行动来确保这一点。同样,现成的商业系统,特别是软件,必须认真加以测试,以确保它们是安全的。为获得新的工具和技术,这个领域需要开展进一步的研究,其主要变革是一系列重大的立法和监管变革(例子在《国际武器贩运条例》、出口管制、《贝里修正案》和特种金属条款中可见),以适应全球国防市场(同样,基于安全性和依赖性问题的适当风险考量)。

国防科学委员会、国防商业委员会、战略与国际研究中心和国家研究委员会等独立团体已经对所需的变革做了很好的界定。[22]一般来说,只有少数领域需要进行管控。国防部必须与国务院和商务部以及国会在这一极其重要的(但在政治上是很困难的)安全领域积极发挥领导作用。美国不能承受保护美国现有技术的法律带来的意外后果。法律不能阻止技术和产业的全球化。为了国家的安全及其经济竞争力,美国必须学会获得这种全球化的好处。[23]

行动 6:建立一支高质量、高技能的政府采购队伍

如果政府不同时重视高素质、高技能的政府采购队伍,那么流程和结构的变革将基本无效。各种因素的结合(包括冷战后劳动力的急剧减少,以及到 2012 年超过 50% 的劳动力具备退休资格,从而引起大规模退休潮)使得国防部必须重视招募、培训和发展最优秀和最聪明的员工,特别是在采购管理方面(所有固有的政府职能,如财务、人事、项目管理、采购、后勤、工程和生产方面的管理和决策)。

国防部要想与工业界竞争最优秀和最聪明的人才,就必须修改其工资政策。按业绩计薪的举措是一个正确的方向,但还需要采取进一步的措施,例如,提高工程师的起薪,以便与工业界竞争。此外,国防部必须为政府文职人员制定和实施一个与军事计划(留出资金、时间和额外职位来提供培训和发展)类似的人事培训和职业发展计划。另一个必要步骤(特别是由于国防部采购核心团队资深员工的退休)是增加从企业到政府的临时轮换(反之亦然)。

对于所有本质上不属于政府的职能(其中许多职能目前是由政府文职人员或军事人员承担),应在公共和私营部门之间进行竞争性采购。每当这样做时,无论谁胜出(公共或私营部门),平均成本都会下降 30% 以上,而绩效也会显著提高,因为绩效评估现在成为一个重要的考量因素。这包括对政府固有的决策和管理职位的许多保障性服务。所有被列为采购领域的职能本质上都不属于政府,例如,转动扳手、分析和系统工程。这些保障服务应由所需领域经验丰富的行业人员竞争上岗,并在工作完成后终止职位。

行动 7:国防部后勤系统向现代化、信息化的世界级供应链转型

里克·辛塞基(Rick Shinseki)将军在担任美国陆军参谋长时曾指出,"如果没有国防部的后勤转型,我们就无法实现国防部的转型"。目前的后勤系统是国防部采购流程中最昂贵的(2005年的预算为900亿美元,但实际花费超过1260亿美元,包括补充拨款),而且它也是持续作战的最关键因素,因为它影响战备和反应能力,并且从长远来看,它影响持续战斗的能力。然而,尽管后勤领域的人员比战斗岗位上的人员还多,库存量巨大(从2005年到2009年,库存量从超过670亿美元增长到900亿美元以上),以及每年用于后勤的开支远超1000亿美元,但是目前国防部的后勤系统远非世界一流。事实上,世界级的系统以小时为单位衡量其反应能力,而国防部最多以周为单位衡量。该系统一直在改进。在第一次波斯湾战争期间,从货架到士兵手中的平均反应时间是36天(有很大的不确定性,所以零部件订购了三次)。第二次波斯湾战争的平均反应时间下降到21天,然后是16天,同样具有很大的不确定性。相比之下,世界级的系统在12小时内完成国内交付,24小时内完成国际交付,准点率为99.99%。此外,世界级的业务运营在任何时候都能提供"货物的全过程可视性",而国防部远远没有做到这一点,特别是在通往急需送货的作战人员的最后一英里。

绝大多数的数据支持向基于绩效的后勤转变,或对所有国防部系统(传统的和新的)进行保修。这将显著提高装备的可用性并降低维护成本。如果基于绩效的后勤或保修没有显示持续的性能改善,并不断降低成本,那么保障工作就需要开放给其他承包商进行竞争。

最后,国防部传统的后勤工作方法是将每年分配的资金全部用于当前的后勤保障工作,导致没有钱用于改善该系统。因此,我们强烈建议建立一个新的基金,从整个保障预算中抽取一小部分资金(也许是1%或每年约1亿美元),并将其用于研究和发展后勤转型。由于商业领域已经证明这不是一个技术难题,因此这只是另一个必须通过坚定的领导来实现文化变革的领域。

行动8:充分认识承包商是未来军事行动总兵力的重要组成部分

在伊拉克,承包商占总兵力的50%,在阿富汗,他们占兵力的75%(2010年,战区共有239 451名承包商)。[24]国防部和国防工业(在国会的支持下)需要规划承包商参与未来的军事行动,这涉及大量的考虑因素,包括远征签约、安全、教育和培训、战备、演习和人事政策。这个领域太重要了,不能再像目前这样临时抱佛脚了。

行动9:确立21世纪的产业结构

尽管上述的许多变革可以独立完成,但国防部(与国土安全部和国家情报局密切合作,因为这三个组织都需要利用相同的产业基础)需要对21世纪的国家安全产业基础的定位有一个清晰的认识,并努力实现所需的转型。在这种独特的市场环境中(有一个垄断的买方和一小批寡头垄断的供应商),政府别无选择,只能在实现它所期望的产业结构方面发挥重要作用。

由于商业界在许多技术领域和生产过程中(如生产灵活性)已经远远领先于国防工业,因此目前有可能从军民一体化产业组织中获得好处(在工厂一级)。这使得国防工业能够受益于商业界所做的持续的工艺改进(以提高性能和降低成本),并从规模经济中获益,而当小批量国防产品与大批量商业产品混合在一起时,往往会产生规模经济效应。但是,必须消除对这种整合的巨大的监管和立法障碍,包括政府独特的成本核算要求、专门的军事规格以及独特的政府采购条例,这些条例通常是出于保护主义或社会经济的考虑而制定的,但其并不适用于商业领域。

此外,国防部的利润和管理费政策需要鼓励结构性转变、资本投资、降低成本的举措,并鼓励新的商业公司进入。例如,在国防部的利润政策中,其监管的指导方针(2000年修订)允许提高利润比例,特别是在减少或消除多余的设施、减少成本的举措、纳入商业项目和流程,以及承包商对降低成本的设施的投资等方面。另一个能让企业获取利润的机制(也是在2000年增加的)是,采用技术奖励来降低成本。如果企业所做的技术改进降低了现有产品或者其替换的新产品的成本并提高了可靠性(可靠性的提高会降低生命周期的成本),那其就应该得到额外的重大奖励。这些对成本降低、可靠性更高的装备实行额外利润激励的措施还没有引起极大的关注,但应鼓励合同官在未来充分利用它们。

同样,应该鼓励政府通过更多地参与主承包商的"生产或购买"的决策,为减少纵向一体化创造动力。在"未来战斗系统"的案例中,项目经理在主承包商的"生产或购买"决策过程中发挥了重要作用,从而确保供应商(主承包商的分公司除外)具备充分机会并在评估中得到公平对待。在未来的项目中,招标书应确保政府对这种决策的参与和可视性。

政府应该鼓励民用工厂与军用工厂的整合,同样,政府也需要消除阻止商业公司直接向国防部提供技术和装备以及参与国防部研发工作的障碍(如成本核算标准、出口控制和其他国防方面的独特要求)。

妨碍高效和有效业务运作的一个主要原因是,在2009年,国防部有超过4 700个独立的、不可交互操作的业务信息系统。所有世界级的商业公司都有一体化的企业系统,将公司的所有业务系统整合在一起,并将其直接与客户和供应商连接起来。一个新的国防部组织(业务转型局)就是为了满足这一需求而设立的。尽管它遭到了强烈的抵制,但对于建立一个21世纪的国防工业结构是至关重要的。它在2010年被取消了,但其功能是急需的。

为了推行一个新的一体化的业务系统,国防部应与美国国家标准和测试研究所合作建立接口标准(相对于普通系统),允许并要求在整个业务范围内(政府和产业的所有层级)进行全面的、以网络为中心的产业运作,充分利用现成的商业软件。这种方法应适用于生命周期的所有阶段,以提供管理决策所需的所有信息,其目标也是以更低的成本实现高性能,以及更快投入使用。

最后,至少每三年,国防部应该对构成国防工业基础的每个关键领域逐个进行详细分析。该分析应着眼于每个领域的研发竞争能力、民用和军用一体化的潜力,以及在每个领域建立全球市场的潜力。如果某项关键技术有大量潜在的国内供应商(甚至有大量来自多个国家和多家公司的外国供应商),就不需要进行这种分析。但在许多关键的国防领域,只有两到三家公司,或者(在某些情况下)只有一家公司,那么为了确保国家的长期安全,政府的这种分析对于保持高度竞争、创新、低成本、先进技术的工业基础就是必不可少的。

一般来说,国防工业转型不能简单地通过调整组织构架或增加监管来实现,这将减慢采购过程并使其更加特立独行和低效。然而,在信息技术领域,即在武器系统(特别是在分散系统领域)和内部(在政府内部以及政府与其供应商之间),可以产生非常理想的组织变革。国会已在《克林格-科恩法案》(Clinger-Cohen Bill)中立法规定,每个机构都要雇用一名首席信息官,其直接向该机构的部长报告。国防部已经设立了一个副首席管理官的新职位,其负责所有业务系统,直接向国防部副部长报告,并掌管业务转型局。然而,《戈德华特-尼科尔斯法案》规定,必须有一个单独的采购主管负责一个机构的所有采购活动,在国防部,这一责任由负责采购、技术和后勤的副部长承担。

这三条立法是有冲突的。尽管首席信息官、负责网络和信息整合的助理部长,以及负责采购、技术和后勤的副部长可以通过合作的方式解决冲突,但信息技术对于战争和商业运作的重要性表明,国防部的采购主管(副部长)应该是负责信息系统的人。负责网络和信息整合的助理部长和副首席管理官应被移至副部长的层级模块中。其已经在国防部排名第三了。副部长的头衔也应该改为负责信息、采购、技术和后勤的国防部副部长,以强调信息在整个采购过程中的重要性。这种变革可以帮助提高整个国防部的效力和效率。在对《克林格—科恩法案》进行修订后,负责网络和信息整合的助理部长仍然可以成为国防部的首席信息官。

总之,要实现国防工业转型,首先必须有国防部的业务转型。这种转型的方向是明确的(如上所述),但要实现这一目标,国防部和国会都必须从最大限度地规避风险(通过过度监管和保护主义)转变为实现有效和高效的国防采购管理的目标。这种转型后的产业结构模式应该是政府和工业界在一个持续竞争的市场中的合作关系,以及一个灵活、适应性强、敏捷、创新、有弹性、低成本、高质量,并且能够满足21世纪各种安全需求的产业。要实现这样一种合作关系,就需要主要国防企业(以及一些较低级别的供应商)的首席执行官、国防部部长、副部长,以及负责采购、技术和后勤的副部长,还有各军种参谋长之间经常举行会议,这种做法曾经存在,但近年来并不经常发生。

第五节 为什么这一次可以实现变革

愤世嫉俗者可能会指出,长期以来就需要对国防部的采购流程进行改革。数以百计的研究、报告、甚至整本著作,都围绕这一需求和所需行动进行了论述。然而,国家安全所需的武器和服务的成本持续上升,而提供这些武器和服务的时间也在不断增加。我们有理由问:"为什么这次会不同?"答案是,国家安全已经达到了临界点,在这个临界点上,国家安全的所有考虑因素(国内外的恐怖主义、远征冲突、地区战争、世界不稳定地区的稳定和管控活动、潜在的同行竞争者,以及核威慑)已经变得不堪重负,因为在这个时代美国必须将越来越多的资源用于医疗服务、全民健康保险、老龄人口的社会保障、重建不断老化的基础设施,以及偿还21世纪头十年的经济崩溃所产生的债务。

如上所述,关于文化变革的资料表明,要实现重大变革,就需要做到两点:

第一是认识到变革的必要性(危机)。也就是说,经济现实是,如果历史趋势继续下去,那么美国将没有能力维持其理想的国家安全态势。这场迫在眉睫的危机在行政和立法部门以及广大公众中正得到越来越广泛的认可。

　　成功的文化变革的第二个必要条件是，领导层要有愿景、战略、一系列行动，以及调整和激励他人实现所需变革的能力。人们普遍认为（正如马基雅维利在16世纪指出的那样），这些所需的变革会有很大的阻力，因此，强大的、一致的和持续的领导力是必不可少的。

　　国防部正面临着一场财政危机，而变革是必需的。由于变革的必要条件（如本书所述）已得到人们普遍认可，因此克服阻力并实现必要的变革的时机已经成熟。美国的纳税人和军队中的男男女女都应从这些变革的实施中获益。最重要的是，美国的未来安全需要这种变革。

注释：

[1] David M. Walker, comptroller general of the United States, "DoD Transformation: Challenges and Opportunities," Army War College, February 12, 2007 (GAO-07-500CG).

[2] Robert M. Gates, "A Balanced Strategy: Reprogramming the Pentagon for a New Age," *Foreign Affairs* (January–February 2009).

[3] Aerospace Industries Association, "New Export Control Proposals Announced at Senate Aerospace Caucus Lunch," press release, July 2010.

[4] Ellen Nakashima, "New Cyber Command Chief Warns of Possible Attacks," *Washington Post*, June 4, 2010.

[5] Norman R. Augustine, *Is American Falling Off the Flat Earth?* (Washington, DC: National Academies Press, 2008), 62.

[6] Peter W. Singer, "How the U.S. Military Can Win the Robotic Revolution," Brookings, 2010.

[7] Lincoln Bloomfield Jr., "Export Controls and Technology Transfers: Turning Obstacles into Opportunities," Hudson Institute, Washington, DC, September 11, 2006.

[8] Richard Armitage and Joseph Nye Jr., "CSIS Commission on Smart Power: A Smarter, More Secure America," Center for Strategic and International Studies, Washington, DC, 2007.

[9] "Hot or Not: Acquisition Was a Hot Spot," *Federal Computer Week*, December 17, 2007.

[10] Donald C. Winter, "Remarks at the Sea Air Space Exposition," *Navy League Online*, April 3, 2007.

[11] Greg Gant, "Launching a New Navy," *Government Executive Online*, May 15, 2007.

[12] Commission on Army Acquisition Expeditionary Operations, "Urgent Reform Required: Army Expeditionary Contracting," October 31, 2007.

[13] Joint Chiefs of Staff, "Capstone Concept for Joint Operations: Version 3.0," Department of Defense, Washington, DC, Jan. 15, 2009.

[14] Defense Science Board Task Force on Defense Industrial Structure for Transformation "Creating an Effective National Security Industrial Base for the Twenty-First Century: An Action Plan to Address the Coming Crisis," Office of the Undersecretary of Defense for Acquisition, Technology, and Logistics, July 2008.

[15] Paul Kennedy, *The Rise and Fall of Great Powers: Economic Change and Military Conflict from 1500 to 2000* (New York: Random House, 1987).

[16] "For a Sound Defense Industry," *New York Times*, November 23, 1976, 35.

[17] Joseph Bower and Clayton Christensen, "Disruptive Technologies: Catching the Wave," *Harvard Business Review* (January–February 1995).

[18] Dawn Vehmeier, Michael Caccuitto, and Gary Powell, "Transforming the Defense Industrial Base: A Roadmap"; Office of the Deputy Under Secretary of Defense for Industrial Policy, February 2003.

[19] Defense Science Board, *Twentieth-Century Technology Vectors*, 2006 Summer Study, Office of the Undersecretary of Defense of Acquisitions, Technology, and Logistics, Washington, DC, February 2007.

[20] National Research Council, *The SBIR Program: A Reassessment* (Washington, DC: National Academy Press, 2009).

[21] Jeffrey A. Drezner et al., "Maintaining Future Military Aircraft Design Capability," R-4199-AF, RAND Corporation, 1992; and John Birkler et al., "Competition and Innovation in the U.S. Fixed-Wing Military Aircraft Industry," RAND Corporation, 2003.

[22] National Research Council, *Beyond "Fortress America": National Security Controls on Science and Technology in a Globalized World* (Washington, DC: National Academies Press, 2009).

[23] In August 2009, President Obama ordered a review of U.S. export control systems, but results of this review were unavailable at the time of publication of this book.

[24] Richard Fontaine and John Nagle, "Contracting in Conflicts: The Path to Reform," Center for a New American Security, Washington, DC, June 2010.

参考文献

Abetti, Pier, and Jose Maldifassi. *Defense Industries in Latin American Countries*. Westport: Praeger, 1994.

Abramson, Mark, and Roland Harris. *The Procurement Revolution*. Maryland: Rowman and Littlefield, 2003.

Adams, Gordon. "Getting U.S. Foreign Assistance Right." *Bulletin of the Atomic Scientists* 64 (May 2008): 2.

Adams, Gordon, Christophe Cornu, and Andrew James. "Between Cooperation and Competition: The Transatlantic Defense Market." Chaillot Paper 44. Institute for Security Studies of WEU, January 2001.

Aerospace Industries Association. "A Special Report U.S. Defense Acquisition: An Agenda for Positive Reform." Washington, DC, November 2008.

Aerospace Industries Association. "The Unseen Cost: Industrial Base Consequences of Defense Strategy Choices." July 2009.

Alie, J. A., L. Bransercomb, H. Brooks, A. Carter, and G. L. Epstein. *Beyond Spinoff*. Boston: Harvard Business School Press, 1992.

Anderson, Roy. "Defense Research and Technology." Ministry of Defense, February 2007.

Anderson, Stuart, and Michaela Platzer. "American Made: The Impact of Immigrant Entrepreneurs and Professionals on U.S. Competitiveness." National Venture Capitalist Association, Arlington, VA, 2006.

Arena, Mark, Irv Blickstein, Clifford Grammich, and Obaid Younossi. *Why Has the Cost of Fixed-Wing Aircraft Risen? A Macroscopic Examination of the Trends in U.S. Aircraft Costs over the Past Several Decades*. Santa Monica, CA: RAND National Defense Research Institute, 2008.

Arena, Mark V., Irv Blickstein, Clifford Grammich, and Obaid Younossi. *Why Has the Cost of Navy Ships Risen? A Macroscopic Examination of the Trends in U.S. Navy Ship Costs over the Past Several Decades*. Santa Monica CA: RAND National Defense Research Institute, 2006.

Arendt, Michael, Jacques Gansler, and William Lucyshyn. "Competition in Defense Acquisitions." Center for Public Policy and Private Enterprise, January 2009.

Armitage, Richard, and Joseph Nye. *CSIS Commission on Smart Power: A Smarter, More Secure America*. Washington, DC: Center for Strategic and International Studies, 2007.

Association of American Universities. "National Defense Education and Innovation Initiative: Meeting America's Economic and Security Challenges in the Twenty-First Century." Association of American Universities, January 2006.

Augustine, Norman R. *Is America Falling Off the Flat Earth?* Washington, DC: National Academies Press, 2007.

Barma, N., E. Ratner, and S. Weber. "A World without the West." *National* Interest 90 (July–August 2007): 23–30.

Bialos, Jeffrey. *Ideas for America's Future: Core Elements of a New National Security Strategy.* Washington, DC: Center for Transatlantic Relations, Johns Hopkins University, 2008.

Bialos, J., C. Fisher, and S. Koehl. *Fortresses and Icebergs: The Evolution of the Transatlantic Defense Market and the Implications for U.S. National Security.* Washington, DC: SAIS, Johns Hopkins University, 2009.

Binnendijk, Hans, and Kugler, Richard. "Future Directions for U.S. Foreign Policy, Balancing Status Quo and Reform." Center for Technology and National Security Policy, National Defense University, May 2007.

Binnedijk, Hans, and Richard Kugler. *Seeing the Elephant: The U.S. Role in Global Security.* Dulles, VA: Potomac Books, 2007.

Binnendijk, Hans, and Richard Kugler. *Toward a New Transatlantic Compact.* Washington, DC: Center for Technology and National Security Policy, National Defense University, 2008.

Booz Allen Hamilton. "U.S. Defense Industry under Siege: An Agenda for Change." Booze Allen and Hamilton, July 2000.

Bowman, Marion. "Privatizing while Transforming." *Defense Horizons* 57 (July 2007): 1–9.

Brzezinski, Z. *The Choice: Global Domination or Global Leadership.* New York: Basic Books, 2004.

Bush, V. *Science: The Endless Frontier.* Washington, DC: U.S. Government Printing Office, 1945.

Cancian, Mark. "Contractors: The New Element of Military Force Structures." *Parameters* (U.S. Army War College) 38 (Autumn 2008): 61–77.

Carafano, James. *Private Sector, Public Wars: Contractors in Combat—Afghanistan, Iraq, and Future Conflicts.* Westport, CT: Praeger Security International, 2008.

Carter, Ashton, and William Perry. 2007. "China on the March." *National Interest* 88 (March–April): 16–22.

Carter, Ashton B. "Defense Management Challenges in the Post-Bush Era." In *Defense Strategy and Forces: Setting Future Directions.* Newport, RI: Naval War College, 2008.

Center for Strategic and International Studies. "Security Controls on the Access of Foreign Scientists and Engineers to the United States: A White Paper of the Commission on Scientific Communication and National Security." CSIS, October 2005.

Center for the Study of the Presidency. "Project on National Security Reform." November 2008.

Chao, Pierre. "Structure and Dynamics of the U.S. Federal Professional Services Industrial Base 1995–2004." Center for Strategic and International Studies, Report, May 2007.

Chao, Pierre. "The Future of the U.S. Defense Industrial Base: National Security Implications of a Globalized World." College of the Armed Forces, June 2, 2005.

Chao, Pierre, and Robin Niblett. "Trusted Partners: Sharing Technology within the U.S.-U.K. Security Relationship." CSIS, May 2006.

Commission on Army Acquisition and Program Management in Expeditionary Operations. *Urgent Reform Required: Army Expeditionary Contracting.* Washington, DC: U.S. Government Printing Office, October 2007.

Congressional Budget Office. "Contractors' Support of U.S. Operations in Iraq." Congressional Budget Office, Washington, DC, August 2008.

Costigan, Sean, and A. Markusen. "Arming the Future: A Defense Industry for the Twenty-First Century." Council on Foreign Relations, 1999.

Daalder, Ivo, and James Lindsay. *America Unbound: The Bush Revolution in Foreign Policy.* Washington, DC: Brookings Institution, 2003.

Defense Advanced Research Projects Agency (DARPA). "Bridging the Gap, DARPA, Powered by Ideas." DARPA, February 2007.

Defense Business Board. "Task Group on Best Practices for Export Controls." October 2008.

Defense Science Board. "DSB Summer Study on Transformation Sub-Panel on Defense Industry and Acquisition: Assessment of the Current Situation and Recommended Actions." Defense Science Board, August 2005.

Department of Defense. "The Acquisition 2005 Task Force Final Report, Shaping the Civilian Acquisition Workforce of the Future." Washington, DC, October 2000.

Department of Defense. "Annual Industrial Capabilities Report to Congress." Washington, DC, March 2008.

Department of Defense. "Creating an Effective National Security Industrial Base for the Twenty-First Century: An Action Plan to Address the Coming Crisis." Office of the Undersecretary Defense for Acquisition, Technology, and Logistics, July 2008.

Department of Defense. "Final Report of the Defense Science Board Task Force on Globalization and Security." Washington, DC, December 1999.

Department of Defense. "Quadrennial Defense Review." DoD, February 2006.

Department of Defense. "Report of the Secretary of Defense Task Force on DoD Nuclear Weapons Management. Phase I: The Air Force's Nuclear Mission." Washington, DC, September 2008.

Department of Defense. "Study on Impact of Foreign Sourcing of Systems." Washington, DC, January 2004.

Dombrowski, Peter, Eugene Gholz, and Andrew Ross. "Military Transformation and the Defense Industry after Next: The Defense Industrial Implications of Network-Centric Warfare." Strategic Research Department Center for Naval Warfare Studies, U.S. Naval War College, September 2002.

Douglass, John. "Forty-First Annual Year-End Review and Forecast Luncheon." Washington, DC: Aerospace Industries Association, 2006.

Drezner, Jeffrey, Jeanne M. Jarvaise, Ron Hess, Daniel M. Norton, and Paul G. Hough. *An Analysis of Weapon System Cost Growth.* Santa Monica, CA: RAND Corporation, 1993.

Dunn, Richard. "Contractors Supporting Combat Operations: Developing the Vision to Fill Gaps in Policy." Center for Public Policy and Private Enterprise, University of Maryland, January 2008.

Dyson, Freeman. *The Scientist as Rebel.* New York: New York Review Books, 2006.

Flamm, Kenneth. "Failures of Defense Industrial Policy Reform and Likely Consequences for the Bush Defense Build-Up." Technology and Public Policy Program, Lyndon B. Johnson School of Public Affairs, University of Texas, March 2002.

Flanagan, Stephen, and James Schear, eds. *Strategic Challenges: America's Global Security Agenda.* Washington, DC: National Defense University Press, 2007.

Flourney, Michele, and Tammy Schultz. "Shaping U.S. Ground Forces for the Future: Getting Expansion Right." Center for a New American Society, June 2007.

Freidman, Thomas. *The World Is Flat: A Brief History of the Twenty-first Century.* New York: Farrar, Straus & Giroux, 2005.

Frost, Ellen, James Przystup, and Phillip Saunders. "China's Rising Influence in Asia: Implications for U.S. Policy." *Strategic Forum* 231 (2008): 1–8.

Galama, Titus, and James Hosek. *U.S. Competitiveness in Science and Technology*. Washington, DC: RAND National Defense Research Institute, 2008.

Gansler, Jacques S. *Affording Defense*. Cambridge, MA: MIT Press, 1989.

Gansler, Jacques S. *Defense Conversion: Transforming the Arsenal of Democracy*. Cambridge, MA: MIT Press, 1995.

Gansler, Jacques. "The Defense Industrial Structure in the Twenty-First Century." Paper presented at the Acquisition Reform Conference, American Institute of Aeronautics and Astronautics, January 27, 2000.

Gansler, Jacques S. *The Defense Industry*. Cambridge, MA: MIT Press, 1980.

Gansler, Jacques. "Urgent Reform Required: DoD Expeditionary Contracting. Independent Assessment of the Commission on Army Acquisition and Program Management in Expeditionary Operations and Subsequent DoD Implementation Efforts." University of Maryland, October 2008.

Gansler, Jacques. "U.S. Defense Industrial Policy." *Security Challenges* 3, no. 2 (2007): 1–17.

Gates, Robert. "A Balanced Strategy: Reprogramming the Pentagon for a New Age." *Foreign Affairs* 88 (January–February 2009): 1–7.

Georgia Institute of Technology. "High Tech Indicators: Technology-based Competitiveness of Thirty-Three Nations." Technology Policy and Assessment Center, Washington, DC, January 2008.

Gholz, Eugene, Harvey Sapolsky, and Caitlin Talmadge. *U.S. Defense Politics: The Origins of Security Policy*. New York: Routledge Taylor & Francis Group, 2008.

Government Accountability Office. "Defense Business Transformation: Sustaining Progress Requires Continuity of Leadership and an Integrated Approach." GAO, February 2008.

Government Accountability Office. "Catastrophic Disasters: Federal Efforts Help States Prepare for and Respond to Psychological Consequences, but FEMA's Crisis Counseling Program Needs Improvement." GAO, February 2008.

Government Accountability Office. "Department of Defense: A Department-wide Framework to Identify and Report Gaps in the Defense Supplier Base Is Needed." GAO, October 2008.

Government Accountability Office. "GAO Forum: Managing the Supplier Base in the Twenty-First Century." GAO, October 2005.

Government Accountability Office. "Report to Congressional Committees, Defense Acquisition, Assessments of Selected Weapon Programs." GAO, March 2008.

Government Accountability Office. "Report to Congressional Committee, Defense Acquisitions of Selected Weapon Programs." GAO, March 2007.

General Accountability Office. "Report to the Chairman, Subcommittee on Readiness and Management Support, Committee on Armed Services, U.S. Senate, Contingency Operations: Army Should Do More to Control Contract Cost in the Balkans." GAO, September 2000.

Government Accountability Office. "Report to the Subcommittee on Readiness and Management Support, Committee on Armed Services, U.S. Senate, Military Operations: Contractors Provide Vital Services to Deployed Forces but Are Not Adequately Addressed in DoD Plans." GAO, June 2003.

Guay, Terrence R. "Globalization and Its Implications for the Defense Industrial Base." Strategic Studies Institute, U.S. Army War College, February 2007.

Hart, Gary. *The Shield and the Cloak: The Security of the Commons*. New York: Oxford University Press, 2006.

Hartley, Keith. "Defense Industrial Policy in a Military Alliance." *Journal of Peace Research*

43, no. 4 (2006): 473–489.

Hart-Rudman Commission. "U.S. Commission on National Security. Road Map for National Security: Imperative for Change." Washington, DC, 2001.

Hensel, Nayantara. "The Role of Trans-Atlantic Defense Alliances in a Globalized World." Naval Postgraduate School, Acquisition Symposium, May 13–14, 2009.

Joint Chiefs of Staff. "Operational Contract Support." Joint Publication 4-10. U.S. Government Printing Office, November 2007.

Kapstein, Ethan. *The Political Economy of National Security: A Global Perspective.* Columbia: University of South Carolina Press, 1991.

Kegley, Charles, and Gregory Raymond. *Multipolar Peace? Great-Power Politics in the Twenty-first Century.* New York: St. Martin's Press, 1993.

Kennedy, Paul. *The Rise and Fall of Great Powers: Economic and Military Conflict from 1500 to 2000.* New York: Random House, 1987.

Kotter, John P. *Leading Change.* Boston: Harvard Business School Press, 1996.

Kramer, Robert. "Antitrust Considerations in International Defense Mergers." Department of Justice, May 1999.

Langenfeld, James, and Preston McAfee. "Competition in the Defense Markets: Meeting the Needs of Twenty-First-Century Warfighting." Institute of Defense Analysis, January 2001.

Lebl, Leslie. "Advancing U.S. Interests with the European Union." Washington, DC: Atlantic Council of the United States, January 2007.

Ministry of Defense. "Contractors on Deployed Operations, Joint Doctrine Pamphlet." Chiefs of Staff, April 2001.

Moerman, Fiente. "Polishing Belgium's Innovation Jewel." *Issues in Science and Technology* (Fall 2007).

Mowery, David. *Military R&D and Innovation.* Berkeley: University of California Press, 2008.

Nagle, James F. *A History of Government Contracting.* Washington, DC: George Washington University Press, 1999.

National Archives. http://webarchive.nationalarchives.gov.uk/20060130194436/http://www.mod.uk/business/ppp/reserves.htm, 2005 (accessed March 30, 2005).

National Commission on Energy Policy. *Ending the Energy Stalemate: A Bipartisan Strategy to Meet America's Energy Challenges.* Washington, DC: U.S. Government Printing Office, December 2004.

National Research Council of the National Academies. *An Assessment of the Small Business Innovation Research Program at the National Science Foundation.* Washington, DC: National Academies Press, 2007.

National Research Council of the National Academies. *Beyond "Fortress America": National Security Controls on Science and Technology in a Globalized World.* Washington, DC: National Academies Press, 2009.

National Research Council of the National Academies. *Critical Technology Accessibility.* Washington, DC: National Academies Press, 2006.

National Research Council of the National Academies. *Innovation Policies for the Twenty-First Century: Report of a Symposium.* Washington, DC: National Academies Press, 2007.

National Research Council of the National Academies. *Pre-Milestone A and Early-Phase Systems Engineering: A Retrospective Review and Benefits for Future Air Force Systems Acquisition.* Washington, DC: National Academies Press, 2007.

National Research Council of the National Academies. *Science and Security in a Post-9/11 World.* Washington, DC: National Academies Press, 2007.

National Research Council of the National Academies. *Beyond "Fortress America": National Security Controls on Science and Technology in a Globalized World.* Washington, DC: National Academies Press, 2009.

National Research Council of the National Academies. *Critical Technology Accessibility.* Washington, DC: National Academies Press, 2006.

National Research Council of the National Academies. *Innovation Policies for the Twenty-First Century: Report of a Symposium.* Washington, DC: National Academies Press, 2007.

National Research Council of the National Academies. *Pre-Milestone A and Early-Phase Systems Engineering: A Retrospective Review and Benefits for Future Air Force Systems Acquisition.* Washington, DC: National Academies Press, 2007.

National Research Council of the National Academies. *Science and Security in a Post-9/11 World.* Washington, DC: National Academies Press, 2007.

National Security Advisory Group. "Reducing Nuclear Threats and Preventing Nuclear Terrorism." NSAG, October 2007.

Nye, Joseph. *Soft Power: The Means to Success in World Politics.* New York: Public Affairs, 2004.

O'Keefe, S., and G. I. Susman. *The Defense Industry in the Post–Cold War Era: Corporate Strategies and Public Policy Perspectives.* New York: Pergamon, 1998.

Oliver, David. "Current Export Policies: Trick or Treat." *Defense Horizons* 6 (December 2001).

Packer, George. "A Reporter at Large, Knowing the Enemy." *New Yorker* (December 2006): 11.

Peck, M. J., and F. M. Scherer. *The Weapons Acquisition Process: An Economic Analysis.* Cambridge: Harvard University Press, 1962.

Philbrick, Nathaniel. *Mayflower: A Story of Courage, Community, and War.* New York: Viking, 2006.

President's Blue Ribbon Commission on Defense Management. "A Quest for Excellence." Government Accountability Office, June 1986.

President's Council of Advisors on Science and Technology. "Leadership under Challenge: Information Technology R&D in a Competitive World, an Assessment of the Federal Networking and Information Technology R&D Program." Executive Office of the President, August 2007.

PriceWaterhouseCoopers. "The Defense Industry in the Twenty-First Century: Thinking Global . . . or Thinking American?" http://www.pwc.com, 2005.

Ronis, Sheila, and Lynne Thompson. *U.S. Defense Industrial Base: National Security Implications of a Globalized World: The 2005 Dwight Eisenhower National Security Series Symposium.* Washington, DC: National Defense University Press, 2006.

Samuels, Richard. *Securing Japan: Tokyo's Grand Strategy and the Future of East Asia.* New York: Cornell University Press, 2007.

Sarkozy, Nicolas. "The French White Paper on Defense and National Security." Paris, 2008.

Sato, H., H. Shiroyama, K. Suzuki, and T. Suzuki, "Mini Seminar on Security Trade Control: Towards Regional Framework in Asia and Japan's Role." Science, Technology, and International Relations Project, November 2007.

Secretary of State for Defense by Command of Her Majesty. "Defense Industrial Strategy: Defense White Paper." December 2005.

Shorrock, Tim. *Spies for Hire: The Secret World of Intelligence Outsourcing.* New York: Simon & Schuster, 2008.

Singer, P. W. *Corporate Warriors: The Rise of the Privatized Military Industry: Cornell Studies in Security Affairs.* New York: Cornell University Press, 2003.

Smith, Rupert. *The Utility of Force: The Art of War in the Modern World*. London: Allen Lane, 2005.

Sperling, Richard, and Jino Choi. "Analyzing the Relationship between Navy Procurement and RDT&E." Center for Naval Analysis, October 2006.

Task Force on the Future of the American Innovation. "Measuring the Moment: Innovation, National Security, and Economic Competitiveness—Benchmarks of Our Innovation Future II." Washington, DC, November 2006.

Toffler, Alvin, and Heidi Toffler. *War and Anti-War: Survival at the Dawn of the Twenty-First Century*. New York: Little, Brown, 1993.

Trebilcock, Craig. "The Modern Seven Pillars of Iraq." *Army* (February 2007): 25–33.

Turner, James. "The Next Innovation Revolution, Laying the Groundwork for the United States." *Innovations* (Spring 2006): 123–144.

U.S. Congress, Office of Technology Assessment. *Building Future Security, Strategies for Restructuring the Defense Technology and Industrial Base*. OTA-ISC-530. Washington, DC: U.S. Government Printing Office, June 1992.

Walker, David. "DoD Transformation Challenges and Opportunities." Government Accountability Office, February 2007.

Walker, David. "DoD Transformation Challenges and Opportunities." Government Accountability Office, November 2007.

Walker, David. "U.S. Financial Condition and Fiscal Future Briefing." Government Accountability Office, August 2007.

Wulf, William. "The Importance of Foreign-Born Scientists and Engineers to the Security of the United States." Paper presented at the Subcommittee on Immigration, Border Security, and Claims, Committee on the Judiciary, U.S. House of Representatives hearing on Sources and Methods of Foreign Nationals Engaged in Economic and Military Espionage, Washington, DC, September 2005.

Zimmermann, Warren. *First Great Triumph: How Five Americans Made Their Country a World Power*. New York: Farrar, Straus and Giroux, 2002.

关于作者

雅克·S.甘斯勒先生是马里兰大学公共政策学院公共政策和私营企业研究中心的罗杰·利普兹讲席教授。此外，他也是詹姆斯·克拉克工程学院格伦·马丁研究所的研究员、罗伯特·史密斯商学院的兼职教师，以及詹姆斯·麦克格雷格·伯恩斯领导力学院的高级研究员（都在马里兰大学）。2003年至2004年，他还担任过公共政策学院的临时院长，并在2004年至2006年担任马里兰大学科研副校长。

他是国家工程院院士和国家公共管理科学院院士。他曾担任美国陆军部的陆军远征军合同和项目管理委员会主席。此外，他还是国防科学委员会的成员。

甘斯勒博士从1997年11月至2001年1月担任国防部负责采购、技术和后勤的副部长。在这个职位上，他负责与国防部采购、研发、后勤、采购改革、先进技术、国际项目、环境安全、核、化学和生物项目，以及国防技术和工业基地有关的所有事宜。他所负责的相关部门的年度预算超过1 800亿美元，员工人数超过30万。

在这项任命之前，甘斯勒博士是一家应用信息技术有限公司TASC的执行副总裁兼董事。早些时候，他在政府中担任国防部执行助理部长（物资采购）——负责所有国防采购和国防工业，同时兼任国防研究和工程（电子）中心主任助理——负责所有国防电子研发。

他以前的企业经历包括：I. T. T.航空电子公司副总裁；辛格公司的项目负责人、高级项目主管，以及国际市场主管。

甘斯勒博士拥有耶鲁大学的电气工程学士学位、东北大学的电气工程硕士学位、社会科学研究院的政治经济学硕士学位，以及美国大学的经济学博士学位。